A TERAPIA FAMILIAR SISTÊMICA DE MILÃO

Milan Approach

Conversações sobre teoria e prática

LUIGI BOSCOLO LINN HOFFMAN
GIANFRANCO CECCHIN PEGGY PENN

A TERAPIA FAMILIAR SISTÊMICA DE MILÃO

Milan Approach

Conversações sobre teoria e prática

Artesã

A Terapia Familiar Sistêmica de Milão – *"Milan Approach"* –
Conversações sobre teoria e prática

DIRETOR
Alcebino Santana

COORDENAÇÃO EDITORIAL
Karol Oliveira

DIREÇÃO DE ARTE
Tiago Rabello

TRADUÇÃO E REVISÃO TÉCNICA
Silvana Garavello

REVISÃO
Débora Andreza Zacharias

CAPA
Ana Stancioli Castriota

PROJETO GRÁFICO E DIAGRAMAÇÃO
Conrado Esteves

T315 A terapia familiar sistêmica de Milão : conversações sobre teoria e prática / Luigi Boscolo... [et al.] ; tradutora: Silvana Garavello. – Belo Horizonte : Artesã, 2021.

424 p.; 23 cm.

ISBN: 978-65-86140-74-3

1. Psicologia. 2. Terapia sistêmica (Terapia familiar). 3. Psicoterapia. I. Boscolo, Luigi. II. Garavello, Silvana.

CDU 159.9.018

Catalogação: Aline M. Sima CRB-6/2645

IMPRESSO NO BRASIL
Printed in Brazil

(31)2511-2040 (31)99403-2227
www.artesaeditora.com.br
Rua Rio Pomba 455, Carlos Prates - Cep: 30720-290 | Belo Horizonte - MG
/artesaeditora

Agradecimentos

Os autores gostariam de manifestar, em primeiro lugar, seu reconhecimento ao inspirador trabalho da Dra. Mara Selvini Palazzoli e a Dra. Giulana Prata, o qual faz parte da matriz em que evoluiu este livro. Temos, também, uma enorme dívida com o Dr. Karl Tomm, a Dra. Esther Gelcer e o Dr. Helm Stierlin pela sua ajuda. Finalmente, mas nem por isso menos importante, nosso agradecimento vai para Jo Ann Miller, a editora, cuja paciência e inteligência foram fundamentais para que este livro atingisse sua forma final.

Sumário

Apresentação à edição brasileira

Em 2003, após alguns anos de contato e estudo sobre a Sistêmica e suas escolas precursoras, parti para a Itália com o intuito de vivenciar as escolas referências em Terapia Familiar Sistêmica.

Enfim, este livro vem nos mostrar o resgate dos preceitos básicos de Batson e todos que construíram o pensamento sistêmico, realizados por Luigi Boscolo e Gianfranco Cecchin, base para a construção da terapia sistêmica, e nos mostra o processo vivo da elaboração das polêmicas descobertas por eles, propostas estas que vão, com certeza, alimentar e animar as nossas próprias discussões.

Provavelmente, também desaponte alguns dos nossos colegas, os adeptos da psiquiatria familiar. Eles têm convocado as famílias para sessões em que fazem suas perguntas e "***intervenções de tipo Milão***" para depois concluírem, prescrevendo ao "paciente identificado", uma ou mais drogas supostamente destinadas a curá-lo da sua patologia, a suprimir seu comportamento inadequado.

Para a Escola de Milão, ***o "diagnóstico psiquiátrico só existe aos olhos do observador e, dado que implica em causalidade e em responsabilidade, age para reforçar os problemas que se tenta, benevolamente, explicar*". O diagnóstico psiquiátrico faria, pois, parte do problema e não da sua solução.**

Boa leitura.

Silvana Garavello Martins

Psicoterapeuta de Família e Casais
Especialista pelo Centro Milanese - Itália
Presidente da ATFMINAS
Representante do Centro Milanese di Terapia dela Familia – CMTF no Brasil

Breve Apresentação do Modelo Milan Approach

"Mudanças no galinheiro mudam a vida por inteiro"

A Terapia Sistêmica, à qual nos referimos, foi o encontro de conhecimento e técnicas, elaboradas a partir dos anos 70, em Milão, conhecido mundialmente como "Milan Approach", como Lynn Hoffman escolheu chamar a abordagem terapêutica em questão.

O batismo desta Obra por uma terapeuta familiar americana foi o seu testemunho de que esta modalidade terapêutica não poderia ficar "guardada", já que advinha das conexões íntimas que sempre teve com debates epistemológicos internacionais sobre Terapia Familiar e com o mundo cultural em veloz e radical modificação.

O Milan Approach se aproxima, em particular, de outras abordagens sobre Terapia Familiar relativas ao período dito como "cibernética de primeira ordem" (para aprofundar-se nas várias abordagens e estilos terapêuticos, indicamos Gurman; Kniskern, 1995, Paolo Bertrando, 1997) e como essa relação é dialética, P. Bertrando mostrou como essas abordagens, puderam enriquecer de conteúdos o Milan Approach.

Esse último, mais que um modelo, aparece hoje como um "metamodelo" que acrescentou na Terapia Familiar um olhar de "segunda Ordem". Não se põe em descontinuidade com um saber precedente, mas se propõe como um modelo epigenético (se entende por isso um saber que nasce sobre a base de saberes precedentes, sem anulá-los; ver Boscolo; Bertrando, 1996).

Buscaremos esclarecer essa premissa partindo das principais raízes do Milan Approach, ou seja, dos estudos sobre a comunicação pelo grupo do Mental Research Institute di Palo Alto, da teoria geral dos sistemas e da cibernética. Mas não só: recorda Luigi Boscolo, como nos tempos do primeiro grupo milanese guiado por Mara Selvini Palazzoli, no qual os colegas do Team consideravam e recorriam não só as Teorias Psicológicas que embasavam as suas formações, mas também a Dostoevskij e literaturas da época de suas juventudes. Esse é o exemplo mais claro de um saber epigenético, construído no tempo.

A Teoria da Comunicação do Grupo de Palo Alto

Um dos pilares do modelo milanese é o trabalho sobre a comunicação de Paul Watzlawisck e de seu grupo (Watzlawisck, Beavin, & Jackson, 1967; Watzlawisck, Weakland, & Fisch, 1974). A prospectiva, na qual cada sintoma era uma forma de comunicação, oferecia um modelo assaz, eficaz para intervir, de maneira incisiva e rápida, sobre distúrbios que até aquele momento tinham se constituído um desafio importante para clínicos. Mara Selvini se rendeu e juntou ao seu redor uma equipe de psicanalistas dispostos a tentarem uma nova via para curar, por exemplo, distúrbios alimentares – aos quais sempre havia se dedicado como psicanalista – com um método mais satisfatório do que se mostrava o modelo analítico tradicional.

Ela conseguiu envolver um grande número de colegas em torno dessa descoberta, entre eles, Luigi Boscolo, Gianfranco Cecchin e Giuliana Prata, com os quais publicou, em 1975, Paradoxo e Contraparadoxo. Era o núcleo fundador do Milan Approach.

As pesquisas de Palo Alto giravam em torno do trabalho do antropólogo Gregory Bateson; este, porém, tempos depois, retirou sua benção a este grupo, pois, para Bateson, eles haviam colocado suas ideias a serviço de uma tecnologia forte, disposta a mudar as pessoas. A ideia do grupo era que o sintoma estava compreendido à luz do contexto relacional do paciente. De certa maneira, era um modo "normal" de responder a um contexto de comunicação "insano". Em particular, o comportamento esquizofrênico era visto como uma resposta coerente a um contexto de comunicação paradoxal, por assim dizer, "duplo vínculo".

A teoria matemática dos tipos lógicos de Russel foi usada como fundamento para um modelo de comunicação sana: assim como não se pode dar uma classificação que fosse membro de si mesma, ao mesmo tempo, o paradoxo comunicativo foi visto como um "acidente lógico" na comunicação. O indivíduo, destinatário da comunicação paradoxal, encontrava-se em uma situação relacional conflituosa e indefinível e, portanto, fonte de angústia.

É preciso dizer que Bateson, esperando a paternidade do conceito de duplo vínculo, teria, nos anos sucessivos, submetido o conceito a uma severa e contínua revisão, bem como a sua aplicação na compreensão da psicopatologia; e Russel, condoendo-se de haver apressadamente nomeado "erro lógico" o paradoxo, desconhecendo assim, os mesmos fundamentos da teoria sob a qual Watzlawick e seus colaboradores haviam construído seu modelo.

A hereditariedade que restou ao modelo sistêmico é o gosto do paradoxo e o interesse pelas teorias Batesonianas, que, mais à frente, o grupo de Milão estudará em sua forma original e não mais através das interpretações do grupo de Palo Alto. Mas, sobretudo, foi mantida a atenção sobre a comunicação, as relações e o contexto como matriz do significado. Na base da Teoria dos Sistemas, surgida no período seguinte à Segunda Guerra Mundial, pensava-se, com alguma tímida exceção, que os sistemas, orientados através de um disparo, poderiam ser explicados somente se atribuíssemos eles, um princípio vitalício, superando assim, o mecanismo reducionista. Esse comportamento, próprio de uma ciência ancorada na prática positivista e na redução das causas eficientes, foi colocada em discussão.

A Teoria dos Sistemas se desenvolve quando ocorre o reconhecimento de que fenômenos físicos e biológicos poderiam apresentar em si características de uma entidade inteira, na qual as partes diferentes entre eles se interconectam e interagem entre si.

Sendo assim, a soma entre si é maior que o todo, no qual qualquer mudança em uma das partes, influencia a globalidade do sistema. É importante considerar a presença de um elemento anterior, invisível para a lógica mecanisista: os "sistemas organizantes", isto é, "esquemas de relações que insidem na estrutura fisica do organismo" (Capra, op. cit. p. 36). Cada sistema, em sua própria organização, possue caracteristicas próprias no que tange à modalidade de elaborar as informações, a adaptação ao mudar as cirscunstancias, a auto-organização, automanutenção, independetemente da sua composição (Guttman, 1981, p. 40).

A Teoria dos sistemas constituiu uma revolução que alimentou a esperança em uma ciência unificada e presente nos sistemas : "seja aquele que trata de organismos, seja aquele que trata da sociedade, as caracteristicas essenciais das organizações são constituídas das noções como totalidade, crescimento, diferenciação, ordem hierárquica, ascendência, controle, competição etc". (Von Bertalanffy, 1967, p. 86) . Enfim, o todo é mais que a soma das suas partes porque é um "todo integrado, no qual sua propriedade deriva da relação de suas partes" (Capra, op.cit., p. 38), mais que das suas caracterisicas. Não basta conhecer bem os indivíduos juntos para saber o que fazem. A ilusão de Laplace de poder prever as consequências de um evento conhecendo o estado inicial e o modo em que os elementos, juntos, reagem às forças que lhe são opostas, vem em derrocada.

Para sustentar esta tese, porém, é necessario passar da atenção aos simples elementos, à atenção para as relações que unem estes elementos. Como disse Gregory Bateson, uma mão não é cinco dedos: são 4 relações.

O conceito de sistema (do grego *systanai*, "colocar junto") nos permite ampliar a perspectiva de observação e, em consequência, a possibilidade de mudança. Se um sistema é um conjunto de pessoas que comunicam entre si e consigo mesmo, agora, esse juntos é mais que a soma das partes, a simples pessoa: unidade de observação, o focus do trabalho é a relação estrutural e a "dança das partes em interação" [...] vinculada à limitações físicas [...] e dos limites impostos de modo caracteristico dos organismos" (Bateson, 1979, p. 27). É um salto na perspectiva que, na terapia, implica no abandono da etiqueta de "paciente" como da patogilização, mais que isto, assenção de uma perspectiva que envolve a complexidade das relações.

Assenção da cibernética

Na virada da Segunda Guerra Mundial, também nasceu um novo ramo da ciência denominado cibernética, definido como "a ciência do controle e da comunicação no animal e também na máquina". Os requisitos essenciais para a operação dos sistemas são a comunicação e a regulação por meio da comunicação.

O conceito de "informação" se torna, portanto, fundamental: as informações sobre os resultados das atividades passadas são reportadas no sistema, influenciando assim o seu comportamento futuro. Esse processo, denominado feedback de autocorreção, é do interesse da cibernética.

Um sistema tende a se manter em estado de equilíbrio (homeostase) e a regular estados de desordem; para esse efeito, estabelece mecanismos para corrigir a sua ação. O sistema explora a troca contínua de informações que existem entre seus elementos. Mude sua estrutura para chegar a uma nova ordem.

A grande novidade da cibernética, no tratamento da esquizofrenia em particular, é a possibilidade de pensar o sintoma como um produto das tendências homeostáticas do sistema. O "doente" é visto como um "paciente designado": designado pelo sistema familiar para "produzir" um comportamento que garanta que nada mude, que um conflito potencialmente destrutivo não apareça à luz, que um mito compartilhado necessário à unidade familiar não seja questionado.

Mas a cibernética de que falamos até agora pode ser definida como uma cibernética "morfostática". Ou seja, trata da maneira como os sistemas permanecem os mesmos. É a cibernética do feedback negativo, do feedback que minimiza as mudanças e garante a homeostase do sistema. Maturana (1979) usou a expressão "segunda cibernética" para definir a cibernética que trata do feedback positivo, uma cibernética "morfodinâmica": o feedback positivo provoca uma mudança, uma perda de estabilidade e equilíbrio. A informação de saída entra novamente, não para minimizar o desvio, mas para amplificá-lo.

A primeira cibernética diz respeito ao aqui e agora, aos padrões que mantêm a estabilidade; a segunda, que busca mudar, introduz a dimensão temporal diacrônica na observação do sistema. Descrever o funcionamento dos sistemas em função de ciclos de feedback introduz uma perspectiva que vai além da causalidade linear a que geralmente nos referimos aos fenômenos que observamos. A causalidade linear diz que, por exemplo, A é a causa de B. Por sua vez, B poderia causar C, que determina D. Mas se neste ponto imaginarmos D como uma informação que realimenta A, temos uma ideia do que seria causalidade circular.

A cibernética aplicada a sistemas vivos, portanto, oferece uma perspectiva para observar sistemas complexos em uma perspectiva que explica o nível de complexidade em questão. Heinz von Foerster (1981) distingue "máquinas triviais" e "máquinas não triviais". Os primeiros são caracterizados por uma entrada "x" e uma saída "y". Visto que são previsíveis e independentes da história, sempre seremos capazes de prever "y". Em máquinas não triviais, por outro lado, a resposta pode mudar, embora o estímulo permaneça idêntico. Isso ocorre porque eles são sensíveis aos seus próprios estados internos, que von Foerster indica com "z". Ao contrário das máquinas triviais, portanto, eles são determinados por sua história e são amplamente imprevisíveis.

Os estudiosos chilenos Humberto Maturana e Francisco Varela (1979; 1987) fornecem mais uma contribuição para uma ciência de sistemas complexos. Eles argumentam que os sistemas vivos são "autopoiéticos", isto é, capazes de se auto-organizar, autorreproduzir e evoluir. Em suma, eles são mais sensíveis ao seu estado interno do que às condições externas. Isso significa que os pressupostos sistêmicos para os quais os elementos de um sistema são interdependentes caem em face da evidência de que não é possível mudar o estado de um sistema "de fora"? Não. Significa, porém, que de forma alguma é possível alterar intencionalmente o estado de um sistema: sua mudança não depende de intervenção externa. Um estímulo do ambiente pode, por assim dizer, perturbar um sistema: como, então, o sistema interpretará essa perturbação, como se reorganizará para compensar mudanças? É inteiramente uma função das características do sistema e de sua história.

Os sistemas vivos, portanto, embora termodinamicamente abertos, são fechados do ponto de vista da organização. Isso implica que o lugar do conhecimento nos sistemas autopoiéticos é interno ao sistema: a vida é o conhecimento e o conhecimento é a mudança de um estado interno. Por essas razões, a contribuição de von Foerster, por um lado, e de Maturana e Varela, por outro, é conhecida como construtivismo: o conhecimento – vida – é um processo de construção da realidade, não de percepção de algo que existe objetivamente "lá fora". Essas novas teorias (Bertrando & Toffanetti, 2000, p. 287) Abriram o caminho, na virada da década de 1980, para a chamada "cibernética de segunda ordem" (falamos de cibernética de "segunda ordem" no sentido de que ela dá um salto de ordem lógica, do sistema observado para o sistema de observação que observa o sistema observado: em última análise, é uma cibernética da cibernética) ou cibernética do observador: se a realidade é uma construção, e não algo a ser conhecido objetivamente, não é tanto a maneira como funcionam os sistemas que observamos, mas sim a maneira como os conhecemos, a maneira como funcionamos como observadores enquanto estamos cientes disso. É um empurrão vigoroso contra o mito da objetividade nas ciências humanas.

Se os indivíduos de um sistema observado estão interconectados e se influenciam mutuamente, não podemos ignorar o fato de que o observador também influencia o sistema e é por ele influenciado: achamos útil pensar que o observador é, em certo sentido, "parte" do sistema que observa, e que sua importância na coconstrução da realidade observada não é desprezível. Um sistema autopoiético, já foi dito, constrói por si mesmo as regras de seu próprio funcionamento de uma maneira completamente original e peculiar.

O que tudo isso acarreta em relação à terapia? É fundamental buscar uma definição da necessidade com o sistema, saber como ele se organiza, estrutura e identifica as próprias necessidades. Portanto, o profissional que se aproxima da realidade de um sistema não se limita a "fotografar" o que "existe", mas o constrói enquanto o conhece. Assim, possui de vez em quando mapas locais e provisórios (ou seja, teorias e hipóteses), nunca definitivos: e se "o mapa não é o território", então nossas teorias e hipóteses deixam de ser referências exclusivas e passam a ser importantes, ao lado delas, eu escuto o indivíduo e o sistema, o conhecimento de seus mapas, de suas suposições sobre a realidade.

O terapeuta, o consultor, portanto, não fornece interpretações, mas hipóteses, tentativas de conectar e tornar as relações e os comportamentos das pessoas que participam do processo coerentes e significativos. A responsabilidade e o poder de aceitar e confirmar o significado é adiado para eles, para aqueles que consultam. O psicólogo fica com a responsabilidade de aceitar a história de uma pessoa, do sistema do qual faz parte, enquanto a desconstrói para fazê-la adquirir um novo significado, por meio do enfoque das expectativas e representações de quem está no próprio sistema.

Sistemas além da cibernética: a evolução do modelo milanês

O questionamento progressivo do terapeuta como um observador objetivo e especialista da realidade é acompanhado pela "crescente consciência da natureza social do que consideramos 'verdadeiro e certo'" (Mc-Namee & Gergen, 1992, p. 16): se para o construtivismo o lugar do conhecimento era o sistema nervoso, na visão que surge entre os psicólogos sociais e sociólogos ele se encontra na construção do mundo, que se realiza dentro dos limites e possibilidades da linguagem.

As narrativas (as presumíveis "experts" e as demais) não são mais ordenadas hierarquicamente: se a realidade está na linguagem e no consenso, é inevitavelmente polifônica. Partindo desse pressuposto, o construcionismo social torna-se crítica política, um questionamento radical do saber psiquiátrico. Na Itália, o modelo sistêmico milanês o adota como um novo pensamento. Nos Estados Unidos (Hoffman, 1990), alguns estudiosos usam-no como uma picareta para desequilibrar modelos terapêuticos e superar a cibernética e as ideias sistêmicas.

Enquanto na Itália as ideias construcionistas e a ficção estão integradas ao pensamento batesoniano em um modelo sistêmico cada vez mais fiel à perspectiva da complexidade, em outro lugar alguém cunhou o termo "pós-Milão" para designar um modelo terapêutico "leve" que renuncia (ou pelo menos acredita que está desistindo) a ter premissas teóricas "fortes".

As terapias "pós-modernas" e conversacionais costumam ter apenas um vínculo tênue com a tradição sistêmica (Minuchin, 1998), renunciando à centralidade da relação e à causalidade circular. A abordagem de Milão, por sua vez, entra na era pós-moderna não desistindo de ter uma teoria por trás dela, mas sim com a crença desencantada de que as teorias são tão úteis quanto são pontos de vista provisórios.

Nasceu assim uma abordagem polifônica no trabalho com a família, com a empresa, com o sistema escolar: as múltiplas vozes permitem que todos valorizem o que dizem e recebam a confirmação implícita de seu ser, encontrando uma nova conexão com o sistema. A polifonia de vozes e narrativas constrói um contexto em que todos os pontos de vista são importantes e legítimos e todos juntos descrevem a realidade. A qualidade do Terapeuta, do Consultor, do Formador é saber manter um diálogo aberto com colegas e clientes, procurando compreender e respeitar o ponto de vista de todos. Cada sistema tem suas próprias soluções, e o desafio do Consultor, do Treinador e do Terapeuta Sistêmico é descobri-las junto com ele, sem se sobrepor às suas próprias soluções, já que não pode haver uma só maneira de ver as coisas.

Atribuímos ao sistema uma capacidade crítica e a possibilidade de encontrar as próprias soluções: nesse sentido, no contexto da terapia familiar, sentimo-nos próximos – mais do que de um ponto de vista que quer, por exemplo, nos pais a raiz dos problemas de filhos – a uma perspectiva que vê os pais como os principais conhecedores da família e dos recursos que o sistema pode ativar.

Os pontos centrais consolidados do trabalho sistêmico permanecem (ver Bertrando & Toffanetti, 2000, p. 248); por exemplo:

- a hipótese, ou seja, a criação de uma explicação plausível que conecta os comportamentos e crenças de todos os membros do sistema, verdadeira apenas enquanto for útil para o diálogo (Selvini Palazzoli et al., 1980; Boscolo, Cecchin, Hoffman, & Penn; 1987);
- a circularidade (capacidade de conduzir uma conversa com base no feedback da família e pensar em proporções e diferenças (Still Palazzoli et al., 1980; Boscolo, Cecchin, Hoffman, & Penn; 1987);
- a conotação positiva (o uso de aspectos positivos para impulsionar a mudança: nossa experiência nos ensina que redefinir os problemas humanos positivamente os reestrutura como situações com uma saída para trabalhar o profundo valor evolutivo de uma crise, de um problema, de uma dificuldade (Selvini Palazzoli et al., 1975).
- são unidos por novos:
- a criatividade, a curiosidade e a irreverência que nos permitem privilegiar o que acontece na relação em vez do que é prescrito pelas teorias de referência, e que continuamente apoiam a capacidade de "surpreender-se" ao descobrir sempre novos aspectos evolutivos na relação com o Cliente (Cecchin, 1987; 1992);
- atenção aos afetos e emoções: os afetos do indivíduo são a forma de acessar o sistema, sua linguagem, suas premissas;
- a atenção às narrativas e ao tempo como conexão não linear, mas recursiva entre passado, presente e futuro (Boscolo & Bertrando, 1993).

A psicologia clínica tem um instrumento de trabalho particular, pois coincide com o objeto sobre o qual se trabalha: a relação. A psicoterapia, então, se torna a ferramenta para abordar as relações humanas;

os relacionamentos que definem os indivíduos e os relacionamentos que influenciam o comportamento dos indivíduos.

A modalidade sistêmica, para além do contraste entre um modelo lockiano ("por que motivo?", "qual é a causa eficiente do sintoma?") e um modelo kantiano ("para quê?", "qual é a causa final?") da psicopatologia (Cingolani, 1995), preocupa-se em fornecer uma explicação circular dos eventos (qual padrão determina o sintoma e é ele determinado? (Cecchin & Apolloni, 2003)) também criticam o uso, nas ciências humanas, da causalidade eficiente, única forma de causalidade para a qual o pensamento científico reconhece legitimidade: olhar para a causa final também permite destacar o efeito pragmático sobre a organização do sistema de comportamentos tradicionalmente considerados "patológicos" e dar-lhes um sentido que traz à tona os recursos e habilidades de um indivíduo ou sistema.

Na investigação sistêmica, diante de um comportamento, de uma comunicação (um "sintoma"), nos perguntamos não apenas "quais são as circunstâncias que causaram esse fato?", mas também "qual a utilidade desse evento nesse sistema relacional particular?". O terapeuta está interessado nas maneiras pelas quais os membros do sistema afetam uns aos outros. O comportamento de um indivíduo, grupo ou organização tem efeito sobre quem recebe e ouve a mensagem: é uma comunicação.

O significado de um ato comunicativo depende de muitos elementos: as características da mensagem, de quem emite e de quem recebe, do lugar onde se dá essa comunicação – esse conjunto de aspectos e marcas que chamamos de contexto. Trabalhamos a "dança das partes que interagem", sem pretender controlá-las ou controlar a evolução que irão realizar. É "uma dança que cria" e cria o que o sistema, a rede de relacionamentos em evolução, pode se tornar.

Silvana Garavello Martins

Psicoterapeuta de Família e Casais
Especialista pelo Centro Milanese - Itália
Presidente da ATFMINAS
Representante do Centro Milanese di Terapia dela Familia – CMTF no Brasil

Como fizemos este livro

Este é um livro que evoluiu como as antigas cidades. Começou como uma feliz confluência de circunstâncias e continuou com uma mistura de planos esperançosos e intenções de descobertas fortuitas. Em 1982, Luigi Boscolo e Gianfranco Cecchin aproximaram-se de mim e de Peggy Penn solicitando que os ajudássemos a escrever um livro. Pensamos em um livro de entrevistas parecido com um outro que fiz com Jay Haley, em 1969 (Techniques of Family Therapy). Eles concordaram imediatamente. Sentimos que a colaboração permitir-nos-ia ampliar os vínculos informais que já havíamos estabelecido com Boscolo e Cecchin.

Além disso, Boscolo e Cecchin, que estavam apresentando seu modelo evolutivo em oficinas de trabalho, aqui e no exterior, assumiam uma influência cada vez maior. Entretanto, eles não tinham produzido quaisquer explicações escritas de suas mais novas ideias. Na nossa opinião, aquilo constituía um verdadeiro vazio, e estávamos ansiosas por preenchê-lo.

Eu e Peggy vínhamos trabalhando juntas no Instituto Ackerman de Terapia Familiar de Nova York, seguindo o modelo sistêmico e acrescentando-lhe as nossas próprias inovações. Peggy estava interessada em ampliar o alcance das técnicas de entrevistas, usando uma forma circular de explorar as questões futuras e hipotéticas. Eu, que buscava uma estrutura conceitual para a terapia sistêmica, vinha estudando a constelação de novas ideias que ligavam a cibernética às ciências da vida.

Além do mais, estávamos profundamente impressionadas pelas ideias de Gregory Bateson referentes ao desenvolvimento do movimento das terapias familiares. Procurávamos uma abordagem terapêutica que pudesse ajudar com a ética do cuidado ecológico de Bateson e com sua desconfiança de técnicas excessivamente fundamentadas em internacionalidade. A preocupação de Boscolo e Cecchin com o contexto sistêmico da terapia e o seu uso de técnicas não-estratégicas e, até certo ponto, não-instrumentais – como o interrogatório circular – pareciam aproximar-se mais da posição de Bateson. Esta foi uma outra das razões pelas quais desejávamos fazer com que Boscolo e Cecchin colocassem de forma escrita e acessível sua própria avaliação do trabalho.

Uma introdução sobre origens poderia não estar completa sem um comentário sobre o nosso casamento profissional com Peggy. Fomos colegas no Instituto Ackerman de Terapia Familiar desde 1976. Decidimos formar nossa própria equipe para experimentar o método recentemente desenvolvido em Milão e isso nos levou a ampliar nosso próprio material, que apresentamos em diversas oficinas de trabalho. Quando deixei o Ackerman para voltar a Amherst, planejei uma forma de me manter ligada à Peggy. E a oportunidade de trabalharmos juntas em um livro com Boscolo e Cecchin pareceu ser uma solução maravilhosa.

Então, quatro são as pessoas autoras deste livro. No primeiro momento, nós todos nos sentamos juntos e assistimos aos vídeos das entrevistas familiares que Boscolo e Cecchin selecionaram como representativas do seu trabalho. Durante este processo, gravamos tanto as sessões familiares, quanto as nossas discussões sobre elas. O texto foi, desta maneira, entremeado com comentários. Eu e Peggy editamos as conversações e escrevemos as introduções. Boscolo e Cecchin forneceram as sessões familiares e compartilharam das ideias que se processavam entre eles.

De maneira geral, eu e Peggy nos limitamos a esclarecer as ideias de Boscolo e Cecchin sobre aquilo que eles achavam que estavam fazendo, passo a passo, através de cada caso e a assinalar as generalizações da teoria e da prática que poderiam ser extraídas dos casos específicos. Se usássemos as conversações como forma de colocar em evidência nossas próprias teorias e técnicas, faríamos mais um livro sobre prática comparativa e, desta maneira, estaríamos sendo completamente desumanas ao dar um corte em comentários externos. Conservamos nossas opiniões para as sessões introdutórias que escrevemos.

As transcrições iniciais de nossas discussões, mais de vinte e quatro horas de gravações, criaram uma quantidade tão grande de material que foram necessários aproximadamente dois anos para confeccioná-lo e revisá-lo.

A necessidade de escolher as sessões que foram realizadas em inglês foi outra dificuldade. Todos os casos usados foram de famílias entrevistadas em oficinas realizadas em ambientes de fala inglesa e, consequentemente, todas as entrevistas tiveram o cunho da consultoria. Entretanto, Boscolo e Cecchin não descriminavam muito entre entrevistas familiares, consultorias com terapeutas "atolados" e entrevistas com profissionais de macrossistemas exteriores à família. Todas são variações de consultorias. Além do mais, cada entrevista é, até certo ponto, vista como isolada e não inserida no curso do tratamento, como concebida tradicionalmente. Boscolo e Cecchin, cada vez que atendem antes. Desse modo, o fato de que todos estes casos fossem consultorias não pareciam fazer tanta diferença, como teria sido com aqueles terapeutas que trabalham de uma maneira episódica.

Os primeiros três casos foram aqueles que utilizamos inicialmente como base para nossas discussões. Enquanto preparávamos o esboço do manuscrito, Peggy assistiu ao filme de uma sessão que Boscolo e Cecchin fizeram com uma família na Alemanha e que, na sua opinião, dava uma visão muito clara do uso do questionamento circular. Os primeiros três casos foram realizados entre 1978 (quando a equipe original de Milão, incluindo Mara Selvini e Giulana Prata, ainda estava unida) e o princípio de 1980 (após os dois homens abrirem em seu próprio instituto de formação). Em 1984, quando foi realizada a quarta entrevista, a técnica do questionamento circular havia sido amplamente simplificada e refinada. Aqui, compelidos pelo tempo, Boscolo e Cecchin fizeram sua própria entrevista e é por isso que o caso difere em formato das outras conversações no livro.

Estas conversações evoluíram espontaneamente, de acordo com o que era sugerido pelo material vídeo gravado. Não se pensou em seguir um esquema pré-determinado. Nosso desejo era que, mais cedo, ou mais tarde, todos os aspectos do trabalho de Boscolo e Cecchin fossem observados e bastante discutidos pelos participantes. Esse processo acarretaria uma semelhança com o questionamento circular das sessões familiares. Nenhum "movimento" é importante, o que é importante é a construção da informação, em quantas perspectivas ou níveis for colocada, contrastada e trazida para o jogo.

Essa livre-condução, entretanto, implica na necessidade de uma introdução para cada caso que realce os principais assuntos editados. Peggy tomou conta desta tarefa enquanto eu assumia a redação da introdução histórica que apresentará o trabalho dos dois terapeutas dentro do contexto maior do método de Milão. Nós tentamos manter, nessas sessões, nossas vozes claras e pessoais. Sentimos, através de todo o trabalho, que não poderíamos assumir uma posição "cientifica" ou "objetiva" – mesmo que fosse com aspas – sem entrar em contradição com o contexto filosófico mais amplo ao qual todos os quatro pertencemos. Segundo esse contexto, não existe "lá fora" uma certeza sobre qual de nós pode ser objetivo ou científico.

Ao contrário de muitas escolas de terapia, o método de Milão foi o produto de uma colaboração internacional entre Boscolo, Cecchin e muitos outros grupos em diferentes países. Dado que o conceito terapêutico está relacionado desde o início com grupos, o aprendizado pôde acontecer em cenários diferentes do de origem. Entretanto, para que houvesse alguma coerência, foi necessário que Boscolo e Cecchin visitassem os grupos filhos em muitas ocasiões. Os incessantes vínculos entre os dois homens e esses novos grupos mantêm um movimento e uma mudança contínuos. Assim que era codificada uma nova característica, agregava-se em novo palpite e a progressão continuava. Entre o momento em que Boscolo e Cecchin realizavam as entrevistas e o momento em que as comentaram conosco, suas ideias, bem como as nossas, mudaram. Os comentários refletem a evolução das ideias dos quatro, assim como a explicação do material criticado.

Quando o livro estava acabando de ser redigido, desenvolver-se-ia um outro capítulo da conversação. Poderia se dizer que a condição do revisor deste livro é como a confusão temporal experimentada por um estudioso dos céus. Este sabe que a luz de qualquer estrela representa situações acontecidas, para a estrela, há anos-luz. Mas, o estudioso usa desses acontecimentos passados para esclarecer os processos que estão acontecendo no presente. Nesse sentido, nós quatro desejamos que este livro possa iluminar o misterioso processo que acontece nas famílias e nas suas conversações com os profissionais que estão lutando com elas para entender esses processos.

Lynn Hoffman

* Todos os nomes, localidades e outras características que poderiam contribuir com a identificação dos membros das famílias mencionados ou citados neste livro, foram mudados.

INTRODUÇÃO

Da Psicanálise aos Sistemas

Este livro fala das terapias e ensinamentos de Luigi Boscolo e Gianfranco Cecchin. Seu trabalho, profundamente contextual em cada um dos seus aspectos, deverá ser, também, compreendido no contexto do processo do desenvolvimento das terapias familiares sistêmicas. Em 1976, Boscolo e Cecchin juntaram-se a um grupo de oito psiquiatras organizado por uma psicanalista infantil de Milão, Mara Selvini Palazzoli. O propósito do grupo era o tratamento, junto com suas famílias, de crianças severamente transtornadas. Sua orientação era psicanalítica; entretanto, desde o começo, tiveram de enfrentar uma dificuldade: como aplicar os conceitos analíticos no trabalho com as famílias? O esforço, apesar de ser estimulante, foi desencorajador. A terapia parecia consumir um tempo muito grande, deixando os terapeutas frustrados com a falta de resultados. As únicas que pareciam satisfeitas eram as famílias, as quais, apesar da falta de melhorias, continuavam comparecendo.

Em 1972, o grupo ficou fascinado com a importância tanto das pesquisas, quanto das terapias familiares realizadas nos Estados Unidos sob a égide do antropólogo Gregory Bateson. Durante os anos 50, Bateson tinha participado em um projeto sobre comunicação realizado em Palo Alto, Califórnia, o mesmo que, nos anos 60, viria a constituir o MENTAL RESERCH INSTITUTE – MRI (Instituto de Pesquisa Mental), dirigido pelo psiquiatra Don D. Jackson. O grupo de Milão fora fortemente influenciado pelo trabalho do MRI e, em particular, pelo livro Pragmática da Comunicação Humana, de Paul Watzlawick, Don Jackson e Janet Beavin (1967).

Estes autores haviam percebido o erro da abordagem psicodinâmica que fazia do indivíduo o "continente" da patologia, e consideravam que, nessa visão, ignoravam-se as contribuições do contexto relacional – e, particularmente, do mais importante, a família – no qual aconteciam os problemas de comportamento. A pergunta que estes pioneiros formulavam era a seguinte: se mudassem os padrões de interação familiar, poderiam mudar o problema do comportamento?

O debate entre os modelos familiares sistêmico e psicanalítico foi transferido para Milão, onde se refletiu seriamente sobre as possibilidades de compatibilizá-los. Em 1971, ao decidirem que eles não eram compatíveis, Selvini, Boscolo, Giulana Prata e Cecchin romperam com o grupo original para trabalhar, exclusivamente, dentro dos limites dos sistemas familiares, ou, como diriam mais tarde, a estrutura sistêmica. O novo grupo formou o Centro per lo Studio della Famiglia, em Milão. Watzlawick, do MRI, foi seu primeiro consultor.

Durante quase toda a década de 70, o grupo funcionou como equipe terapêutica, atendendo uma média de duas famílias por dia e realizando duas reuniões semanais. A entrevista estava dividida em cinco partes: pré-sessão, sessão, pausa para discussão, intervenção e discussão pós-sessão. Durante a pré-sessão, a equipe elaborava uma hipótese inicial sobre o problema atual da família. Somente dois dos membros da equipe entrevistavam a família. Durante a sessão, os membros da equipe validavam, alteravam ou mudavam as hipóteses. Uns quarenta minutos depois, todos os quatro se reuniam, em privado, para discutir as hipóteses e elaborar uma intervenção. Os terapeutas encarregados do atendimento voltavam para apresentar a intervenção à família, podendo esta constituir em uma conotação positiva da situação-problema, cuja função era a introdução de mudanças. (A conotação positiva é uma mensagem através da qual o(s) terapeuta(s) indicam à família que o problema é, no seu contexto, lógico e significativo. O ritual é um ordenamento do comportamento da família segundo dias determinados – pares oi ímpares – ou horários determinados – após o jantar, ou acordar). Para finalizar, a equipe reunia-se na pós-sessão de discussão para analisar as reações da família e planejar a próxima sessão.

A equipe dividia-se em dois pares mistos: um casal entrevistava a família, enquanto o outro permanecia atrás do espelho unidirecional, observando. Esse método seria mudado mais tarde, quando passaram a deixar um só terapeuta na sala. No começo, baseando-se na prática das terapias com tempo pré-estabelecido de Palo Alto, as famílias seriam informadas que seriam vistas em dez sessões. Essa regra também seria mais tarde abandonada, passando a considerar o ritmo de cada família particular. O intervalo entre as sessões era semanal, mas passou a ser mensal. Isso foi devido à constatação de que esse intervalo (inicialmente proposto para facilitar o comparecimento de famílias obrigadas a percorrer longas distancias) respeitava o período de tempo maior necessário para que o sistema familiar mostrasse evidências de mudanças.

Ao começar o trabalho conjunto, o grupo tinha uma série de ideias em comum. Sua teoria da patologia provinha, em grande parte, do projeto de Bateson de focalização da modalidade comunicacional do duplo-vínculo, exemplificada pela autocontraditória mensagem de um pai para seu filho: "Fique fora... por perto" Seguindo Bateson, o problema central das famílias com um membro esquizofrênico era descrito em termos de uma "epistemologia errada", segundo a qual, por exemplo, cada pessoa pode controlar, unilateralmente, os relacionamentos. Dado que essa é uma noção linear – ou seja, implica em uma casualidade unidirecional – e que a interação é circula, ou recíproca, isto é incorreto e conduz, a um círculo vicioso. As tentativas de uma pessoa para controlar uma outra produzem um sentimento de ameaça que levam a segunda a tentar assumir o controle, estabelecendo-se, assim, um interminável jogo, em que ninguém pode, claramente, perder nem ganhar, O "paradoxo" reside na oscilação efetuada entre as posições "ganhar" e "perder". (Pode-se lembrar, aqui, que o interesse original de Bateson sobre o funcionamento das sequências de duplo-vínculo foi esclarecido ao ouvir que, quando os primeiros computadores foram confrontados a um paradoxo lógico do tipo "todas as informações contidas nesta caixa são mentirosas", caiam em uma infindável oscilação "patológica" de sim para não).

A influência do MRI

Apesar de que muitas das ideias propostas pelo projeto de Bateson foram incorporadas ao trabalho do MRI, ambos os projetos têm filosofias básicas diferentes. O modelo terapêutico desenvolvido durante os primeiros anos do MRI era essencialmente "estratégico". Bateson, do seu lado, desconfiava profundamente do uso manipulativo de quaisquer técnicas físicas, sociais ou psicológicas. Ele discordava abertamente de

Jay Haley, pesquisador introduzido no início do projeto por ele mesmo, segundo o qual havia, no âmago do processo terapêutico, uma luta pelo controle (Haley, 1976). Essa disputa, como explicam as subsequentes tentativas de revisão da história do projeto, nunca foi resolvida[1].

Entretanto, na época em que o grupo de Milão formulava suas ideias, a discordância entre Bateson e Haley era apenas um rumor secreto do qual poucas pessoas tinham conhecimento. O resultado desta secreta desavença, nos primeiros escritos do grupo de Milão, especialmente em *Paradosso e Contraparadosso* (Selvini Palazzoli, Boscolo, Cecchin, & Prata, 1975; Editora Feltrinelli; Milano), revelava-se uma contradição implícita entre a influência proveniente do MRI, cuja abordagem terapêutica é francamente manipulativa e o respeito Batesoniano pela "sabedoria sistêmica", pela qual Bateson visa compreender as involuntárias consequências das maneiras deliberadas em que as pessoas pretendem manipular o mundo natural.

Apesar de toda esta confusão, o grupo de Milão conseguiu elaborar suas próprias formulações:

1. as famílias à transação esquizofrênica, como o grupo chamava sua população alvo, participavam de um "jogo" familiar não reconhecido;
2. a característica do jogo é que cada um dos membros tenta, unilateralmente, controlar o comportamento dos demais;
3. a tarefa do terapeuta consiste na descoberta e interrupção do jogo.

O grupo retomaria – e ampliaria – alguns dos métodos pioneiros desenvolvidos pelo MRI. O duplo-vínculo terapêutico (Watzlawick, Jackson, & Beavin, 1976), ou "contraparadoxo" como viria a chamá-lo o Grupo de Milão, transformar-se-ia no eixo da sua abordagem. A

[1] Mais tarde, recomentando o trabalho de Haley, "Development of a Theory: A history of a Research Preject" (SLUZKY; RANSOM, 1976, p. 106), Bateson dizia: Haley desliza muito suavemente sobre as diferenças epistemológicas existentes entre nós dois. Na minha opinião, ele acreditava na eficácia da metáfora do "poder" nas relações humanas. Naquela época eu acreditava – e hoje acredito ainda mais – que o mito do poder é sempre corruptor, porque sempre propõe uma falsa (mesmo que convencional) epistemologia. Eu acredito que todas essas metáforas... são... uma busca no escuro de uma direção errada, e a direção não se torna menos errada ou menos socialmente patogênica porque a mitologia que lhe é associada é, em parte, autovalidante entre aqueles que acreditam e atuam conforme ela.

situação problema, como um todo, viria a ser conotada positivamente, alertando-se a família contra as mudanças prematuras.

As tarefas estratégicas sugeridas pelo pesquisador do MRI para serem realizadas depois da entrevista, tais como pedir que um garoto mijão molhe deliberadamente a cama em dias específicos, encontram sua contrapartida na utilização dos rituais por parte do Grupo de Milão. Por outro lado, o grupo de Milão institucionalizou a prática da colocação de um terapeuta atrás do espelho unidirecional, utilizada no MRI para fins de pesquisa e no Grupo de Milão como elemento da terapia.

A contestação desenvolvida pelo grupo de Milão pode também ser compreendida como uma evolução do modelo de Palo Alto. Seguindo as conceituações do grupo inicial de Milão, clientes e terapeutas eram descritos quase como oponentes. O encontro terapêutico era descrito em termos de "batalhas secretas", "coalizões negadas", "movimentos", "contra-ataques", "ataques", "táticas" e "jogadas". Boa parte desse linguajar poderia ser produto da influência da teoria dos jogos e coalisões do projeto Bateson, que foi realizado durante a Guerra Fria. Os primeiros escritos do MRI estão, de fato, cheios de termos típicos da Guerra Fria. É provável que a Guerra Fria tenha fornecido uma analogia inconsciente, tanto para a descrição das transações esquizofrênicas, quanto para as transações entre terapeutas e famílias.

Quaisquer que fossem as influências, as discussões do grupo original de Milão mais pareciam um conselho de guerra. Os terapeutas, entretanto, tinham o cuidado de não desafiar abertamente a família, preferindo operar como guerrilhas, e utilizando as decepções criativas para atingir a "resistência" dos clientes. Gastava-se muito tempo e saliva evitando que a família acabasse desarmando os terapeutas. Privilegiava--se a prescrição paradoxal, porque, como fora amiúde explicado por Jay Haley, não era possível que a família resistisse a um terapeuta que lhe pedia que continuasse realizando comportamentos com os quais já estava acostumada, a menos que os abandonassem (Haley, 1963).

A conotação positiva

A conotação positiva foi a invenção mais estimulante da equipe de Milão, aquela que propiciou uma nova "gestalt" terapêutica. Apesar de a conotação positiva ser com frequência, considerada equivalente à estratégia de recomposição positiva (por exemplo, sugerindo um bom motivo para um comportamento negativo), na verdade ela está mais próxima à reestruturação da consciência do terapeuta. A conotação positiva evoluiu a partir da técnica de prescrição do sintoma dos terapeutas de Palo Alto: se a mulher é fóbica, eles podem, paradoxalmente, prescrever-lhe uma prisão domiciliar. Mas a equipe de Milão percebeu que, ao apoiar o sintoma, conotavam negativamente a visão antissintoma dos outros membros da família. Era como se fosse necessário apontar um culpado, mas, ao se inocentar o membro sintomático, os outros membros da família poderiam se sentir culpados. Isso, segundo eles, seria a tirania do condicionamento linguístico da causalidade linear ocidental.

Posteriormente, descobriram que a implícita divisão da família em "bons" e "maus" elementos não somente perpetuava a mitologia do sintoma, mas tornava impossível visualizar a família como uma unidade sistêmica, o que os levou a conotar positivamente não só o comportamento do paciente identificado, mas também o comportamento sintomático dos outros membros da família. Como o grupo comenta em *Paradox and Couterparadox* (Selvini Palazzoli, Boscolo, Cecchin, & Prata, 1980, p. 56): "[...] a função primária da conotação positiva de todos os comportamentos observáveis do grupo é a de permitir ao terapeuta o acesso ao modo sistêmico".

Um bom exemplo é o caso de um menino de 8 anos trazido para a terapia pelos seus pais. Desde a morte de seu avô, o garoto começou a fracassar na escola e a falar e a agir como a caricatura de um velhinho. Ele afirmava que, quando passeava com o pai, via o seu avô os seguindo. A mensagem que o terapeuta deu para o garoto foi a seguinte:

> *Terapeuta masculino: Encerraremos esta primeira sessão com uma mensagem para você, Ernesto. Você está fazendo uma boa coisa. Nós compreendemos que você considerava seu avô o pilar central de sua família (a mão do terapeuta move-se na vertical, como se traçasse um pilar imaginário), ele conservou a família unida, mantendo um certo equilíbrio (o terapeuta estende ambas as mãos em frente o garoto, palmas para baixo, ambas no mesmo nível). Você ficou receoso de que, sem a presença do seu avô, alguma coisa pudesse mudar (o terapeuta, vagarosamente abaixa sua mão direita, que correspondia ao lado onde o pai estava sentado). Por enquanto você deve continuar com este papel que você assumiu espontaneamente, não deve mudar nada até a próxima sessão, que será dia 21 de janeiro, daqui a cinco semanas (Selvini Palazzoli, Boscolo, Cecchin, & Prata, 1979, p. 81).*

Ao final da mensagem, o garoto pulou e começou a queixar-se de que poderia perder o ano da escola. Imediatamente começou a estudar mais e, depois de poucas sessões, desapareceram tanto o comportamento de velhinho, quanto as alucinações.

Pode-se perceber que a conotação positiva não é, por si só, dirigida a uma pessoa em particular, mas também às tendências de automanutenção do sistema como um todo. O terapeuta não prescreve o sintoma no vazio ou baseando-se em uma justificativa persuasiva, como poderia fazê-lo um terapeuta estratégico, mas levando em conta seu contexto social, a homeostase familiar ou algum aspecto com ela relacionado. Assim procedendo, respeita-se a necessidade da família de proteger seu equilíbrio e diminui-se o risco de aumentar sua resistência à mudança.

A ideia da conotação positiva constitui uma clara evidência do surgimento da consciência sistêmica não linear, que distinguiu o método de Milão das abordagens que o procederam no campo da família. Esse tipo de formulação, teve um grande impacto na atitude dos terapeutas e, claro, das famílias. A conotação positiva não poderia ser um simples truque em que a terapeuta acreditava e que seria para enganar o sistema familiar e fazê-lo aceitar a mudança. A conotação positiva não é, obviamente, a única possível explicação do sistema – afinal, uma conotação negativa igualmente plausível poderia já ter sido feita. Mas em uma visão múltipla do problema, pode-se escolher qual das "verdades" é sentida como sendo a mais útil, uma vez que nenhuma é menos verdadeira que as outras.

Foi durante este período que se conheceu *Paradox and Couterparadox*, publicado em inglês em 1978, embora traduções grosseiras e pirateadas tenham surgido antes, em 1977. Através desse livro, de oficinas e encontros internacionais, o grupo começou a divulgar suas ideias.

Uma visão de Bateson

O estágio seguinte no desenvolvimento do método de Milão foi a redescoberta de Bateson pela equipe. No final da década de 70, a equipe estudou *Stepes to na Ecology of Mind* (Bateson, 1972), e descobriu que o impacto de Bateson no original era, em alguns aspectos, diferente do Bateson traduzido por outros, ficando particularmente surpreendidos pela noção da circularidade cibernética como modelo para sistemas novos. Eis o que Bateson diz sobre o tema:

"A justificativa do propósito tende a tomar a forma (D é desejável; B leva a C; C leva a D; assim, D pode ser alcançado através de B e C). Mas, se a mente total e o mundo exterior não têm, de um modo geral, esta estrutura linear, então, forçando esta estrutura sobre eles, nós nos cegamos para a circularidade cibernética do eu e do mundo externo. Nossa escolha consciente da amostragem não revelará circuitos inteiros, mas somente arcos de circuitos, separados de suas matrizes pela nossa atenção seletiva. Especificamente, é provável que a tentativa de encontrar a mudança em uma determinada variável, localizada quer seja no eu ou no ambiente, não leve em conta a compreensão da rede homeostática que circunda tal variável". (Bateson, 1972, p. 445)

Embora os germes dessa importante e complexa ideia de Bateson estivessem bastante presentes no pensamento original de Milão, especialmente na noção sistêmica da conotação positiva, ele favoreceu o surgimento de uma nova onda de invenções. O modelo ensinado por Boscolo e Cecchin em 1977, tornou-se, sob alguns aspectos, quase diametralmente oposto aos seus primeiros legados "estratégicos". O desenvolvimento do questionamento circular seria uma das principais influências que levaram a essas mudanças.

No início, o grupo usava uma técnica de entrevista livre e não seguia nenhuma orientação específica. Simplesmente usava a sessão para chegar à hipótese que descreveria o problema como um desenvolvimento lógico, dentro do contexto familiar: quando o surgimento do sintoma coincide com a morte de um dos pais, por exemplo. A conversa com a família era menos relevante do que as conversas entre os membros da equipe. No final da década de 70, Boscolo e Cecchin descobriram que seus estudantes não estavam interessados em elaborar a prescrição paradoxal que os formadores aconselhavam, mas em vez disso, perguntavam: "Por que você fez tal pergunta?" "Por que se dirigiu à mãe e não à filha?" Eles queriam saber sobre o comportamento do terapeuta.

A focalização no terapeuta mais que no comportamento da família clarificou o desenvolvimento de um estilo específico de perguntas que a equipe denominou de questionamento circular. Depois de experimentar mais deliberadamente essa técnica, a equipe de Milão publicou um pequeno artigo repleto de ideias importantes: "Hypothezing

– Circularity – Neutrality: The Guidelines for the Conductor of the Session" (Selvini Palazzoli, Boscolo, Cecchin, & Prata, 1980). Além de introduzir três importantes conceitos terapêuticos, este artigo marcou um passo em direção a uma maior clareza da visão batesoniana do mundo, mostrando que a equipe estava a par das novas e radicais posições da biologia e da física, que estavam sendo introduzidas no campo da terapia familiar.

As três categorias expressas no artigo constituem em brilhante tentativa de traduzir as implicações da ideia da circularidade cibernética de Bateson, no trabalho diário do terapeuta com seres humanos e suas famílias. A elaboração das "hipóteses" implicava em um processo de avaliação; o "questionamento circular", em uma técnica de entrevista; e a neutralidade", em uma postura básica do terapeuta.

"Elaborar hipóteses" é interessante porque, implicitamente, propõe a ideia de que a terapia é uma operação de pesquisa engajada em conjunto com a família. Esta, no entanto, não é a pesquisa tradicional, e assemelha-se mais a um experimento conduzido de acordo com as orientações da Nova Física. Não deveria haver, de fato, uma verdade, mas somente uma tentativa do observador de construir, junto com a família, a hipótese de trabalho que vê o problema como tendo sentido dentro de seu contexto. A hipótese precisa, pois, ser "sistêmica", isto é, precisa englobar todos os elementos de uma situação e a forma como eles se ligam. Como não há nenhuma tentativa de ver a hipótese como verdadeira ou falsa, o que interessa é que ela seja útil no sentido de conduzir a novas informações que levem a família à mudança.

No artigo, o conceito de circularidade é aplicado à técnica de questionamento circular. Bateson observou que o conhecimento que temos dos eventos externos é sempre adquirido por mecanismos que procuram por diferenças. O movimento, vital a visão, conhecido como micronistagmo, pelo qual o olho muda rapidamente para trás e para frente, buscando diferenças na forma, cor e luminosidade, constitui um exemplo disso. Seguindo essa ideia, a equipe de Milão criou a técnica da busca das diferenças na entrevista: "por circularidade entendemos a capacidade do terapeuta para conduzir sua investigação, tendo como base a retroalimentação da família em resposta à informação solicitada sobre relacionamentos e, portanto, sobre diferenças e mudanças" (Selvini Palazzoli, Boscolo, Cecchin, & Prata, 1980, p. 3).

Filosoficamente, essa técnica de entrevista está baseada na crença de que os sistemas vivos são caracterizados por formação em círculos em vez de sequências lineares de causas e efeitos. As questões mais comumente levantadas entram em diversas categorias: questões sobre diferenças de percepções de relacionamentos: ("Quem é mais apegado ao pai, sua filha ou seu filho?"); questões sobre diferenças de matizes: ("Em uma escala de um a dez, quão terrível foi a briga desta semana?"); diferenças antes/depois: ("Ele começou a perder peso antes ou depois que a filha foi para a universidade?"); e diferenças hipotéticas e futuras: ("Se ela não tivesse nascido, quão diferente seria o seu casamento do de hoje? Se vocês se divorciassem, as crianças ficariam com o pai ou com a mão?"). Tais questões compreendem uma série de elos, de retroalimentações mutuamente causais, criando um fragmento de circularidade complexa e não-linear.

Boscolo e Cecchin, enquanto marcadores do contexto, introduzem o questionamento circular fazendo uso da ideia das "aberturas", indicadores dados pela família durante a entrevista, que mostram um caminho promissor para o desenvolvimento da hipótese. Poderíamos citar como exemplo uma família na qual há dúvidas quanto à segurança da posição que a pessoa ocupa quando alguém traz o tema do ciúme. As questões circulares permitem que sejam exploradas as ramificações do tema. As sentenças não-cronológicas e não-lineares fornecem informação a respeito da estrutura do processo. *Em Feed Foward: Future Questions, Future Maps* (Penn, 1985) e em *Circular Interviewing: a Multifaceted Clinical Tool* (Tomm, 1985) podem ser encontradas duas valiosas descrições do processo de questionamento circular.

A "Neutralidade" talvez seja, entre os termos de Milão, o menos compreendido. A um nível, parece ser o modo de traduzir, em termos humanos, a ideia de Bateson, segundo a qual, se o sistema é visto sistemicamente, é preciso dar a todas as suas partes o mesmo peso. Você quer dizer neutros como a Suíça? – dizem os ativistas sociais ultrajados, que igualam neutralidade com atrocidades justificadas. Na verdade, o significado do termo está mais próximo de uma posição múltipla do que de uma não-posição. A equipe de Milão observa que se o terapeuta atingiu a neutralidade durante a sessão, ninguém da família será capaz de dizer que o terapeuta tomou o partido de alguém. Isso também exclui a tomada de posição moral, uma vez que tal posição, usualmente, significa ficar do lado de uma pessoa contra outra. Quando o problema é composto por um emaranhado conjunto de coalizões contrárias que lutam por um lugar, a neutralidade significa ser capaz de se mover através dessas reivindicações conflitantes como uma pessoa charmosa, mas sem ser seduzida por eles, pois isso pioraria a situação. "Neutralidade" torna-se sinônimo do esforço de evitar indução pelo sistema familiar e da habilidade de se mover livremente na terapia. Talvez para a equipe de Milão, a "neutralidade" seja aquilo que faz com que o terapeuta de mantenha em uma posição hierarquicamente superior, como Haley e Minuchin, mas sem as implicações autoritárias.

Incluindo o profissional

Perto do final dos anos 70, a equipe de Milão reconheceu que o campo terapêutico incluía todos os profissionais que pudessem estar ligados ao caso. Após diversos fracassos, a equipe investigou e descobriu que a família estava primariamente ligada ao profissional que fez o encaminhamento e que não tinha nenhuma motivação para trabalhar com o novo terapeuta, para o qual havia sido enviada. Acima de tudo estava a questão da lealdade: "Vocês não se importam de estar melhor com estes outros terapeutas e, assim, mostrarem ao nosso antigo médico que nós achamos que o trabalho dele foi falho?" A situação familiar só ia melhorar quando a família viesse a equipe elogiar o antigo terapeuta. Em alguns casos, quando a ligação à pessoa de referência era muito intensa, a equipe avisava aos membros da família que eles deveriam desistir do problema; isso também significava que a pessoa de referência, tão amiga, não teria nenhum motivo para continuar a vê-los. Isso poderia ser uma outra versão da conotação positiva da homeostase familiar. A equipe poderia, ainda, conotar positivamente o trabalho de outro profissional, possivelmente terapeuta individual, como necessário a fim de tornar mais vagaroso o processo de mudança.

Quando, durante as consultorias como outros terapeutas, a equipe de Milão solta esse tipo de mensagem, e eles soam mostrar-se chocados e surpresos. Isso é particularmente visível quando os terapeutas locais são vistos junto com as famílias com as quais estavam tendo dificuldades e ouvem dizer que estavam ajudando a família a não conseguirem mudar. O desconforto dos terapeutas parecia aumentar quando os consultores conferenciavam entre si, sem eles, deixando-os sentados com a família. O que se explica porque, dado que o terapeuta foi "introduzido" no sistema familiar, deve ser tratado como um membro da família. Além disso, se os consultores prescrevem a "não-mudança", o terapeuta ficará mais livre para discordar deles, aumentando as probabilidades de que a família fique ao lado do terapeuta para provar que os consultores estão errados.

Esse tipo de movimento produz um efeito muito positivo: permite ao terapeuta uma aguda consciência da sua contribuição para o estabelecimento das situações de "impasse". A partir desse ponto, o chamado "sistema de observação" passará a formar parte do repertório da Equipe de Milão. Os próprios membros da equipe terapêutica podiam contar com colegas da equipe que, detrás do espelho unidirecional, conotavam positivamente sua perplexidade. Essa inovação, similar à ênfase na contratransferência na terapia psicodinâmica individual, constitui um passo importante em direção do trabalho no sistema familiar, uma vez que forçou o terapeuta a incluir-se totalmente no campo terapêutico.

Um último ponto a ser considerado sobre a influência de Bateson na produção da equipe de Milão é a sua incorporação da terminologia batesoniana. "Mudando para um metanível" (mudando para um nível do tempo lógico mais elevado) significou algo similar com o ser capaz de estar "acima da batalha", e tornou-se um modo de indicar a neutralidade terapêutica. O objetivo da terapia era a alteração da "pontuação" familiar, significando o modo como a situação ou o evento foram construídos. Os comportamentos não-verbais de qualquer espécie foram vagamente definidos como "analógicos" com referência à distinção feita por Bateson entre a comunicação "digital" e a "analogia". À medida que Boscolo e Cecchin foram ficando mais interessados no desenvolvimento de uma modalidade de ensino, esses e outros termos semelhantes tornaram-se quase uma forma taquigrafa de descrever seus trabalhos.

A Segunda Cibernética

A "Segunda Cibernética", desenvolvida por pesquisadores como, Heinz Von Foerster, Humberto Maturana e Francisco Varela (Keeney, 1983), representa uma outra parte da influência sofrida pela Equipe de Milão. Essa posição está representada nos últimos pensamentos de

Bateson, mas os pesquisadores acima mencionados expandiram essas ideias em sua contínua exploração das implicações da revolução cibernética. A seriedade com que Boscolo e Cecchin aplicam aquelas ideias ao trabalho clínico, tem contribuído para que a visão sistêmica se torne cada vez mais diferenciada dos primeiros modelos de terapia familiar, podendo razoavelmente, ser denominada abordagem sistêmica da Segunda Cibernética (Hoffman, 1986). A diferença mais importante entre a primeira e a Segunda Cibernética é aquela relativa à observação dos sistemas. Von Foerster (1981) afirma que o observador entra na descrição do que é observado, de tal sorte que a objetividade não é possível. Além disso, se o observador entra naquilo que é observado, não há o que se poderia chamar de sistema observado isolado.

Finalmente, uma vez que qualquer observador percebe o mundo através das lentes da cultura, da família e da linguagem, o produto resultante representa não algo privado e autônomo, mas uma "observação comunitária".

Bateson contribui com o fragmento mais conhecido desta ideia: ele suprime as linhas divisórias entre as unidades de criação tipo observador e observado, sujeito e objeto, propondo que essas unidades e seus contextos representam uma circularidade maior denominada Mente. Ele está falando de circuitos integrados, nunca menos que dois: DNA na célula, célula no corpo, organismo no ambiente. Essa visão descarta os cortes entre as partes ou o controle unilateral de uma parte por outra.

Essa Segunda Cibernética descreve uma visão que pode ser aplicada a qualquer assunto: ativismo social, ecologia, trabalho religioso, educação e assim por diante. Aqui, nós estamos interessados em saber como tal abordagem funcionaria no sistema familiar. Talvez o modo mais simples de a descrever seria dizendo que a Primeira Cibernética retrata o sistema familiar em crise, como uma máquina homeostática. O modelo de Jackson baseado no conceito de homeostase familiar é um exemplo. De acordo com Jackson, o sintoma desempenha um importante papel na manutenção da homeostase familiar.

Esse modelo pode ter representado um avanço sobre os modelos da psicopatologia do início do século, baseada em manifestações físicas, tais como eletricidade e energia, mas, mesmo assim, o modelo separava o terapeuta do cliente. Os modelos da Segunda Cibernética conceituam a unidade do tratamento como contendo ambos, o observador e o observado, em um grande grupo. O que não pode ser facilmente alcançado enquanto a patologia for considerada como estando localizada em um "ego fraco", em "uma personalidade borderline", em um "gene defeituoso" ou em um "sistema familiar disfuncional". A ideia do sistema familiar é, em si mesma, algo que pode nos conduzir por caminhos errados. É melhor desprezar inteiramente o conceito de sistema familiar e pensar na unidade de tratamento como um sistema significativo no qual o profissional é um contribuinte ativo como qualquer outra pessoa. Nós, então, não diríamos que o sistema cria o problema, mas reverteríamos a frase: o problema cria o sistema. Em outras palavras, o problema não existe independentemente dos "sistemas de observação" que estão, recíproca e coletivamente, definindo o problema.

Um dos resultados dessa posição é que o diagnóstico psiquiátrico existe somente aos olhos do observador. E, mais grave ainda, o diagnóstico, ao implicar em causalidade e, portanto, em responsabilidade, age para reforçar os problemas que se tentam, benevolentemente, explicar. A abordagem de Milão assegura que ninguém pode mudar, pelo menos não facilmente, sob a conotação negativa. O perigo que aparece quando surgem nas famílias estas escalas das faltas e culpas é bem conhecido: violência, bode-expiatório, somatização, divórcio. Quanto mais o profissional concordar que há alguma coisa errada – quanto mais concordar em conduzir a família à porta – mais as energias da família dão susceptíveis de se desviarem sob a forma de proteção, o que o clínico frequentemente denomina de resistências.

Desse ponto de vista, o sintoma representa, em parte, um modo de bloquear ou conter as forças deixadas livres pelas escalas negativas e, por tanto, pode ser dito que elas agem, pelo menos parcialmente, em benefício do grupo como um todo. É por isso que o terapeuta deve sempre ter o cuidado de examinar os efeitos do impacto que provoca – no impacto da informação no sentido ecológico – antes de concordar em ajudar em uma mudança individual ou familiar.

Os progressos das modificações do método

Com o passar dos anos, as demonstrações e ensinamentos de Boscolo e Cecchin, e daqueles por eles influenciados, distanciaram-se enormemente dos modelos instrumentais "estratégicos". O comentário da equipe, no final da sessão, constitui um exemplo disso. No início, a família deveria ser "paradoxal" com a prescrição, dizendo-lhe para continuar com o sintoma, ou algum outro comportamento, porque isso beneficiava outras pessoas ou era útil para a família toda. A chamada "intervenção do sacrifício". Um exemplo seria: "Em um determinado momento, seu filho decidiu ficar em casa, calado no quarto, não trabalhar, não ter amigos, porque ele acreditava que, se saísse e levasse sua própria vida como os amigos de sua idade, seus pais estariam sendo deixados em um estado de intolerável solidão. Portanto, ele disse, 'Eu preciso fazer alguma coisa para ajudar meus pais'", e daí por diante. Este tipo de mensagem atuava como conotação negativa porque os que recebiam tal generosidade revelavam-se raivosamente, e o doador se defendia para evitar represálias. O sintoma tende a desaparecer, mas com frequência a família também desaparecia do tratamento. Em versões posteriores à essa intervenção, em vez de colocar a criança a serviço da felicidade paterna, ou a esposa na tarefa de proporcionar bem-estar ao marido, começou a parecer mais "neutro" colocar todos os comportamentos relativos ao problema a serviço de um mito, valor ou premissa comuns. Por exemplo, para uma família com inúmeras crises, pode-se dizer:

"É como se nesta família houvesse a forte crença de que os membros da família sempre virão socorrer alguém que necessitar de ajuda. Mas agora que as crianças estão crescidas, há um medo de que a família possa se separar e que essa crença se torne coisa do passado. Por isso todos continuam tendo problemas, como para comprovar que ainda estão uns com os outros. O problema real desta família seria que não tivesse mais problemas". Esta formulação é útil não somente porque ninguém se sente culpado, mas porque elucida corretamente o duplo vínculo: o "problema" é que as pessoas têm que ter "problemas".

Outra mudança importante foi a transformação da conotação positiva que continha o pensamento negativo que a família "precisava" do sintoma, ou mesmo que o sintoma era "bom", em algo mais próximo à "conotação lógica". Isso envolveu terapeutas que se formulavam perguntas do tipo: "Vamos ver como trabalha este sistema de problemas; quais são os comportamentos indesejáveis que podemos esperar que desapareçam? Devemos inclusive acabar com eles antes de encontrar algo que os substitua?". Não é necessário dizer que o problema é útil, benéfico ou funcional – somente que as pessoas se habituaram a ele e que estes hábitos são difíceis de quebrar. Assim, evitasse de aparentar a aprovação de algum sintoma terrível, o que é percebido pela família como sarcasmo, deixando ver quão significativo ele é no contexto, como é compreensível e, por enquanto, até mesmo necessário. A família que aceita tal comentário considera muito mais difícil conservar intactas as velhas ideias sobre o problema e, frequentemente, fica mais livre para procurar alternativas para o sintoma que respondam ao mesmo dilema, mas de maneira destrutiva. Não há sinal de "paradoxo" em tal sugestão. De fato, todo o vocabulário do "paradoxo" está sendo cada vez menos usado.

Outra técnica que vem sendo usada de maneira diferente é a do ritual. Essas cerimônias soem dirigir-se aos duplos vínculos comunicacionais com pessoas envolvidas umas com as outras. Um tipo considerado como "paradoxal" no antigo vocabulário amplia a interação particular para explodi-la; outro a coloca em uma sequência de diretivas simultâneas e conflitantes. Como disse Bateson, quando se introduz tempo no paradoxo, ele desaparece.

Um exemplo do primeiro tipo de ritual seria o esforço de dramatizar a conotação positiva de um problema que está a serviço dos membros da família. Por exemplo, na hora do jantar, casa um agradeceria solenemente o membro sintomático por ser o problema e citaria o benefício participar que ele obtém dessa generosidade. Isso só iria produzir fortes e súbitas mudanças, mas as pessoas se sentiam negativamente conotadas ou responsáveis.

Boscolo e Cecchin parecem preferir agora o segundo tipo de ritual. Eles pedem que durante os dias ímpares a família considere uma das partes da mensagem contraditórias como verdadeira, e que durante os dias pares considerem como verdadeira a outra parte das mensagens. Por exemplo, pode ser pedido à mãe que seja simultaneamente esposa de seu marido e mãe de sua filha. A contradição é desfeita se lhe é dito que nos dias ímpares da semana ela deva ser esposa do marido e que, nos dias ímpares, mãe de sua filha. A diretiva para o sétimo dia seria "agir espontaneamente".

O sentido que a equipe de Milão dá ao ritual também mudou com o passar do tempo. O fato de ignorar as diretrizes já não é interpretado como uma "manobra" para se defender da equipe terapêutica, mas como uma nova informação sobre o funcionamento do sistema familiar (e de quão distantes estavam os terapeutas em suas tentativas de compreender isso). A equipe inclui essa informação no próprio processo, desenvolvendo hipóteses. A equipe de Milão tratou de uma família na qual a mãe acabava de se divorciar e as filhas estavam descontroladas: suas intenções e rituais dirigiam-se aos assuntos da família. A mãe só conseguiu restabelecer o controle quando a equipe ampliou as suas hipóteses para incluir o impacto dos numerosos oficiais de justiça, da escola, do sistema de seguro, que, com ela, tentavam controlar a família. Uma vez que o contexto mais amplo foi levado em consideração, a mãe não pode mais ser vista como uma cliente resistente procurando se defender do terapeuta.

O surgimento do questionamento circular trouxe outra mudança. Essa técnica questionou a necessidade de uma prescrição ou de uma conotação positiva no final da entrevista. Com esse tipo de questionamento tornou-se possível esquematizar a arquitetura do sistema problemático. A família contribui mais com partes isoladas, o questionador só tinha que justapô-las, organizando-as de tal maneira que as conexões entre elas pudessem ser observadas mais rapidamente. A analogia mais útil para esse processo é a impressão por pressão. Embora muitos estudos sobre o questionamento circular tenham tratado os diferentes tipos de questões quase como intervenções separadas (Tomm, 1985), as perguntas devem ajustar-se dentro de todo o processo da exploração, com a esperança de que, quando o giz tenha passado vezes suficientes sobre os sulcos, a pintura surja por si mesma. Vejamos um exemplo imaginário de um artigo de Hoffman (1983, p. 44):

P: Quem é o mais perturbado pelo problema? R: A mãe.

P: O que a mãe faz com relação a isso? R: Ela tenta motivar João para ir à escola.

P: Quem concorda com a mãe? R: O psicólogo escolar.

P: Quem discorda? R: O pai.

P: Por que você acha que ele discorda? R: Eles pensam que estão mimando João.

P: Quem pensa como o pai? R: A avó.

Considerando o momento em que surgiu o problema, pode-se descobrir que a estrutura dos relacionamentos familiares mudou repentinamente, fazendo com que a sequência seguinte se desenvolvendo desta forma (Hoffman, 1983, p. 45):

P: Quando começou o problema? R: Um ano atrás.
P: Tinha alguma coisa acontecendo um ano atrás? R: O avô morreu.
P: Quem sentiu mais a sua perda? R: A avó, depois o pai.
P: A quem prejudicou mais a morte? R: A mãe.
P: Por que você pensa assim? R: A mamãe e a vovó não se davam bem, e a vovó está vivendo em nossa casa.

Está claro que foi criado um novo equilíbrio em torno do problema da criança, o que faz com que todos se aproximem logo após uma morte importante. A informação está, entretanto, incluída no processo de questionamento. Pode-se começar a perceber quão plausível pode ser para a equipe deixar que o questionamento por si mesmo seja a intervenção, em vez de explicitar a lógica do problema no comentário final.

Em geral Boscolo e Cecchin concordam com o biólogo Humberto Maturana, que diz que não pode haver nenhuma "interação instrutiva", somente perturbação do sistema, o qual reagirá em termos de sua própria estrutura. Por essa razão, as intervenções, sejam como ritual, comentário final ou processo de entrevista em si mesmo, não estão direcionadas a nenhum resultado particular, mas agem empurrando o sistema em direção a resultados imprevisíveis. Cecchin observa que o paraíso da Primeira Cibernética terminou quando se pensou ser possível colocar no sistema uma "bomba" que atingiria o alvo preciso que os terapeutas desejavam atingir; no entanto, não há bombas, não há alvos, não há nada "externo", somente um grande sistema observado, que é composto de todas as pessoas que se vincularam a um problema original. O resultado determinado pelo peso da colaboração desse complexo monstro sói ser uma surpresa para todo mundo.

Dos sistemas de comportamentos aos sistemas de significados

A equipe de Milão tem sido pioneira de outra mudança no campo da terapia familiar. Os expoentes mais "cibernéticos" do movimento do sistema familiar – representados principalmente por Haley e a Escola "Internacional" fundada no trabalho desenvolvido no Mental Research Istitute – diferiram, com sua ênfase na mudança de comportamento, daqueles terapeutas que têm uma abordagem psicodinâmica (Fisch, Weakland, & Segal, 1982; Haley, 1977). Embora sem assumirem a abordagem comportamental, mas acreditando que a mudança produz com mais frequência o insight do que aquela, eles promovem técnicas que mudam o comportamento. Seu slogan parece ser: "Abaixo com o insight".

Na última década, surgiram, talvez desencadeados pela revolução cibernética e a fascinante analogia oferecida pelo computador para a compreensão do que se passa no cérebro, os interesses pelos processos cognitivo e perceptual. Bateson trouxe esse enfoque para o campo da família através de sua preocupação com o processo mental e a posição central que conferiu ao conceito de "mente" (Bateson, 1979).

O trabalho dos biólogos cognitivos como Maturama e Von Foerster, mencionado anteriormente, e as teorias dos "construtivistas radicais", como Ernest Von Glasersfeld (Maturana, 1979; Von Foerster, 1981; Von Geasersfeld, 1984), constituem uma influência mais recente. A visão de que a realidade é um construto social e que nossas ideias sobre o mundo dependem do observador e que não são necessariamente acompanhadas por eventos e objetos "externos", não é uma novidade, mas ganhou uma nova aceitação. Como resultado, ideias, crenças, mitos, valores, percepções, fantasias e outras produções "internas" voltaram do exílio e estão uma vez mais em moda.

No início, a equipe de Milão levou os artefatos mentais tão a sério quanto os comportamentos. A filosofia da mudança adotada pela equipe estava ligada a noção de que as famílias traziam "mapas" do que estava acontecendo, e que o terapeuta tentava desafiar ou mudar esses "mapas". A equipe de Milão também faz uso terapêutico da ênfase nas premissas elaboradas por Bateson – valores referenciais ou princípios norteados que estão programados internamente, no nível de estruturas profundas e fora do alcance da mente consciente. Eles procuram o "mito" ou a "premissa" que aparentemente suportam os comportamentos ligados ao problema apresentado e tentam enunciar essa premissa ou mito em suas mensagens às famílias. Com frequência, fala-se do problema como estando a serviço de tal mito. A mudança ou transformação da premissa, geralmente coletiva, afetará esperançosamente áreas importantes do comportamento familiar, produzindo o que os pesquisadores do Mental Research Institute denominaram mudança de segunda ordem (Watzlawick, Weakland & Fisch, 1974), mas que podemos simplesmente chamar de mudança de premissa.

Isso não significa que Boscolo e Cecchin ignorem as mudanças comportamentais. Pode-se dar instruções para mudar diretamente o comportamento como ritual, mas essas são, geralmente, formadas com referências à hipótese sobre a premissa que os membros da família parecem apoiar. Na primeira parte, "O garoto chorão", prescreveu-se às crianças um ritual: fazerem um encontro semanal para decidir se eles estavam ajudando (com seus problemas comportamentais) seus pais a manterem o mito de que são pais perfeitos. Um exemplo mais óbvio de mudança de comportamento, que está ligado a uma premissa, vem dos anais do Mental Research Institute. Nesse caso, um perfeccionista teria que, deliberadamente, cometer uma falha ou erro por dia (Fisch, Weakland, & Segal, 1982, pp. 133-134). A conclusão, lógica, é que não se pode separar ideias de comportamentos, cada um constituindo um aspecto do outro. Entretanto, a Equipe de Milão tomou o significado da estrutura como primário e, neste sentido, seu modelo é diferente.

A influência do centro de formação

Em 1980, o centro de Milão sofreu uma mudança na organização. Separando-se de Selvini e Prata e autodenominando-se Associados a Milão, Boscolo e Cecchin continuaram a focalizar a formação, enquanto as duas mulheres focalizavam a pesquisa. Como os tentilhões nas Ilhas de Galápagos, os dois pares se assemelham entre si mais do que com outras espécies, mas evoluíram em direções diferentes. As limitações de contexto de formação influenciaram profundamente a perspectiva dos dois homens, uma vez que os formados nem sempre eram capazes de usar as técnicas que eles haviam aprendido no Centro de Milão, e tiveram, pois, que descobrir algum outro modo de aplicar as ideias sistêmicas.

Atualmente, o Centro tem dez formadores, diversos assistentes e mais ou menos doze grupos. Mas, desde 1977, quando o programa começou, até 1982, Boscolo e Cecchin deram a formação sozinhos. Cada um dos primeiros grupos estava composto por doze pessoas. Diversos membros destes grupos iniciais eram fortes adeptos do movimento antipsiquiátrico, que nessa época, teve enorme influência na Itália e havia vencido a batalha principal: o fechamento dos hospitais psiquiátricos. Um membro do grupo explicou suas razões para se candidatar no Centro com as seguintes palavras: "Nossa luta por fechar os hospitais psiquiátricos está encontrando sucesso. Nós agora devemos tratar dos pacientes fora dos hospitais. Queremos aprender terapia familiar na esperança de que a terapia familiar prove ser mais efetiva que as drogas e a terapia individual".

O encontro entre os formadores que, como o acima citado, eram em sua maioria empregados em setores públicos, e os formadores, cujo modelo havia sido desenvolvido inteiramente dentro de uma pequena clínica particular, teve um resultado imprevisível, complexo e interessante. A ênfase no trabalho mudou dramaticamente do enfoque da família para uma instituição maior, onde os formados estavam empregados. Em vez de lidar com sistemas familiares, como eles haviam sido ensinados, os formadores encontraram-se lidando com seus próprios sistemas. O trabalho sistêmico tornou-se não a terapia familiar em si, mas a aventura de introduzir novas ideias sobre o tratamento em um ambiente onde os formandos se tornavam os pacientes identificados. Os formadores, por sua vez, descobriram diminuídas suas identidades originais como terapeutas de famílias, a favor de uma identidade como terapeutas de sistemas maiores. Por causa da demanda desse novo contexto, evoluíram novas abordagens do trabalho sistêmico, e o programa de formação impulsionou ambos, formadores e formandos, a serem mais inventivos e criativos.

Mas essa metamorfose não se instalou sem confusão e sem um crescente sofrimento. Quando começou o programa de formação, na Itália, somente algumas poucas instituições particulares praticavam a terapia familiar, até então desconhecida das instituições públicas. Os formandos tinham pouco conhecimento sobre a tradição e o desenvolvimento da terapia familiar em outros lugares. A maioria deles se candidatara ao programa depois de ler *Paradosso e Contraparadosso.*

No início, os formandos estavam muito entusiasmados. Poucos meses depois, entretanto, o entusiasmo desaparece, dando lugar ao surgimento de crescentes sinais de frustração. Os formadores tentaram fazer algumas hipóteses sobre este estado de ânimo. A ideia mais óbvia foi de que eles eram maus ou confusos professores. Mas os seus esforços cada vez maiores por serem mais claros ou melhores professores apenas pioravam a situação. Quando confrontados com o problema, os formandos explicaram que a insatisfação que sentiam estava mais ligada ao relacionamento com os colegas no trabalho do que com as experiências do Centro. A descrição das coisas novas que eles estavam aprendendo no Centro produziam em seus colegas oposição, ressentimento e medo. Por exemplo, muitos formandos acreditavam que os casos difíceis poderiam ser tratados com sucesso, em poucas sessões, através do método de Milão. Eles, portanto, supunham que a diferente orientação terapêutica de seus colegas estava ficando obsoleta. A mensagem verbal ou não-verbal – "Dado que eu estou fazendo terapia familiar eu serei mais eficaz que você" – provocou uma inevitável tensão entre os formandos e outros membros da equipe. Os formados no estilo Milão também falhavam com os clientes que estavam ligados simultaneamente, ou em tempos diferentes, com outros membros da equipe do serviço público.

Boscolo e Cecchin tentaram corrigir estes erros. Os formandos foram instruídos para serem humildes, ignorarem qualquer assunto relativo ao método terapêutico e mesmo lançar dúvidas sobre o novo ensinamento que estavam tendo. A partir da criação dessa política, os formandos foram capazes de estabelecer, de início, um contato mais produtivo e cooperativo com suas instituições.

Uma segunda razão para os fracassos dos formandos era o fato de que a terapia familiar era estranha e nova em seus ambientes originais. Durante os primeiros meses do programa de formação, a evasão registrada para casos vistos pelos formandos em seus locais de trabalho era um espantoso 90%. A maioria das famílias sumiam depois da terceira sessão. A inexperiência dos formandos não era suficiente para explicar tão desastroso resultado. Uma das razões, segundo ficou evidenciado pela discussão no Centro, era o estigma negativo da modalidade de tratamento. Tratar da família, e não do indivíduo, era ameaçante porque implicava que as famílias eram responsáveis pelo sintoma de seus membros "doentes". Muitas famílias desistiam do tratamento e procuravam outro membro da mesma equipe que oferecia terapia individual tradicional.

Este problema foi solucionado fazendo terapia familiar sem denominá-la como tal. O terapeuta definiria as sessões com a família como "consulta" e não terapia, ou oferecia somente alguns encontros à família, apenas para que fossem capazes de decidir o que fazer em seguida. Agora, é claro, a terapia familiar tornou-se uma modalidade mais amplamente aceita e as famílias frequentemente recusam uma terapia individual ou rejeitam o terapeuta que somente aborda o indivíduo.

O terceiro erro veio da subestimação do contexto no qual trabalhavam os formandos. No início, estes, muito naturalmente, imitavam seus formadores; tratavam as famílias nas instituições públicas onde trabalhavam como se estivessem no Centro de Milão e, frequentemente, falhavam. O exemplo que se segue ilustrará isso claramente.

Um psicólogo escolar sugeriu uma intervenção a uma família a ele encaminhada por um professor. O paciente identificado era um garoto de 8 anos que não ia a escola há 6 meses. O psicólogo conotou positivamente a recusa do garoto de ir à escola como uma tarefa que ele impôs a si mesmo para ficar perto de sua solitária mãe. Ele havia visto exatamente esta intervenção feita com uma família semelhante, tratada no Centro, e na qual a criança voltara à escola quase que imediatamente. O psicólogo foi severamente criticado pelo diretor da escola, que era completamente incapaz de entender as justificativas dessa ação. Além disso, depois que a história se espalhou na escola, o psicólogo foi ridicularizado pelos professores, que chegavam até ele e, bem-humorados, perguntavam se, fazendo o atendimento familiar, os livraria de um aluno terrível.

O sistema significante

Essa e muitas outras situações clarificam a importância das diferenças contextuais que os terapeutas precisam considerar para evitar que soluções terapêuticas se transformem em problemas terapêuticos. Eles devem levar em consideração o efeito que suas intervenções podem ter sobre os clientes, sobre os outros sistemas significantes relacionados com os clientes, e também sobre eles próprios. A ideia do sistema significante, vista como sendo muito mais adequada para definir o que era problemático do que a clássica ideia de "sistema familiar", firmou-se. O sistema significante inclui todas as unidades (pessoas e instituições) que são ativadas na tentativa de aliviar os problemas trazidos para serem resolvidos pelo profissional. O acréscimo dos profissionais, inclusive a própria Equipe de Milão, no quadro de tratamento, foi o passo principal para conceituar o problema em termos de "Sistemas em observação" em vez de "Sistemas Observados". O conceito de "sistema significante" aproxima o modelo à definição do problema, uma ecologia de ideias sobre o problema (Bogdan, 1984), em vez de comportamentos localizados em indivíduos ou famílias consideradas disfuncionais ou doentes.

Para a equipe terapêutica do Centro, o sistema significante usualmente inclui o próprio centro, a família e a pessoa ou instituição que fez o encaminhamento. Ocasionalmente, outros sistemas, tais como a escola ou a justiça que influem sobre o tratamento, são também considerados. Os casos encaminhados ao Centro são, frequentemente, casos sérios que haviam sido tratados sem sucesso por outros. Dado que estes colegas consideram a Equipe de Milão como especialista, uma aliança imediata é criada entre a pessoa ou instituição que fez o encaminhamento e a equipe terapêutica. Se a família em tratamento volta à pessoa que a encaminhou e reclama do trabalho que é realizado no Centro, a resposta mais frequente é: "Você não precisa entender o que eles dizem ou fazem. Eles são os melhores. Volte para lá". As famílias soem aguentar experiências frustrantes e aceitar intervenções estranhas sem abandonar o tratamento.

Mas, para os formandos, a situação é muito diferente. A maioria é jovem e ocupa a mais baixa posição em seu lugar de trabalho. Portanto, as famílias não se vinculam a eles com facilidade e, com frequência, abandonam o tratamento para encontrar outro terapeuta mais famoso. Mas a fraca posição dos formandos pode se tornar um desafio para eles, como se os forçassem soluções originais que, por sua vez, transformaram-se em material de ensino para outros estudantes e, mais importante, para os formadores.

Por exemplo, no serviço público, poucas são as demandas claras de terapia. Amiúde, os clientes pedem remédios, apoio financeiro, reabilitação, pensão ou uma combinação destes elementos. Eles não estão à procura de uma "cura pela conversa". Uma maneira de lidar com essa situação, sem deixar de ser sistêmico, é reformular os pedidos para hospitalização ou medicamentos como não-terapia, dando ao cliente a mensagem: "Isto não vai mudar nada e, de fato, vai retardar qualquer possibilidade de mudança, no entanto, pode ser o que você necessita agora. Se você decidir mais tarde que deseja uma terapia, informe-nos e nós teremos a satisfação de trabalhar com você". (Fruggeri, Dotti, Ferrari, & Matteine, 1955).

Outro dilema ocorre quando, na tentativa de evitar um suicídio ou alguma violência, o terapeuta é chamado a agir mais como controlador social do que como terapeuta. Esses casos não representam problema desde que para o terapeuta esteja claro qual o papel que está desempenhando: "terapeuta" ou "controlador social". Ele pode dizer para o cliente: "Eu me pergunto o que fez com que eu viesse a ser seu policial em vez de seu terapeuta. Talvez devamos ver como isto aconteceu".

De um modo geral, a formação acabou de fazer ênfase no sistema familiar para enfatizar um sistema maior, com o indivíduo e a família vistos dentro de um contexto mais complexo. À medida que os estudantes foram adquirindo mais habilidades para analisar os padrões de comunicação das redes nas quais estão envolvidos, foram tornando-se capazes de evitar alguns problemas que originalmente os frustravam e desapontavam. Adquiriram a habilidade de detectar os efeitos de suas ações sobre os outros e de avaliar a retroalimentação vinda dos sistemas aos quais eles estavam ligados. Continuaram trabalhando com aqueles sistemas e os tornaram viáveis, em vez de não os levar em conta ou rejeitá-los.

Essa nova ênfase no "sistema maior", que inclui aquele no qual o terapeuta trabalha, tem sido evidenciada pelo crescente esforço de aplicação dessa abordagem nos hospitais públicos, onde é difícil, senão impossível, fazer terapia no estilo de Milão. David Campbell e Rosalind Draper (1985), representantes da Equipe de Milão na Tavistock Clinic, em Londres, editaram recentemente uma antologia que contém ricas ideias para intervenções em sistemas maiores sem provocar desordem ou destruição. Boscolo e Cecchin gostam de dizer que, embora Bateson possa ter sido a primeira maior influência em seus trabalhos, a segunda tem sido a retroalimentação vinda dos seus estudantes. E é verdade que seus ensinamentos têm sido radicalmente mudados por estas retroalimentações. Como Boscolo disse, essa evolução conjunta entre formadores e estudantes leva-os a pensar em si próprios não como terapeutas familiares, mas como "consultores de sistemas".

O fenômeno da equipe

Embora os terapeutas de família sejam quase formados com um supervisor e um ou mais formandos atrás do espelho unidirecional, as equipes de observação terapêutica não existiam formalmente até que a Equipe de Milão começou a experimentar o seu modelo de quatro pessoas. Os terapeutas atrás do espelho unidirecional serviam para contrabalancear os dois que estavam na sala com a família. Os participantes das duplas faziam rodízios de casos, mas sempre era um terapeuta masculino e um feminino, relembrando a ideia do antigo modelo de papeis de coterapia conjugal.

Mais tarde, como vimos, a Equipe de Milão se partiu em pares. Depois que Boscolo e Cecchin se separaram de Selvini e Prata, desapareceu tanto o componente masculino-feminino, quando a ideia das duas pessoas juntas com a família. Entretanto, o abandono da equipe de quatro pessoas não pareceu necessariamente ruim; pelo contrário, pareceu ser mais econômico e menos incômodo. O único pré-requisito para a equipe terapêutica parecia ser que ela preenchesse, de alguma forma, a versão da ideia de Bateson a respeito da visão binocular. Se fosse possível que uma pessoa estivesse imersa na família e uma outra observando-a – uma que se encontrasse na janela e outra que se sentisse aos seus pés –, poder-se-ia alcançar uma dimensão mais profunda.

Enquanto a maioria dos seguidores do método Milão utiliza o modelo de equipe, alguns usam mais e outros menos que quatro pessoas. A "equipe" de um membro pode existir. O terapeuta pode sair da sala para comunicar consigo mesmo e voltar com um comentário ou ideia. O terapeuta também pode vir para a sessão depois de consultar com algum colega ou grupo e dizer que eles sugeriram tal opinião, mensagem ou mesmo carta. Algumas vezes, admitimos, os consultores são imaginários.

À medida que Boscolo e Cecchin viajaram realizando seminários, foram surgindo, em vários países, equipes irmãs. Essas equipes costumam passar muito tempo juntas e podem se tornar intensamente autoabsortas e fechadas. Como resultado, muitas vezes agridem o local que as recebe, não só porque se sentem no interior de uma fronteira criativa, mas também porque transpiram um senso de fervor missionário. Em seus ensinamentos posteriores, Boscolo e Cecchin enfatizaram a importância de conservar um baixo perfil e uma modesta posição, mas não fica claro se este conselho teve, alguma vez, um sucesso pleno. Um grupo de quatro ou mais pessoas é, *ipso facto*, uma presença política, não interessa quão baixo possa ser o seu perfil. Neste sentido, as equipes têm o potencial para radicalizar qualquer ambiente onde estejam, ou mesmo, através de comportamentos imprudentes, provocar um convite à própria demissão.

As divisões e permutas são também comuns, bem como a separação de equipes antigas para formar outras novas.

As equipes estilo Milão têm, pelo menos nos Estados Unidos, um destino comum, enxertam-se no tronco estratégico. As pessoas que trabalham no estilo do Mental Research Institute, ou que usam a abordagem ericksoniana, podem usar equipes para intensificar a busca de uma tarefa ou prescrição milagrosa que acabaria com o comportamento sintomático com um simples golpe de karatê. Essa ênfase foi, admitidamente, inspirada na postura da original equipe de quatro de Milão.

A separação entre família e terapeuta, implícita no modelo estratégico, foi também ampliada pela quantidade de tempo e discussões que podem ser necessárias na busca de uma intervenção final. A divisão da equipe pode vir a ser uma espécie de cabala secreta durante a qual pode surgir um riso nervoso produzido pelos desgastes e queixas da família contra as próprias manobras. O isolamento da equipe também parece intensificar o banimento estratégico contra o compartilhamento do raciocínio terapêutico com o cliente. Muitas intervenções, tais como a prescrição "paradoxal", foram, originalmente, planejadas para driblar a famosa resistência da família. Se os membros da família soubessem que eles seriam coagidos a mudar para induzi-los a mudar, sentiriam que a tática poderia não funcionar.

As famílias têm reagido de diferentes maneiras à presença da equipe. Algumas objetam de serem olhadas por estranhos, mas a maioria parece não se importar, chegando a se tornarem amigas desses outros invisíveis que continuamente mandam mensagens.

As famílias não são impedidas, se o desejam, de se encontrar com a equipe, mas as tendências têm sido de manter a fronteira (e a invisibilidade) da equipe. Um risco das equipes estilo Milão é que, para fazer uma conotação positiva, chegam muito perto da aprovação de um sintoma, as famílias se aborrecem e se irritam, podendo abandonar o tratamento ou até ameaçar processar a clínica.

Um dos maiores problemas com a equipe terapêutica tem sido o manejo dos conflitos e dos problemas de poder. Dado que, geralmente, são não-hierarquizadas, é difícil resolver este "beco sem saída" ou interromper a escalada de divisões. Equipes de quatro ou mais pessoas são frequentemente contaminadas por divergências e desordens internas. Enterrar as diferenças e forçar o consenso não é solução, pois isto levaria apenas a um descontentamento oculto. Estar em uma equipe pode ser estimulante e criativo, mas pode também ser difícil e confuso. Algumas vezes, a equipe de pesquisa se dividirá, como aconteceu com a equipe original de Milão. Para a evolução da terapia, essa parece ser uma forma mais estável, como também mais econômica, que a de um grupo grande.

Entretanto, a equipe de quatro, ou mais, veio a se tornar uma benção em termos de formação. Isso tem evitado o custo "não-econômico" e tem provado ser o modo de dar aos terapeutas iniciantes uma experiência ativa tanto na frente, quanto atrás do espelho unidirecional. O instituto de formação, Boscolo e Cecchin recebe grupos de doze pessoas e os divide em dois. A "equipe T" ou equipe terapêutica, é formada por seis pessoas – uma delas na sala e as outras cinco atrás do espelho unidirecional. A "equipe O", ou equipe de observação, é composta das outras seis pessoas. O trabalho desta última consiste em observar e comentar o relacionamento entre a "equipe terapêutica" e o terapeuta, na sala. Entretanto, somente a equipe terapêutica pode enviar mensagens à família. Depois da sessão, as duas equipes podem trocar observações e hipóteses tanto sobre a família, quanto sobre o suprassistema terapêutico. A equipe terapêutica pode utilizar essas ideias durante a sessão seguinte.

O uso da equipe tem sido uma maneira brilhante de oferecer, a um grupo maior, uma supervisão ao vivo da evolução da terapia familiar. Antes do surgimento da equipe estilo Milão, somente o terapeuta na sala se beneficiaria, pelo menos de uma maneira ativa, da entrevista com a família e dos comentários do supervisor. Com a equipe de Milão, a participação foi ampliada. A consequência é a formação de um número maior de terapeutas de famílias pela equipe atrás do espelho unidirecional e não somente no método de Milão. O método Milão pode adquirir outras formas e tamanhos (e isso está acontecendo enquanto este texto está sendo escrito), mas a equipe de formação de Milão parece ter vindo para ficar.

Uma curiosa característica da Equipe de Milão é sua proliferação espontânea. Novas equipes são formadas depois que uma pessoa ou um grupo tenha visto a Equipe de Milão em um seminário ou o tenha visitado. Essas equipes recebem formação e supervisão esporádica de Boscolo e Cecchin através de arranjos para tê-los em seus locais de trabalho, ou mesmo seguindo-os em subsequentes seminários. Boscolo e Cecchin são extraordinariamente sensíveis a esse tipo de entusiasmo e têm voltado diversas vezes, até mesmo em algumas obscuras clínicas, simplesmente para ajudar o grupo novato.

Assim, evolui rapidamente uma verdadeira rede transatlântica de Equipes de Milão. Hoje existem muitas equipes que assumiram o estilo de Milão, bem como ambientes construídos ao redor de equipes em inúmeros países da Europa, Canadá, Estados Unidos, Austrália e Nova Zelândia. As Equipes de Milão têm se "implantado" com uma certa lentidão nos Estados Unidos, em parte ao devido relativamente fácil acesso do grupo italiano nos países europeus, mas também porque, quando o método alcançou o litoral norte-americano, a terapia familiar americana já havia se estabilizado em volta de gurus nativos. De qualquer modo, o método Milão foi definido nos Estados Unidos como uma categoria de terapia estratégica, e somente recentemente tem sido considerado sob o ponto de vista de seus próprios direitos. A abordagem se enraizou na América do Norte somente no Departamento de Psiquiatria dirigido por Karl Tomm na University of Calgary, o Ackerman Institute recém-criado.

Um aspecto interessante desse movimento é o apoio de "equipes" espontâneas de conferências. Diversas aconteceram, desde 1980 até hoje, sob patrocínio privado. Elas são realizadas através de convites, não para ter lucros, mas para permitir às equipes do estilo Milão se encontrarem e trocarem ideias com Boscolo e Cecchin. A mais recente, realizada em Oxford, no verão de 1986, teve como destaque o biólogo chileno Humberto Maturama.

Um último aspecto do Milan Approach que merece ser mencionado é a sua estrutura. As equipes do estilo Milão são distribuídas de forma horizontal e não hierarquicamente; estão experimentando continuamente e não apenas se dedicando a um método. Outra característica é a frequente formação e reformação. A equipe original de Milão já passou, desde seu início, por pelo menos três permutações, e as equipes mais novas também mudam, enquanto ainda se consideram a si próprias como parte de uma rede maior.

Há uma qualidade radical curiosa nessas equipes de Milão. O Centro Milanese não age como cabeça do movimento, mas como colaborador com outras equipes em um processo horizontal. Essas equipes, uma federação difusa, estão em todos os lugares e em lugar nenhum, como capim. O hospital que os recebe sói reagir como se fossem nocivos, mas eles têm aprendido evitar o extermínio, agindo com cautela.

E mesmo quando nenhum outro broto aparece na terra anfitriã, novas raízes podem estar trabalhando seu caminho em direção a um terreno vizinho que nem suspeita do que está ocorrendo.

Conclusão

Nós acreditamos que o método de Milão não é um conjunto de procedimentos que são repassados como receitas. O método inclui a programação interna da habilidade de evolução para formas novas e diferentes, constitui uma abordagem na qual se "aprende a aprender" no sentido batesoniano. O veículo deste processo é a rede de equipes que, proliferando externamente em muitos contextos diferentes, é, por sua natureza, incapaz de reprodução clônica.

Além disto, este método incorpora ideias sobre mudanças que são facilmente adaptadas a outros tipos de sistemas sociais, embora no processo o método se afaste cada vez mais da terapia familiar tradicional. A noção de "terapia" tornou-se muito estreita para abrigar o peso que o método de Milão é chamado a ter; e o conceito de "sistema familiar" não é aplicável porque não estamos mais falando sobre unidades de tratamento, mas de "ecologias da mente".

Finalmente, observamos que esta abordagem, identificada como é com a fascinação de Bateson com os eventos situados na fronteira da imaginação científica, desafia seus adeptos a traduzir a ênfase na epistemologia da Nova Biologia em uma linguagem realística do trabalho clínico. Portanto, o que está estimulando as pessoas que têm seguido e divulgado o trabalho de Luigi Boscolo e Gianfranco Cecchin não é apenas a possibilidade de experimentar novas ideias sobre terapia, mas a possibilidade de experimentar as novas ideias sobre o mundo que os pesquisadores das áreas das ciências naturais estão nos oferecendo.

PARTE 1

O garoto chorão

Introdução

Este caso evidencia três importantes categorias da terapia sistêmica de Milão. A primeira focaliza o contexto do próprio terapeuta, o que reflete a primeira preocupação com a interdependência das dinâmicas da família e das dinâmicas da equipe. O Grupo de Milão está sempre tentando descobrir de que maneira os terapeutas poderiam ser introduzidos pela família e até que ponto ela é capaz de se aproveitar dos problemas organizacionais da equipe para paralisá-la. Em tal situação, a equipe utiliza seu próprio processo para obter uma solução saudável. A segunda é o emprego do questionamento circular para interromper a rotulação dentro da família, transformando-a em um processo interativo, de forma que os rótulos indiquem comportamentos compartilhados ou potenciais no sistema e não de doença de algum membro. A terceira é uma exploração de mitos ou premissas desenvolvidas pela família em resposta a um dilema do passado, que dificulta a construção de uma realidade mais flexível e impede a mudança. No caso que agora descreveremos, os comportamentos de todas as crianças, e não apenas os do filho-problema, foram conotados positivamente a serviço de um mito que parecia encaixar-se na história muito particular desta família. Esta entrevista, contrariamente às outras três contidas no livro, teve lugar pouco antes da ruptura do grupo original dos quatro, depois que Boscolo e Cecchin abriram seu próprio instituto de formação.

O duplo contexto: família e equipe

A consultoria que veremos a seguir possui uma série de importantes características que a diferenciam das outras três. Primeiro, trata-se de uma sessão inicial com uma família que ainda não estava em tratamento. Segundo, a equipe está formada pelo grupo original de Milão: Drs. Mara Selvini, Luigi Boscolo, Gianfranco Cecchin e Giuliana Prata. Terceiro, um terapeuta homem e uma terapeuta mulher entram na sessão – Cecchin e Selvini –, enquanto Boscolo e Prata ficam atrás do espelho. A própria equipe passa por um momento de crise, o que acaba produzindo um considerável impacto sobre este caso. Finalmente, a equipe está entrevistando esta família para apresentar seu trabalho em uma conferência, de modo que a entrevista está sendo acompanhada através de um circuito fechado de televisão.

O caso encerra suas próprias complexidades. A Sra. Y procurou a clínica para pedir que vissem seu filho John, de 17 anos, que tinha acabado de passar três semanas no hospital devido a um "severo ataque de esquizofrenia". A mãe de John estava muito preocupada por diversas razões. A família não sabia se John tinha ou não abusado de drogas. Depois, dado que o psiquiatra se recusara a ver os pais, a Sra. Y disse que "a família não sabia o que esperar de John". Finalmente, a Sra. Y queria discutir se John deveria continuar sendo medicado como tinha sido no hospital. A equipe de consultores de Milão queria esclarecer a natureza do problema de John e discutir um plano de tratamento com a clínica.

A característica mais relevante da família Y era sua constituição: era uma família mista, na qual ambos os cônjuges vinham de um casamento anterior. Esta "nova" família tinha cinco anos de convivência. Os Y tinham pouco mais de 40 anos e, no total, cinco filhos: Harry, 18 anos; John, o paciente identificado, 17, e Barbara de 16, filhos da Sra. Y; Donna, de 12 e Deborah, de 10, Filhas do Sr. Y. Uma informação da entrevista introdutória chamou mais atenção do que as outras: o primeiro marido da Sra. Y talvez fosse alcoolista, além de imprevisivelmente violento.

A Equipe de Milão cometeu um erro importante no estágio da Pré-hipótese – supôs que todos cinco eram filhos da Sra. Y – e constituiu a hipótese de trabalho em torno do pai natural das crianças, especulando que um ou mais destes filhos deveriam estar identificados com seu pai e/ou ser-lhe ainda leais. Durante a primeira parte da entrevista, que consiste em um processo de retroalimentação entre terapeutas e família, pretende-se confirmar a Pré-hipótese, ou seja, a conjetura sobre o significado que, dentro do contexto relacional, têm os problemas apresentados. Esta retroalimentação é importante, pois indica o quão bem-sucedido está sendo a junção destes dois sistemas específicos. O erro cometido pela equipe distorceu tanto seu próprio processo quanto o questionamento da primeira parte da entrevista. Veremos de perto o que acontece na equipe, assim como sua semelhança com o que acontece na família Y.

Os diversos problemas peculiares às famílias mistas são ressaltados quando a Equipe de Milão descobre que sua primeira hipótese é um equívoco e percebe que os filhos estão divididos entre os pais. Examina-se o delicado reposicionamento que ocorre entre os filhos de uma família mista. Surge uma série de perguntas: quem ainda está próximo de seus irmãos naturais? Quem se sente traído pelos seus novos irmãos? Podem os irmãos se manter unidos ainda que fazendo parte de um novo grupo? Se um "velho" par de filhos se rompe, será que um deles se aproximará mais de um dos pais? Qual deles? E assim por diante. As possíveis variações de relacionamento entre os filhos possuem uma importância cardinal para a compreensão das famílias mistas. Em toda esta primeira entrevista aparecem obscuras lembranças de significativas e confusas mudanças das relações entre os irmãos. Além do mais, as famílias mistas contêm a memória de fracassados casamentos passados, e os filhos, amiúde, assumem ou representam conflitos da família de origem, objetivando serem leais aos antigos pais ou para protegerem a unidade do novo casal. E como se isto não bastasse, a nova família, com as suas próprias e imprevisíveis permutações, exige muito de cada um de seus membros.

A discussão que segue o caso da família Y volta com frequência à questão da estrutura da equipe, seu funcionamento e suas limitações. A equipe joga no processo terapêutico tanto o papel de observadora quanto o de participante, carecendo, no entanto, da capacidade de se observar a si mesma. Da mesma maneira que o sistema familiar; a equipe tem suas próprias regras, história, interesses, suposições e loucuras. Se a Equipe de Milão tivesse sido capaz de construir uma metaequipe – ou uma equipe – O (observadora), durante sua consulta com a família Y, talvez tivesse percebido de que maneira a família estava organizando o problema da própria Equipe de Milão. Por falta disto, a equipe precisou apoiar-se nas suas próprias regras e o acabamento de seu próprio processo de equipe para salvar-se do problema que surgiu entre eles e a família Y.

O isomorfismo entre uma equipe e a família é sempre significativo e a experiência da Equipe de Milão aqui apresentada é particularmente reveladora, uma vez que o grupo estava à beira de uma mudança estrutural e teórica que ainda não se tinha completado. Desde o início da entrevista, os terapeutas que observavam atrás do espelho puderam perceber que Selvini e Cecchin estavam desenvolvendo duas linhas inteiramente diferentes de questionamento. Selvini estava fazendo perguntas sobre o pai natural dos filhos da esposa, enquanto Cecchin estava rastreando as sequências corretas dentro da família. Quando se descobriu que os filhos não eram todos da mãe, como a equipe havia pensado, Selvini ficou quieta e Cecchin assumiu, de repente, sua própria hipótese. Ele perguntou se os três filhos da Sra. Y mantinham contato com o pai, se o visitavam. Quem o visita mais? Ele mora muito longe? Casou-se novamente? E assim por diante. Foi neste momento que Boscolo bateu na porta e Selvini deixou a reunião para falar com ele.

Tinha se tornado claro tanto para Boscolo, quanto para Prata que Selvini e Cecchin estavam trabalhando sobre caminhos divergentes. De acordo com Boscolo, Mara Selvini era líder oficial da equipe na época em que foi levada a efeito a consultoria, mas nem ela nem Prata falavam tão fluentemente o inglês quanto os dois homens. Consequentemente, para Boscolo, as mulheres sentiram-se um pouco paralisadas. Boscolo chamou Selvini para compartilhar das ideias, sentindo que se tivesse chamado Cecchin teria desrespeitado a hierarquia da equipe. Na época, todas essas considerações logicamente passaram despercebidas. Ele estava reagindo como um membro da família. Cecchin também se sentiu paralisado; achando que deveria seguir a linha traçada por Selvini: não poderia seguir seu próprio questionamento. Olhando retrospectivamente, Cecchin observou que a equipe estava no meio de uma mudança organizacional, a qual, no devido tempo, levou à separação entre os homens e as mulheres do grupo. Estes problemas foram inconscientemente utilizados pela família para proteger seu *status quo.* A família, como sistema, calibra-se a si mesma segundo as informações introduzidas na sessão pela equipe. Este isomorfismo não constitui, para Cecchin, uma atitude intencional por parte da família.

No protocolo de treinamento elaborado por Boscolo e Cecchin, quando começaram a trabalhar independentemente, ficou estabelecido que não utilizariam mais uma dupla mista de terapeutas. Eles achavam que o modelo da "coterapia" estava baseado na ideia de que se deveria fornecer à família uma experiência corretiva que dependia da identificação e modelagem de papeis. Em vez disso, decidiram ter somente um terapeuta na sala. Isso facilitaria o uso e o desenvolvimento do questionamento circular, que depende do refinamento de uma só hipótese de cada vez e/ou da construção de uma outra. A nova informação que cria a nova hipótese baseia-se nas aberturas apresentadas pela própria família. Se forem apresentadas dez aberturas, o terapeuta deverá escolher qual delas utilizar. Parece impossível que duas pessoas concordem sobre a utilização de uma mesma abertura. O processo caminha melhor quando um dos terapeutas está atrás do espelho e o terapeuta que fica na sala seleciona as aberturas e desenvolve as hipóteses. O terapeuta atrás do espelho pode, então, seguir o raciocínio e trabalhar no refinamento da hipótese ou solucionar uma troca de opiniões para escolha de uma nova direção. Todo mundo – a família e a equipe – pode, se mais de uma hipótese for desenvolvida ao mesmo tempo, confundir-se. Neste caso, o grupo esperou a discussão no fim da entrevista para "curar-se" da confusão, confiando que o ritual de seu próprio processo de equipe desenvolveria a clareza e a coerência. Foi exatamente isso que aconteceu.

Rótulos e Processo

O jogo da rotulação constitui um dos aspectos importantes deste caso. A esperança de encontrar um significado para certas coisas mal compreendidas e assustadoras – a doença mental, por exemplo – conduz à atribuição e à aceitação de rótulos. Infelizmente, na maioria dos casos, os rótulos fornecidos por um perito são ulteriormente adotados pelas famílias, as quais encontram cada vez mais evidências que os confirmam. A família Y havia previamente concluído que a "agitação" de John, sua atitude "hiper", o choro, as alucinações etc., eram sintomas de "um agudo episódio esquizofrênico", como dizia o seu diagnóstico feito no hospital. Uma vez que o rótulo é aceito, todos os comportamentos subsequentes passam a ser vinculados a este rótulo e cada ação torna-se um testemunho da esquizofrenia: ele dorme demais, dorme muito pouco; fala demais, quase não fala e assim vai... Boscolo e Cecchin têm utilizado o questionamento circular como antídoto à rotulação, pois as perguntas investigam e promovem uma distribuição diferente dos rótulos, inclusive quando se trata de "bons" rótulos. Se o paciente identificado é descrito como "hiper" ou como "cooperativo", as questões circulares eliciam informações sobre os demais filhos das famílias que são, às vezes, "hiper" ou "cooperativos", o que, de imediato, desafia o status problemático do paciente identificado e passa a colocar todos os filhos no mesmo nível. Se John é considerado "doente" e os outros filhos "saudáveis", a diferença entre John e os outros irá se tornando, com o passar do tempo, maior, e fará com que John seja mais doente, enquanto os demais, pelo contrário, cada vez mais saudáveis. Se você pergunta: "Quem era o 'hiper' ou 'agitado' antes de John se tornar assim?", ou "Quem será o mais cooperador quando John deixar de sê-lo?", "hiper" torna-se uma descrição de um comportamento compartilhado ou possível no sistema, e não um testemunho de doença de um membro. Esta abordagem da rotulação muda a ênfase do terapeuta; em vez de afixar rótulos, ele pode desfazê-los, reconsiderando-os no processo interativo.

Outrora, Boscolo e Cecchin transformavam os pacientes identificados ao conotá-los positivamente como protetores da família em santos ou pessoas sacrificadas. Aos olhares retrospectivamente, eles sentem que, com frequência, corriam o risco de insultar a família, sobretudo se se tratava de um paciente crônico. Dizer que tal pessoa estava sacrificando sua vida pela família, amiúde, piorava a situação, pois, para o resto do grupo, esta era uma conotação negativa. Assim, eles dizem: "Você deve olhar as histórias individuais, encontrar um modo de mudar a história para que as pessoas possam permanecer unidas, deixar-se umas às outras e lutar, sem grande perigo e sem serem rotuladas".

O mito e as perguntas sobre o futuro

O desenvolvimento de técnicas de questionamento do Milan Approach continua sendo uma característica fundamental de sua terapia familiar sistêmica. As perguntas sobre o futuro representam uma importante variação da técnica do questionamento circular. As perguntas circulares fornecem informações para a construção de uma hipótese e de uma premissa sobre o problema, enquanto as perguntas sobre o futuro questionam a premissa da família ou levam ao desenvolvimento de uma nova. As perguntas envolvendo o futuro – já se colheu a informação e descreveram-se as sequências atuais de comportamentos relativos ao problema, bem como as coligações familiares – sugerem à família um mapa diferente.

Estas perguntas – tais como "Você acredita que quando uma filha sair de casa para cursar uma faculdade, sua vida sexual com sua esposa tenderá a melhorar ou piorar?" ou "Você acha que se à noite sua mãe conversasse mais com você do que com seu irmão, seu pai se queixaria de se sentir tão só?" – são transformadoras e podem ser encaixadas em muitos temas familiares. As perguntas de sobrevivência, de separação, de punição e questões existenciais podem introduzir uma possibilidade futura inteiramente nova para a família.

Se uma família está organizada em torno de uma premissa criadora de um problema, as perguntas relativas ao futuro podem, também, desafiar o poder de tal premissa, evitando que se perpetue.

Com frequência, estas perguntas possuem um efeito transtornador e provocador sobre a família. Boscolo e Cecchin sentem que as questões futuras introduzem tanta informação que praticamente evitam o uso da prescrição ou do comentário no final da sessão. Eles consideram que um ritual é uma finalização melhor, porque permite um melhor controle da absorção da nova informação e restitui a calma à família. As questões futuras utilizadas na entrevista com a família Y proveram importantes informações sobre os filhos, que apontavam para a presença de um mito familiar compartilhado, segundo o qual todos tinham de perceber o novo casamento dos pais como perfeito. Só John não aceita totalmente este mito, mas desqualificou-se a si mesmo agindo como louco.

O mito na família

A premissa ou o mito nesta família – inconsciente e necessitando, portanto, de ser verbalizado pelos terapeutas – era a seguinte: este segundo casamento do Sr. E da Sra. Y tinha de ser "perfeito", permitindo que assim cada qual pudesse recuperar-se das perdas sofridas nos seus "maus" casamentos anteriores. Cada cônjuge queria que tanto ele próprio, quanto os seus filhos tivessem um pai/cônjuge melhor que aquele que haviam perdido. Para que o Sr. E a Sra. Y se sentissem satisfeito pelo fato de seus filhos estarem desfrutando esta nova e melhor paternidade, eles tinham de participar, mostrando uma conduta feliz e normal. Os filhos com pais perfeitos não podem ter problemas!

Esta premissa da perfeição do segundo casamento mitologizou o fracasso da família. Cada um dos pais precisava demonstrar continuamente quão ruins tinham sido os cônjuges anteriores, bem como fazer com que os filhos acreditassem nisso. Um mito construído com rigidez restringe forçadamente as possibilidades de todos os membros da família conceberem uma realidade mais complexa. Neste caso, não permitia que os filhos tivessem suas próprias ideias sobre os pais naturais, nem que percebessem os novos pais independentemente. Boscolo comenta que este tipo de mito pode ser relacionado com a psicose. A pessoa que se comporta de maneira psicótica sói ser aquela que não consegue aceitar o mito e, através de seu comportamento, o desafia.

Eles observam que ao se falar em termos de mito, muda-se para um nível mais abstrato de explicação do que, digamos, o da explicação triádica, na qual apenas fazem-se avaliações de coalisões, registrando quem fica excluído ou incluído. O mito proporciona a todos um guia de ação. Mas como prescreve um comportamento determinado, funciona como camisa de força. Pode até assemelhar-se a um nível mais elevado de tipo mais lógico, o nível social, onde o pai determina as regras, a mãe o apoia e os filhos colaboram. Um mito como este é muito difícil de sustentar; em um determinado ponto, alguém terá que rompê-lo e, assim procedendo, poderá apresentar um comportamento que parece psicótico. Este caso representa um bom exemplo de tal tipo de mito.

Quando Sra. Y conta a história do "mau marido e pai", chora, e seu atual marido diz que esta experiência foi tão difícil que ela pensou em se suicidar. Suas lágrimas vêm a ser uma fortíssima mensagem para seu marido, seus filhos e para os terapeutas. As histórias do casamento anterior constituem um importante elemento da criação do mito, impedindo que a mãe possa transcendê-lo e suplantar o permanente contraste entre o antigo e o mau casamento e o atual e perfeito. O Sr. Y também teve um mau casamento anterior, mas parece que ele sofreu menos e, nesta família, goza de bastante poder[2]. Ele tinha assumido esta família, exigindo dos filhos que atendessem sua mãe, pois, caso contrário, seriam

[2] O fato de as mulheres sofrerem maiores dificuldades de ajustamento financeiro e emocional que os homens quando seus casamentos se desfazem, é consciente com os dados demográficos mais recentes sobre as diferentes mudanças no status de homens e mulheres após o divórcio. (Goldner, 1985)

punidos por ele! Ainda que isto pareça ser uma solução mais benevolente, fica claro que em nenhuma das duas famílias a Sra. Y era considerada uma parceira completa.

Cada um dos filhos oferece uma versão diferente do tema "O casamento perfeito". Harry, que está prestes a deixar a casa, é o filho da Sra. Y que se sente mais próximo de seu pai natural. Sua vida complicou-se quando lhe propuseram que utilizasse o sobrenome de seu novo pai. Sua aceitação agradaria a ambos, à sua mãe e ao seu novo pai. Ele desligou-se de seu irmão John – eles não frequentavam juntos a escola este ano – e aproximou-se mais de sua irmã Bárbara. Como poderia reivindicar qualquer afeto de seu pai natural e ao mesmo tempo aceitar o sobrenome de seu novo pai? Quais os riscos que correrá recusando o sobrenome de seu novo pai?

Bárbara, agora um membro prestigiado da nova família, cujos conselhos cada um procura, foi puxada para a família de seu novo pai como uma mãe substituta para as meninas mais novas.

De caçula de dois irmãos, passou a ser a irmã mais velha de duas irmãs mais novas. Isto a afastou de John, mas permitiu-lhe ajudar sua mãe de forma mais positiva. Se ela ajuda a mãe a cuidar bem das duas meninas pequenas, o pai ficará impressionado e satisfeito, e a mãe nunca mais será acusada de estar doida.

Donna, a filha mais velha do pai, está obcecada pela possibilidade da família ser atingida por um desastre. Na sua família anterior, antes da partida de sua mãe, ela era a criança-problema, e ainda é a que mais preocupa o pai. Sua irmã Deborah parece menos afetada por todos estes novos arranjos.

Foi o problema de John que ameaçou o mito do casamento perfeito. Boscolo e Cecchin elaboraram a seguinte hipótese: John percebeu o desequilíbrio do novo casamento e teme que isso possa ser particularmente difícil para sua mãe, a qual, mais uma vez, encontra-se desprovida de poder e em uma situação de dependência. Ela entregou seus filhos a um outro pai, que, embora sendo mais gentil, não deixa de ser mais vulnerável. Na antiga família, quando o pai natural era violento, John e Harry aliviam-se para ajudar sua mãe. Agora que Harry está saindo, John não pode corrigir ou modificar o equilíbrio entre sua mãe e seu novo pai. Ele confronta-se com este mito, que agora contém uma premissa mais intensa: nós devemos acreditar que nossos pais anteriores foram maus ou colocaremos em perigo este casamento. Na última parte da entrevista, Cecchin coloca algumas questões futuras, perguntando: "Quem sairá de casa primeiro?", "Quem assumirá o lugar da mãe e tomará conta das crianças quando a mãe estiver fora?" Donna diz, súbita e espontaneamente, que se sua nova mãe morresse, Bárbara tomaria seu lugar. A família fica atordoada com esta ideia e lhe pede para não pensar assim. Cecchin aproveita esta abertura e pergunta: "Se seu pai morresse, que tomaria seu lugar?" Bárbara responde: "Harry tomaria o lugar dele". Estas respostas inesperadas dos filhos – se acontecesse um desastre, eles estariam preparados para ser pais substitutos – revelam a fragilidade da nova família. A ideia dos filhos agindo como pais substitutos constitui um outro desafio do mito. Esta ideia, combinada com o problema de John, faz com que o mito possa ser negociado. John já não está isolado em sua percepção e pode reunir-se novamente com seu grupo de irmãos.

A discussão da equipe e a intervenção

A equipe deve realizar durante sua discussão inúmeras e delicadas tarefas. Deve assistir à clínica anfitriã, orientando a família com respeito à terapia, deve estar atenta ao seu próprio envolvimento com a família e, dado que se trata de uma consultoria combinada com uma primeira entrevista, deve responder pessoalmente à família. A intervenção escolhida pela equipe é particularmente comovente, pois oferece uma oportunidade à família de curar-se a si mesma, e bloqueia a qualquer indução posterior de John como paciente identificado. Sua intervenção consiste na prescrição de um ritual que, se realizado pela família, poderia tornar desnecessária uma terapia posterior. É interessante observar que depois da Dra. Selvini apresentar a intervenção à família, John lhe dá um abraço. O seguimento do caso mostra que a família não retornou à clínica.

O CASO: CONSULTA E CONVERSAÇÃO

PENN: Em que contexto vocês viram esta família?

CECCHIN: Esta família foi vista por nossa equipe original durante uma conferência e a entrevista foi assistida através de um circuito fechado de televisão. A mãe tinha chamado a clínica duas semanas antes, dizendo que seu filho John, 18 anos, havia passado duas semanas internado em um hospital dos arredores da cidade e acabava de receber alta. A hospitalização aconteceu no primeiro dia de aula devido ao que o médico da sala de emergência chamara de ataque agudo de esquizofrenia. A psiquiatra que o tratou tinha se recusado a falar com a família, e a mãe disse que eles não tinham a menor ideia de que tipo de comportamento poderiam esperar do filho ou como lidar com ele. Ela sabia que ele tinha tido algum tipo de colapso e que havia sido medicado, mas isso era praticamente tudo, dando início, assim, a toda uma confusão a respeito da natureza do problema.

PENN: Qual foi o motivo do médico para não querer comunicar-se com a família?

CECCHIN: Isto nunca ficou claro. A história clínica indicava que havia a possibilidade do uso de drogas – maconha e talvez LSD. É possível que os pais ignorassem a questão das drogas e o rapaz talvez tenha pedido ao médico para não contar. Havia também indícios de que o médico acreditava que a família estava exercendo muita pressão sobre o rapaz para que ele tivesse êxito, presumindo que a família poderia estar piorando a situação.

PENN: Como estava se comportando o rapaz após voltar para casa?

CECCHIN: Estava ansioso e deprimido. Ele costumava a voltar para casa depois da escola e dormir a tarde inteira. Esse tipo de coisas.

PENN: Quem fazia parte da família?

BOSCOLO: Uma mãe e um pai em torno dos quarenta anos e cinco filhos. Este é o segundo casamento para ambos. Os filhos são Harry, com 18 anos, com o segundo grau completo e trabalhando, Bárbara, de 16 anos, ainda na escola, John, de 17, o paciente, Donna, de 12, e Deborah, de 10. Quando tivemos nosso primeiro contato com a família, estávamos com a impressão errada de que todos os filhos eram da Sra. Y. Na verdade somente os três mais velhos eram – Harry, Bárbara e John.

PENN: O que vocês sabiam dos pais?

CECCHIN: Apenas que eram divorciados do primeiro casamento e que estavam casados há cinco anos. Na folha de registro havia uma nota que descrevia o primeiro marido da mãe como possivelmente alcoolista e temperamental.

PENN: Havia algum terapeuta cuidando do caso?

CECCHIN: Somente o terapeuta que trouxe a família para a consulta. Ela nos solicitou ajuda quanto ao diagnóstico e quanto ao plano de tratamento. Disse que a mãe tinha algumas perguntas a este respeito, especialmente em relação aos medicamentos. O rapaz esteve sob medicação no hospital, mas agora não o estava mais.

HOFFMAN: Quando vocês descobriram que os filhos não eram da mãe?

CECCHIN: Tarde da sessão. Construímos nossa pré-hipótese baseados em um erro.

HOFFMAN: Poderia descrever o que você entende por uma pré-hipótese?

CECCHIN: Um palpite sobre o significado, no contexto relacional do problema apresentado. Além disto, uma vez que estávamos diante de uma família que falava inglês, foi útil compartilhar nossa compreensão das circunstâncias do caso e decidir quais aspectos deveriam ser atendidos.

HOFFMAN: Quais aspectos você decidiu que eram importantes?

CECCHIN: Para nós, o pai natural era a pessoa em destaque. Nós lhe demos muita importância, pois assumimos que todos os filhos eram seus. Poderá haver um tipo de identificação, ou de lealdade, de um ou mais filhos com seu pai. Na pré-sessão, tínhamos algumas ideias sobre que perguntas fazer: qual filho se parecia mais com seu pai ou quem sentia mais falta dele. Infelizmente, todos estes pensamentos tiveram de ser modificados quando descobrimos nosso erro.

ENTREVISTA FAMILIAR

[A família é introduzida pela psicóloga que solicitou a consultoria, eles se apresentaram à Dra. Selvini e ao Dr. Cecchin que já se encontravam sentados].

CHECCHIN: Gostaríamos de saber de vocês qual é o problema da família neste momento. Quem gostaria de dizer algo?

PAI: Eu creio que John é o problema principal. Mas, vocês sabem, é um problema que pode ser solucionado.

CECCHIN: Um problema que pode ser solucionado?

PAI: Eu penso que sim. Eu espero que sim. Ele ficou extremamente hiperativo e acabou parando na enfermaria psiquiátrica de um hospital. Permaneceu lá por duas semanas e, então, lhe permitiram sair. Ele retornou ao hospital para tomar algumas aulas por uma semana ou mais.

CECCHIN: Lá no hospital ele teve aulas?

PAI: Sim, ele tem um professor lá.

CECCHIN: Quando foi?

MÃE: Bem, ele foi parar na enfermaria psiquiátrica no primeiro dia de aula.

CECCHIN: Onde foi?

MÃE: Em L________

CECCHIN: Então, foi o primeiro dia de aula?

MÃE: Terça-feira, a primeira terça-feira de setembro. Nós o levamos para o nosso próprio hospital, mas na emergência, e o médico disse que caso surgisse algum problema nós poderíamos voltar a chamá-lo. Ele deu Valium para voltarmos para casa e tentar fazê-lo tomar as pílulas. Mas, naturalmente, não tomou nenhuma. E aí, lá pela meia-noite, tivemos que chamar o médico de novo e ele disse que levássemos para um outro hospital. Assim John ficou lá por duas semanas. Depois ficou fora por uma semana, só para ir à escola.

CECCHIN: O que o senhor quer dizer quando fala que ele estava hiperativo? Poderia descrevê-lo?

PAI: Bem, ele simplesmente não conseguia ficar quieto, tinha que estar em movimento o tempo inteiro, não era capaz de manter uma linha de pensamento, pulava de uma coisa para outra. Eu penso que os senhores chamariam isso de alucinação. Ele estava ouvindo vozes, e se o médico dissesse qualquer coisa de que ele não gostasse, aí ele dizia que era uma outra pessoa que estava falando através do médico.

CECCHIN: Mas estas coisas começaram antes de ele ver o médico... não é?

MÃE: Certo.

CECCHIN: Quem notou primeiro este tipo de comportamento?

MÃE: Bem, fomos nós... – bem, fui eu, eu creio, depois... – bem uma das crianças. Harry, você notou uma noite antes de John ser...

SELVINI: Não foi na escola?

PAI: Não, isso foi justamente dois dias antes da escola.

MÃE: Um dia antes da escola, na noite anterior, ele manteve Harry acordado até as quatro da manhã, conversando com ele sobre como salvaria o mundo. [as garotas riem].

JOHN: Não, eu não disse nada.

MÃE: Tudo bem. E então, na manhã seguinte, John estava se aprontando para ir à escola enquanto acendia um cigarro atrás do outro. E eu disse: "Puxa, você está fumando demais". E ele respondeu: "Bem eu estou um tanto nervoso. É meu primeiro dia de escola". E eu disse: "Bem, depois de doze anos já deveria estar acostumado". E ele disse: "Sim, mas Harry não vai voltar à escola".

CECCHIN: Harry não ia voltar para a escola?

MÃE: Não, ele terminou o segundo grau e começou a trabalhar.

CECCHIN: Então, tinha sido o último ano para ele.

MÃE: Correto. E eles, estes dois, tem uma diferença de 11 meses. Depois, John começou a chorar, e eu pensei, bem, talvez esteja realmente atacado dos nervos, mas ele se aprontou e foi para a escola. Bem, aquela tarde, mais ou menos às 17h30, ele telefonou e perguntou se poderia jantar na casa de um amigo. Costumamos jantar mais ou menos às 17h30 e é regra da casa que se alguém não vem para jantar deve avisar-me bem antes para que não se faça nada extra. Assim, ele telefonou um tanto atrasado, mas eu disse: "Já que está aí, fique aí mesmo". Ele voltou para casa em torno das 19h30min, vindo pela rua com um amigo, rindo e conversando. Nós os vimos chegando. Meu marido e eu estávamos sentados, jogando, na mesa da cozinha. John entrou dizendo: "Onde está a jaqueta de jeans do Harry?" Eu disse: "Bem, você vai querer vesti-la ou vai querer levá-la para Harry?" E ele simplesmente agarrou a jaqueta e começou a chorar. Aí nós dois o levamos para cima porque pensamos, obviamente, que havia um problema. E aí ele começou a dizer: "Algo está acontecendo comigo. Eu não sei o que está acontecendo. Talvez seja bom, talvez não". Depois disse: "Eu confio em vocês, eu não confio em vocês. "E daí em diante foi continuando assim.

CECCHIN: Já tinha acontecido antes?

MÃE: Não.

CECCHIN: John, você concorda com o que eles disseram sobre este comportamento? Com tudo o que disseram?

JOHN: Não.

CECCHIN: Antes de você afirmar "eu não disse isso", você parecia não estar de acordo com o que estavam dizendo.

PAI: Oh, isso foi a respeito de manter o Harry acordado.

JOHN: Eu nunca disse nada.

CECCHIN: Então, não foi verdade que ele estava dizendo estas coisas? Quem percebeu primeiro este tipo de comportamento? [para Donna]. Você percebeu?

DONNA: Sim.

CECCHIN: Ao mesmo tempo que os outros?

DONNA: Bem, mais ou menos, eu notei quando, uma noite depois da aula, meu namorado me trouxe de carro e John aproveitou para pedir-lhe que o levasse à cidade. Ele [meu namorado] o levou, e eu não sei, ele disse que John estava dizendo coisas como: "Eu entendo e você não entende" e coisas deste tipo. Então, depois que ele me contou, eu comecei a notar que ele estava agindo diferente.

CECCHIN: [para Bárbara]. Você notou?

BÁRBARA: Sim.

CECCHIN: Alguém disse que foi dois ou três dias antes da escola começar, correto? Você pensa que tinha algo a ver com a escola?

BÁRBARA: Ele estava conversando comigo antes de a escola começar. Ele estava sentado no freezer, lá na varanda dos fundos e falou que queria me dizer algo. Eu disse: "Bem, vá em frente e diga". E ele disse: "Bem, eu não posso" e começou a chorar. Ele estava tentando dizer algo, mas eu não sabia do que estava falando, estava só chorando.

CECCHIN: Ele estava chorando?

BÁRBARA: Ele queria me dizer alguma coisa, mas só disse que não poderia me contar. Era muito difícil para ele.

CECCHIN: [para John] Todos disseram que havia um problema. Você concorda?

JOHN: Eu não sei se realmente foi um problema.

CHECCHIN: Como você vê? Eu perguntei: "Qual foi o problema?" Eles disseram: "Oh, é o John". Assim eles dizem que é você o problema. Você vê isso de uma forma diferente?

JOHN: Realmente, não.

CECCHIN: Como você vê? Como um problema ou será que é algo diferente?

JOHN: Bem, eu não sei.

CECCHIN: É interessante. A família já começa a definir o comportamento do rapaz como louco. Por exemplo, a mãe disse que ele estava atacado dos nervos. O pai que achava hiperativo. A irmã que estava chorando e que não podia falar. O pai também disse que ele estava alucinando. Eles falam em termos de sintomas. E cada vez que eu lhe pergunto: "Você concorda com o que eles estão dizendo?" Ele responde: "Bem, eu não sei, talvez".

HOFFMAN: Ele disse à mãe que estava perturbado porque Harry não ia voltar para a escola, depois começou a chorar.

CECCHIN: Ele estava chorando e fumando muito. Depois foi à escola e telefonou aquela tarde para perguntar: "Posso ficar com um amigo?" E a mãe disse: "Você tem que me dizer se não vem para o jantar, assim eu não preparo nada extra". Obviamente ele estava tentando dizer algo que ninguém compreendeu. E eles classificam todos estes comportamentos como sintomas. Um diz que ele estava falando como louco, o outro, que está agindo "diferente", o outro que é hiperativo.

HOFFMAN: Primeiro ele diz: "Eu não estava fazendo estas coisas" e depois, "Pode ser que eu tenha feito".

CECCHIN: O que é interessante é que quando eu continuo perguntando "Você concorda ou não?", ele fica totalmente inexpressivo, já entrou em um sistema no qual ele é louco, no qual não consegue falar comigo; desistiu.

PENN: Neste ponto da entrevista, que informação – de acordo com sua definição de informação – você acha que possui sobre esta família?

CECCHIN: A informação importante parece ser que Harry não estava voltando para a escola. Pode ser que ele tenha contrariado a família quando decidiu não entrar para a universidade. Sabemos que o pai trabalha como operário. É interessante o que foi dito pelo pai sobre John, que durante sua permanência no hospital participou de um tipo de programa escolar. Pode ser que John tenha sentido que deveria realizar algum ideal familiar, de que pelo menos um dos garotos tinha que ter uma boa educação. Ele reage dizendo que quer salvar o mundo. Na realidade, decide não voltar à escola.

ENTREVISTA FAMILIAR

MÃE: Bem, perguntaram-nos antes se havíamos notado algo anteriormente, e a única coisa, olhando para trás, que agora achamos ter sido diferente no seu passado, foi que ele se tornou uma pessoa mal-humorada. E quando você lhe pede para fazer algo, simplesmente fica furioso. E, você sabe, ele era muito temperamental. Neste verão, quando lhe pedíamos para fazer algo, podia tanto dizer "sim" e atender imediatamente, como dizer: "Você se incomodaria em esperar? Tenho uma outra coisa para fazer". Tornou-se muito cooperativo.

PAI: Mas ele voltaria e o faria mais tarde.

CECCHIN: Isso foi durante o verão?

MÃE: Sim.

PAI: Como se vai a um médico e se diz: "Há algo errado com meu filho, está fazendo o que lhe é solicitado".

MÃE: Nós pensávamos que ele estava amadurecendo.

PAI: O que era algo novo... Correto? Somente no verão, não antes.

CECCHIN: Depois que terminaram as aulas?

PAI: Sim. Mas desde que deixou o hospital e retornou ao colégio, não tem tomado qualquer medicamento, e nós começamos a dar-lhe estas vitaminas múltiplas, e todo este tipo de coisas. Ele parou de tomá-las. E aí, pareceu sofrer uma total recaída. Começou a dormir o tempo todo. Chega do colégio e dorme até a hora do jantar. A gente o acorda para comer, aí, lá pelas 19h30 volta para a cama novamente.

CECCHIN: Quem era cooperativo antes de John se tornar cooperativo?

HOFFMAN: O que você está tentando fazer?

CECCHIN: Muitas vezes procuramos alguma palavra ou frase usada pela família. Aqui pergunto: "Quem mais era cooperativo?" Por exemplo, o pai disse que John era hiper. Deveríamos perguntar: "O que você quer dizer com hiper?" Nunca aceitamos uma descrição como essa sem explorá-la. Nós perguntamos: "Quem percebeu? A quem incomoda mais?" Eles dizem que ele é o problema. "Em que sentido ele é problema para vocês?" ou "De que modo ele é um problema para vocês?". Desta maneira, tentamos transformar os problemas de sua doença em problemas do relacionamento.

PENN: É como se vocês tentassem definir que coalisões existem em torno deste tema.

CECCHIN: Não estamos tão interessados na questão de coalisões quanto na questão da mensagem. Que tipo de mensagem é a doença? Quem recebe a mensagem? Como reagem a ela? Por que usam o termo hiper? O que eles querem dizer com isto? Como definem "cooperativo"? Todas essas afirmações parecem fracas.

HOFFMAN: Só falam para defini-lo como "doente".

CECCHIN: Sim. "cooperativo" é doente. "hiper" é doente. O garoto está sendo atacado por todas estas pessoas que estão tentando rotulá-lo. Chega a um ponto onde mesmo ser um bom filho é um rótulo. Deixa-se de ser um ser humano para ser um rótulo.

PENN: Ele acaba aceitando estes rótulos.

CECCHIN: Ele está perdido, não sabe o que fazer, está quase chorando. Mesmo ser cooperativo é um rótulo.

BOSCOLO: Sim, você pergunta a todos os filhos e, assim, coloca-os no mesmo nível.

PENN: Você também tira o paciente da posição de diferente dos outros?

CECCHIN: Note que quando eles falam sobre John sendo cooperativo, todos riem. Ele não deveria ser cooperativo nunca – certo?

HOFFMAN: Parece piada, está se comportando tão bem que só pode estar doente.

CECCHIN: Você chega à conclusão de que esta família é um tanto estranha. Os pais lhe dizem que se você quer ser bom, deve se rebelar contra seus pais. Eles dão a prescrição para ser espontaneamente rebelde.

BOSCOLO: Os pais fazem algo mais aqui, riem quando dizem que John é cooperativo, mas eles não riem quando os outros filhos são cooperativos. Esta é uma diferença que, com o tempo, pode crescer cada vez mais.

HOFFMAN: John acaba sendo mais e mais cooperativo. Ele quer ser cada vez mais útil que, finalmente, falar em salvar o mundo.

BOSCOLO: Uma vez que a rotulação é aceita pela família, todos os comportamentos passam a ser relacionados com o rótulo. John, por exemplo, é visto sob o rótulo da doença. Ele pode ser cooperativo ou não; pode ser tudo que você queira. A doença torna-se o contexto que marca o seu comportamento. Os outros filhos, embora estejam hierarquicamente no mesmo nível, possuem um marcado de contexto diferente: eles são saudáveis e todo seu comportamento é julgado de acordo com isto. Com o tempo, haverá uma amplificação da diferença, e é neste sentido que, para mim, o terapeuta cumpre uma função importante: ao tomar um comportamento – ser cooperativo – e colocar os demais irmãos na mesma classe, interrompe a ampliação dessa diferença: "Você disse que John está cooperando. Como estão se comportando os outros? Estão cooperando mais ou menos?"

CECCHIN: O poder da rotulação sempre me deixa impressionado: "Você é cooperativo"; "Você é bom"; "Você é mau". É como se você fosse colocado em um papel dentro de uma peça e nunca mais conseguisse sair dele. Se você diz: "Eu me dou bem com meu filho, nós nos divertimos juntos", isto é relacional. Mas se você diz: "Minha filha é inteligente", você emprega palavras para matar o relacionamento. Para desfazer esse tipo de sistema, você tem que introduzir um processo que ajude as pessoas a se livrarem dos rótulos – não apenas dos negativos, mas também dos positivos.

PENN: É verdade que um rótulo nas fases iniciais de aprendizagem de uma criança – quando se diz: "Esta criança é esperta" ou "Esta criança é estúpida" – adquire proporções mais amplas com o tempo. O rótulo é um contexto para a compreensão de todos os comportamentos da criança.

CECCHIN: Por exemplo, se a criança que é rotulada de "estúpida" faz algo inteligente, você diz que ela adivinhou, que foi por sorte. Assim, ela não pode, de jeito nenhum, ser inteligente. Se ela é considerada inteligente e faz alguma coisa estúpida, está tentando ocultar uma inteligência porque ela é muito tímida ou algo parecido. A criança não tem como se libertar.

BOSCOLO: Mas há um outro ponto: quando uma diferença começa a ser ampliada – como nesta família – o especialista que intervém no caso, tem a tendência, através de rótulos psiquiátricos, de medicamentos e de outras mensagens, a ampliá-la ainda mais e a perpetuá-la. Eis porque a intervenção terapêutica, em vez de resolver os problemas, somente os agrava. Existe uma teoria segundo o qual são necessárias três gerações para produzir um esquizofrênico. Bem, você precisa ampliar esta teoria dizendo três gerações e um psiquiatra que fornece o rótulo.

PENN: E também uma instituição para dar apoio ao psiquiatra.

CECCHIN: Mas você não pode culpar o psiquiatra. Ele faz parte de um sistema que está procurando alguém para fazer aquilo que é julgado correto.

HOFFMAN: Você deduz que um psiquiatra é uma espécie de acusado sistêmico.

CECCHIN: Em certo sentido, sim. Mas este negócio de atribuir rótulos é uma coisa séria. Há gente que vende quatro, cinco diagnósticos por dia e vive muito bem disso. Você não pode dizer que são maus. Há milhões de pessoas que querem comprar deles.

BOSCOLO: Não é só o psiquiatra que rotula as pessoas. Nesta entrevista, você pode ver a família distribuindo rótulos a granel.

PENN: As pessoas buscam os rótulos quando estão confusas. No começo desta doença a família fica extremamente confusa na relação com o rapaz. Quanto a ele, será que é por que está atacado dos nervos ou por que é hiper? Será por causa da droga ou por fumar demais? O terapeuta que apresentou o caso disse que a mãe desejava um diagnóstico; ela queria saber se o garoto era ou não esquizofrênico. Caso fosse, deveria medicá-lo ou não? Há uma enorme necessidade interior ao sistema de atribuir rótulos, porque isso dá uma orientação, um significado a algo que, por ser pouco compreendido, é assustador.

CECCHIN: Mas você tem de encontrar um significado que não coloque as pessoas dentro de uma caixa ou as encarcere. Aqui, havia uma grande ligação entre os irmãos. Uma boa ideia teria sido que a família organizasse um ritual em torno da separação dos dois irmãos.

BOSCOLO: Em vez disso, você teve um outro tipo de ritual, o do psiquiatra que entra em cena e dá um rótulo.

CECCHIN: O problema do rótulo não é o rótulo em si; é que ele é eterno, é para sempre. Seria interessante que houvesse um tipo de rótulo temporário.

HOFFMAN: Isso é o que se teria obtido caso tivesse sido dado aos irmãos um ritual para marcar a separação. A função de um ritual destes é a de trazer o tempo de volta, e assim os irmãos poderiam, eventualmente, seguir seus próprios caminhos. Em vez disto, o rapaz "sadio" fica, porque ele é preocupado com os problemas do outro, o "não-sadio".

ENTREVISTA FAMILIAR

MÃE: Bem, nós nunca tivemos qualquer problema.

CECCHIN: Você disse que John era um garoto muito temperamental...

PAI: Bem, eu dizia "corte a grama", mas ele queria sair com seus amigos, pois preferia sair com os amigos.

MÃE: Ele teria cortado.

PAI: Teria sim, mas sob protestos.

SELVINI: Mas você disse que durante o verão ele cooperou mais. E Harry, cooperava?

MÃE: Harry sempre foi bom.

PAI: Ele sempre foi bonzinho.

MÃE: Penso que não seriam normais, se...

PAI: Eles são rapazes normais.

SELVINI: Ele era mais cooperativo que John?

PAI: De modo geral, sim.

SELVINI: De modo geral, ele é mais cooperativo.

MÃE: Também. Nossa regra: sempre nos reuníamos para discutir as coisas em família, e, algumas vezes, nós nos sentávamos durante horas para conversar sobre nada. E John não tem sido capaz de aceitar realmente qualquer tipo de crítica, construtiva ou não, simplesmente abandona a reunião.

CECCHIN: E as garotas, são cooperativas?

MÃE: Elas têm seus momentos, como eu tenho. [sorrisos]

CECCHIN: Quem é a menos cooperativa?

PAI: Eu não diria a menos cooperativa, mas a mais esquecida, seria Donna. Se ela tivesse que ir fazer algo lá em cima, quando chegar lá, já terá esquecido o que foi fazer.

SELVINI: [nomeando as meninas] Bárbara, Donna e Deborah.

MÃE: Bárbara é mais velha, depois Donna e Deborah.

[Selvini é chamada fora]

CECCHIN: Elas cooperam com o pai do mesmo modo que o fazem com a mãe?

PAI: Eu diria que são mais...

CECCHIN: Quem? As garotas você diz?

PAI: Eu não sei.

CECCHIN: Mais, mais cooperativas, mais cooperativas com você?

PAI: Bem, sim. Se digo façam, elas usualmente fazem.

[a família ri e brinca com Cecchin. Selvini volta à sala]

HOFFMAN: Por que você chamou Selvini lá fora?

BOSCOLO: Queríamos discutir com ela a possibilidade de formular uma questão exploratória para a família, de pedir-lhes para que dessem suas hipóteses sobre o comportamento de John. Com alguém tão perturbado, especialmente quando está tão pesadamente rotulado, a família não dá muita informação. Eles tendem, inclusive, a ser tangenciais ou, ainda, a dar a opinião dos especialistas, dos doutores. Esta família nos dá, como você vê, a retroalimentação que recebeu dos doutores. Se você solicita uma hipótese, introduz uma possível conexão entre eles e quem está doente. Há a possibilidade de que se revelem. Isto pode deixar os membros da família muito ansiosos.

ENTREVISTA FAMILIAR

SELVINI: Eu queria fazer uma pergunta. Qual foi a explicação que vocês se deram sobre o que estava acontecendo quando dois dias antes da escola John começou com esses comportamentos? Quando tentaram descobrir...

PAI: Não, os garotos sabiam, mas não nos contaram. Nós ainda notamos até o dia em que ele foi a escola, mas os garotos estão começando a nós dizer que estas coisas aconteceram uns dias antes, mas eles não nos contaram.

BÁRBARA: Até antes do meu namorado nos informar que John estava tendo um colapso nervoso, pensávamos que não estava acontecendo nada.

SELVINI: Qual foi a explicação que vocês deram para o comportamento de John?

PAI: Não sabíamos o que pensar. Nós o levamos diretamente ao médico. Conversamos com John e sabíamos, obviamente, que tinha um problema que nós não podíamos resolver e, assim, o levamos para a emergência, lá no hospital, para que o médico o examinasse.

SIVINI: Mas nas famílias é comum que se procure encontrar uma explicação para este tipo de comportamento ou para um comportamento estranho, porque...

PAI: O que suspeitamos logo foi a droga.

MÃE: Esta foi nossa primeira... vocês sabem...

PAI: Quero dizer, nós não sabíamos; esta é a primeira coisa que se pensa. Então o médico examinou-o e disse que não havia nenhuma evidência que houvesse tomado alguma coisa.

PENN: Este intercâmbio, no qual a Dra. Selvini, finalmente, consegue que o pai fale das suspeitas sobre drogas, está intimamente relacionado com a primeira hipótese que vocês formularam antes de descobrirem que os filhos vinham de ambos os pais. Em outras palavras, deve ter confirmado a ideia de que talvez houvesse alguma relação entre o pai natural, agressivo e alcoolista, e os sintomas do garoto. Foi isso que vocês pensaram neste momento? Que sua hipótese estava confirmada?

CECCHIN: Correto.

BOSCOLO: Ele tinha que seguir a tradição do pai.

PENN: Conservar o lugar do pai ou solucionar a divisão da família em relação ao pai, ou algo assim.

CECCHIN: Sim.

ENTREVISTA FAMILIAR

MÃE: Mas depois, mais adiante, ele disse que durante o verão, quando teve uma semana de férias, que os rapazes tinham experimentado um pouco de ácido, LSD e, assim, pensamos, quem sabe ele teve uma recaída; e foi muito confuso porque o psiquiatra... não pudemos falar com ele. E eu estava tentando descobrir se é possível se perceber a diferença entre uma viagem de ácido e um episódio esquizofrênico. E o médico disse: "Oh, sim, definitivamente, ele estava tendo um episódio esquizofrênico, e eu disse: "Existe algum teste para determinar se ele é ou não?". E ele respondeu: "Não, não há". Então meu marido e eu procuramos a clínica porque havíamos visto um anúncio no jornal e perguntamos a um dos médicos daqui se poderíamos nos confirmar de que se tratava. E ele disse que sim. Assim, voltei depois ao médico e disse: "Poderíamos levá-lo a clínica e pedir que seja avaliado?", ao que ele respondeu: "Bem, sim, mas vocês não vão descobrir nada além daquilo que já sabem". Eu disse: "Eu quero ter certeza de uma coisa ou da outra", aí ele afirmou: "Oh, ele é definitivamente esquizofrênico". E acrescentou: "Vocês estavam lá e viram todos os sintomas".

CECCHIN: Vocês descobriram se ele tomou ou não LSD durante o verão?

MÃE: Ele disse que não.

CECCHIN: Alguém mais na família tem experimentado drogas? [as crianças riem] LSD? Na mesma época em que tomou?

HARRY: É.

CECCHIN: [para John] Você sentiu algum efeito estranho?

JOHN: Não tive nenhum efeito secundário.

CECCHIN: Dentro de sua compreensão, há alguma relação entre o LSD e o que lhe aconteceu?

JOHN: Não.

CECCHIN: Não há relação? Qual é a sua explicação para o que aconteceu?

JOHN: Eu não sei.

CECCHIN: Quando você disse para sua irmã: "Eu tenho algo a dizer, mas não posso", deveria ter algo em mente.

JOHN: Eu sei, mas...

CECCHIN: Você esqueceu ou não conseguia dizê-lo?

JOHN: Eu não sei.

CECCHIN: Mesmo agora você não sabe com quem você conversa na família quando tem algum problema?

JOHN: Com todo mundo.

CECCHIN: Alguém em especial?

JOHN: [começando a chorar] Não, apenas com todos – Bárbara, Harry, Donna.

HOFFMAN: Com o que vocês acham que o choro está relacionado?

CECCHIN: Penso que foi quando eu perguntei: "Você conversa com todo mundo na família?" Ele está completamente isolado porque ninguém compreende o que quer dizer, quando eu pergunto com quem conversa, ele diz "todo mundo", aí olha para sua irmã, que lhe está próxima, mas que não consegue compreendê-lo, e começa a chorar. Eu pergunto: "Você pode explicar agora?" e ele diz que não. Há um mês que tenta explicar, como poderia explicar agora? Aí começa a chorar, enquanto todos riem.

BOSCOLO: Algo que me parece fascinante neste tipo de família é que cada um dos membros da família utiliza definições negativas. Tomemos a história de Deus e o paraíso. Estávamos no céu com Deus, quando ele nos expulsou por causa da nossa maldade, o pecado original. Por isto, todos os membros da família devem aceitar algo desta maldade. Mas em algumas destas famílias, a maldade fica concentrada em algum de seus membros. Este é, frequentemente, o começo de uma carreira de doente ou de mau. Quando um membro aceita a posição negativa dentro de um sistema, todos os outros tornam-se sadios, ficam unidos, são todos anjos.

Quando se chega neste estágio, a coisa fica crônica, e é muito difícil retroceder.

CECCHIN: Esta é a posição do bode-expiatório.

HOFFMAN: Quando há um bode expiatório, também costuma encontrar-se uma divisão em um campo mais amplo. Aqui os pais chegaram ao ponto de, quando os filhos começarem a sair de casa, terem de enfrentar seus próprios problemas, ficarão aborrecidos um com o outro e, talvez, até se divorciem. Este é o perigo, que o grupo se divida e, para enfrentá-lo, todos se unem para atacar aquele membro que concorda em carregar nas costas todos os pecados.

BOSCOLO: A divisão em potencial também está relacionada com o que farão, tanto os outros sistemas que convivem com a família, quanto os próprios especialistas, os quais mantêm a família em posição de unidade, pacificando um dos seus membros.

CECCHIN: Mas, agora, nós compreendemos que quando damos uma conotação positiva ao bode expiatório, dizendo ao paciente "você é o jovem Jesus que ajuda todo mundo", provavelmente criamos uma situação mais difícil. Esta rotulação não é algo positivo, mas pelo menos ajuda a família a manter sua estabilidade. Se você vai na direção oposta, transformando o bode expiatório em um santo, acaba tumultuando tudo. É preciso encontrar uma terceira solução. A terapia sistêmica procura encontrar uma solução para a qual não se precisa nem de um bode expiatório, nem de um santo. Você precisa olhar para as histórias individuais para encontrar um modo de mudar a história, permitindo, assim, que as pessoas possam permanecer unidas, tomar cada um seu rumo, brigar, sem correr perigos desnecessários.

HOFFMAN: Sim. O modelo antigo era dizer que o filho estava protegendo os pais de uma ruptura. Você transformaria os pais em bodes expiatórios.

CECCHIN: O que fizemos em um determinado caso foi dizer que as famílias da mãe e do pai eram boas, mas elas se comportavam como Rússia e Estados Unidos. Imaginaram que nunca se dariam bem e assim guerreavam e se matavam mutuamente. Dissemos que tudo isto era um mito desnecessário.

BOSCOLO: Nós não usamos mais a intervenção do sacrifício.

HOFFMAN: Embora vocês agora critiquem esta ideia, não acham que ela foi, muitas vezes, surpreendentemente eficaz?

BOSCOLO: Nós a usamos durante poucos anos. Concordo que funcionou, mas em casos que geralmente não eram muito sérios. Nos casos em que o paciente era crônico, a intervenção do sacrifício não foi bem-sucedida.

CECCHIN: Aí se confirma o que estávamos dizendo: o bode expiatório é uma coisa séria. É provável que não existam casos leves de bode expiatório. Se a intervenção do sacrifício funcionava, deve ser porque não se tratava de um bode expiatório.

HOFFMAN: E se você ataca o mecanismo que protege a família antes que ela encontre uma outra forma para lidar com a situação, ela não mudará, ou mudará para pior.

CECCHIN: Sim, ao mudar do bode expiatório para o santo, só se muda de pontuação; ou seja, não se muda nada.

ENTREVISTA FAMILIAR

CECCHIN: [para John, que está chorando] Quem lhe responde melhor quando você fala?

JOHN: Na verdade, ninguém. Todos respondem da mesma forma.

CECCHIN: Será que nenhum deles é capaz de ouvi-lo melhor, de ser útil?

JOHN: Realmente, não.

SELVINI: Você se sente só, muito só na família?

JOHN: Não.

CECCHIN: E você Harry? De quem você se sente mais próximo na família?

HARRY: Talvez da Bárbara.

CECCHIN: Tem sido sempre assim?

BÁRBARA? Antes a proximidade era entre John e eu. Depois foi entre John e Harry. Mais tarde entre Harry e eu.

CECCHIN: Quando aconteceu esta mudança entre você e John? No mês passado? Três meses atrás? Dois anos atrás? Quando?

BÁRBARA: Realmente, eu não sei.

JOHN: Foi acontecendo, aos poucos, com o tempo.

MÃE: Bem, quando você foi para a escola pública, naquele tempo, com quem você era mais chegado? [John não responde, somente sopra com o nariz]

SELVINI: Por exemplo, se este comportamento estranho não tivesse sido exibido por John, mas por outro filho, na opinião de vocês, quem teria sido o outro filho? Para apresentar um episódio como este apresentado por John? Faço esta pergunta primeiro para o pai depois para a mãe.

PAI: Eu teria esperado isto de John; ele era o mais irritável. Os outros são mais ou menos parecidos entre si.

SELVINI: Se nós excluíssemos John, qual deles teria mais condições de apresentar um episódio igual ao dele?

PAI: Penso que talvez poderia ser Donna. Ela é a mais emotiva.

SELVINI: Ela estava chorando com John. Choravam juntos. [para Donna] Você se sente chegada a John?

DONNA: Nós não somos realmente chegados, mas somos bons irmãos e irmãs.

BÁRBARA: Ela é mais próxima a ele do que o Harry.

CECCHIN: É muito claro que você e Harry são mais chegados entre si, enquanto Donna é mais chegada a John do que a Harry. E Deborah?

BÁRBARA: [indicando Donna] Até um mês atrás, ela e Deborah viviam agarradas uma na outra.

CECCHIN: Vocês pararam?

BÁRBARA: Elas não teriam parado.

PAI: As duas garotas eram muito, muito próximas.

CECCHIN: Oh, vocês eram muito próximas e agora não são tanto?

DONNA: Não, eu me liguei agora nestes dois [John e Bárbara].

MÃE: Bem, veja, há uma diferença, antes era bastante óbvio... Sabe, elas [Donna e Deborah] estão em uma escola pública, este é o primeiro ano que Deborah vai à escola secundária.

CECCHIN: Quer dizer que houve muitas mudanças na escola.

MÃE: E ela [Deborah] saiu da escola local de nossa cidade, que só ia até a sexta série, para uma escola pública que tem o segundo grau.

CECCHIN: E eles dois [John e Harry] estavam na mesma escola secundária? E agora Harry não volta mais a escola. [para Bárbara] Que ano você faz?

BÁRBARA: Escola secundária, mesmo grau.

SELVINI: Quer dizer que vocês vão juntos à escola?

MÃE: Estes três [Donna, John e Bárbara].

CECCHIN: Oh, todos os três. [para Donna] Você tomou o lugar de Harry?

CECCHIN: Parecia que a família estava dividida em três casais. O pai e a mãe apresentam-se como muito próximos; Harry é ligado a Bárbara, e as duas garotas mais novas não se largam. De fato, elas estão sentadas à direita e a esquerda do casal.

PENN: Quem está ligado a John?

CECCHIN: Ninguém. Ele tinha sido chegado à Bárbara, depois ligou-se a Harry, mas agora este e Bárbara se aproximaram. Sobra John.

HOFFMAN: Eu observei que vocês fazem muitas perguntas circulares aqui: "Quem está mais próximo de quem? Quem poderia ser o problema se John não o fosse?", e assim por diante... Parece oportuno perguntar agora sobre esta técnica. Como começaram a desenvolvê-la?

CECCHIN: Quando começamos a ter estudantes, tentávamos explicar-lhes a intervenção final. Eles não ligaram muito para isso; só queriam saber o que estávamos fazendo durante a sessão. Constantemente perguntavam: "Por que fizeram esta pergunta? Por que saíram?". Eles estavam nos desafiando, isso nos compeliu a explicar.

PENN: Você quer dizer que eles estavam tentando relacionar a intervenção com o que estava acontecendo na sessão?

CECCHIN: Sim. Consequentemente, tivemos que ser mais refinados. Começamos a pensar sobre o que estávamos fazendo, assim, se alguém nos perguntasse a respeito, poderíamos responder.

BOSCOLO: Lembro-me que, uma vez, em Zurique, em 1977, estávamos tendo uma discussão sobre a questão chamada por nós de "fofoca na presença da família". Fazíamos a seguinte pergunta: Qual é a diferença entre fazer uma pergunta sobre uma pessoa e perguntar a uma pessoa sobre o relacionamento entre outras duas? Surpreendia-nos que a segunda, a pergunta triádica, parecesse melhor que a diádica.

HOFFMAN: Por que acham que era melhor?

BOSCOLO: Porque é uma metaquestão, você pede uma informação sobre uma comunicação em vez de solicitá-la diretamente. Você diz: "Como você acha que estas pessoas se dão? Por que você acha que elas brigam?". Você fala sobre a briga como uma comunicação dentro de um relacionamento.

HOFFMAN: "Por que você acha que estes dois se comportam desta maneira?", é diferente de "Por que você se comporta assim?"

CECCHIN: Sim. Por outro lado, nós estamos interessados no problema como você o define. Como você se comunica sobre seu problema em si.

BOSCOLO: A ideia central – como diz Bateson – é que a informação é uma diferença. Você tenta obter mais diferenças da família, mais relações significativas dos dados. Então você pergunta sobre diferenças temporais, diferenças de grau, diferenças de ponto de vista.

HOFFMAN: Ou seja, vocês começam fazendo perguntas relacionais, depois passam a fazer perguntas diferenciais: "mais ou menos", "antes ou depois".

BOSCOLO: Sim, perguntas classificatórias.

CECCHIN: Bateson acreditava que o mundo era um mundo de comunicação. Isto é o que dizemos ao estudante. Se você vê tudo como informação, você se livra de montes de dificuldades. Um casal é informação, doença é informação; incesto, câncer, morte... é tudo informação.

HOFFMAN: Em outras palavras, nada é positivo ou negativo pelo seu próprio conteúdo.

CECCHIN: Correto.

HOFFMAN: Até agora a entrevista está francamente organizada em torno das questões principais. Vocês começam perguntando sobre o que eles pensam ser o problema, recolhendo toda uma série de informações sobre rotulação. Todos os comportamentos do rapaz são vistos como subexemplos de sua loucura. Então vocês tomam um de seus comportamentos – sua disposição para cooperar – e perguntam quem mais é cooperativo. Em seguida, colocam uma pergunta explicativa e circulam pela família. John não pode responder à pergunta e vocês descobrem que ele não consegue transmitir, a quem quer que seja, o que sente que está errado. Vocês perguntam com quem na família ele se sente mais próximo. Ele começa a chorar, e vocês obtêm a confirmação de que está em uma posição extremamente isolada. É muita informação em um tempo tão curto.

CECCHIN: Sim, estamos obtendo muito com estas perguntas. E agora estamos nos movimentando para uma direção mais desafiante, fazendo perguntas como: "Que tipo de críticas lhe faz sua mulher?", "Que eu sou muito chato". "Ser chato é genético ou você decidiu ser?", "Eu não entendo". "Você nasceu com o gene da chatice?". E ele ri e diz: "Pergunte à minha mulher". E a mulher diz: "Oh, ele era brilhante antes de eu me casar com ele", "Então o casamento o tornou chato; não é algo genético? Segundo você, o que sua mulher fez para torná-lo chato?". "Eu não sei... nada, quiçá". "Então ela não fez nada propositalmente". Mais tarde eu faço a mesma pergunta sobre ela. Ele diz que ela é muito malcriada, muito agressiva. "Ser malcriada é genético?". Ele diz: "Não, ela se tornou assim depois que eu me casei com ela". "O que ele lhe fez para deixá-la assim tão malcriada?". Isto se transforma em um jogo. Ele ficou chato e ela ficou malcriada. Esta é uma intervenção circular sem grandes pronunciamentos.

ENTREVISTA FAMILIAR

SELVINI: [retornando à questão sobre de qual dos filhos poderia se esperar um sintoma semelhante ao de John] E qual é a opinião da mãe? A mesma pergunta, porque para o pai, era John e possivelmente Donna; e para você?

MÃE: Bem, eu teria que concordar com ele porque o pensamento tampouco passou pela minha mente, mas Donna é que é a mais frágil emocionalmente. Seus canais lacrimais ficam muito próximas da superfície. Se está assistindo televisão, ou algo assim, e há um quadro triste, ela sempre...

SELVINI: E John também era emocionalmente frágil, também quando era criança, era muito sensível...

MÃE: Sim, sim.

HOFFMAN: Eis um bom exemplo de uma pergunta hipotética. Eu gostaria que vocês falassem um pouco deste assunto. Parece-me que este tipo de questão é muito adequado para iniciar o processo de compreensão sistêmica da família.

BOSCOLO: Esta pergunta tem dois propósitos, o primeiro é a detecção de uma possível profecia autorrealizável na família, segundo a qual um membro deve ser o mal ou o doente. Por exemplo, certos membros da família extensa podem escolher (inconscientemente, é claro) uma das crianças que se pareça com um certo parente e esperam que esta criança atue como o parente ou tenha os mesmos problemas. O segundo propósito é fazer com que o paciente designado saia de uma posição de isolamento, introduzindo a possibilidade de que outras pessoas possam ter o mesmo problema.

PENN: Este tipo de questão possui, também, um aspecto de intervenção. Leva a família a pensar que o problema pode não pertencer a John. Você vê o quanto a mãe fica afetada pela pergunta; ela diz: "Este pensamento não passou pela minha cabeça".

ENTREVISTA FAMILIAR

CECCHIN: [para Donna] Por que você ficou com vontade de chorar quando ele estava chorando? Por que ele disse que tinha algo para dizer que não conseguia? Você já teve este problema? Você se sente, às vezes, da mesma maneira?

DONNA: É, quando eu tenho um problema, quero contá-lo a alguém, mas não posso. Normalmente eu apenas subo e choro.

CECCHIN: Existem tantas pessoas nesta família, você deve encontrar alguém para conversar com você.

DONNA: É, mas eu não posso contar, como eu gostaria. Se eu chamo alguém lá em cima, para me ouvir, eu não consigo contar-lhe. Eu só... Simplesmente eles vão embora e me vêm as lagrimas.

CECCHIN: [para a mãe] Isto também acontece com você? Quando tem algum problema, com quem da família você conversa?

MÃE: Bem, eu penso, basicamente com meu marido...

DONNA: Às vezes com Bárbara.

MÃE: Oh, se o problema for sobre o que vestir.

CECCHIN: Você acha que ela procura Bárbara algumas vezes?

DONNA: Todos procuram Bárbara. Ela sabe o que vestir.

CECCHIN: Você acha que ela procura Bárbara mais do que ao seu marido?

MÃE: Não.

CECCHIN: E seu pai, quem ele procura?

HARRY: Ele mesmo.

CECCHIN: A maior parte do tempo é sua mãe. Ele tem algum dos filhos que cuide dele?

DEBORAH: Eu não sei, eu nunca o cuidei.

CECCHIN: Você nunca poderia cuidar dele?

DEBORAH: Eu não poderia nunca o curar, fazê-lo melhor.

CECCHIN: Por que não? Ele não precisa ou é incurável?

DONNA: Ela apenas não sabe como fazê-lo.

CECCHIN: Se o pai necessitar de algum apoio, e ela não sabe como fazer, que tal você?

DONNA: Eu tampouco posso.

CECCHIN: Bárbara o fará.

MÃE: Eu penso se sempre que temos problemas... bem, eu não encontro exemplos neste momento, mas penso que nós conversamos sobre o problema primeiro e, se algo tem a ver com as crianças, nós automaticamente recorremos à Bárbara para ouvir sua opinião, e vamos ao resto da família quando há algo que diz respeito à família toda.

DONNA: [para Bárbara] Puxa, você aguenta um tremendo peso, não é?

CECCHIN: [para o pai] E você também procura Bárbara?

PAI: Devo.

SELVINI: Porque Bárbara é uma autoridade tão grande para vocês, cheia de prestígio, dando-lhes apoio, sensível...

CECCHIN: As pessoas procuram apoio em Bárbara. John já esteve mais próximo de Bárbara. A mãe, às vezes, pede uma opinião sobre roupas.

SELVINI: Sra. Y, a senhora nos disse que os mais sensíveis e cheios de problemas afetivos são John e Donna. Esta sensibilidade particular é herança sua ou do pai natural? [a mãe ri]

CECCHIN: Este trecho é interessante. Selvini, de acordo com a hipótese com a qual iniciamos a entrevista, está perguntando acerca do pai natural. É provável que ela estivesse tentando descobrir quem seria o bode expiatório alternativo, quem seria a pessoa que John tenta proteger ou, também, com a qual ele se identifica. Eu sinto que é melhor descobrir o que está acontecendo, no momento, no sistema. Por isto eu coloco esta questão: "Quem as pessoas procuram na família quando têm uma dificuldade como a de John?"

HOFFMAN: Por que você não perguntaria aqui pelo pai natural?

CECCHIN: Selvini está ampliando o contexto. Ela deixa família atual para buscar a família no passado. Usualmente nós não faríamos isto tão cedo, logo após o início da sessão. O caminho mais correto, segundo meu ponto de vista, é identificar primeiro as sequências do jogo – quem ajuda quem, como estão organizados os relacionamentos em torno dos termos que eles trouxeram – para depois alongar o sistema para outros parentes, ou buscar premissas ou outros significativos mais gerais.

PENN: Isso acabou, entretanto, sendo útil, pois ao perguntar pelo pai natural, Selvini descobre que os filhos vêm de dois pais, não de um.

ENTREVISTA FAMILIAR

MÃE: Mas vejam, meu marido e eu fomos ambos casados antes.

CECCHIN: Não, não, ela disse o pai natural.

MÃE: Oh, o pai natural. Oh, eles definitivamente herdaram isso de mim.

PAI: Em relação às emoções sim, mas não em relação a todo o resto.

CECCHIN: Quer dizer que vocês já foram casados antes?

PAI: Sim.

CECCHIN: O Sr. Tem filhos do primeiro casamento?

PAI: Sim, estas duas. Elas [Donna e Deborah] são minhas; os outros três [Harry, John e Bárbara] são dela. E todos – os cinco – são nossos.

CECCHIN: Os três mais velhos são Harry, John e Bárbara e são filhos do primeiro casamento da mãe.

SELVINI: A senhora é mãe adotiva...

MÂE: Destas duas, Donna e Deborah; eu as adotei.

PAI: Isso traz muita confusão na escola, daí que eu lhes dei a escolha. Sentei--me com eles e todos me disseram que queriam meu nome; foi deste jeito que quiseram. Harry agora tem 18 anos e pode muito bem mudar o nome.

CECCHIN: Vocês três ainda mantém contato com o pai natural?

HARRY: De alguma forma, sim... não com frequência.

JOHN: Uma vez ou outra.

CECCHIN: Vocês o visitam? Mantêm contato, o veem?

BÁRBARA: Costumamos ir visitá-lo.

CECCHIN: Vocês três vão juntos? Separados?

HARRY: Se eu estiver na cidade, dou uma passada por lá.

CECCHIN: Qual é a distância da casa dele de onde vocês vivem?

HARRY: Vinte e seis milhas.

CECCHIN: Então, vocês tomam a iniciativa de visitá-lo. Se algum de vocês tem vontade, simplesmente vai.

HARRY: Sim.

CECCHIN: Ele está casado?

BÁRBARA: Não.

CECCHIN: Vive só?

PAI: Não, vive com outra mulher.

MÃE: E ela tem duas crianças, também foi casada.

CECCHIN: De vocês três quem o visita mais seguidamente? [Boscolo bate na porta e indica que Selvini e Cecchin devem sair]. Eu devo explicar que dois colegas se encontram atrás do espelho e, de vez em quando, eles nos chamam para discutir o que está ocorrendo aqui e fazer algumas sugestões. Quem vai visitá-lo com mais frequência?

DONNA: É assim, se eles vão à cidade para fazer compras, dão um pulo lá por cinco minutos.

JOHN: De vez em quando o visitamos.

SELVINI: [para Harry]. Quando foi a última vez que você viu seu pai natural?

HARRY: Neste verão, em julho.

SELVINI: O encontro foi agradável?

HARRY: Ela [Bárbara] subiu duas semanas antes para a casa de veraneio. Eu e ele [John] fomos também, mas não ficamos na mesma casa com ele, e não o vimos muito.

SELVINI: Ele é gentil com vocês?

HARRY: Ele nos dá dinheiro e bugigangas.

BÁRBARA: Uma maneira de querer comprar nosso amor.

SELVINI: [ao pai] você vive uma situação semelhante?

PAI: Não tenho visto a mãe delas.

DONNA: É mais ou menos a mesma coisa; ela nos dá dinheiro... Obriga-nos a aceitar bugigangas.

CECCHIN: Vocês sentem que ela ficaria sentida se vocês não aceitassem?

DONNA: Certo. Eu acho que é algo falso.

CECCHIN: Quando deixaram de vê-la?

DONNA: Uns dois anos atrás. Ela parou de nos visitar durante dois anos, então mãinha decidiu nos adotar, e quando ela soube, quis logo nos ver.

CECCHIN: Ela quis ver vocês depois que foram adotadas?

DONNA: Não! Assim que descobriu que mãinha queria nos adotar, começou a nos ver novamente, e por isso mãinha não pôde nos adotar.

PAI: Tinha estabelecido, desde o princípio, que embora eles fossem os filhos de minha mulher e estas duas as minhas filhas, eles são todos nossos filhos, e se eles quiserem ver seus pais naturais, nós não o impediríamos. Pensamos que não era correto dizer não, vocês não podem vê-los, e começar uma grande briga em torno disso. Eles são filhos deles também; sendo assim, se eles quisessem vê-los, nós sempre aceitaríamos.

CECCHIN: Mas você disse que nos últimos dois ou três anos não o viram. Por que decidiram não a ver?

PAI: Não, não no caso da mãe delas. Ela não viu as crianças por... bem, já tinha se passado mais de dois anos que estávamos separados antes que eu fizesse o pedido de divórcio. Ela não as mais tinha visto até que eu pedi o divórcio, e aí ela insistiu em vê-las.

CECCHIN: Foi aí que ela voltou a se interessar, depois que você entrou com o pedido de divórcio.

PAI: Porque o tribunal me concedeu a custódia das meninas.

MÃE: Ela disse ao meu marido que ele poderia ficar com a custódia das meninas, contanto que ela recebesse o carro.

PAI: Não, ela me deu um certificado assinado, testemunhando.

SELVINI: Quem decide quando vocês vão visitar seu pai?

HARRY: Se estamos fazendo compras ou visitando amigos perto da sua casa, podemos dar um pulo lá. Ninguém decide.

BÁRBARA: No verão, ele nos pede para ficar com ele em uma casa de veraneio.

SELVINI: Ele os convida. [Selvini e Cecchin saem da sala]

PENN: Obviamente, vocês tinham que construir juntos uma nova hipótese.

BOSCOLO: Certamente, tivemos que mudar a coisa toda. A hipótese que formulamos antes da sessão era completamente inútil, porque a família era diferente do que imaginávamos.

CECCHIN: Nós tivemos a sensação de que estes dois pais estavam desqualificando seus casamentos anteriores. A ex-mulher do pai preferiu um carro às filhas, o ex-marido da mãe é falso. De certa maneira, estas duas pessoas tiveram maus casamentos e agora precisam ter um bom. Eles devem ser unidos e não podem demonstrar qualquer desunião, são os filhos que devem se dividir. Se os filhos se aproximassem muito uns dos outros, os pais provavelmente não saberiam o que fazer.

HOFFMAN: Você acha que a exclusão motivou a doença de John?

CECCHIN: Não, isto só não deixa ninguém louco. Talvez ele esteja realizando um ritual para manter todo mundo junto.

BOSCOLO: Poderíamos também dizer que a mãe, que teve um marido tão ruim, está olhando para este marido como um salvador, e isto pode tê-la alienado de seus próprios filhos. Os filhos da mãe talvez se sintam mais abandonados do que os do pai. A mãe parece muito apegada a este homem.

HOFFMAN: Aqui vocês saíram. O que queria dizer-lhe a equipe?

CECCHIN: Eles notaram que os dois rapazes tinham estado muito próximos um do outro e agora estão se afastando. Sugeriram, então, que fizéssemos algumas perguntas sobre isso, especialmente sobre o papel que a filha mais velha cumpriu neste processo.

ENTREVISTA FAMILIAR
[Cecchin e Selvini retornam à sala]

CECCHIN: Nossos colegas estavam refletindo sobre um problema, quando John e Harry faziam a escola secundária, eram muito próximos – faziam coisas juntos, veraneavam juntos – e agora quiçá vocês não sejam tão próximos quanto no passado.

HARRY: Não, realmente não. Não estamos tão próximos quanto antes.

CECCHIN: Então, houve um período em que vocês estavam próximos?

HARRY: É.

CECCHIN: Quando foi?

HARRY: Sempre fomos muito unidos.

[as garotas riem]

CECCHIN: Vocês são os únicos filhos homens, dever ter estados juntos por muito tempo. Qual dos dois tinha mais prestígio na família? Houve algum tipo de competição entre vocês, como muitas vezes há entre irmãos?

HARRY: Acho que eu, porque sou o mais velho.

CECCHIN: Alguma vez vocês criaram uma espécie de amizade que deixasse de fora a irmã? Vocês têm uma irmã natural? Tentaram mantê-la por fora? A Bárbara?

HARRY: Eu não sei, eu não estou certo. Não me lembro se fizemos isso ou não.

CECCHIN: Quando foi que Bárbara passou a ser tão importante?

HARRY: Talvez quando entrou na escola secundária.

CECCHIN: [para John]. Você se lembra quando ela se tornou tão importante?

JOHN: Na época em que frequentávamos a escola secundária.

CECCHIN: Você já estava na escola secundária quando ela entrou e se tornou muito popular? Ela se colocava entre vocês dois algumas vezes?

JOHN: Eu não sei.

[as garotas riem]

CECCHIN: [para Donna e Deborah] O que vocês pensam? Bárbara de alguma forma... [inaudível]... entre os dois irmãos?

DEBORAH: [Rindo] Sim.

SELVINI: Ela separou os dois irmãos?

DONNA: Não, não penso assim. Ela não andou muito com eles, não os separou.

HOFFMAN: Quais foram seus pensamentos aqui?

CECCHIN: Estamos perguntando por que, em vez de continuarem juntos e se tornarem cada vez mais importantes um para o outro, os dois rapazes estão afastados. Um vai trabalhar e o outro continua na escola.

BOSCOLO: Vemos, também, que um novo homem entrou na família e aqui ele está sentado exatamente no meio. Há três membros à sua esquerda e três à sua direita. A mãe é muito afeiçoada a este homem: ele é o patriarca. Depois da entrada do patriarca na família, Bárbara se tornou muito importante e os rapazes foram deslocados.

CECCHIN: O novo homem passou a ser o macho principal, reunindo todas as fêmeas em torno de si. Os jovens machos estão de fora e não tem muita possibilidade de ganhar prestígio.

HOFFMAN: Mas ninguém sofre um abalo. Até que Harry sai para trabalhar, tudo estava aparentemente bem enquanto os dois jovens machos permaneceram juntos.

CECCHIN: É particularmente duro para John, porque Harry não apenas sai, como ganha Bárbara, que era apegada a John. E Bárbara é a fêmea com mais prestígio na família. Até a mãe e o pai procuram os seus conselhos. John perdeu ambos, a irmã importante e o irmão importante.

HOFFMAN: Se quiser olhar a coisa desta forma, ele perdeu todos dentro de sua própria família. Sua mãe está sentada aos pés de seu novo pai. Sua irmã é como uma segunda esposa. Harry está deixando a casa. E ele não pode se ligar as duas meninas menores porque elas pertencem ao pai. O pai deu a todos o seu nome e se recusa até a permitir que as duas famílias se lembrem que eram, a princípio, separadas. Quando ele diz "nossos cinco" é uma mensagem real: agora vocês são todos meus.

PEEN: Sim, existe uma grande dificuldade para os dois jovens machos deste sistema unificado. A saída de Harry indica que ele tampouco se sente à vontade em casa. Parece que os pais chegaram a um acordo tácito segundo o qual as três filhas serão protegidas e o pai será o pai das três. A mãe diz: "Esforcei-me muito para ser uma boa mãe para Deborah e Donna", mas o pai não diz: "Esforcei-me muito para ser um bom pai para John e Harry". Os homens parecem ser muito frágeis. Não há nada nas regras da família que os projeta, de modo que eles correm riscos que as meninas não correm.

BOSCOLO: É possível que o forte relacionamento que havia entre os rapazes fosse devido a que o pai natural era visto como muito ruim e negativo. Aí os dois rapazes tiveram que ficar juntos para proteger a mãe, e agora eles já não são mais necessários.

ENTREVISTA FAMILIAR

CECCHIN: Antes eram vocês três, depois se juntaram à família duas outras meninas. Você era a única menina da família, como se sentiu com a chegada das outras duas?

BÁRBARA: Eu queria ter mais irmãs. Nunca pensei que as conseguiria. [risos]

MÃE: Acho que tivemos sorte ao nos reunirmos em uma só família. Antigamente, meus filhos não me obedeciam, não me respeitavam, meu ex-marido lhes dizia: "Não escutem o que ela diz, ela é louca!" Consequentemente, quando eu lhes ensinava algo, eles me ignoravam. Recordo-me de uma das primeiras vezes que tivemos as cinco crianças reunidas. Estes dois garotos estavam fazendo bagunça e eu queria que eles ficassem quietos. Meu marido disse: "Obedeçam à sua mãe". Mas não obedeceram, e aí ele parou o carro e eles apanharam. Eu não disse nada, mas ele disse que se eu tivesse dito algo, seria o fim do nosso relacionamento, porque se iam ser nossos filhos, seriam nossos filhos – não seus filhos ou meus filhos. Portanto, eles foram sempre tratados como nossos filhos.

CECCHIN: Seu primeiro marido dizia às crianças que não lhe ouvissem e isso a desqualificava como mãe. Qual dos seus filhos tirou proveito de sua situação?

MÃE: Bem, eles eram muito novos na época.

CECCHIN: Seu atual marido disse-lhes que deveriam obedecê-la?

MÃE: Oh, sim, ele me dá, sem dúvida, todo o apoio.

PAI: Se ela discorda de algo que eu fiz, não diz na mesma hora, mas me leva para um canto, mais tarde, longe das crianças, e aí discutimos o assunto. Se eu estiver errado, eu volto e peço desculpas às crianças... demonstro que estava errado. [há uma breve discussão entre Cecchin e o pai. Pergunta-se ao pai em torno do que giram as discussões mais comuns em casa. O pai dá o exemplo de como, quando os filhos quiseram um som, sentou-se e explicou-lhes de uma forma razoável de que maneira havia sido gasto o dinheiro deles]

CECCHIN: O primeiro pai, o pai verdadeiro, disse aos filhos que sua mãe era louca e que eles não deveriam levá-la a sério. O novo pai diz: "Respeitem sua mãe". Este garoto está provavelmente confuso sobre qual posição tomar em relação à mãe e qual a ordem que deveria seguir. É provável que tenham tentado ambas as posições.

HOFFMAN: E também, embora a autoridade da mãe seja protegida, ela não tem autorização para tratar seus filhos de um modo tão permissivo quanto antes.

PENN: Eu creio que "nossos" filhos significa que eles devem ser educados à maneira do pai. Se isso é verdade, os garotos devem sentir que a mãe não fala por eles; que ninguém está falando por eles.

HOFFMAN: Correto. Lembrem-se de que a mãe disse "se eu tivesse protestado [contra o espancamento dos filhos] teria sido o fim do relacionamento".

CECCHIN: Isso é apenas uma premissa. A mãe pode estar colocando a disciplina de seus filhos nas mãos de seu marido a fim de manter o relacionamento. Os garotos podem achar que ela, antes de comprometer o relacionamento, os entregará a este homem que o castiga.

BOSCOLO: A questão da educação destes rapazes é totalmente definida pelo novo marido. Eles devem ser sacrificados para não prejudicarem o relacionamento do casal. Juntos, eles conseguem suportar esta situação, mas, separados, um deles deve senti-la como intolerável.

PENN: Eu penso que John percebe a confusão de tais mensagens. O novo pai não quer dizer: "Obedeçam à sua mãe"; ele quer dizer: "Vocês devem me obedecer e ela também". Percebendo isso corretamente, de novo desqualifica a mãe como tal. Talvez aja como louco para protegê-la; na verdade, este rótulo foi antes usado contra ela.

HOFFMAN: Os garotos devem sentir que deveriam defender a mãe contra este homem, como fizeram com o pai que era mau com ela. Mas se eles se rebelam, ela permite que o novo homem os castigue.

BOSCOLO: A mãe coloca este homem em uma posição muito poderosa. Ela deve temer pelo fracasso do casamento. Para evitá-lo, outorga-lhe um grande poder. É possível que John tenha querido corrigir esta situação, mas é muito perigoso para ele agora que Harry se foi.

HOFFMAN: Pode ser que ele seja o agente secreto da mãe, que, de alguma maneira, também pode sentir-se revoltada, mas que não pode se expressar.

CECCHIN: É duro combater alguém que é tão sério, tão razoável, tão prestes a ajudar todo mundo. John necessita defender-se contra este homem, mas não sabe como. Era fácil com o outro pai; ele era mal e era possível combatê-lo.

ENTREVISTA FAMILIAR

SELVINI: Por favor, expliquem-me por que Bárbara tem tanto prestígio na família. Que qualidades tão importantes ela tem? Por exemplo, por que ela tem tanto prestígio e você ou Donna têm menos?

DONNA: Bárbara é a pessoa mais responsável da família, e é por isso que eu a procuro em busca de conselho.

SELVINI: Dê-me um exemplo da sua responsabilidade.

HARRY: Ela sempre tira notas altas no colégio.

SELVINI: Isso é importante na sua família... se sair bem no colégio?

HARRY: É, sim.

CECCHIN: Quem acompanha seu desempenho na escola?

MÃE: Bárbara trabalha; tem hábitos de trabalho muito bons. Se fizer um projeto com três meses de antecedência, começaria a trabalhar nele imediatamente, não o deixaria para a última noite. Harry também tem se saído muito bem na escola, mas ele não se esforça.

PAI: Ele quer ser contador e está planejando trabalhar por um ano e depois ir para a faculdade.

CECCHIN: Reparem que todo o drama desaparece quando falam da escola. Os pais estão unidos e não existem mais diferenças reais. Estou preocupado por termos deixado escapar algumas aberturas, como quando a mãe diz: "Meu ex-marido sempre disse que eu era uma louca". Nós, apesar de ser uma afirmação fantástica, não a utilizamos. A outra abertura foi quando ela disse: "Meu marido disse que isso terminaria o relacionamento". Essa também é uma afirmação interessante. Perdemos um par de lindas oportunidades. Agora eles estão apenas falando de coisas triviais.

PEEN: Vamos supor que vocês não deixassem escapar aquelas oportunidades. Que perguntas você teria feito?

CECCHIN: Perguntas como: "Seu marido disse que a senhora era louca. A senhora concordava com ele? Seus filhos concordavam com ele? Se um homem diz que é louca durante anos, é difícil livra-se desta ideia. A senhora acredita que o seu atual marido a acha louca?"

PENN: Ela deve se perceber como louca em ambas as famílias. Afinal, estamos sentados com um rapaz diagnosticado como esquizofrênico; o rótulo deve ter passado para ele.

CECCHIN: Há indícios de que a primeira mulher do marido também era louca. Eu teria perguntado aos garotos se eles pensam que sua mãe tem medo da loucura. Aí você traz à tona a coisa toda. Passaríamos a falar sobre a ideia de loucura no sistema.

HOFFMAN: Isso teria tornado John sistematicamente louco.

CECCHIN: Sim. Mas com dois terapeutas na sala, você não pode usar estas aberturas. Eu não saberia, caso eu, de repente, tomasse esta trilha, se Selvini concordaria. Trata-se de uma virada muito brusca. De fato, Selvini está seguindo outra ideia: o prestígio de Bárbara na família. Temos observado que as famílias apresentam todas as aberturas durante os cinco a dez primeiros minutos da entrevista. Se, três meses depois da entrevista, observam-se os quinze minutos iniciais, encontrar-se-ão todas as aberturas. O ponto essencial é aprender a enxergá-las e aprender como utilizá-las imediatamente. Como penetrá-las e desenvolvê-las com o seu questionamento.

ENTREVISTA FAMILIAR

PAI: Eu fico louco quando eles cometem uma porção de erros na escola. Acho simplesmente estúpido. Eles avançam rápido demais e não pensam.

CECCHIN: Quem o deixa mais zangado?

PAI: John, definitivamente. Porque eu sei que ele pode fazer melhor. Ele não se esforça.

MÃE: No terceiro semestre do ano passado, ele nem fez sua prova de inglês; simplesmente foi para a cidade e, claro, não passou.

CECCHIN: Isso a deixa zangada?

MÃE: É com sua vida que ele está brincando, não com a nossa; porque, depois de uma certa idade, ele não é mais responsabilidade nossa.

PAI: Bem, é moral, mas não legalmente.

MÃE: Não, mas eu quero dizer que ele não vai depender de nós a vida inteira, é ele quem vai sofrer.

CECCHIN: [para John] você concorda com eles? Você acha que sua mãe está certa? Eu conheço muitos rapazes que não concordam com este tipo de conversa.

JOHN: Eu concordo.

CECCHIN: Tentei atacar este tipo de conversa para que o rapaz não a aceitasse tão facilmente. John diz que seus pais se interessam pelos seus trabalhos escolares, mas aí a mãe diz que não é seu problema, que o problema é dele. Eles dizem que é sua responsabilidade, mas eles o pressionam o tempo todo. Aí eu introduzo a ideia de que ele poderia não concordar.

PENN: Você introduziu a dúvida para indicar que ele não precisa aceitar as confusas mensagens dos pais.

CECCHIN: John tem este tipo de dúvida. Se você diz: "Eu tenho dúvidas", você o tranquiliza muitíssimo. Em essência, você diz: "Eu não entendo o tipo de mensagem que você está recebendo: 'Você deve se esforçar: mas é sua vida, então faça o que quiser. Mas quando você chega em casa, você não faz nada'" etc. Uma porção de duplas mensagens.

ENTREVISTA FAMILIAR

CECCHIN: [para Harry] Em qual universidade você planeja ingressar?

HARRY: A mais próxima da minha casa, assim os gastos com transporte não serão muitos.

CECCHIN: A que distância fica de sua casa?

HARRY: Umas vinte e cinco milhas. Tenho vivido em casa todo este tempo.

CECCHIN: Por que você quer continuar morando em casa?

HARRY: Despesas.

CECCHIN: Se você tivesse dinheiro, você iria para outro lugar? [para John] você também gostaria de ir para uma universidade perto de casa?

JOHN: Eu gostaria de ir à universidade, mas não tenho o dinheiro.

CECCHIN: É um problema de dinheiro. Você está planejando fazer como Harry, trabalhar para ir à universidade?

JOHN: É, provavelmente.

CECCHIN: [para Bárbara] quais são seus planos?

BÁRBARA: Eu não sei o que eu quero ser, e não sei ainda o que eu vou fazer.

SELVINO: Existem outros exemplos sobre a responsabilidade de Bárbara na família ou na escola? Algum de vocês competem com Bárbara?

PAI: Você tenta vencê-la, tenta chegar na mesma posição?

DONNA: Para dizer a verdade, não. Penso que eu não poderia.

MÃE: Todos parecem bastante satisfeitos em suas posições.

PENN: Sua direção não está clara. Selvini está falando da posição de Bárbara dentro da família e você sobre a questão da escola. Eu não entendo o que estão fazendo.

BOSCOLO: Isso tem mais a ver com o contexto no qual a entrevista está ocorrendo. O contexto é que nós estamos em um país onde se fala inglês, e Gianfranco e eu entendemos inglês, enquanto as duas mulheres da nossa equipe, Selvini e Prata, não entendem muito. Elas encontram-se um pouco paralisadas por causa da barreira da língua. Isso pode ser ter sido um problema. Cecchin está conduzindo a maior parte da conversação porque ele entende inglês e se comunica muito bem com a família. Eu, como supervisor, chamo Selvini duas ou três vezes para trocar algumas ideias.

HOFFMAN: Por que você só telefona para Selvini?

BOSCOLO: Penso que se tivesse chamado Cecchin, Selvini poderia ter se sentido excluída. Uma equipe é como uma família. É um grupo com uma história, desenvolve suas próprias regras e um sentido especial de sua própria organização. Por exemplo, se eu tivesse chamado Gianfranco, as mulheres poderiam se sentir deslocadas. Você deve se lembrar que Selvini era a líder oficial da equipe e que estava na sessão. Penso que, por estes motivos, a equipe ficou um tanto paralisada. O interessante é que na época da entrevista, nós não tínhamos consciência disso.

PENN: Vocês estavam paralisados?

BOSCOLO: Exatamente. Eu chamei Selvini três vezes. Eu não sabia, não estava consciente disto. Naquela época eu nem imaginava o que estamos conversando aqui. De certa forma, reagi como membro de um sistema, de uma família.

PENN: Você estava socorrendo Selvini.

BOSCOLO: Exatamente. Eu quis socorrer Selvini. Eu penso que sentia que seria muito perigoso entrar em uma aliança com Cecchin. Eu me sentiria como se estivéssemos negligenciando completamente as mulheres.

HOFFMAN: [para Cecchin] Você se sentia paralisado?

CECCHIN: Agora que estamos falando, eu reconheço os mesmos sentimentos. Eu não podia seguir em frente com o meu questionamento, eu tinha que seguir a direção de Selvini. Ela saiu, falou com a equipe, tomou decisões. Mas agora chegamos a um ponto interessante: quando a equipe fica assim paralisada, podemos dizer que existem problemas organizacionais. Toda a equipe tem seus problemas organizacionais, os quais são de imediato utilizados, inconscientemente, pela família para provocar a paralisação da equipe. Isso é homeostático e mantém a situação na mesma. Por isso, é muito útil, quando se tem uma equipe, possuir uma metaequipe que fique observando a interação. Isto não significa que se está desorganizado ou que se tem problemas; significa que a família está trazendo à tona estes problemas. A família, como sistema, calibra-se a partir da informação que a equipe introduz na sessão. É um problema de calibração mais do que uma ação intencional por parte da família.

PENN: É realmente muito misterioso como tais eventos acontecem, como o dilema da equipe e o dilema da família se refletem entre si. Por exemplo, nós estivemos conversando a manhã toda sobre a falta de confirmação dos dois jovens rapazes nesta família, enquanto, ao mesmo tempo, encontramos que os dois homens da equipe sentem que devem restringir sua eficácia para se manter em sincronia com as regras de sua equipe.

BOSCOLO: Por exemplo, em Milão, estamos em um contexto completamente diferente, porque todos nós conhecemos a língua igualmente bem. Deixem-me dar um exemplo de como, no nosso próprio contexto, podemos ser, ao mesmo tempo, conscientes e corretivos.

Selvini, que é uma especialista em anorexia, e eu fazíamos coterapia com uma família na qual havia um anorético. Durante a sessão, a mãe olhava com frequência para Selvini, escutando cuidadosamente cada uma das suas palavras. Estavam bem conectadas. Eu, o terapeuta homem, era completamente ignorado. O interessante que o pai da família, como eu, era completamente ignorado. Quando eu ia começar a falar, ambas as mulheres olhavam para mim como se quisessem dizer: Quem é esta pessoa? Por que está nos interrompendo? Logo encontrei-me alheio e retraído, e vi que o mesmo acontecia com o pai. As mulheres continuavam conversando, enquanto o pai e eu ficávamos nos olhando, ou olhando para o teto, e sentindo-nos um tanto embaraçados. De repente, pensei: se eu tivesse cartas de baralho teria dito ao pai "Você gostaria de jogar? Vou buscar uma pequena mesa porque nós não contamos aqui". Então olhei para Selvini e disse asperamente: "Pode sair agora! Não concordo com o que você está dizendo". Selvini, que imediatamente me entendeu, tornou-se muito submissa. A mãe ficou chocada porque eu dei a ordem para Selvini me seguir. Eu abri a porta e disse: "Venha, saia!", em um tom de voz alto. O homem finalmente começou a ficar vivo de novo. Atrás do espelho estávamos rindo com a equipe e Selvini disse: "Eu compreendi sua atitude, fez bem". Elaboramos uma hipótese e decidimos que, quando retornássemos à sessão, eu faria a intervenção. Entramos, e a família olhava para nós como que dizendo "o que aconteceu?" Selvini assumiu uma atitude muito condescendente, e eu disse: "Eu pedi a Dra. Selvini para sair porque eu não concordei com o que ela estava fazendo, e agora eu gostaria de explicar porque eu não concordo com ela". Então, pronunciei a intervenção. Daquele momento em diante, a sessão se transformou completamente. Eu me tornei importante e o marido tornou-se importante. Mas isso foi consciente, e em Milão, no nosso próprio contexto. Neste contexto diferente, não tínhamos consciência do que estava acontecendo.

HOFFMAN: Outra coisa que vale a pena comentar é que vocês também estavam desenvolvendo a técnica do questionamento circular. Pode ser que suas "oportunidades perdidas" fossem reflexo do manejo da sessão por duas pessoas formulando questões circulares em torno de uma hipótese. Você se atrapalha se existem duas hipóteses sendo pesquisadas ao mesmo tempo.

CECCHIN: Certo. O questionamento circular está conectado com o refinamento de uma hipótese ou o abandono de uma e a adoção de outra. Antes de entrarmos em uma sessão, trocamos ideias e escolhemos uma hipótese simples, mas quando entramos na sala, continuamos mudando. Formulamos novas hipóteses, de acordo com as aberturas que a família oferece. Mas, se a família oferece dez aberturas, você deve escolher uma, e é impossível para duas pessoas concordarem, enquanto se está trabalhando, sobre a abertura a escolher. Algumas vezes o questionamento pode ser feito de uma forma bastante indireta e seu companheiro de equipe encontrará dificuldade para compreender o que você está fazendo.

BOSCOLO: É possível trabalhar desta maneira em coterapia. Se um terapeuta está formulando as questões, o outro pode escutar para identificar que tipo de hipótese está querendo explorar seu coterapeuta. Quando ele acha que entendeu a hipótese do seu parceiro, pode ou não fazer suas próprias perguntas. Ou um terapeuta pode conduzir a sessão até que não tenha mais ideias, momento em que o outro terapeuta assume a condução.

CECCHIN: Quando fazemos famílias simuladas com estudantes, dizemos: "Se você ficar sem ideias, pare e diga, 'não tenho ideias'". E conversamos sobre o que estava acontecendo na família quando acabaram as ideias. Tentamos ver o que a família fez para escravizar a cabeça do terapeuta. Depois, perguntamos ao terapeuta se ele se sente em condições de continuar ou se o outro estudante deve tomar o seu lugar. Quando ficar sem ideias, um para e outro recomeça. Desta maneira, você tem cinco ou seis linhas para seguir e cada terapeuta-estudante testa sua própria hipótese. Mas isso acontece em um contexto de formação. De fato, se você está em sessão, trabalhando com uma hipótese e, subitamente, o outro terapeuta entra com uma diferente, você ou a família podem ficar doidos.

BOSCOLO: Este trabalho pode ser realizado em coterapia, mas leva tempo. É necessário que cada um conheça o estilo e a maneira de se relacionar do outro etc. Nem sempre vale a pena! É muito melhor ter um terapeuta atrás do espelho e um na sala. É muito mais proveitoso deixar a família quando a sua cabeça está vazia, sair e discutir a sessão com um colega.

HOFFMAN: Quando vocês começaram a ter apenas um terapeuta na sala com a família?

CECCHIN: Foi na época em que começamos a trabalhar por nossa própria conta.

PENN: Vocês pensaram nisto como uma experiência? Como sua equipe aceitou a ideia? Alguém colocou objeções?

CECCHIN: Isso aconteceu naturalmente, porque Luigi e eu começamos a conduzir os grupos de formação, enquanto as mulheres iniciaram seus trabalhos de pesquisa. Quando iniciamos o grupo de formação, um de nós ficava na sala e o outro ficava atrás do espelho. Experimentamos e descobrimos que, ficando duas pessoas na sala, perdia-se tempo. Também descartamos a ideia de que a dupla terapêutica heterossexual constituía uma experiência "corretiva". Isso é uma velha crença da psicanálise, baseada nas ideias de modelagem de papel, identificação com o terapeuta etc.

PENN: Você poderia falar mais a este respeito?

CECCHIN: A ideia é que você dá um exemplo à família de como conviver bem. Se você olha para outras pessoas que brigam e que se dão bem, então você pode brigar e se dar bem. Mas visto que toda organização está determinada pelas suas próprias regras especiais, isso nem sempre funciona. Eles podem nos observar sendo fantasticamente saudáveis, enquanto eles permaneceram neuróticos. Daí porque acreditamos que a terapia não consiste na sua introdução como "pessoa", e sim na introdução de informações e ideias.

HOFFMAN: Adeus ao "uso de si".

CECCHIN: Você pode usar-se dizendo: "Eu não sei o que está acontecendo". Isso é usar sua confusão. Você pode dizer: "Eu não sei o que estou fazendo". Você não pode dizer: "Eu vou lhes ajudar mostrando-lhes como eu lido com a situação". Constatamos que cada vez que demos um exemplo às pessoas – "Isso é o que eu teria feito com minha mulher" – provocávamos um súbito desinteresse. Eles não querem ouvir sobre você, não lhes diz respeito; é seu próprio sistema que lhes interessa.

BOSCOLO: Antes, quando fazíamos coterapia, acreditávamos que a aprendizagem estava relacionada com a identificação. Se em uma família a mulher era muito forte e o homem fraco, dizíamos que os terapeutas deveriam comportar-se de uma forma contrária, para provar a experiência de um casal mais bem sucedido.

CECCHIN: O problema é que isso significa que você tem um modelo do que a família deveria ser; um modelo segundo o qual o homem deveria ser o mais ativo, mais envolvido do que a mulher.

PENN: Ou eles deveriam ser iguais.

CECCHIN: Ou deveriam ser iguais. Mas por quê? É melhor chegar para a família e dizer: "Oh, vejo que nesta família as mulheres têm uma tremenda energia e os homens são bastante quietos. Quando vocês decidiram ser tão quietos assim? Ou tão cheias de energia assim?". Você tenta descobrir por que tomaram uma decisão que os faz agir de um modo diferente ao normalmente esperado pela sociedade. Você diz: "Este arranjo provavelmente funciona para vocês". Você nunca diria: "Olhe para este homem, ele não toma a iniciativa, está totalmente destruído por sua mulher", porque isto implica na ideia de que eles deveriam ser deste modo.

PENN: Vocês também perguntam "O que você pensa do comportamento do seu marido?"

CECCHIN: Sim. E se ela diz: "Ele é complacente demais e nunca toma a iniciativa", então nós discutimos o problema como ela o vê.

ENTREVISTA FAMILIAR

CECCHIN: Se Bárbara decidir ir para a faculdade ou sair de casa, quem tomará seu lugar na família?

MÃE: Quando eu e meu marido nos casamos, Bárbara tornou-se a irmã mais velha porque ela ganhou duas irmãs menores. Antes, tinha sido a irmã mais nova de dois irmãos maiores.

CECCHIN: Então, ninguém gostaria de mudar sua posição agora; mas suponhamos que ela deixe a casa. O que aconteceria?

PAI: Aí vocês se voltariam mais para sua mãe.

HOFFMAN: Esta é uma interessante questão hipotética: suponhamos que Bárbara deixe a casa. Você de repente percebe que tudo mudaria.

CECCHIN: Sim. Agora eu confirmo a hipótese de que, com a formação da nova família, Bárbara, ao tornar-se a irmã mais velha, ganhou importância fazendo com que os rapazes perdessem prestígio.

HOFFMAN: Subentende-se que Bárbara é mais importante que a mãe. Eles disseram que, se ela saísse, os filhos se voltariam para a mãe. Obviamente, agora não fazem isso.

BOSOCOLO: Selvini tentou duas ou três vezes confirmar a hipótese sobre a importância de Bárbara. Ela viu Bárbara como o ponto de equilíbrio. Bárbara é a irmã de Harry e John; e quando a mãe e o pai se casaram, a resposta de Bárbara foi: "Oh, eu queria ter irmãs". Então ela se aproximou muito das suas novas irmãs, constituindo um grupo muito coeso e deixando os dois garotos de fora. O fato de Bárbara ter trocado suas posições fez com que seus irmãos ficassem de fora. Além do mais, a posição da mãe é menos importante que a de Bárbara. Sentimos que o lugar de Bárbara era o mais importante da família.

CECCHIN: Uma outra ideia seria que a mãe delegou à Bárbara a tarefa de ser a mãe substituta das duas garotas, porque não queria cometer erros aos olhos do pai.

PENN: Sua filha a protege de cometer um erro, da mesma forma como John a protege da acusação de ser louca. Eles são filhos leais.

CECCHIM: Sim, ela tem medo de ser mãe porque este homem pode criticá-la. Ele já lhe disse: eu tomarei conta das coisas e você fique calada. A mãe está profundamente confusa. Se a mãe fosse validada, as meninas a procurariam agora e não teriam que esperar Bárbara sair.

BOSCOLO: Também nos inteiramos de que a primeira mãe abriu mão destas meninas em troca de um carro, desprezou-as. E o pai dá uma forte mensagem: aqui estão minhas duas filhas, por favor tome conta delas, elas têm uma mãe terrível que as trocou por um carro.

CECCHIN: Aqui vocês podem usar questões hipotéticas ou futuras, como, por exemplo, perguntar ao pai: "Já que suas filhas têm uma mãe tão terrível, de quanto tempo você acha que precisarão, com esta nova mãe, para terem a mãe que estão procurando? Quanto tempo precisarão os filhos desta família, uma vez que tiveram um pai tão terrível, para, finalmente, terem um bom pai?

De quanto tempo seu pai precisará para se sentir seguro como pai?

Quanto tempo vocês todos precisarão permanecer crianças a fim de deixá-lo sentir-se como pai? Quanto tempo vocês precisam permanecer em casa a fim de que seus pais possam se assegurar de que eles são bons pais?

PENN: Esta é uma ideia que particularmente me interessa: o uso de questões futuras como intervenção. Até o fim da entrevista, estas questões futuras podem introduzir tanta informação nova, tornando desnecessária a prescrição da situação de uma tarefa ou da conotação positiva. A família fica livre para fazer o que quiser com estes novos ingredientes que foram misturados ao seu sistema. Organizar-se-ão de alguma maneira, na relação com eles, sem nenhuma solicitação formal por parte do terapeuta.

BOSCOLO: Concordo. Estas questões são intervenções e elas podem ser muito perturbadoras. O retorno pode ser muito emocional. Se o for, a intervenção pode ser usada para acalmar – por exemplo, um ritual onde as irmãs devem comportar-se de modo especial com a mãe, os filhos com o pai. Assim, você lhes dá algum controle.

PENN: Você está dizendo que o ritual determina o grau de absorção da nova informação.

CECCHIN: Sim. As questões são perturbadoras, e você pode dar uma pequena sugestão sobre como a família pode se organizar em torno da nova informação, dizendo: você faz isso na segunda-feira, você faz aquilo na terça.

BOSCOLO: O futuro desenvolvimento desta abordagem pode ser o uso do questionamento circular como intervenção inicial, dando-se uma pequena tarefa apenas para reassegurar a família. É como uma receita, a cada quatro horas você toma esta pílula. Se você vai ao médico, espera que lhe seja receitado um remédio; de outra forma, pensa que ele não é um bom médico.

ENTREVISTA FAMILIAR

CECCHIN: Vocês acham que seus filhos pretendem sair de casa ou não?

MÃE: Eu não sei.

PAI: Eu tenho minhas dúvidas.

HARRY: Eu tenho a intenção de sair de casa, mas planejo cursar primeiro a faculdade para ter uma boa profissão. Assim, poderei ganhar dinheiro.

PAI: Gostaria que eles completassem sua educação antes de saírem de casa.

MÃE: Uma espécie de alicerce.

CECCHIN: Quem poderia ser o primeiro a deixar a casa?

MÃE: Harry, provavelmente.

CECCHIN: [para mãe] Quem toma conta da família quando você está fora de casa?

MÃE: Eles agora são bastante independentes.

CECCHIN: Bárbara assume a posição da mãe?

MÃE: Penso que não.

PAI: Na verdade, eu diria que todos seriam capazes, haja vista uma ocasião – um casamento – quando todos saíram e somente Deborah ficou comigo, ela se saiu bem. Ela preparou todas as refeições em tempo e me acordou na hora do jantar. Só estávamos Deborah e eu. Ela deu conta do recado muito bem.

CECCHIN: Ela só precisou de uma chance para fazê-lo?

MÃE: Todos eles sabem o que fazer quando necessário.

DONNA: Se um dia mamãe morresse, ou algo assim, creio que Bárbara provavelmente tomaria seu lugar.

DEBORAH: Credo! Nem fale!

HOFFMAN: Vocês ouviram? "Se mamãe morresse, Bárbara toma o seu lugar". Sua hipótese sobre Bárbara está confirmada.

BOSCOLO: Sim. O pai deu mensagem para ambas: "cuidem de minha família", de modo que, se a mãe morrer, Bárbara tomará seu lugar. Penso que ele tem uma enorme necessidade de ser amado por estas mulheres.

ENTREVISTA FAMILIAR

CECCHIN: E se seu pai morresse, quem tomaria seu lugar?

BÁRBARA: Harry, provavelmente. Penso que Harry e eu temos uma obrigação porque somos os mais velhos – ele é o garoto mais velho e eu sou a garota mais velha.

CECCHIN: [para os filhos] Assim, vocês têm dois pais; mas se eles se forem, têm outros dois pais, Harry e Bárbara, visto que são os mais velhos, sentem esta obrigação.

DONNA: Talvez seja por isso que somos tão chegados.

SELVINI: [para a mãe] Quando você estava com seu primeiro marido, tinha muitas dificuldades com seus filhos: eles eram desobedientes, não a respeitavam etc. Talvez estejam indo até melhor que os filhos de seu marido. Poderia fazer uma classificação, começando com quem está indo melhor e terminando com quem está indo pior?

CECCHIN: Ninguém é atualmente o "melhor", mas quem se comporta melhor?

DEBORAH: Meu Deus! Isso acabará machucando um de nós.

MÃE: No que diz respeito a mim, todos eles têm suas boas qualidades e todos tem seus maus momentos e pontos negativos.

CECCHIN: Quando pedimos aos membros da família para se classificarem mutuamente em termos de "melhor" e "pior", tivemos uma reação negativa. É muito melhor fazer comparações com pares ou tríades, por exemplo, você poderia dizer que quando esta família se juntou, os filhos se ajudaram mutuamente. Você poderia, então, perguntar se as duas garotas mais novas foram capazes de ajudar os filhos mais velhos a melhorar. Foram os três filhos mais velhos capazes de ser úteis para os mais jovens? Você os divide em grupos. Pergunta quem tirou o melhor proveito desta união, o grupo mais velho ou o grupo mais jovem. Em vez de usar uma palavra como "melhor", você pergunta "Quem fez mais progressos?"

BOSCOLO: Além do mais, não era o momento adequado para fazer esta pergunta. Tínhamos acabado de falar sobre a possibilidade da morte de um dos pais e qual filho tomaria seu lugar. Foi provavelmente o momento mais importante da sessão, e John foi deixado de fora.

CECCHIN: Sim. John não é nem pai nem criança. Harry e Bárbara seriam pais e as garotas estão perto de papai e mamãe, mas John está fora. Poderíamos ter perguntado a John: "Se você pudesse escolher, escolheria se juntar aos pais ou aos filhos?"

HOFFMAN: É interessante, porque os dois que poderiam ser os pais substitutos são ambos filhos da Sra. Y, ela tem os filhos mais fortes, mas é a parceira mais fraca.

CECCHIN: Há também a ideia de que, quando ela estava no seu primeiro casamento, estava desamparada, levando Harry e Bárbara a serem mais responsáveis. Quando eles mudaram para esta nova família, o pai disse à mãe: "Estes meninos devem ser obedientes e condescendentes; seu método está totalmente errado". Assim, eles não sabem como cada um deve se posicionar.

ENTREVISTA FAMILIAR

MÃE: Eu os trato como indivíduos e às vezes penso que não é legal; mas outras vezes penso que todos são uns pequenos canalhas. Não acho que posso classificá-los.

CECCHIN: Os filhos mais velhos progrediram com seu casamento, mas e suas filhas? Elas progrediram com o novo casamento?

PAI: Donna era extremamente ligada ao tempo, era um verdadeiro poço de preocupação. Eu penso que foi muito por minha culpa. Ela era compulsiva, porque eu as acordava às 5h da manhã para levá-las para a babá.

CECCHIN: Você ficou sozinho com as meninas durante um período?

PAI: Sim, durante uns três anos.

CECCHIN: Então, foi pai e mãe para elas?

PAI: Certo. Eu as apressava para saírem da cama, sempre olhando para o relógio, para deixá-las na casa da babá. Donna ficou obcecada com o tempo. Durante anos, quando íamos a algum lugar, ela costumava perguntar: "Painho, que horas são?"

DONNA: Cada vez que eu ganhava um novo relógio, ficava sentada e olhando-o e perguntando a cada cinco minutos "que horas são?"

PAI: Quando eu me casei com Elizabeth e formamos uma unidade, Donna não tinha estas preocupações, e eu penso que ela se sentiu um pouco perdida. Levou algum tempo para se acostumar...

PENN: O relacionamento entre o pai e Donna foi definido pela obsessão de Donna com o tempo e de uma posição de esposa do pai – ela é a filha mais velha. Agora ela foi rebaixada por Bárbara e é percebida como frágil, igual a John. Tornou-se uma garotinha nesta família. Imagine todos os reposicionamentos de papéis em todo o tipo de famílias recombinadas ou reestruturadas. Para compreender a natureza o novo sistema, deve-se considerar a diferença entre as velhas e as novas posições.

ENTREVISTA FAMILIAR

MÃE: Lembro-me, quando passeávamos de carro, de que Donna dizia: "Nós somos os únicos nesta estrada. E se o carro enguiçar? Não haverá ninguém para nos ajudar". E perguntava: "Painho, o carro tem gasolina o suficiente?" Era uma preocupação constante.

CECCHIN: Não o faz mais?

DONNA: Sempre sinto medo de que alguma coisa terrível aconteça à casa quando alguém sai, quando eu não sei onde eles estão. Os banheiros poderiam transbordar ou algo parecido. Sempre penso que alguma coisa poderá acontecer e que realmente nos afogaremos.

PAI: Bem, mas você não está tão mal quanto antes.

CECCHIM: Você disse antes que se mamãe e papai não existissem mais, você teria outros dois pais. Suponhamos que estes dois pais, Harry e Bárbara, também desaparecessem?

PAI: Então, eles iriam ficar com a tia, e irmã de Elizabeth.

MÃE: Eles são oficialmente os tutores legais se algo nos acontecer. Tia Millie e tio Bob. Mas acho que na idade em que eles estão, tenho certeza de que nunca iriam para lá, porque eles não concordam com o jeito que os tios educam seus filhos.

PENN: Dona está respondendo a injunção de seu pai: cuide de mim. Mas o faz através de seu sintoma, não desafiando seu papel.

CECCHIN: Sim. Provavelmente o pai esteja certo. Ele a vê como a próxima que enlouquecerá. A menor, Deborah, toma conta do pai.

PENN: Agora temos dois primeiros casamentos que produziram crianças com problemas, mas, dado que é John quem parece louco, o primeiro casamento do pai aparece como sendo melhor.

BOSCOLO: Nesta família existem muitas decisões entre sadio e doente, bom e mau. O casal pensa que eles são os bons e que seus cônjuges anteriores eram os maus. No grupo dos filhos também, uns são saudáveis e outros são loucos.

PENN: Se você diz que os filhos são comparados para ver quem é o mais louco, e que os dois casamentos são comparados para ver qual é o pior, precisamos, então, assumir que os pais competem entre si para ver quem é o melhor pai.

BOSCOLO: Minha hipótese é que deve haver alguns que são bons e alguns que são maus, e nesta família, a bondade e a maldade estão separadas demais.

ENTREVISTA FAMILIAR

PAI: John, quando se esforça, pode se sair realmente bem. Mas ele está sempre pensando em futebol ou em sair com os amigos. Isto, eu suponho, é normal.

CECCHIN: E o que você acha da outra... Deborah?

PAI: Acho que se ela tivesse lá e tivesse que cumprir suas obrigações, Deborah cumpriria. Acho que todos colaborariam entre si.

HARRY: Não creio que nenhum nem outro assumiria uma tarefa.

MÃE: Não tenho certeza quanto a John. Papai pediu-lhe para trazer o cortador de grama do jardim e foi necessário cutucá-lo duas semanas para que o fizesse. Eu acho que ele se lembra de comer, mas coisas como essas não são importantes para ele neste momento. Por isto, eu não tenho certeza.

DEBORAH: Acho que tudo o que John é capaz de fazer é comer e dormir.

SELVINI: [para John] O que você pensa do diagnóstico que lhe deram?

JOHN: O que penso? Um diagnóstico? E o que os médicos me fizeram. Realmente é um tanto estúpido o que fizeram. Não concordo mesmo com o diagnóstico.

SELVINI: Como você reage emocionalmente diante de um diagnóstico de esquizofrenia?

JOHN: Bem, não acho que eu tenha um problema mental. Eu tenho um problema.

SELVINI: Como seu pai reagiu ao diagnóstico?

JOHN: Não sei. Não consigo me lembrar.

SELVINI: Ele ficou perturbado?

JOHN: É.

SELVINI: Mais que você?

JOHN: Eu não sei. Eu estava perturbado?

BÁRBARA: Ele estava muito drogado para se sentir perturbado, muito agitado para se sentir assim. Estava em seu pequeno mundo, o que poderia perturbá-lo?

SELVINI: Quem estava mais preocupado, sua mãe ou seu pai?

BÁRBARA: Mamãe ficou mais perturbada. Eu não sei, com certeza ambos... Mamãe estava me encarregando da maioria das coisas, mas isto era apenas porque papai estava trabalhando. Mas ambos realmente tentaram ir atrás dos médicos para que o tratassem.

PAI: Não, eu acho que ela está se referindo à noite que levamos John para o hospital.

BÁRBARA: Eu acho que mamãe estava mais transtornada. Nós nunca a havíamos visto preocupada com algo assim, então, é difícil dizer...

PAI: Não, eu o demonstro muito raramente.

BÁRBARA: É verdade. Como, então, poderíamos supor o quanto você estava aflito?

HOFFMAN: Eu não compreendo o que Selvini está tentando obter com sua pergunta sobre o diagnóstico.

CECCHIN: Queríamos falar sobre o contexto terapêutico – esta era a ideia principal. O que vocês pensaram? "Quando os médicos deram o diagnóstico? Concordaram ou não? Sua mãe concordou, seu pai concordou. Sabemos que eles concordaram, e eles vieram aqui, a esta consulta, para obter uma confirmação do diagnóstico".

ENTREVISTA FAMILIAR

CECCHIN: [falando do pai] Ele costuma chorar?

BÁRBARA: Não, nós nunca o vimos chorar.

CECCHIN: A mamãe chora de vez em quando?

BÁRBARA: Sim. Poderíamos dizer que papai estava aflito porque ele está sempre próximo da mamãe e ambos pensam da mesma maneira: se um está aflito, o outro também.

CECCHIN: Eles pensam do mesmo modo porque concordaram em pensar do mesmo modo, ou você acha que eles realmente pensam assim?

BÁRBARA: Normalmente, eles não conversam na nossa frente.

CECCHIN: Eles têm suas discussões a sós, hei? Eles não mostram suas discordâncias na frente de vocês, correto?

BÁRBARA: Bem, algumas vezes sim.

MÃE: Meu primeiro marido estragou Bárbara.

SELVINI: Como era ele com John, quando John era pequeno?

MÃE: Eu me lembro de uma vez que minha prima arrancou a camiseta do meu ex-marido porque... eu acho que ele é alcoólatra. Pois ele costumava colocar tampinhas de cerveja nas mãos de John e as apertava até que o menino começasse a chorar. Minha prima disse: "Não faça mais isso!". E ele disse: "Olhe, é meu filho e se eu quiser fazê-lo, eu posso!". Ela disse: "Não enquanto eu estiver perto". Então, ele fez de novo e lá se foi sua camisa. Também me lembro uma vez que voltávamos para casa, às 2 horas da manhã, vindo de um baile, ele começou a brigar comigo e eu lhe disse: "Você vai acordar as crianças". Aí ele disse: "Eu as acordarei" e, então ele as puxou para fora da cama, jogando-as no chão [começando a chorar]. E ele fazia coisas, como maltratar os animais de estimação das crianças. Tentou afogar o gatinho deles, simplesmente fazia coisas terríveis.

PAI: E dizia aos meninos: "Este é o seu jantar". Puxa!

MÃE: De toda a forma, o médico me disse que fosse embora, que se não o fizesse, era sinal de que eu tinha o miolo mole.

CECCHIN: Um médico lhe disse para sair? Para deixar a casa por sua própria segurança?

PAI: Ela estava se tornando suicida. Vejam só, ele estava fumando um cigarro e disse-lhe para dar uma tragada; ela respondeu "eu não quero", e ele enfiou o cigarro em sua cara.

MÃE: Mas nós nunca conversamos realmente sobre as coisas que ele fez. Pelo que Bárbara me conta, não creio que ele tenha mudado.

CECCHIN: [para Bárbara] você disse que sempre foi próxima a seu pai e ele a você?

BÁRBARA: Isso foi porque ele sempre me mimou. Por isso eu gostava muito dele, eu creio. Mas neste verão, perdi o interesse em visitá-lo ou ter qualquer relacionamento com ele, talvez porque acabei de descobrir quem ele é de fato.

MÃE: Ele era um tipo de pessoa... até que você o conhecesse melhor, provavelmente nunca suspeitaria, porque ele fazia truques de mágica, tinha um grande senso de humor e era sempre a alma da festa. Mas mal chegava em casa [estala os dedos], tornava-se uma pessoa diferente; as pessoas de fora não o conheciam realmente.

HOFFMAN: É interessante o modo como ela diz "o médico me disse para ir embora", como se ela não tivesse responsabilidade. Suas lágrimas são uma poderosa mensagem dirigida aos filhos e que significa ninguém deve ir embora.

BOSCOLO: Suas lágrimas significam que ela ainda está ligada àquele homem. Mesmo depois de todo este tempo, ela ainda pensa nele. Ela diz que ele abusou das crianças, por isso teve que partir. Talvez tenha ido embora por causa das crianças... não se sabe.

HOFFMAN: Tenho a impressão de que é mais um lembrete aos filhos daquilo que ela teve que aguentar. Isso os empurra para uma posição emocional de raiva contra o pai e proteção pela mãe.

CECCHIN: Mas as lágrimas são uma mensagem que pode ser compreendida de três ou quatro maneiras diferentes, dependendo do contexto que se queira dar. Uma é que ela sente falta deste homem, um pianista brilhante, que se comporta assim apenas com ela, e ela chora porque se sente culpada pelo que fez. Uma outra mensagem lembra às crianças alguma coisa do tipo vejam-o-quanto-eu-sofri, vejam, foi-por-vocês, porque-temia-por-vocês, tive-que desistir--deste-homem. Ou talvez esteja chorando porque não está tão feliz neste casamento tanto quanto deveria. Seu choro também pode ser uma maneira de dizer ao seu marido que ele não é o bastante para ela. Ou pode ser uma outra mensagem para os filhos, tipo não-me--deixem. Eu-não-consigo-resolver-meus-problemas. Vejam quantas possibilidades existem!

ENTREVISTA FAMILIAR

CECCHIN: Bárbara, você diz que finalmente descobriu quem ele era? E depois, não o viu mais?

BÁRBARA: Ele voltou quando estávamos na casa de veraneio e começou a me infernizar cada vez que eu dizia algo. Eu estava furiosa porque ele estava bêbado, e quando voltou para casa começou a me infernizar por algo que eu nunca fiz.

MÃE: No 4 de julho, quando a mãe dele estava tomando conta das crianças, voltamos para casa e ela estava dormindo no sofá. Ele atravessou a sala, esbofeteou-a e disse "Saia daqui sua filha da puta!". Ele era assim. Fazer isso com sua mãe!

CECCHIN: Você continua pensando nessas coisas, como nós conversamos agora?

MÃE: [chorando] Oh não, somente quando sou obrigada.

BÁRBARA: Sempre que estávamos acordados na sala de verão, sempre que ele voltava para casa, dizia alguma coisa sobre a garota com quem estava; ela fazia strip-tease, e ela queria que ele a trouxesse de volta, o que simplesmente deixou minha mãe fora de si...

BOSCOLO: Tenho a impressão de que esta família está inventando sua própria história. Falamos sempre sobre a criação da história – um mito que a família necessita. Se você quiser, pode ver a história da família de uma forma diferente. A mãe diz que seu primeiro marido a destratou, mas ela também diz que seus filhos a destrataram, e Bárbara, pelo menos, estava ao lado do pai. Quando se separaram, os filhos ficaram com a mãe. Agora esta mãe está nos dizendo quão terrível era este pai, e seu marido está nos dizendo quão terrível era sua primeira mulher. Eles pintam o passado de uma certa forma para demonstrar algo no presente.

HOFFMAN: E o afogamento do gatinho?

BOSCOLO: Sim, isso demonstra que o marido era cruel, louco. A mãe nos conta esta história para explicar como era o marido. Mas também é uma maneira de criar um mito familiar. Você pode observar os filhos falando do pai: dizem que ele é louco. As filhas do marido concordam que sua mãe era terrível. De vez em quando, os filhos nos dão informações que conflituam com o mito. Mas este mito é como uma camisa de força, cria uma forma rígida de olhar o passado e o presente.

HOFFMAN: De que modo você acha que influencia o presente?

BOSCOLO: Primeiro, a família não é flexível o suficiente para permitir que os filhos tenham uma imagem positiva dos pais.

HOFFMAN: Ou para que tenham ideias negativas sobre os atuais.

BOSCOLO: Sim, e é por isso que eu acho que um mito desta espécie pode estar relacionado com a psicose. O psicótico é quem não costuma aceitar o mito. Eu estou formulando uma hipótese agora; a única forma de expressar a sua descrença em um mito deste tipo é tornar-se louco. É como o caso que descrevemos em *Paradosso e Contraparadosso*. Na família Cessanti, havia um poderoso mito, segundo o qual todos os homens do grupo deveriam compartilhar das mesmas ideias. Pode ser muito ruim ir contra um mito. Um mito poderoso continuamente recompõe o passado de uma forma muito rígida. Nesta família, a mãe dá o exemplo do gato para provar que seu marido é louco e que sempre foi louco. E ele, se perguntado, provavelmente dirá: "Minha mulher é louca".

CECCHIN: É provável que algumas das informações que a mãe dá sobre seu marido sejam verdadeiras, outras não. É impossível que o marido fosse completamente uma coisa ou outra. Mas esta nova família necessita acreditar que ele era totalmente mal e louco e que a primeira mulher do pai era terrível. O mito restringe as opções dos membros da família para conceberem uma realidade mais complexa. Eles sempre devem pensar em termos de preto e branco; e o preto – o mau – está sempre lá fora, e o branco, todo dentro.

PENN: Esta é a camisa de força; eles não podem crescer e ir embora enquanto durar o mito. Quando a mãe fala do seu mau e louco marido, suas lágrimas lembram aos filhos que devem protegê-la porque está em perigo. Um mito como este funciona como uma premissa. Diz: se vocês (filhos) algum dia deixarem de acreditar que os outros pais são loucos e terríveis, colocarão em perigo seus pais atuais.

HOFFMAN: Você pode ver esta situação em termos de triângulos. A mãe está obviamente em uma posição muito submissa neste casamento – não tão desigual quanto estava antes, exceto porque o atual é definido como bom. Se sentisse que não é tão bom assim, não poderia nem levar em consideração, nem expressar estes sentimentos. Pode-se dizer que lembrando-se do primeiro marido mau, ela "projeta" todos os sentimentos negativos no segundo marido.

BOSCOLO: Se você fala em termos de mito, move-se para um nível mais abstrato do que a explicação triádica. Por exemplo, você pode dizer que a mãe, temendo que o pai sinta que ela não está tão próxima a ele, deixa John de fora. Este tipo de explicação se encontra em um nível. Mas se vamos para um nível mais elevado, o nível do mito, você vê de uma forma muito diferente tanto a submissão da mãe, quanto a atitude do pai. O mito indica-lhes como deveriam ser a fim de não serem mais a família que foram no passado. O mito é uma camisa de força no sentido em que prescreve um comportamento específico para todos e apropria-se de um nível ainda mais elevado de tipo lógico – o nível social onde o pai é quem dita as regras, a mãe o apoia e os filhos cooperam.

PENN: É o rapaz quem realmente desafia o mito.

BOSCOLO: Quando existe um mito como este, é muito difícil mantê-lo. Em um certo ponto, alguém tem de quebrá-lo; e quando consegue, temos uma psicose.

ENTREVISTA FAMILIAR

CECCHIN: Agora quero perguntar a John como vê sua situação. Como você vê o episódio de setembro que apavorou todo mundo? Você foi para um hospital onde fizeram um diagnóstico. Como você compreende esta situação agora?

JOHN: Eu não sei.

CECCHIN: Você não tem certeza. Você sente que está fora desta situação?

JOHN: Eu não sei.

SELVINI: Você está indo ao colégio e se saindo razoavelmente bem?

JOHN: Razoavelmente bem.

SELVINI: Você ainda mostra uma necessidade de chorar de vez em quando?

JOHN: Eu não necessito realmente, não realmente, realmente, realmente.

CECCHIN: Agora iremos discutir isso tudo com os nossos colegas que estão atrás do espelho.

SELVINI: Precisamos discutir aqui.

CECCHIN: [para a família] vocês podem sair e tomar café.

[Selvini e Cecchin saem].

HOFFMAN: Duas perguntas: primeiro, por que você mudou o tópico? Segundo o que aconteceu que lhe fez solicitar a pausa para discussão?

CECCHIN: Respondendo à sua primeira pergunta, minha ideia foi introduzir uma mudança na pontuação. Era como dizer: "Seu pai apavorou todo mundo tentando afogar o gatinho, mas você também é muito bom em assustar as pessoas indo para um hospital". Entretanto, esta tentativa de introduzir uma ideia diferente na família falhou, e também senti que minha parceira não estava seguindo minha direção. De minha parte, eu não entendi o que Selvini tinha em mente quando questionou o rapaz sobre o choro. Portanto, decidi pedir a pausa. Dar uma pausa é uma boa solução quando a equipe se torna confusa e desorganizada.

PAUSA PARA DISCUSSÃO

SELVINI: No início da sessão somos muito íntimos, conversamos. Fizemos, por exemplo, uma espécie de encontro familiar; conversamos bastante; mas ninguém foi muito íntimo porque, parece-me, que nesta família existe uma espécie de regra: precisamos ser uma família unida. Todos se esforçam por manter as aparências do bom relacionamento, mas eu não tenho certeza de que as relações sejam tão boas, normais e claras quanto dizem. As duas meninas, que aparentemente tinham uma mãe horrível, encontraram esta mulher e, aparentemente também têm com ela uma boa relação, mas na minha opinião – eu não compreendi tudo – elas têm uma relação muito superficial com esta mulher. Mais importante é a relação com o pai, porque o pai é muito sedutor. No momento em que a mãe começa a chorar, pensando neste horrível marido, o pai é um verdadeiro deus. Um salvador chegou à família, salvando a todos.

BOSCOLO: Eu tenho uma visão um pouco diferente, esta família tem um mito patológico: cada um dos pais teve um péssimo parceiro. Ele diz que sua mulher era louca, e ela, que seu marido era louco. Quando se encontraram continuaram o mito da maneira seguinte; a mãe: sendo bom com os meus filhos você será bom marido; o pai: sendo boa com as minhas filhas será uma boa esposa. Os filhos encontram-se em uma situação difícil, todas suas atitudes devem corresponder ao mito, porque, rebelando-se, o quebram. Os dois se dizem, continua e reciprocamente: você tem de ser o melhor. O casal apresenta-se como sendo cada um muito chegado ao outro e como tendo encontrado o parceiro ideal. Mas para que o parceiro possa se mostrar ideal, os filhos devem mostrar um comportamento que satisfaça o mito, é uma situação muito patológica.

SELVINI: Muito patológica.

CECCHIN: Não é apenas um mito; é uma espécie de projeto, de expectativa. O pai, por exemplo, diz: "Eu tive uma esposa terrível!", compelindo sua mulher para ser uma boa mãe para suas filhas. Mas isso complica a situação dos filhos, que devem mostrar que ela é uma boa mãe. E a mãe teve um marido terrível que também foi terrível com os filhos. Agora a mãe diz ao marido: "Você deve ser um pai perfeito". Como você pode ser um pai perfeito? Somente se os filhos forem perfeitos. Os filhos devem fazer tudo o que eles podem para manter viva esta expectativa dos pais, para confirmá-la. E quem tem mais sucesso? Bárbara tem sucesso, Harry tem sucesso. Todos têm sucesso, com exceção deste rapaz, John. Não importa o que faça, ele não é capaz de ter sucesso, porque se obedece, obedece demais; se desobedece, é hipersensível, tem um tipo de caráter nervoso. Ele não pode nunca fazer nada bom.

SELVINI: Então, já temos a intervenção. Ele é o único ponto sadio na família; é o único a agir de um modo maluco porque é o único que está livre para não ser perfeito.

CECCHIN: Ele é o único que pode destruir o mito.

BOSCOLO: É um mito terrível. Os filhos devem ser perfeitos. Eles não podem desenvolver um relacionamento entre si e não podem abandonar o campo; devem ser perfeitos, assim os pais acreditam que possuem um parceiro ideal.

SELVINI: É verdade, e você pode conotar positivamente o comportamento de John porque ele está preso em uma armadilha... um terrível mito no qual cada parceiro é um pai perfeito.

CECCHIN: Também, o pai conversa com John durante seis horas para mostrar-lhe que é um bom pai. No momento que John adoece, o pai tem de ir lá: por seis horas ele fica conversando.

SELVINI: E Bárbara, duas horas.

BOSCOLO: Eles disseram que durante seis meses, antes de ele ter o colapso, ele era obediente demais. Talvez a obediência que ele mostrava não fosse a obediência que eles queriam; o que nos diz que estes país esperam somente um tipo de comportamento de todos os filhos... o comportamento que satisfaça o mito de que ela é a melhor mãe e ele é o melhor pai. Então, é o sistema que...

SELVINI: Tem o problema: este é o comportamento ideal para a melhor das mães? Este é o comportamento ideal para o melhor dos pais?

BOSCOLO: Na verdade, analogicamente, eu fiquei muito impressionado quando nós conversamos sobre o problema; os irmãos choraram, mas os pais não.

SELVINI: A mãe chorou no final.

BOSCOLO: Mas ela chorou por causa do primeiro marido que era tão cruel. Quando eles conversaram sobre o comportamento de John, primeiro uma irmã e em seguida a outra começaram a chorar.

CECCHIN: Engraçado, a mãe disse: "O doutor me disse que eu devia ir embora".

SELVINI: Porque ele é uma espécie de assassino [o primeiro marido].

CECCHIN: Mas também era muito fascinante. Então, ele ainda é muito importante.

SELVINI: Muito sedutor, muito simpático, e assim por diante.

CECCHIN: Ela estava tornando-se suicida.

BOSCOLO: Este homem é um estímulo para fazer o pai parecer cada vez melhor.

CECCHIN: Para ser o salvador.

BOSCOLO: Eu tive a sensação de que há uma espécie de desmoronamento dos contextos. Por exemplo, estes dois pais, tendo tido parceiros loucos, têm dado a seus filhos a mensagem que eles devem confirmar que agora eles têm o melhor dos parceiros. O pai também diz que em certo ponto [apagado na transcrição]: "Minha casa vive cheia de meninos e meninas da vizinhança". Os pais tornaram-se assistentes sociais.

SELVINI: Eles estão tornando-se os pais fundamentais para todos os jovens da cidade.

BOSCOLO: Deveríamos prescrever o mito.

CECCHIN: O mito é que eles devem ser perfeitos.

SELVINI: Sou contra prescrever o mito porque isso seria paradoxal e, na minha opinião, não se trata de uma situação na qual convenha fazer uma prescrição paradoxal.

CECCHIN: Primeiro, devemos decidir algo sobre a terapia, o que é mais importante. Porque há o problema da avaliação. O médico deu um diagnóstico, e alguém mais disse "provavelmente é LSD".

SELVINI: Na primeira sessão nos solicitam o diagnóstico, prognóstico e assim por diante.

CECCHIN: Se descrevermos terapia, teremos que motivá-los.

BOSCOLO: Eu não prescreveria terapia.

SELVINI: Porque o terapeuta é John.

BOSCOLO: Eu prescreveria um ritual que colocasse todos os cinco filhos juntos.

SELVINI: Lendo uma petição para John: "John, nós lhe agradecemos muito porque você está nos liberando da terrível obrigação de sermos o pai terrível e a mãe perfeita". Porque as duas filhas têm a mãe horrível e os outros três têm o pai horrível. E este pai perfeito é agora um desastre porque tem um filho esquizofrênico.

HOFFMAN: Temos aqui um outro exemplo de colocação em primeiro lugar do contexto terapêutico. Vocês caminham para uma detalhada hipótese sobre a família; quase formularam a intervenção e, de repente, retrocedem.

CECCHIN: Devemos nos lembrar do contexto terapêutico porque a família veio apenas para uma consulta; ainda não estão em terapia.

HOFFMAN: Foi uma mudança muito repentina.

CECCHIN: Temos que focar o contexto principal, que é o relacionamento entre eles e nós.

PAUSA PARA DISCUSSÃO

CECCHIN: Olhemos a situação de um outro ângulo. Podemos dizer que Bárbara e Harry tiveram sucesso ao dar muita satisfação aos seus pais. De alguma maneira, o trabalho de seus pais terminou. Mas não tendo mais trabalho, não existe razão para permanecerem juntos. Então, podemos dizer que John e Donna, de alguma forma, estão mantendo o trabalho de seus pais. Porque está muito claro que todos os problemas de Donna vêm de sua mãe natural. E desde que estes pais, de alguma maneira, necessitem fazer um trabalho de assistência social, os dois "doentes" estão mantendo suas atividades. Eu estou tentando procurar uma prescrição. John e Donna ajudam os pais para que continuem sendo bons pais.

BOSCOLO: Penso que é impossível colocar John e Donna no mesmo nível.

CECCHIN: Eles foram definidos como doentes.

BOSCOLO: Eu não designaria ninguém. Eu diria: esta família sofreu demais no passado, e eles têm uma grande tarefa – explicaria o mito – que os filhos de cada primeira família tentaram [acaba a fita]

SELVINI: Eles são duas pessoas que necessitam de um pai perfeito para seus filhos.

PRATA: Mas vocês não acham que isso é muito estranho? Ao dizer que ele é o melhor pai para os filhos, que ela é a melhor mãe para os filhos, é um modo de ressaltar...

SELVINI: Sim, esta é uma outra ideia que podemos usar para a conclusão. Eu não sei se isso é uma conclusão para a família ou se é uma conclusão para a terapia futura. Mas, qual é nosso problema? Qual é a epistemologia de John? Por que teve esta crise? Para mim está epistemologia é uma vingança, por que ele está tão furioso com o pai? Este pai está apaixonado por Bárbara, está apaixonado por Harry, mas não está apaixonado por John, por quê? John não é suficientemente brilhante e não dá suficiente satisfação e assim por diante. John sente-se muito inferior a Harry e Bárbara. Mas Harry e Bárbara nada fizeram para libertar os pais da terrível obrigação de serem bons pais. Somente John está fazendo isso, porque ele está quebrando o mito de que eles devem ser pais perfeitos.

BOSCOLO: Eu penso que deve haver uma intervenção de um nível mais elevado, que coloque os filhos de um lado e os pais de outro. Estou falando do mito. Mamãe tem um marido difícil, papai tem uma mulher difícil; eles se juntam e os filhos cooperam para que os pais consigam um bom relacionamento. Entretanto, em um certo momento, esta solução deixa de funcionar, e a razão pela qual não funciona mais é John. John é o sinal. Naturalmente, poderia ter sido qualquer um dos cinco. A mensagem da família é que algo não está funcionando. Neste ponto, poderíamos dar um ritual aos filhos para conversarem juntos e decidirem como podem operar a fim de manter o marido achando que encontrou a melhor esposa e vice-versa. Poderíamos organizar o mito neste sentido.

CECCHIN: Por que não dizemos que os pais têm tido um problema porque eles não tiveram tempo para serem casados um com o outro, e que John os está ajudando a realizar isto porque continua dizendo-lhes: não tentem me ajudar; esqueçam-se de me ajudar. Bárbara e Harry são os que estão ajudando os pais, porque eles são bem-sucedidos o suficiente. Os pais criaram um mau mito, que é ruim para eles...

BOSCOLO: Porque se eles continuam, nunca se tornarão marido e mulher, somente pais.

SELVINI: O que não posso entender, Gianfranco, é Donna, porque não entendi o que Donna está fazendo que não é perfeito.

CECCHIN: Ela é muito emocional e é desligada; não se pode acreditar nela porque ela muda de ideia. O pai disse que se colocarmos Donna e John juntos não conseguiriam fazer a casa funcionar pois são muito confusos. Eles não têm qualquer senso de responsabilidade. O pai continua dizendo que somente Bárbara é responsável. Donna era obsessiva, porque ficava falando do tempo toda hora, preocupava-se com o fato de estar sozinha no carro... todo este tipo de histórias. Até mesmo agora ele diz que não confiaria nela; ele não o disse tão claramente, mas não confiaria em John e Donna juntos, não crê que eles poderiam dar conta das coisas. Então, eles são ainda filhos para serem curados de alguma forma.

SELVINI: Eles podem desqualificar-nos de alguma maneira dizendo que constituem um casal muito feliz.

BOSCOLO: Por que não pensa em termos de colocar todos os filhos juntos? Uma vez por mês, por exemplo, eles se encontram durante alguns minutos; conversam juntos e discutem como continuar a manter o mito em andamento a fim de que a mãe sinta que ela é uma boa mãe e o pai sinta que ele é um bom pai, porque a própria mãe e o próprio pai deles não eram bons. Sendo que os pais não teriam que perguntar quais foram as conclusões.

SELVINI: Explique um pouco mais sobre os detalhes.

BOSCOLO: Porque, no início da sessão, veio à tona que um dos membros é percebido como não bom. John, a fim de transformá-lo em um não-esquizofrênico (pois o rótulo de esquizofrenia fez a família ajuntar-se para ajudar o esquizofrênico), deve ser retirado de sua posição de doente e diferente. Deve ser colocado junto com os outros filhos no auxílio aos pais.

SELVINI: Sim. Estou com você [todos conversam].

BOSCOLO: Mas usando estilos diferentes. Eles devem promover este encontro a fim de manter o mito nos seus diferentes estilos. Harry e Bárbara – estão assegurando os pais – têm pais perfeitos. John e Donna, e talvez Deborah, dão-lhes algo com o que se preocupar, contra o que brigar, e assim por diante.

PRATA: Por que não os deixa descobrirem algo por si mesmos? Você está dizendo-lhes o que fazer.

BOSCOLO: Os filhos têm ajudado os pais a manterem este mito, agora nós deveríamos marcar este encontro mensal até que, no futuro, eles sintam que não é mais necessário. Até que recebam uma mensagem dos pais dizendo que eles não precisam mais deste mito.

SELVINI: Exatamente. Não para permanecerem juntos, mas para a manutenção do mito.

BOSCOLO: Porque eles tiveram uma experiência realmente triste.

PRATA: Você fala de um modo bastante enfático, e se der certo, os filhos não precisam ligar para cá. Se não der certo, podem telefonar.

BOSCOLO: Eu preferiria dirigir-me aos filhos.

SELVINI: Sim, porque do ponto de vista de John, é necessário estar doente: estando louco, eles têm certo poder.

CECCHIN: O que, por exemplo, fazem Harry e Bárbara?

SELVINI: [como se estivesse dirigindo a família] quero lhes contar uma história. Nós vemos esta família... pedimos a primeira consulta de avaliação desta família e vemos um terrível e triste história – você, Sr. Y, porque teve uma esposa terrível, não uma esposa, mas a mãe dos seus filhos; Sra. Y, porque teve aquele pai horrível para os seus filhos. Agora vocês se casaram e construíram um importante mito, um mito muito necessário: que você Sra. Y casou-se com um perfeito pai para os seus filhos; e você, Sr. Y, casou-se com uma perfeita mãe para seus filhos. E agora vemos que todos os seus filhos estão fazendo o que podem, em estilos diferentes, para manter, este mito. Harry e Bárbara são perfeição, satisfação. Os outros lhes dão preocupações, trabalho social, horas de terapia, e assim por diante. E seus filhos deveriam se encontrar, por exemplo, a cada quinze dias, para decidir em quais caminhos vão continuar a operação que vocês fazem para manter este mito até... [todos falam ao mesmo tempo].

BOSCOLO: Quando você diz, eu viraria para os filhos, todos os cinco, e diria: "Vocês deveriam se encontrar uma vez por semana, por meia hora".

PRATA: "Muito preciso".

BOSCOLO: "E conversar entre vocês...".

CECCHIN: "Sem os pais...".

BOSCOLO: Sim, e para dizer como eles ajudam sua mãe a ser a melhor mãe.

CECCHIN: E sobre a terapia, esquecemos a terapia.

PRATA: Não. Mantendo-se o mito, a terapia não é necessária...

CECCHIN: Isso não faz sentido.

SELVINI: É um problema. Cortar completamente o relacionamento com o instituto? Não, não seria bom.

BOSCOLO: Eu começaria a intervenção dizendo algumas coisas sobre a vinda deles aqui, e comunicando que poderia ter sido John quem os trouxe aqui ou qualquer um outro "Em um determinado momento perguntamos se Donna ou Harry ou qualquer outro de seus filhos poderia ter algum problema. Colocamos esta pergunta porque um de seus filhos tem um problema". Assim, você coloca todos os filhos no mesmo nível. "Para nós, John é um sinal de que em um determinado ponto...". Aí você começa o comentário sobre o mito.

CECCHIN: Mas este mito não é muito estável. "Se vocês observam que não estão tendo êxito, devem voltar".

PRATA: "Então, uma vez por mês, por meia hora, na segunda-feira...".

SELVINI: "...Vocês podem chamar alguém pessoalmente". Eles devem ter alguém aqui que os conheça.

PRATA: "Se vocês tiverem êxito, sua família não necessitará de um bom John. Se não conseguirem liguem para cá".

SELVINI: Sim. [a equipe se levanta para sair].

INTERVENÇÃO

[Boscolo e Prata saíram, deixando Selvini
e Cecchin na sala; a família entra]

SELVINI: [para a família] bem, eu quero transmitir-lhes a conclusão e as observações de nossa equipe com respeito à presente situação de sua família. O que observamos durante a sessão foram coisas muito tristes e trágicas. Mamãe e papai tiveram experiências desastrosas em seus casamentos anteriores, e a Sra. Y teve um terrível e triste experiência com o pai de seus filhos. E o Sr. Y teve uma mãe muito negativa para suas filhas. Vocês casaram-se com uma decisão muito forte: a Sra. Y deveria dar um pai muito bom a seus filhos, e o Sr. Y com a forte decisão de dar uma mãe muito boa para suas filhas. E vocês conseguiram. Nós estamos convencidos de que isso é muito importante para seus filhos. Mas é mais importante para vocês, uma vez que vocês tiveram experiências muito negativas, muito trágicas e muito dramáticas. Eu penso que vocês, os filhos, todos os cinco, estão fazendo muito para manterem essa convicção, este mito. Este é um mito muito importante, uma espécie de mito para seus pais. Vocês estão contribuindo para manter este mito, esta convicção, de formas diferentes. Por exemplo, Harry e Bárbara estão mantendo o mito com um comportamento perfeito; são bem-sucedidos e muito bons na escola. Mamãe pode pensar: "Eu dei um bom pai para meus filhos, para Harry e Bárbara"; e papai pode pensar a mesma coisa. Mas também Donna e John estão, com seu próprio estilo, contribuindo consideravelmente: preocupando os pais, permitindo-lhes que, fazendo ainda mais pelos filhos, sejam pais perfeitos, bons pais. Deborah ainda é pequena agora, mas talvez, no futuro, possa escolher entre ser perfeita ou ser um problema. Você está livre para escolher o que quiser. Vocês são livres para escolher o que quiserem, mas o que vocês estão fazendo pela necessidade de seus pais é muito importante. Por isso pensamos que, por enquanto, a terapia não é necessária. Em nossa opinião não é necessária porque os filhos estão fazendo todas estas coisas necessárias para seu mito..., para dar este significado para suas vidas, este importantíssimo significado e valor para suas vidas. Nós apenas lhes pedimos uma coisa, que tenham um encontro, vocês irmãos, juntos, uma vez por semana, ou a cada duas semanas, na hora em que vocês escolherem, para, estando juntos os cinco filhos, discutirem como devem continuar o trabalho que estão fazendo. E é bom fazerem isso enquanto tiverem sucesso. Mas se no futuro vocês tiverem a impressão de que não estão mais tendo sucesso, neste caso devem telefonar para cá e pedir ajuda, se tiverem a impressão de que não estão tendo sucesso em manter esta necessidade que seus pais têm, o que é muito compreensível. Eu posso compreendê-lo muito bem porque compreendo suas trágicas vidas anteriores. É isso aí, esta é a nossa conclusão. [Murmúrios na família. Alguém diz: tá certo]

CECCHIN: Ficou claro que os cinco filhos devem se reunir sem os pais? Os pais devem ser deixados de fora porque é um problema dos cinco: avaliar se estão tendo êxito ou não. Por enquanto, os pais devem ser deixados de fora. Provavelmente não deveriam sequer dizer-lhes o que aconteceu. Se quiserem, podem; mas sugerimos que não. Deveriam guardar isto para vocês. John, você pode tomar a responsabilidade de chamá-los para o encontro de vez em quando?

JOHN: Tá bem, tá certo.

SELVINI: Sim.

CECCHIN: Certo, agora terminamos.

[despedidas finais. John abraça Selvini]

PENN: Eu estava pensando que apesar de ser evidente que estavam acontecendo muitas coisas entre vocês quatro e que, por via de consequência, deixassem passar, durante a entrevista, toda uma série de oportunidades, não perderam a capacidade de elaborar uma boa intervenção.

CECCHIN: Penso que isso confirma o valor da equipe; no momento em que estávamos discutindo juntos, todos os quatro, nós compreendíamos uns aos outros e nos tornamos muito produtivos.

HOFFMAN: É interessante. O processo de trabalho em equipe significa que se os terapeutas ficarem paralisados, não conseguindo extrair do processo de questionamento uma conclusão aceitável, a equipe fornecer-lhes-á um outro marco de busca da conclusão. Aqui você ficou temporariamente paralisado, sentindo-se libertado depois do acordo da equipe em torno da intervenção.

CECCHIN: Algumas vezes a família consegue confundir-nos. Você conseguiu um monte de informações, mas não é capaz de relacioná-las. Aí você precisa deste tipo de exercício ou ritual, o ritual da discussão em equipe, para se tornar coerente de novo. É assim que você se cura. Você entra em uma reunião de equipe sem ideias, mas não se preocupa porque sabe que quando começara falar, algo vai sair. É uma espécie de verdade. Nós nunca dizemos: agora, o que faremos? Nós dizemos: vamos conversar; alguma coisa virá. Há a confiança de que através do ritual de equipe você sairá com uma solução.

BOSCOLO: Há aqui também um exemplo da forma de conduzir uma intervenção. Por exemplo, quando a hipótese geral é aceita por todos os membros da equipe, você a detalha até que faça sentido.

HOFFMAN: Você parece começar com a classificação mais geral: uma descrição que pode estar no nível do mito. Daí você vai para o nível dos grupos ou unidades, e dá um ritual para um casal, ou coloca um grupo a serviço de outro... filhos ajudando os pais, como você fez aqui.

CECCHIN: Quando procuramos uma intervenção, tentamos encontrar uma lógica que agrade à família. O conteúdo da intervenção pode ser louco, mas, formalmente, deve haver uma lógica e podemos especular que a lógica da intervenção será ao lado esquerdo do cérebro da família (se você quiser pensar assim) e a parte louca para o lado direito.

BOSCOLO: Dito em outras palavras, quando você encontra uma premissa – como a louca ideia que as pessoas devem ser perfeitas – pode-se construir uma lógica, de tal forma que tudo o que a família faz conecta-se com esta premissa. Aqui nós construímos uma lógica de acordo com a premissa do ser perfeito, que incorporamos ao mito dos pais perfeitos e dos filhos perfeitos. De acordo com esta premissa, é lógico que os pais necessitem dos filhos; é lógico que os filhos não deveriam nunca sair de casa; é lógico que um dos filhos deveria ser louco; é lógico que a terapia deveria ser inútil. Você poderia dizer, naturalmente, que esta premissa pode ser contradita pela lógica do senso comum: pela ideia de que filhos devem ser bons, que a terapia deveria ajudar, e assim por diante. Mas nós apenas incluímos a lógica que explica os comportamentos em termos de premissa.

CECCHIN: Podemos ver agora que o que as pessoas chamam de paradoxal não é, de fato, mais do que a contradição da lógica do bom senso. A lógica da assim chamada intervenção paradoxal é clara, ordenada, precisa – comporta-se como um gene, o qual organiza a estrutura e a célula de uma forma coerente.

BOSCOLO: Se você procura a premissa, então é muito fácil construir uma proposição descritiva que organiza a informação que você recebeu sobre o problema. E a premissa é sempre uma afirmação relacional, como "Eu devo manter o meu próprio controle". Esta ideia controla toda uma classe de comportamentos.

PENN: Mudando a premissa começa uma reação de dominó: todos os comportamentos antigos caem por terra, como um regime deposto.

HOFFMAN: Bateson, falando a respeito das economias de flexibilidade em um sistema adaptado, diz que você deve ter premissas rígidas e automáticas assentadas em um nível abaixo da consciência. Quando essas mudam, é como acionar uma chave-mestra.

CECCHIN: Sim. As maiores mudanças em terapia familiar acontecem quando você consegue operar no nível das premissas profundas.

BOSCOLO: Isso é exatamente o que Bateson diz sobre a posição alcoólatra. Você deve mudar a premissa básica: "Eu tenho o meu próprio controle". Você deve ajudá-lo a dizer: "Eu não tenho o controle de nada". Se ele pode aceitar esta ideia, então, todo o seu comportamento muda de significado e ele se torna uma pessoa diferente. Uma intervenção ainda melhor nesta família poderia ter sido mudar a premissa e não a aceitar como fizemos. Poderíamos ter dito: "Nós compreendemos por que os pais têm criado o mito de que devem ser perfeitos. Eles têm este mito porque sofreram demais. Mas agora, vemos que o mito não é mais necessário. Levarão muito tempo, dois ou três anos talvez, para superarem este mito e esquecerem seus antigos parceiros. E enquanto eles estiverem esperando por este momento, os filhos deverão se reunir para verem o que eles podem fazer para ajudar seus pais".

HOFFMAN: Houve um segmento com esta família?

CECCHIN: Até onde eu sei não voltaram à clínica. Assumimos que a família tenha sabido manejar a crise sem necessidade de terapia.

HOFFMAN: Se eles tivessem voltado, você teria achado que não fizeram um trabalho suficientemente bom?

CECCHIN: Não. Criamos uma situação na qual sempre se vence, pois se a família não volta, essa é naturalmente a melhor a opção. Mas a sua volta ainda está dentro dos termos da intervenção. Penso que se opera mais como um terapeuta estratégico se você reenquadra um comportamento ou evento na esperança de que vão lhe resistir e ir para o lado oposto.

PENN: Não é realmente uma consultoria, não é? A família, quando veio, não tinha um terapeuta, esta sessão foi mais uma entrevista introdutória.

BOSCOLO: Sim. Nós nos tornamos, nestas circunstâncias, as "pessoas de referência" – estou aludindo ao nosso artigo com este nome (Selvini Palazzoli; Boscolo & Prata, 1980) – no sentido de que se a família tivesse retornado para ver um outro terapeuta, teriam sido uma família diferente daquela que nós vimos. Eles teriam se tornado a referência. A pessoa de referência tem, com frequência, introduzido uma solução ou informação nova, seja de propósito ou inadvertidamente, e o terapeuta teria que levar em conta nossa presença.

HOFFMAN: É interessante. Você inclui nas suas formulações todas as contaminações do contexto.

CECCHIN: Sim, com exceção de que não as concebemos enquanto contaminações, e sim como parte do campo social. Neste caso, existia uma força contextualizada a adicional, o fato de entrevistarmos a família no marco de uma conferência de formação, e cujo objetivo era mostrar nossa forma de pensar e trabalhar. A intervenção era feita tanto para a audiência que assistia através do circuito fechado de televisão, quanto para a família. Se não estivéssemos fazendo uma demonstração na frente de um grupo de profissionais, poderíamos não ter absolutamente saído com a mesma intervenção.

HOFFMAN: Dado que uma teoria clínica desafia muitas das ideias aceitas sobre psicoterapia, ao oferecer uma abordagem de tratamento diferente, vocês estão sempre intervindo no nível do contexto profissional.

CECCHIN: É verdade. Cada vez mais sentimos que é muito limitante ser um terapeuta de família fechado, vendo famílias dentro da proteção de um ambiente privado. Estamos tentando nos expandir para o mundo, para o setor público e aplicar nossas ideias trabalhando em hospitais, residências, centros de reabilitação, asilos e em todos os lugares em que costumávamos achar que elas não poderiam surtir efeito. Agora sentimos que essas são as fronteiras e que aquela terapia familiar per se é apenas um bom e pioneiro começo. O instituto privado, a constituição da equipe e outras características de nossa abordagem são úteis para a formação ou para pesquisa, mas, se queremos levar o pensamento sistêmico para a comunidade, para as ruas, devemos continuar inovando.

PARTE 2

A família do segredo

Introdução

O caso a seguir expõe com clareza os elementos fundamentais da abordagem do Milan Approach relativos à terapia e à formação – circularidade, neutralidade e formulação de hipóteses –, já exposto em um artigo precedente (Selvini Palazzoli; Boscolo; Cecchin & Prata, 1980). Embora esses conceitos sejam discutidos ao longo de todos os textos e apareçam em todas as consultas apresentadas, o objetivo desta introdução é o delineamento cuidadoso do desenrolar da discussão.

Examinaremos também de que forma o caso contribui para o esclarecimento dessa metodologia – ou seja, como as técnicas particulares dos Milan Approach se ajustam com as dinâmicas e os progressos do caso. Discutiremos ainda a maneira como o ritual específico prescrito à família B afetou o problema através dos reposicionamentos das relações familiares. Este caso tem uma característica particular: os terapeutas receberam a injunção de respeitarem um "segredo" familiar. Seu método – referências contínuas aos efeitos do segredo sem jamais aludir ao seu conteúdo – constitui-se uma nova proposta de manejo deste tipo de dilema familiar.

A construção das hipóteses

A construção de hipóteses, processo que provoca inúmeras mudanças durante o desenrolar da sessão, é o primeiro passo de qualquer entrevista, e constitui um princípio nodal do Milan Approach. A construção de hipóteses é um processo contínuo que acompanha o movimento da família. O processo de através dos reposicionamentos pode ser melhor descrito utilizando o conceito de vínculos de retroalimentação cibernética. Como a resposta da família à pergunta modifica ou alerta a hipótese, formula-se outra, baseada na especificidade dessa nova retroalimentação. Esse processo contínuo de construção de hipóteses exige do terapeuta – tanto como entrevistador, quanto como membro da equipe – um através dos reposicionamentos constantes.

O Milan Approach utiliza – em relação com o processo de construção de hipóteses – um esquema centrífugo que guia sua exploração das várias dimensões do sistema significante, ou seja, aquele organizado pelo problema. Eles iniciam uma entrevista solicitando uma descrição do problema que existe agora, e a família costuma responder apresentando o portador do sistema, aquele que "tem" o problema. A seguir, a equipe pergunta: "Quem foi o primeiro a notar o problema?" Essa pergunta tem dois objetivos: em primeiro lugar, permite uma imediata definição interpessoal do problema e indica que este, se ninguém o "notasse", não existiria; em segundo lugar, define o problema como um evento externo a qualquer pessoa. O evento ou o problema agora é visto como uma comunicação entre pelo menos duas (sem dúvida mais) pessoas. Ao atingir essa etapa, as perguntas da equipe vinculam o portador do problema e aquele que primeiro o notou com o resto do sistema familiar. Nesse ponto, só faltaria vincular o sistema familiar com a família extensa e com o contexto referencial. Esse processo realiza um movimento centrífugo e reflete a ideia da circularidade, exemplificada pela vinculação de pessoas que compartilham um mesmo padrão através do tempo.

Em cada um dos momentos dessa expansão centrífuga, a Equipe de Milão elabora uma hipótese, ou uma nova explicação do padrão que, desenvolvido através do tempo, resultou no problema. Pode por exemplo, começar com o pai e a pessoa portadora do problema, passando para o pai, mãe e portador do problema e, a seguir, pai, portador do problema, mãe e irmão do pai. Finalmente, vinculam o conjunto do sistema familiar com a(s) pessoa(s) de referência. Será, pois, a correlação de todas as relações extensas e de todos os contextos que produzirá uma abrangente hipótese sistêmica. Assim, a construção de uma hipótese sistêmica levará em conta todos os sistemas organizados em torno do "problema".

Quando Hoffman e eu entrevistamos Boscolo e Cecchin, prestamos particular atenção no refinamento que utilizam na construção das hipóteses, à maneira como, por exemplo, as modificam, baseados nas novas informações. Em cada consultoria são utilizadas variedades de perguntas circulares para testar as diversas hipóteses. Observamos duas coisas: as hipóteses da equipe sobre o sistema e seu dilema alteram-se de sessão para sessão e, segundo suas hipóteses sobre a construção das hipóteses, vão mudando com o tempo. Quando os interrogamos a respeito do seu modelo de construção de hipóteses, Boscolo e Cecchin responderam: "Nosso modelo não tem permanecido estático, é por esta razão que as pessoas dizem que nós não possuímos uma teoria. E não temos uma teoria porque ter uma teoria significa que se tem uma hipótese fixa sobre como deve ser uma família. Não sabemos como deve ser uma família".

Uma das suas mais importantes contribuições para a construção de hipóteses surgiu dos seus métodos de formação. Eles, por exemplo, foram terapeutas, colocando, por trás do espelho unidirecional, duas equipes que, juntas, geram hipóteses diferentes e complementares. A equipe T, composta por um supervisor e uma equipe de tratamento, tem a obrigação de construir hipóteses e intervenções e comunicá-las ao terapeuta para que as utilize com a família. A equipe O não deve se comunicar nem com o terapeuta, nem com a família, mas constrói hipóteses sobre a família e sobre o contexto de tratamento, ou equipe T. Essas não serão comunicadas até o final da entrevista, momento em que ambos os grupos intercambiam suas hipóteses e ideias sobre as intervenções. Cada grupo consegue ser uma "mente sistêmica", ou seja, cria uma explicação geral sobre a situação problemática que o satisfaz e que, além de lhe pertencer idiossincraticamente, é diferente de qualquer outra. Esse intercâmbio de ideias ao final de sessão constitui uma importante pesquisa sobre o caso e estimula o surgimento de novas ideias e possibilidades em ambos os grupos. O ato de criação de hipóteses, por parte dos times, constitui-se em uma orientação estrutural progressiva. É sempre um passo à frente em relação ao passo dado pelo terapeuta e a família.

Perguntas circulares

A técnica do questionamento circular – que, como método de entrevista, originou-se no Grupo de Milão – não apenas tem permanecido como elemento central do seu modelo de entrevista, mas, com o decorrer do tempo, tem produzido suas próprias variações.

A circularidade baseia-se na ideia de que as pessoas estão conectadas umas com as outras por padrões específicos que permanecem através dos tempos, sendo estes padrões por nós identificados como famílias[3].

Os membros da família demonstram suas conexões através da comunicação de informação, seja por meio da linguagem verbal ou não verbal. Essa linguagem descreve o intercâmbio de mensagens que, nos sistemas com problemas, costumam ser confusos ou inaceitáveis para a família. O questionamento circular, ao mesmo tempo em que define e classifica as ideias confusas e os comportamentos questionáveis, introduz, através de novas perguntas, outras informações na família. Assim, o sistema terapêutico e o sistema familiar cocriam, através da linguagem, múltiplos significados que conduzem à consideração de um número maior de alternativas.

O questionamento circular também pode ser definido – baseando-nos na definição dada por Gregory Bateson – da informação: "Comunicação sobre uma diferença" – como método socrático de indagação. A Equipe de Milão refinou ainda mais essa informação, acrescentando "Comunicação sobre uma diferença relacional". Utilizando o questionamento circular de forma socrática, foram obtidos depoimentos sobre as diferenças nas relações de família e, ao mesmo tempo, reintroduzindo novas referências de diferenças sobre as relações no sistema familiar. Quando os consultores perguntam "Quem é que concorda mais com a avó quando diz que esse é o problema?", a relação entre essa pessoa (a que concorda) e a avó está sendo definida pela pergunta. Utilizando esse método de questionamento, separam-se as informações dos dados (os dados constituem uma compilação de fatos que não informam sobre as relações. Eu estou deprimido, ele é louco, foi no verão, por exemplo).

O questionamento circular também respeita a neutralidade do terapeuta perante a família. Ao perguntar, casualmente: "Qual é o problema da família agora?", evita-se o estabelecimento de alianças entre o terapeuta e os membros da família, deixando intacta a neutralidade terapêutica. A questão do "agora" costuma ser seguida pelas perguntas de concordância e classificação: Quem concorda mais com a mãe quando diz que o filho é independente demais? Quem concorda menos? Esse

[3] Os padrões podem ser biológicos, psicológicos, sociológicos, estáveis ou temporários e assim por diante.

tipo de questionamento constitui-se, também, em uma tentativa de percepção dos padrões de coalizões ao interior do sistema. É importante sublinhar que as indagações só se referem aos alinhamentos estruturais; as comparações da família não são, em si, declarativas.

A forma como a Equipe de Milão utiliza as "aberturas" no processo de questionamento merece um comentário especial. Uma abertura é uma palavra sugestiva, um tema ou uma ideia carregada de significado para a família e que é apresentada por ela. O entrevistador toma a ideia como se fosse uma brecha do sistema, preenchendo-a com perguntas circulares. Por exemplo, se a família apresentar noções de independência, o entrevistador seguirá essa ideia, fazendo classificações, procurando concordâncias e explicações, até o preenchimento da brecha com informações a respeito das variações de independência na família. É através desse toma-lá-dá-cá: o terapeuta perguntando, a família respondendo, que a família amplia ou muda suas próprias noções de "independências".

É interessante notar que apesar de o terapeuta não impor as aberturas à família, as ideias expostas pelos membros da família mudam à medida que as perguntas introduzem informações sobre as diferenças relacionais. As perguntas transformam-se, durante o processo das entrevistas, em intervenções microcósmicas[4]. Essa é a explicação fornecida por Boscolo e Cecchin para justificar sua tendência, cada vez maior, a reduzir as intervenções ao final da sessão.

Qualquer método deve ser examinado a fim de determinar sua validade. A forma como a Escola de Milão utiliza o questionamento circular nos seus programas de formação – participação da equipe T e da equipe O – demonstra as possibilidades de aplicação bem-sucedidas em outros contextos. Dado que o Grupo de Milão consegue tanto dar uma formação, como um tratamento dentro dos parâmetros da sua teoria, sua metodologia é validada pelas suas possibilidades de aplicação.

Neutralidade

A neutralidade – que acompanha o questionamento circular e elaboração das hipóteses e se insere profundamente em toda a teoria e a

[4] As aberturas são discutidas, com mais detalhes, na introdução da quarta parte.

metodologia da Equipe de Milão – pode ser melhor apresentada através dos seus resultados. Se perguntássemos a cada um dos membros da família em tratamento "De que lado está o terapeuta?", todos concordariam em que não está do lado de ninguém.

O conceito de neutralidade coloca uma importantíssima questão: como pode um terapeuta intervir em um sistema e permanecer neutro? Não há uma contradição? É obvio que não poderá permanecer totalmente neutro[5].

Contudo, deixem-nos considerar a neutralidade em relação com a seguinte posição terapêutica: o terapeuta aceita as soluções familiares como sendo as únicas possíveis, lógicas e congruentes para a família no momento presente. Até aqui não existe nenhuma contradição. Uma vez que, segundo a Equipe de Milão, nunca devem saber a priori como deveria ser a família, os terapeutas devem agir como estímulo, como elemento perturbador que ativa a capacidade da família de gerar suas próprias soluções. Nesse sentido, a posição de neutralidade transmite uma dupla mensagem para a família. Diz, por outro lado, que a solução que encontraram funcionou, até agora, de maneira perfeita, mas que, a partir desse momento, entraram em outra interação (a terapia) que permitirá que, família e terapeuta, descubram juntos outras possibilidades que conduzirão a novas soluções.

Quando os terapeutas permanecerem na posição de neutralidade, mantém-se livres da rotulação familiar sobre o que é bom e o que é ruim. Parece que todo sistema possui um senso de justiça que é distribuído entre todos os seus membros, razão pelo qual ele ou ela é mau, bom, doente, sadio etc. Qualquer terapeuta enfrenta esses rótulos quando trabalha com famílias, quando esses mesmos rótulos são transformados em processos, o terapeuta pode dizer que está sendo neutro. O terapeuta deve encarar esses rótulos como atributos familiares que merecem sua curiosidade e

[5] É importante notar que uma crítica feminista de Terapia Familiar Sistêmica declara que, dado que no sistema patriarcal a posição da mulher na ordem social mais ampla, quer seja no casamento, no trabalho ou em outras relações, é desvalorizada, a neutralidade do terapeuta reforça a atitude inferiorizante. O termo neutralidade é aqui utilizado para designar a rejeição do processo de rotulação presente na família e que, na maioria dos casos, apresenta-se mais como "problema psiquiátrico" do que como problema de justiça social. Em ambos os casos, a justiça deve ser levada em consideração. Porém, quando o terapeuta apoia a pessoa rotulada, mobiliza os outros contra ela, piorando a situação.

interesse, mas não como fatos nos quais deve acreditar. Nesse sentido, a neutralidade funciona como oposto de moralidade.

Para libertar-se da tendência geral de acreditar nesses rótulos, o Grupo de Milão inventou o seguinte exercício. Quase desde o início do seu trabalho seus componentes decidiram descartar o verbo SER. Não diziam, por exemplo, essa "Mãe é superprotetora", mas: "A mãe se comporta de uma maneira tal que a faz parecer superprotetora". Ou em vez de dizer "O pai é ligado ao seu filho", dizem: "O pai parece estar mostrando sentimentos de proximidade com seu filho". Esse exercício modificou a maneira de pensar, obrigando-os a fazê-lo de uma forma relacional. Ideologicamente, pois, a neutralidade pode ser definida como a capacidade do terapeuta para perceber, de maneira sistêmica, a situação total.

O caso da Família B

Se olharmos de perto alguns dos momentos cruciais da primeira metade do começo da entrevista, poderemos ver a metodologia da Equipe de Milão, como pode ser aplicada à entrevista com a família B. Essa consultoria realizou-se durante um período total de um ano e meio, quando foram feitas três sessões, cada uma das quais oferecendo consideração únicas.

A primeira entrevista, realizada em 1980, foi solicitada pela Dra. S., que já havia feito três sessões com a família. A família apresentava um problema com Diane, a filha de 16 anos, que tinha problemas de conduta na escola e estava brigando com seu pai. A família achava estranhas as brigas entre Diane e seu pai, porque, até seis meses atrás, o relacionamento deles era muito próximos. Sr. E e Sra. B, ambos com pouco mais de 40 anos, tinham duas outras filhas: Lisa, de 21 anos, e Dori, de 14. Apesar de a família apresentar Diane como problema, a Dra. S estava mais preocupada com a filha mais velha, Lisa, que havia feito uma séria tentativa de suicídio (tomou uma superdose de tranquilizantes e cortou os pulsos com lâminas de barbear). Ela era filha do primeiro casamento da mãe. Durante a terceira sessão, na qual participou só o casal, a mãe revelou que seu marido havia tentado várias vezes ter contatos sexuais com Lisa, não ficando claro se alguma vez se consumou o ato sexual. A mãe disse à Dra. S que Lisa queixava-se que seu pai (seu padrasto de fato) sentia atração sexual por ela desde quando tinha 9 anos. Para dar um exemplo, a Sra. B disse que seu marido olhava Lisa através de uns buracos que tinha feito na parede do seu quarto. A mãe informou que havia tratado de evitar que suas duas outras filhas soubessem desta atitude do pai. Embora os pais discordassem sobre a maneira dos assuntos (inclusive sobre a informação/acusação a respeito do incesto), concordavam que a Sra. S não falasse sobre esse problema com Dori e Diane. A injunção dos pais – "mantenha-se o segredo" diante dos filhos mais novos – bloqueava os progressos da terapia. A possibilidade de uma nova tentativa de suicídio por parte de Lisa preocupava a Sra. S, razão pela qual propus a consultoria com a família. Os pais concordam com a consultoria, mas com uma condição: os consultores – o Dr. Boscolo, o Dr. Cecchin e a própria Sra. S – deveriam comprometer-se a aceitar seu pedido de não falar sobre a conduta incestuosa do pai.

Sabe-se muito bem que os segredos familiares costumam ter efeitos patogênicos sobre as próprias famílias e que, quando introduzidos na terapia, podem provocar a paralisação do processo terapêutico. Os segredos constituem uma poderosa forma de controlar não apenas as relações, mas também a terapia. Quando um ou mais membros da família consegue comprometer o terapeuta com o segredo, ele perde sua autonomia e sua naturalidade. No presente caso, o pedido dos pais colocava os três terapeutas no mesmo nível, anulando a tarefa dos consultores, a qual consistia na observação tanto da família, quanto do contexto terapêutico.

Os criadores do Milan Approach resolveram tratar do "efeito" do segredo sem tocar no conteúdo. Em outras palavras, assumiram que, a certa altura da entrevista, a família ofereceria uma abertura relacionada com o "não falar", o "segredo" ou alguma metáfora semelhante. Aceitariam a abertura, transformando-a, através do questionamento circular, em um processo. Em momento algum o conteúdo do segredo seria revelado ou solicitado. O segredo seria discutido como delimitador da fronteira da família como um todo. Dado que o questionamento circular envolve o sistema no seu conjunto, a discussão do segredo, enquanto delimitador da fronteira, envolveria cada um dos membros. Essa abordagem permitiu que os consultores quebrassem o elo que os mantinha no mesmo nível que a Dra. S, outorgando-lhes a liberdade de se moverem terapeuticamente.

O começo da entrevista organiza-se em torno da ideia da comunicação, a primeira abertura apresentada pela família. As perguntas circulares permitem a imediata delimitação das colisões familiares mais frequentes. Terapeuta e família trabalham em conjunto na elaboração de um novo "mapa" do problema. Obedecendo à imposição sobre o segredo, antecipou-se, na pré-sessão, que a família apresentava a premissa do não falar. De fato, de início a família "falou sobre falar" e, ao responder às perguntas, disse quem falava com mais facilidade para quem e quem falava com mais dificuldade para quem.

Entretanto, assim que a família percebeu que estava falando sobre o não-falar, começou a bloquear o questionamento, e o consultor respondeu ao silêncio da família informando que alguns dos membros estavam cooperando na entrevista mais do que os outros, dizendo que os pais, por razões óbvias, pareciam ser os mais cooperativos e que talvez os filhos, por não estarem compreendendo porque estavam aí, colaboravam menos. O resultado dessa "sugestão" foi que os consultores conseguiram introduzir uma diferença entre as filhas. A mãe disse que a relação de Diane com o pai havia mudado há uns seis meses. Essa resposta crítica permitiu que os consultores ampliassem seu mapa, incluíssem o passado e comparassem os acordos familiares antes e depois da ocorrência do "problema". A família dava-lhes, assim, a possibilidade de construir uma ponte que conectasse a conduta presente com a passada, bem como as explicações dadas para ambas. As perguntas circulares introduziam novas conexões que, ao serem apresentadas sob a forma de dúvidas, de possibilidades, permitiram que a família ficasse em uma posição de escolha que lhe permitiu dizer "Esta é a explicação que mais nos convém".

Depois da abertura que autorizou chegar ao passado da família, Boscolo continuou perguntando quem era mais próximo de quem. O pai respondeu que, antigamente, Lisa era mais chegada à mãe, o que deu lugar ao surgimento de um novo tema, o tema das duas famílias. Lisa e a mãe pertenciam à primeira família; Diane, Dori, o pai e a mãe pertenciam à segunda família. Os consultores imediatamente começaram a elaborar hipóteses sobre a conexão de cada uma dessas famílias com o problema, o que lhe permitiu ligar as duas hipóteses: a do não falar com a das duas famílias. De fato, poderia se perguntar se a família não está "falando sobre" a existência das duas famílias.

Nesses momentos iniciais da entrevista, no qual surgiram ideias cruciais, a família chegou perto da revelação de um outro, e talvez mais importante, "segredo". A mãe disse que seu primeiro casamento havia sido um fracasso, mas que estava disposta a superar qualquer dificuldade para que o segundo tivesse êxito. Essa ideia foi dramaticamente formulada um pouco mais tarde pela mãe: "Não é porque o casamento acabou que eu fracassei".

A resposta dos consultores à situação foi muito particular. Sentindo que existia na família dificuldade de "ser", iniciaram um questionamento "existencial". Boscolo perguntou a mãe "Você acha que a situação seria melhor se Lisa não tivesse nascido?", pergunta que, além de permitir que o dilema fosse articulado da maneira como Lisa o tinha percebido, sugeria que seu suicídio poderia estar ligado a essa percepção não-verbalizada. O questionamento foi confirmado por um comportamento não-verbal: à medida que Boscolo falava com Lisa, os lábios da mãe moviam-se sincronizadamente com as respostas de Lisa. A partir desse momento, ficou claro que o falar ou não, negar ou não eram elementos importantes do confuso relacionamento entre a mãe e Lisa. Tinha-se, então, uma descrição do vínculo que unia Lisa com sua mãe, um vínculo paradoxal que era, ao mesmo tempo, afirmado e negado.

Essas perguntas permitiram uma classificação das confusas mensagens a respeito da permanência ou saída de Lisa de casa; Lisa, aos prantos, queria deixar a sessão. A confusão sobre o seu relacionamento com sua mãe não tinha acabado e podia ser desafiada com a pergunta: "Como ajudaria mais ao casamento de sua mãe, ficando ou saindo?". Logo foi sugerida uma importante premissa familiar: mamãe tem de ter um segundo casamento bem-sucedido! A mãe repetiu, então, algo que já tinha dito, que gostaria de manter o "equilíbrio" na família e por isso tinha pedido à Lisa que obedecesse ao padrasto. "Se ele diz 'pule', pela, se ele diz 'deite', deita". Não há dúvida que Lisa lia claramente as entrelinhas do texto. Ficar em casa significava que deveria "obedecer" (sexualmente) ao padrasto; mas, por outro lado, saindo estaria ajudando ou piorando o casamento da mãe? O dilema existencial formulado assim "As coisas estariam melhores ou piores se eu não tivesse nascido?", serve para oferecer uma solução à Lisa. Revelam-se, finalmente, as conexões entre as condutas incestuosas e as hipóteses sobre falar ou não falar, e entre essa e as hipóteses das duas famílias. É isso que representa o segredo, mas agora é colocado abertamente para discussão.

A intervenção

O processo da construção de uma intervenção tende a refletir tanto uma série de técnicas específicas, quanto uma posição teórica. A postura da Equipe de Milão em relação à intervenção nos sistemas humanos tem sido influenciada pela Segunda Cibernética e pelas formulações sobre a autonomia estrutural dos sistemas vivos de Humberto Maturana. O surgimento da Segunda Cibernética eliminou a noção de "observador", objetivo que não influencia o sistema de uma maneira previsível. Por outro lado, vemo-nos cada vez mais forçados a considerar e a respeitar os eventos do sistema que representam a atividade autocriativa da família, o que, dito nos termos da Equipe de Milão, seria a capacidade autocriativa da família? Essa é uma ideia tomada de Maturana, o qual afirma que as respostas às perturbações que afetam um sistema vivo estão determinadas pela estrutura inerente do sistema. Os terapeutas não poderão continuar buscando intervenções específicas que deveriam produzir resultados específicos, mas, sim, tentando um acoplamento estrutural com o sistema, ou seja, o ponto em que a interação terapeuta-família consiste em uma contínua calibração que esteja a serviço de uma capacidade auto-organizada a do sistema.

A Escola de Milão constrói as intervenções utilizando a equipe de uma maneira muito própria e específica. Seu escopo é que a equipe não seja competitiva, que não trate de obter nem acordos, nem consensos. Durante o processo de elaboração da intervenção, cada um dos membros da equipe fala de maneira linear, ninguém concorda ou discorda de quem expressa seus pensamentos sobre a família antes do que ele. Depois de realizadas uma ou duas rodadas de observações lineares, um dos membros da equipe pode vincular dois dos pensamentos expressados, outro pode agregar um terceiro e assim por diante. Assim são realizadas novas conexões a respeito do sistema, mas desta feita, elas são circulares e não-lineares. A seguir surgem uma ou duas hipóteses, tendo a equipe que selecionar aquela que melhor se adapta à sua "mente sistêmica". Através desse processo, a equipe consegue atingir níveis cada vez mais altos e alcançar um nível de tipo lógico superior. Quando finalizam as suas observações, encontram-se muito mais formulações sistêmicas do que quando começaram. A partir daí, a equipe constrói não só uma hipótese explicativa sobre o processo, mas também uma hipótese sobre a mudança, que se torna uma intervenção. Como a família B, os terapeutas concluíram que Lisa e sua mãe haviam tido um forte vínculo, o qual, para proteger a segunda família, teve de ser negado. A equipe sentia que se Lisa e sua mãe tivessem demonstrado abertamente que entre elas existia um vínculo muito forte, além de se tornarem o caso mais forte, teriam desafiado o domínio da segunda família. Para poder continuar protegendo a segunda família – enquanto reorganizavam o vínculo entre Lisa e sua mãe – os terapeutas construíram um ritual: a mãe e Lisa deveriam passear juntas um dia da semana, decidir sobre o que fariam, mas não o comunicar a ninguém. O dia seria o "seu segredo".

Esse ritual teve, para a família, uma dupla importância: deu à Lisa a oportunidade de descobrir se sua mãe a aceitava claramente ou não e, segundo, deixou claramente disponível para a mãe e as outras irmãs os outros seis dias da semana. O ritual rompeu a ambiguidade do vínculo entre Lisa e sua mãe e, ao mesmo tempo, sem desafiar o domínio da segunda família, restringia e sublinhava seu "forte" relacionamento. O "segredo" do seu dia desafiava o "segredo" do relacionamento incestuoso do pai de Lisa. Esperava-se que, com o estabelecimento de uma relação aberta e forte entre Lisa e sua mãe, parasse o comportamento incestuoso, já que a mãe seria capaz de se aliar claramente à Lisa, sem prejudicar a segunda família.

Os terapeutas viram a família por mais duas vezes. Pode-se dizer que a primeira entrevista foi um verdadeiro sucesso, a família recusou-se a levar seus problemas para sua terapeuta clínica, mas concordou em fazer uma consulta de seguimento com o Grupo de Milão seis meses depois. Nesta sessão só estiveram presentes os pais. Boscolo e Cecchin tiveram o cuidado de apresentar a entrevista não como uma sessão terapêutica, mas como uma investigação de seguimento. Fizeram as perguntas circulares de forma propositadamente monótona, seguindo de forma metódica todos os movimentos e as mudanças nas relações da família. A informação mais importante era que Lisa tinha saído de casa.

Houve um novo encontro um ano depois. Quase todos da família estavam presentes, incluindo Lisa, que havia se casado e tinha um bebê. O pai, entretanto, estava muito irritado. Exigiu que fechássemos as cortinas do espelho unidirecional e se recusou a permitir que os outros consultores assistissem à sessão. A família contou que, apesar da saída de Lisa, Diane havia decidido hospitalizar-se porque queria ir viver com sua irmã e os pais haviam feito oposição. A Equipe atuou com base na premissa de que, quando fosse resolvida a situação da filha mais velha, a família se acalmaria. Poder-se-ia argumentar que os consultores deveriam ter acompanhado a situação da garota do meio, Diane, que continuava sendo infeliz a ponto de ir para o hospital. Existem duas possíveis explicações para esse desfecho: a primeira é que o próprio modelo de consultoria pode não ter vinculado fortemente a família ao processo terapêutico. A outra é que a hipótese dos consultores focalizou quase que exclusivamente a ideia das duas famílias, a primeira versus a segunda, deixando de considerar que as outras filhas eram vítimas potenciais das investidas do pai. A apresentação da família B encerra-se com uma discussão sobre a natureza das consultorias, seus problemas inerentes, as possibilidades de uma melhor utilização e o espaço fundamental ocupado por eles no nosso campo.

O CASO: CONSULTA E CONVERSAÇÃO

HOFFMAN: Em que circunstâncias se deu esta consultoria?

CECCHIN: Em 1980, durante uma sessão de trabalho, a Dra. S pediu-nos que víssemos uma família, com a qual já tinha realizado três sessões – com a família toda, as duas primeiras, e com o casal, a terceira. A família é composta pelos pais mais três filhas: Lisa, de 21 anos, Dori, de 16 e Diane, de 14. Lisa é filha de um primeiro casamento da mãe. Quando iniciaram a terapia, o problema era que, durante os últimos seis meses, Diane havia apresentado distúrbios de comportamento tanto na escola, quanto em casa. Os pais queixavam-se da sua hostilidade contra o pai com quem, apesar de ter sido muito próxima, brigava constantemente. Além disso, na sessão com os pais, a mãe acusou o pai de ter se envolvido em uma relação incestuosa com Lisa. Ele costumava fazer buracos na parede do quarto para vê-la se despindo e, embora não tenha ficado claro se chegou a ter um intercurso sexual com ela, sabe-se que tentou em várias oportunidades. Durante o ano anterior, Lisa realizou uma tentativa de suicídio e, por uma ou duas vezes, fugiu de casa. A terapeuta sentiu que a mãe estava muito preocupada com Lisa, mas que deu esta informação para acusar seu marido. No final da sessão, a Dra. S sentiu que precisava de uma consultoria.

PENN: Como justificou o pedido?

CECCHIN: A situação era bastante complicada. A família queixava-se somente dos problemas que estavam tendo com Diane, enquanto a terapeuta percebia que Lisa era a que mais precisava de ajuda. Nas duas primeiras sessões, a terapeuta achou-a muito abatida, muito deprimida. Mas os pais não queriam que a terapeuta falasse do incesto na frente das filhas. A terapeuta solicitou a consultoria porque ela não conseguia se desvencilhar desta obrigação.

PENN: Para você, então, o problema era que a terapeuta tinha sido silenciada pela família.

CECCHIN: Sim. Ela disse: "Vocês podem me ajudar?" Mas a injunção estendeu-se também a nós.

BOSCOLO: A outra razão para a consultoria era que nós precisávamos de uma família para entrevistas. Quando a Dra. S perguntou aos pais se eles estariam de acordo em ter uma consulta com a Equipe de Milão, eles concordavam, com a condição de que os consultores também assentissem em não falar no incesto. Esta era, pois, uma boa oportunidade para demonstrarmos como manejamos o problema do segredo.

HOFFMAN: Isso era tudo o que vocês sabiam sobre a família?

BOSCOLO: Sim. Nós não costumamos fazer muitas perguntas ao terapeuta, apenas queremos saber o motivo pelo qual está solicitando a consultoria.

HOFFMAN: Como viriam o problema do terapeuta?

BOSCOLO: Como dissemos, a terapeuta estava em uma espécie de duplo-vínculo. A família apresentou um problema: Diane, a mais nova, está brigando e indo mal na escola. Mas o que impressionou a terapeuta era que Lisa tivesse tentado um suicídio, sido sexualmente agredida, e que os pais se referissem ao problema de incesto dizendo: "Não toque no assunto". Esta era toda a informação prévia que desejávamos. De outra forma, achamos, entupiremos nossas cabeças com inúmeros dados e, sobretudo, com as interpretações do próprio terapeuta. Por exemplo, se o terapeuta fala aos consultores sobre um avô falecido três anos atrás, estes poderiam fazer conexões que a família não está fazendo.

PENN: Vocês diriam que o terapeuta os envolve no sistema em vez de gerar o seu próprio.

BOSCOLO: Sim, se em vez de ajudar a família a apresentar suas próprias conexões. Temos que descobrir, através do processo da entrevista, se a morte de um avô foi ou não um acontecimento importante para a família. Pode carecer por completo de importância ou, pelo contrário, ser muito importante. Mas você só o descobre através da informação fornecida durante a entrevista. Assim, é muito melhor não conhecer o fato de antemão.

CECCHIN: Por exemplo, quando vemos uma família durante algumas sessões e, apesar das nossas contínuas intervenções, a família não se move, caímos em um impasse. Em tais circunstâncias, costumamos marcar o encontro com a família para seis meses ou um ano depois. Quando a encontramos, tentamos vê-la como uma família. Não assistimos aos vídeos, não lemos as anotações, tentamos nos livrar de todas as construções que fizemos durante a terapia. Do mesmo modo, quando alguém nos apresenta um caso, eu ouço o problema atual e o relacionamento terapêutico; a seguir, fecho meus ouvidos.

BOSCOLO: A família geralmente vem com um mapa rígido, isto é, uma explicação fixa do que está acontecendo. Suponhamos que o terapeuta também tenha um mapa rígido baseado no que sabe sobre a família. Você tem dois sistemas com mapas rígidos que vão colidir: "Minha explicação é melhor que a sua". Os times terapêuticos podem também ficar presos a uma mesma ideia sobre a família, o que conduz ao impasse terapêutico.

CECCHIN: Nesta família, por exemplo, a terapeuta estava impressionada com o incesto, e esse estar impressionada significa que tinha começado a fazer um mapa. Para ela o incesto era o problema mais importante da família, enquanto o mapa dos pais era bem diferente.

PENN: Ao descreverem sua concepção do processo da entrevista, vocês costumam introduzir uma diferenciação entre a colheita de dados e a obtenção de informações. Poderiam desenvolver melhor esta ideia?

CECCHIN: Sim. Baseamos a ideia de informação dito por Bateson, para quem a informação é uma comunicação sobre uma diferença. A informação é uma relação entre, pelo menos, dois elementos, algo que está conectado com algo mais. Se você diz: "Eu fico deprimido quando minha mulher olha pra mim com cara feia", aí transforma-se em informação. Os relatórios de hospitais que descrevem os pacientes estão cheios de dados, mas não tem muita informação.

PENN: Como vocês transformam os dados em informações?

CECCHIN: É um processo ativo que só pode ser feito enquanto se entrevista a família. Você não pode fazê-lo com a pessoa de referência porque aí se obtém um mapa pré-fabricado.

PENN: Então, o mapa sobre o qual você está falando é um novo, que se constrói junto com a família; não é o seu mapa, nem o deles.

CECCHIN: Sim. E o processo da entrevista pode também mudar o modo como os indivíduos da família constroem seus mapas.

PENN: Vejo aí um problema de formação. Os estagiários, no começo, costumam formular uma hipótese, seguindo-a cegamente, sem responder à retroalimentação da família. Hipótese esta que nunca se deixa modelar pela explicação que se evolui na sessão e que, no final, determina o quadro que se tem sobre a família.

BOSCOLO: O problema se complica quando você pensa que o terapeuta, ao formular uma hipótese, está, com frequência, sendo fiel à hipótese que o supervisor ou o professor lhe deu, do mesmo modo que a família é fiel à sua hipótese original.

PENN: Quando vocês dão uma consultoria, eu presumo que formulam hipóteses em níveis diferentes: seu relacionamento com o terapeuta, enquanto consultores; o relacionamento do terapeuta com a família; e, finalmente, a dinâmica da família.

BOSCOLO: Sim, todos os três níveis formam partes de um grande elo que compreende o que chamamos de sistema significante – o complexo de informação e relacionamentos que constituem o problema e sua sociologia ecológica.

CECCHIN: Para chegar às dimensões do sistema significante, procedemos de uma forma centrífuga. Primeiro, queremos saber qual é o problema (ou melhor, o que a família pensa que é o problema) e como o problema está conectado com os outros membros da família. Segundo, perguntamos como a família está conectada com o contexto mais abrangente, os parentes, o clã. Finalmente, procuramos ver como o sistema familiar está conectado com o sistema terapêutico. Amplia-se o contexto até encontrar uma explicação que lhe satisfaça como observador. Você não pode nunca dizer qual é o limite atual de um sistema, a decisão é arbitrária. E quando você traça todas as hipóteses, nos três níveis, você as conecta em uma única explicação que faça sentido. Isso é o que nós chamamos de hipótese sistêmica.

BOSCOLO: Na formação, utilizamos um grupo de supervisão e um grupo de observação. O grupo de observação, independentemente do grupo de supervisão, deverá concluir suas hipóteses. Quando o grupo de supervisão tiver apresentando sua intervenção, encontra-se com o grupo de observação para compartilharem de seus pensamentos. Os dois conjuntos de intervenção são diferentes. Entretanto, cada equipe vem com uma hipótese sistêmica e uma intervenção que a satisfaz, embora elas possam ser diferentes entre si.

HOFFMAN: Como você explica isso?

BOSCOLO: Este fenômeno não tem a ver com o conteúdo da hipótese, mas com o fato de a explicação satisfazer a mente sistêmica. Tentamos induzir a equipe para que chegue a uma mente sistêmica.

HOFFMAN: Não se pode saber se a segunda hipótese, a dos observadores, teria sido melhor ou pior; não há forma de compará-las. Experimentalmente, tudo o que se é possível saber é se a família retorna e se mudou de um modo significativo.

CECCHIN: Começamos dizendo aos nossos alunos que a terapia termina quando não se define como terapêutico. De alguma forma, a família se cura da ideia de estar doente e a equipe se cura da ideia de ser útil. É quando você diz: "Não temos nada a dizer, nossas ideias se esgotaram"; e eles dizem: "Não precisamos mais de vocês". Cada um se separa do outro, e aí, tornamo-nos terapeutas novamente, com uma outra família, porque temos a necessidade de sermos úteis.

HOFFMAN: É interessante. As pessoas estão começando a pensar em termos de "terapeuta identificado".

CECCHIN: Ambos devem ser curados, porque se a família melhora e o terapeuta permanece o terapeuta, transforma-se em terapia interminável. E mesmo quando devem parar, a família chamará o terapeuta de vez em quando para reassegurá-lo, dizendo: "Veja, eu não ando bem", ou o terapeuta fará um acompanhamento. A terapia pode ser uma atividade muito viciante.

ENTREVISTA FAMILIAR

[A terapeuta da família, Dra. S, entra com o Dr. Boscolo e o apresenta a família Sr. E Sra. B, Lisa, Dori e Diane]

BOSCOLO: Eu sou o Dr. Boscolo, do Centro de Terapia Familiar de Milão, Itália. Atrás do espelho unidirecional está o Dr. Cecchin, que trabalha comigo em Milão. Chamaram-nos para vê-los hoje, eu conversarei com vocês. Gostaria de começar perguntando sobre qual é o problema que vocês têm agora.

HOFFMAN: Preciso colocar uma pergunta, em duas partes. Primeira, porque você começou com "Qual é o seu problema agora?" Segunda, por que jogou a pergunta para qualquer um, em vez de dirigi-la a alguém em particular?

CECCHIN: Perguntamos: "Qual é o problema de vocês agora?" porque sabemos que, em um determinado ponto, os assim chamados saudáveis apontarão para o paciente identificado e nós, então, perguntaremos ao paciente identificado se ele concorda em ser um paciente ou não. Depois, perguntamos aos diferentes membros da família quem está convencido de que esta pessoa tem problemas e quem acredita menos. Queremos saber como as pessoas se situam em torno do comportamento que querem modificar.

HOFFMAN: Torna-se imediatamente uma questão diferenciadora.

CECCHIN: Sim. Mas assim que eles classificam o problema, perguntamos: "Como vocês chegaram a esta definição? Como o decidiram? Como decidiram que o que definem como problema é um problema?

HOFFMAN: Qual é a importância que para vocês têm o fato de colocarem a pergunta de uma maneira fortuita: "Qual é o problema de vocês agora?"

CECCHIN: Isso não permite sermos neutros, que não nos vejam como aliados de alguém. Se nos dirigíssemos a alguns dos pais, por exemplo, já teríamos uma aliança: pai/terapeuta contra filho. Se perguntamos ao filho: "Qual é o problema?", seria como aceitar o que as pessoas estão dizendo dele. Deixamos para eles a decisão de quem deverá falar primeiro.

HOFFMAN: Então, o fato de ser a mãe quem fala sobre a natureza do problema, já lhe diz algo acerca deles.

CECCHIN: Exatamente. Eles costumam fazer uma distinção muito clara entre o membro doente e os saudáveis. E, assim, descobrimos quem é o P. I. (Paciente Identificado), quem é o porta-voz, quem é o coterapeuta e assim por diante. Aí podemos chegar para o paciente e pergunta: "Quem decidiu que você tem um problema? Você concorda? Quem tomou a decisão de que você não deveria comer? Quando você decidiu cometer suicídio?" Mudamos o problema de uma definição para uma decisão.

BOSCOLO: Mas eu penso que uma das razões que nos leva a jogar a pergunta para quem quiser responder é porque no início é importante não ser diretivo demais. Se você começa logo com perguntas diretas para pessoas particulares, não consegue ter uma ideia de como a família interage sem um terapeuta. A primeira pergunta serve para detectar como a família responde a uma pergunta que pode ser respondida por qualquer um.

PENN: Você, na sua primeira pergunta, já vai comunicando algo acerca de sua neutralidade.

BOSCOLO: Sim, também de que não vamos basear nossas ideias sobre o que temos visto ou sobre o que nos foi dito antes por qualquer outra pessoa. Seria fácil dizer "Disseram-nos que John esteve doente durante um ano. Como está agora?" Penso que perderíamos toda a sessão se começássemos assim.

PENN: Ao perguntarem à família como chegaram a uma decisão sobre o problema, estão introduzindo uma premissa que inicia uma mudança na forma como a família concebe-se a si mesma. Implica em que também podem decidir não ter um problema. Ao perguntarem: "Quando decidiu parar de comer? Quem concorda com você?", isso implica que eles podem também decidir de não comer mais ou de qualquer outra coisa. No futuro podem decidir não ter um problema. Esta é, essencialmente, uma premissa sobre mudança.

HOFFMAN: Uma outra coisa. Por que você começou no presente? Por que não começou com o passado? Por que não disse "Quando começou o problema?"

CECCHIN: Esta é uma pergunta relacionada com o que dissemos antes. Começa-se, de um ponto de vista espacial, com o paciente, ampliando-se a visão para os parentes mais próximos, a família extensa e o contexto terapêutico. Com o tempo, faz-se o mesmo. Começa-se com o presente; depois você diz "Quando começou o problema? O que você pensa que acontecerá no futuro?" Vai-se, tanto no espaço, quanto no tempo, através de um processo similar. Mas o seu ponto de partida é o aqui e agora.

PENN: O fato de utilizar a palavra "agora" passa a mensagem de que você se interessará pelo tempo. A outra coisa que o "agora" significa para mim é que este é o tempo em que vocês e a família se reúnem.

CECCHIN: Sim, é como dizer "Nós não nos preocupamos com o que vocês fizeram antes. Vocês e eu vamos ver o que está acontecendo agora". É a partir deste ponto no presente que retornamos ao passado e exploramos o futuro.

PENN: Vocês disseram que toda pergunta também introduz informação. Esta ideia é muito diferente de uma outra, segundo a qual as perguntas só servem para colher informações. Suas perguntas também estão introduzindo informações.

CECCHIN: Quase tudo que dizemos apenas assume a forma de pergunta. Quando você coloca uma pergunta, introduz uma diferença. É o método socrático de indagação: o que aconteceu? Como você vê essa situação? A resposta é secundária porque algo novo foi introduzido.

BOSCOLO: Os terapeutas que fazem o genograma usam a primeira sessão retrocedendo a três ou quatro gerações. Este tipo de operação implica que o terapeuta pense que o problema está relacionado com o passado da família extensa.

CECCHIN: Nós não estamos interessados na causalidade histórica.

BOSCOLO: No início da primeira sessão, tentamos evitar falar acerca da família extensa. Começamos pelo centro e nos expandimos. Começarmos fazendo perguntas sobre o avô, a avó, significaria que, implicitamente, admitimos uma causalidade histórica, que o seu problema está relacionado com o avô ou com a avó.

ENTREVISTA FAMILIAR

PAI: Cada um parece querer brigar com todo mundo. Nós todos queremos brigar com os outros.

BOSCOLO: Para você este é o problema.

PAI: Sim.

BOSCOLO: Você vê algum outro problema?

PAI: Não, na verdade, não.

HOFFMAN: Por que você pergunta se há algum outro problema?

BOSCOLO: O pai disse: "Nosso problema é que brigamos uns com os outros". Mas a terapeuta nos falou sobre "outros problemas". Há o problema específico de Diane e o de Lisa. Então, a pergunta é: existem outros problemas?

HOFFMAN: Certamente. Você sabe, sem dúvida, que não mencionarão o incesto. Mas está inserindo a ideia de que poderia haver mais de um problema.

BOSCOLO: O mais correto seria começar com o que o pai disse: "Estamos brigando uns com os outros". Devemos usar apenas as coisas que eles nos trazem. Eu poderia também ter dito, "Os filhos concordam que o problema é que vocês estão brigando entre si?" Nós não queremos ser muito influenciados pela elaboração que nos foi transmitida, no princípio, pela terapeuta da família.

ENTREVISTA FAMILIAR

BOSCOLO: Se eu fizesse a mesma pergunta à sua esposa, ela concordará com você ou achará que existem outros problemas?

PAI: É difícil dizer.

BOSCOLO: Concorda com seu marido?

MÃE: Não. Em nossa família existem inúmeros problemas. Alguns são devidos a falta de comunicação, mas temos também problemas com os filhos, problemas de comunicação e problemas para nos entendermos uns com os outros.

BOSCOLO: Entre quais de vocês existe uma falta de comunicação?

MÃE: Não há comunicação entre mim e meu marido. Não parece que estamos falando um com o outro ou tentando compreender um ao outro ou, você sabe, é realmente...

BOSCOLO: Como é a comunicação com suas filhas?
MÃE: Bem, ultimamente não há comunicação.

BOSCOLO: Fiz ao pai uma das perguntas que chamamos de "adivinhando o pensamento". Sabemos que o excesso de adivinhação de pensamentos na família pode ser patogênico. Mas na terapia, estas perguntas de adivinhação do pensamento podem ser úteis porque introduzem uma nova perspectiva. A esposa está escutando o que o marido crê ser o seu pensamento. Aqui eu queria obter a hipótese do marido sobre a hipótese da mulher. Mas isso nem sempre funciona. Quando entrevistamos famílias em Edimburgo, cada vez que fazíamos uma pergunta de adivinhação de pensamento, a resposta era: "Por que não pergunta para minha mulher?" Queriam dizer com isso que eu tinha sido muito rude. Entretanto, na Itália, se você pergunta a um membro de uma família: "O que o senhor pensa que a sua mulher ou o seu irmão pensam?", eles ficam muito felizes em lhe contar.

HOFFMAN: Nos Estados Unidos, a introdução deste tipo de pergunta provocou um grande choque. A ideia de Terapia Familiar era que você deveria sempre fazer com que as pessoas da família assumissem uma posição de "Eu" – "O que você pensa?" "Eu penso isso" – em vez de perguntar a uma outra pessoa o que esta pessoa pensa. Para muita gente, esta foi uma virada muito radical.

BOSCOLO: Não tentamos ser didáticos no sentido de ensinar as pessoas a se comunicarem corretamente. Se você diz a um cliente: "Você deve falar por si mesmo; você é responsável pelo que está pensando, pelos seus pensamentos", estaria ensinando às pessoas o que acredita ser normal. Nós aceitamos o sistema como ele é. Se fizer de outra forma, tudo bem, mas aí você tem que entender que está se tornando um agente de controle social.

CECCHIN: Um outro ponto é que, como muitas das nossas perguntas, esta também introduz informações no sistema. Poderíamos perguntar aos filhos: "Como vocês acham que está o relacionamento de seus pais? e eles podem dizer: "Pensamos que eles estão se dando muito bem" ou "Eles vão mal". Mas não perguntamos a uma esposa "Você está se dando bem com seu marido?" Em vez disso, trazemos à tona a ideia de que seus comportamentos são tais que suas filhas os veem de uma certa maneira. Você, como o casal, torna-se informação para alguém mais. Seu comportamento cria ideias e fantasias para seus filhos. Então, eu pergunto aos filhos: "Que fantasias vocês têm sobre seus pais?"

PENN: Parece que, através deste processo, rompem-se percepções lineares individuais. Os membros da família distanciam-se de suas percepções habituais do outro e começam a flutuar livremente por um tempo. Eles experimentaram seu próprio sistema de um modo diferente do que vinham fazendo antes.

CECCHIN: Alguns terapeutas ficam incomodados com este tipo de pergunta, sentem um desgosto moral, como se estivessem fazendo algo errado com a família.

HOFFMAN: As suas perguntas ocasionais aos filhos sobre a vida sexual de seus pais, por exemplo?

CECCHIN: Sim. Penso que é útil para os pais ouvir o que os outros membros da família pensam sobre seu relacionamento. Eles ficam protegidos, uma vez que, normalmente, nós não lhes pedimos para que confirmem estas percepções.

BOSCOLO: Fazemos diferentes tipos de perguntas. Um tipo é aquela sobre o comportamento. Por exemplo: "O que a sua mulher faz quando sua filha faz isso?" A outra é uma pergunta sobre ideias: "O que sua mulher pensa sobre este evento?" A primeira pergunta tem a ver com fenomenologia, a outra com cognição; está perguntando que hipóteses têm uma pessoa. Os dois níveis – comportamento e cognição – estão relacionados. Richard Rolin, em seu livro *Strategic Psychoterapy* (Rabkin, 1977), divide a terapia em terapia descritiva e terapia insight. Eis uma dicotomia que não aceitamos. Acreditamos que o comportamento e as ideias estão relacionados. Esta é a razão pela qual algumas das nossas perguntas estão dirigidas para o pensamento e outras para a produção de informações sobre o comportamento.

CECCHIN: Por exemplo; uma vez eu estava conversando com uma mulher deprimida e eu lhe fiz uma pergunta: "Quando você vai para o seu quarto e fica lá chorando, quantas horas passam até que seus filhos e seu marido batam na porta? Quantos minutos? Às vezes passam dias antes que eles venham, certo?" E então fiz outra pergunta: "Quando você fica lá chorando enquanto eles se divertem comendo juntos, você acha que eles pensam em você? O que eles pensam sobre você?" Duas perguntas. Você nunca pergunta se é verdade ou não. Você está interessado no efeito da depressão. Primeiro, que efeito tem sobre o que tais pessoas fazem e, segundo, que efeito tem sobre seu pensamento, suas fantasias.

BOSCOLO: O mundo da fantasia é parte do sistema total. Algumas vezes você tem pensamentos depressivos, talvez ache que eles são só intrapsíquicos, mas eles são parte de todo o sistema de relacionamentos.

HOFFMAN: Então, o que você está fazendo é reintroduzir percepções, pensamentos e sentimentos na Terapia Familiar, em vez de manter o foco somente sobre o comportamento.

CECCHIN: Entretanto, consideramos pensamentos e sentimentos como fatores influentes no presente, não apenas no passado. Se você é paranoico, tem razões muito boas para sê-lo. Não é apenas algo que pertence ao seu passado. Talvez você tenha alguma experiência passada que lhe permitiu ser facilmente paranoico, mas tem também uma situação no presente na qual ser paranoico faz sentido.

BOSCOLO: Nestes últimos anos, temos feito cada vez mais perguntas que chamamos de explanatórias. Pedimos aos membros da família para nos contar quais são suas hipóteses acerca de seus próprios comportamentos. No começo, anos atrás, tendíamos a fazer perguntas descritivas dos comportamentos. Costumávamos perguntar "O que você faz?" agora perguntamos "O que você pensa?"

CECCHIN: Um ponto interessante sobre o uso de sentimento nestas terapias é que os terapeutas têm sido ensinados a conectar-se com o paciente em um nível emocional, achando que, se esta conexão for feita, a pessoa melhorará. Mas a pessoa não melhora. Ela quer que outra pessoa se conecte com ela – sua mulher, seus filhos, sua irmã. Se o terapeuta se conecta com ela, sente-se pior e diz: "Veja, o terapeuta conecta-se comigo, mas minha família não". Ou, se alguém chora, em vez de prestar atenção ao que faz a pessoa chorar e o que ela está sentindo agora, e assim por diante, você pergunta para outra pessoa "Por que você acha que ela está chorando?" Você sempre o transforma em um evento relacional.

BOSCOLO: Como é a comunicação com sua filha?

MÃE: Bem, ultimamente não há comunicação.

BOSCOLO: Entre você e elas ou entre elas mesmas?

MÃE: Bem, sobretudo entre nós e elas.

BOSCOLO: Como é a comunicação entre elas? Como se comunicam?

MÃE: Bem, estas duas se comunicam bem, mas Diane e Lisa brigam um bocado.

BOSCOLO: E com Dori?

MÃE: Oh, elas têm suas briguinhas de irmãs, mas nada de sério. Penso que é normal.

BOSCOLO: Mas você diria que as garotas se comunicam entre si melhor do que você se comunica com seu marido?

MÃE: Oh, definitivamente.

BOSCOLO: Quem se comunica melhor com as filhas? Você ou seu marido?

MÃE: Eu não penso... Eu não consigo me comunicar porque elas não se comunicam comigo e o pai não fala com elas, por isso eu diria, a não ser isto, eu tento, eu tento me entender com elas.

HOFFMAN: Aqui você está obtendo informação sobre a estrutura relacional. As duas garotas mais novas são chegadas, Lisa briga com Diane, e a mãe e o pai também não se dão bem.

BOSCOLO: Sim. Nós sempre começamos obtendo a informação que você poderia intitular de "Quem está com você?" Todas estas perguntas têm este objetivo. Mas eu gostaria de ressaltar que o comportamento não-verbal ou analógico é mais importante para nós que eles dizem para determinar "quem está com quem", o modo como eles se sentem, o modo como eles se movem. Por exemplo, vemos que Dori e Diane são parecidas fisicamente, sentam-se juntas, trocam sorrisos como se estivessem trocando segredos. Em contrapartida, Lisa está olhando para o chão. Ela parece triste, deprimida; está sentada longe das outras duas.

HOFFMAN: Qual é a sua reação ao modo como eles se apresentam?

BOSCOLO: A partir do analógico, parece que a única dupla que está bem é Dori e Diane. Lisa parece separada delas, e a mãe e o pai separados entre si. Mas eu não consigo muita informação com as perguntas.

Todas as três garotas estão com suas capas, não respondem à pergunta, a única que fala livremente é a mãe.

HOFFMAN: E ela diz: "Eu não posso comunicar", mas o que você está procurando neste padrão de relacionamento?

BOSCOLO: A equipe terapêutica tem um mapa que está em constante elaboração, mudança e revisão. Por exemplo, devemos perguntar a nós mesmos "Qual é o casamento mais importante na família?"

PENN: O que você entende por "casamento"?

BOSCOLO: A relação primordial, a mais forte, talvez negada, talvez incestuosa, a que pareça a mais central para todos os outros. Entretanto, temos que nos lembrar que isto é apenas uma ideia. Se nos empolgamos demais com esta ideia, começaremos a cometer erros. Poderia redundar em uma espécie de "folie à time".

CECCHIN: Sim. O terapeuta pode apaixonar-se demais por esta ideia. Quatro ou cinco anos atrás, estávamos convencidos que o que estava acontecendo com a família era culpa da avó. Ela possui este poder oculto, e por conta disso, estávamos sempre procurando os avós para matar. Toda equipe que usa nossos métodos passa por tais períodos. Houve um determinado período no qual procurávamos pelo casamento mais importante. Um outro período foi gasto na determinação de quem possui o maior grau de autoridade no sistema.

PENN: A maioria dos terapeutas que criou uma nova e original abordagem, como vocês, tem encontrado um modelo que lhes agrada e que é seguido à risca. O que os impede agir assim?

BOSCOLO: Assustamo-nos com o perigo de ficarmos reduzidos por nossas próprias hipóteses e daí começamos a modelar as famílias que víamos em função delas. O que estamos procurando é uma realidade que o terapeuta e a família criam juntos. Neste sentido, penso que a equipe é útil. Primeiro, ela pode corrigir a tendência do terapeuta para confirmar suas próprias crenças. Segundo, uma equipe pode observar as reações analógicas da família à indignação, algo que não é facilmente perceptível para o terapeuta que se encontra na sala. A família dava ao terapeuta dicas que lhe dirão se deve ou não abandonar uma determinada hipótese.

HOFFMAN: Eu gostaria de sublinhar uma questão. Vocês não apenas dizem que suas hipóteses se alteram e mudam de sessão para sessão, mas também que, com o tempo, sua hipótese sobre as hipóteses tem sido alterada e modificada.

CECCHIN: É por causa disso que as pessoas dizem que nós não temos uma teoria e não temos porque uma teoria supõe uma hipótese fixa sobre como a família deve ser. Nós não sabemos como ele deve ser.

BOSCOLO: Há uma outra hipótese, em um nível bastante amplo, da qual nos ocupamos recentemente. Achamos que muitas das interações terapêuticas com famílias ou pacientes estão socialmente determinadas. Isso é o que estamos chamando de hipótese sociológica. Vivemos em uma sociedade de consumo que tornou a psicoterapia um objeto de consumo, acessível para todo mundo, que não é procurado em função da necessidade que a pessoa sente da terapia, mas porque esta é um bem social. Uma das nossas preocupações atuais poderia ser formulada da seguinte maneira: como descondicionar uma família da ideia de que precisa de terapia?

CECCHIN: Eles devem pensar que necessitam do mesmo modo que as pessoas necessitam de educação ou de uma casa.

ENTREVISTA FAMÍLIAR

BOSCOLO: Com quem seu marido se comunica mais?

MÃE: Diane. Ele costumava fazê-lo.

BOSCOLO: Ele costumava fazê-lo? Algo mudou recentemente?

MÃE: Sim.

BOSCOO: O que exatamente?

MÃE: Eles não se entendem mais, e Diane parece que tomou uma posição diferente, não gosta dele.

PENN: É a primeira vez que o passado é mencionado. Por que você dirigiu a questão para o passado em vez de continuar rastreando as relações no presente?

BOSCOLO: O terapeuta, ao mesmo tempo que faz as perguntas, deve fazer escolhas. Silenciosamente, grava o que está sendo dito, poderá adiar sua tomada de posição sobre uma diferença específica entre o passado e o presente até que obtenha um quadro rela das relações.

Ou poderia embarcar nisto de imediato. Usualmente, a resposta da família a uma certa pergunta conduz o terapeuta à pergunta seguinte. Quando a mãe diz: "Ele costumava...". dá uma dica de por que pensam que Diane é um problema.

ENTREVISTA FAMILIAR

BOSCOLO: Desde quando?

MÃE: De seis meses a um ano.

BOSCOLO: Que explicação você deu? Você tem uma explicação sobre isso?

MÃE: Eu... eu estou muito confusa, não sei, não entendo. Compreendo que tenha mudado e se tornando hostil como ele devido à sua atitude negativa. Mas não compreendo totalmente por que... por que uma tão drástica e hostil mudança.

BOSCOLO: Deixe-me perguntar à Dori. Você concorda com o que mamãe acabou de dizer: que seu pai, até seis meses atrás, comunicava-se melhor com Diane do que com Lisa e com você? Faz seis meses que não há muita comunicação entre seu pai e Diane. Como explica isso?

DORI: Eu não sei.

BOSCOLO: Lisa, você tem uma ideia? [Não responde]. Você acha que se eu fizesse a mesma pergunta à Diane, ela me dará alguma explicação?

LISA: [falando baixo] Não.

BOSCOLO: Por que não? É por que não quer, por que não pode ou por que não sabe?

LISA: Eu não sei.

BOSCOLO: Diane, você concorda com mamãe que você era a única que tinha alguma comunicação com seu pai? E então, há seis meses algo mudou?

DIANE: Sim.

BOSCOLO: O que aconteceu? [não responde] Dori, se Diane fosse responder agora, o que ela diria?

DORI: Não sei.

BOSCOLO: Seu pai acha que há um problema de comunicação e todo mundo está brigando entre si. Sua mãe vê o problema como falta de comunicação entre ela e seu marido. Vamos começar com você, Dori: que problema você vê agora na família? [não responde] Diane, que problema você vê? Você concorda com seu pai e mãe?

DIANE: Eu penso que sim. Há brigas demais.

BOSCOLO: Briga demais entre quem? [não responde] Dori?

DORI: Há brigas demais entre mamãe e papai e Diane e eu.

BOSCOLO: Diane e você. E com Lisa? [não responde]

HOFFMAN: Parece que há um impasse. Você usa sua técnica habitual de perguntar o que o outro estaria pensando, e é como se as garotas soubessem que elas não têm permissão de dizer nada. O ambiente na sala está muito opressivo.

BOSCOLO: O terapeuta está enrolando, começa a avançar com suas perguntas, mas não consegue progredir na questão verdadeira. Se persistir, provocaria uma escalada de tensões piorando a situação. Só pode fazer duas coisas. Uma possibilidade é mudar os tópicos, falar sobre o passado, por exemplo, ou falar sobre outros temas. A outra seria que o supervisor o chamasse lá fora.

PENN: [para Cecchin] você estava atrás do vidro. Lembra-se do que estava acontecendo?

CECCHIN: Muito em breve o chamarei e lhe direi que parece que o terapeuta, não importa o que ele faça, está criando resistência.

PENN: Você estava percebendo isso?

CECCHIN: Sim. Daí temos que nos perguntar: o que estamos fazendo para criar esta resistência? Pode se tratar de um plano relacionado com o contexto de referência ou pode estar relacionado com o comportamento incestuoso. Todo mundo está com medo de falar, esta parece ser uma regra. Já tínhamos sido prevenidos, a família nos fez tal imposição, "Existem segredos na família. Não podemos falar". Agora parece que, com seu comportamento, está dizendo a mesma coisa. Temos que lidar com o problema dos segredos. Uma possível intervenção poderia ser "Estou vendo que vocês não podem falar. É provável que para vocês seja muito importante não dizer nada, de modo que sou eu quem vai falar". Você dá a prescrição de não falar.

BOSCOLO: Outra via seria que o terapeuta falasse sobre a má vontade de falar. Através de questões sobre a vinda à terapia – quem decidiu vir hoje? Quem tinha mais vontade de vir? Quem não queria vir? e assim por diante – pode focalizar o relacionamento entre os consultores e a família. É possível que apenas uma pessoa quisesse vir. As outras não, ficam em silêncio, não são cooperativas.

PENN: Parece que é somente a mãe que queria estar aí.

CECCHIN: O pai e as filhas parecem zangados. Talvez estejam zangados com a mãe, ela os trouxe. "Por que eu deveria falar? Você queria vir aqui, não é? Então fale".

PENN: Quando uma família manifesta uma clara má vontade, não querendo, no início de uma situação terapêutica, falar de algo importante, enfrenta-se uma verdadeira dificuldade. Mesmo querendo não se dirigir para este tópico, é quase impossível não o tocar de outra forma, criando-se o tipo de resistência que estamos vendo.

BOSCOLO: Outra possibilidade seria que, uma vez que a terapeuta original viu o casal antes de trazê-los para os consultores, as filhas não saibam se o casal revelou o comportamento sexual ou não. Talvez estejam incertos sobre o que é esperado delas.

CECCHIN: Pensamos que talvez a mãe iria acusar o pai de fazer mal às filhas. Sentimos que as filhas devem ter acreditado que teriam que testemunhar contra ele, como nos casos em que os filhos sofrem abusos. Neste tipo de situação, os filhos costumam defender os pais. É possível que aqui as filhas estivessem defendendo o pai. A mensagem era clara: "Proteja o pai não falando". E todo mundo está agindo de acordo, inclusive os consultores.

HOFFMAN: Vamos ver como vocês sabem disso.

ENTREVISTA FAMILIAR

BOSCOLO: Foi sempre assim ou as coisas têm melhorado ou piorado?

MÃE: Têm piorado.

BOSCOLO: Piorado?

MÃE: Sim.

BOSCOLO: Desde quando?

MÃE: Desde ano passado. Piorado muito.

BOSCOLO: Refere-se as brigas que você tem tido com seu marido?

MÃE: A família toda tem se relacionado de um modo cada vez pior. Eu podia conversar com Diane e argumentar com ela, levá-la a compreender e alcançar um mútuo entendimento; mas desde o ano passado não consigo. Bem, às vezes eu consigo me aproximar dela muito bem, outras não. Com Lisa, tivemos alguns problemas durante o ano passado, e não consigo conversar com ela. Dori está em uma situação diferente; às vezes consegue-se falar com ela, outras não. E, entre meu marido e eu, os problemas pioraram bastante porque eu mudei. Não tenho mais vontade de ser sempre a que dá tudo. As brigas estão um bocado demais...

[Boscolo deixa a sala]

DRA. S: [para a família] os doutores Cecchin e Boscolo irão conversar frequentemente entre si, às vezes por um tempo maior. Acho que vou juntar-me a eles. [Ela sai].

HOFFMAN: Com que frequência vocês costumam chamar-se para atrás do espelho?

BOSCOLO: Ultimamente estamos nos chamando muito menos, porque somos cada vez mais íntimos. Algumas vezes saímos sem sermos chamados. Temos uma discussão depois da sessão.

HOFFMAN: Às vezes passam a sessão toda sem precisar falar um com o outro?

CECCHIN: Sim. Cada vez nos interessam menos os pequenos detalhes. Se observarmos que os terapeutas estão deixando passar uma abertura importante, algo bastante óbvio, o chamamos. Mas isso pode se tornar uma obsessão, querendo impingir perguntas como: "Por que você não pergunta isso... ou no seu lugar teria perguntado...", e assim por diante. Já deixamos de fazê-lo.

HOFFMAN: O que você faz com os estagiários que estão na sala?

BOSCOLO: Muitas vezes, observamos que um estagiário fica com as ideias do supervisor. Se quiser paralisar um terapeuta, chame-o muitas vezes. Para evitá-lo, reservamos-lhe um período de trinta minutos. Dizemos-lhe "Durante trinta minutos, pode fazer o que quiser. Nós o chamaremos somente depois deste período".

CECCHIN: Já nos aconteceu de chamar um estagiário para lhe dizer: "Você deve ser mais agressivo" ou "Talvez você deveria ser mais suave". De acordo com nossa experiência, as prescrições deste tipo tendem a falhar. Por isso, dizemos "Você é muito agressivo. Vamos ver como você pode usar sua agressividade". Ou: "Você é muito suave, você não assusta a família. Vamos aproveitar esta capacidade".

BOSCOLO: O estagiário também deve ser isomórfico, isto é, fazer um trabalho similar ao que o terapeuta com a família. Se você critica os estagiários, os conota negativamente. Se você infere que eles deveriam fazer algo diferente, tende a comunicar-lhes que deveriam passar com você. É mais sutil conotar positivamente o modo específico com que cada estagiário lida com as famílias.

PENN: Às vezes isso tem um efeito paradoxal? O estagiário tímido tende a ficar um pouco rude?

CECCHIN: Algumas vezes. Mas aí é uma mudança que acontece sozinha, que nós não construímos, nem pretendíamos.

HOFFMAN: Muitos orientadores tendem a dirigir seus estudantes de um modo bastante específico, dizendo-lhes o que devem dizer, dando-lhes incumbências para a família, mensagem etc.

CECCHIN: Isso é baseado na premissa que o supervisor ou a equipe atrás do espelho têm ideias melhores que o terapeuta na sala. Se você acredita nisso, então, o terapeuta na sala tem sempre que obedecer à equipe.

BOSCOLO: Em vez disso, acreditamos que é tarefa da equipe convencer o terapeuta. Se você os aborda com desaprovação ou se diz: "Você cometeu um erro, deveria usar outra técnica", não convence ninguém. Usualmente não se convence um paciente a mudar dizendo-lhe que está errado. É a mesma coisa.

CECCHIN: Os pais criticam seus filhos porque não gostam do jeito que eles estão crescendo. O fato é que eles não crescem se são criticados.

BOSCOLO: O período de meia hora que protege o estagiário das chamadas também visa evitar que ele se enrede com o supervisor. O estagiário que começa esperar que o supervisor lhe diga o que fazer não se conecta com a família. O que é terrível, porque o terapeuta fica no meio de dois sistemas: a família e a equipe. Ele precisa aprender como conectar-se com ambos.

HOFFMAN: Outros modelos, a escola estrutural – em particular – chamaria isso de união. Não há nada de específico a dizer com respeito à união, pelo menos como processo separado.

BOSCOLO: Nós também acreditamos em união. A regra dos trinta minutos protege o relacionamento entre o terapeuta e a família. Se não tivéssemos esta regra, os estagiários só seriam capazes de se unirem ao supervisor.

CECCHIN: Sim. Nós enfatizamos a neutralidade para não chegar a fazer parte do sistema. Mas isso pode criar um problema, porque um estudante pode parecer muito frio e indiferente à família. Será melhor que se enrede com o sistema, que seja manipulado por ele, que se torne parte dele, porque é justamente no processo de saída desta manipulação que está a terapia. Você deve passar de terapeuta a não-terapeuta; assim, a família se cura.

HOFFMAN: Voltando a esta consulta, quanto você sai para falar com Cecchin, a terapeuta da família sai com você. Isso não vai contra sua prática?

BOSCOLO: Sim, não costumamos encorajar uma atitude destas. Se, em uma consultoria o terapeuta sai com o consultor, a família acreditará que todas as decisões tomadas pelo consultor são compartilhadas com o terapeuta. A família pode ficar confusa. Acreditamos que cada confirmação que o consultor faz deve ser percebida como totalmente independente do relacionamento entre o terapeuta e o consultor. Em outras palavras, o consultor deveria permanecer, como disse Bateson, em um os terapeutas, estão, isto é, em um nível de tipo lógico mais elevado em relação ao terapeuta e à família.

CECCHIN: Entretanto, nós ainda não aprendemos como evitar o embaraço de deixar o terapeuta com a família quando saímos da sala. É muito duro para o terapeuta ficar lá sem fazer nada. A terapeuta decidiu sair conosco, o que não é algo que usualmente permitimos. É importante que a família saiba que o terapeuta não está coligado com os consultores.

ENTREVISTA FAMILIAR

[Boscolo e a Dra. S. Voltam]

BOSCOLO: O Dr. Cecchin me chamou lá fora para dizer que ele tem a impressão de que o pai e a mãe estão aqui para cooperar; mas tem a sensação de que as filhas não compreendem por que elas estão aqui, então fica parecendo que não querem cooperar. Pediu-me para perguntar à mãe e ao pai se há alguma explicação para isso.

MÃE: Bem, elas não querem estar aqui.

BOSCOLO: Elas não querem estar aqui?

MÃE: Não, e elas não querem responder às perguntas. Eu diria que, sobretudo, elas não querem estar aqui.

BOSCOLO: Elas não querem estar aqui. Quem é a que menos queria vir?

MÃE: Todas as três. Nenhuma delas queria vir. [Dori ri]. Principalmente Lisa.

BOSCOLO: Principalmente Lisa. E você tem uma ideia da razão pela qual elas não queriam vir hoje?

MÃE: Eu não sei o motivo pelo qual elas não queriam vir realmente. Eu creio que é porque ela não sentia que poderia ser útil. Ela de fato não explicou o porquê...

BOSCOLO: O seu marido queria vir hoje?

MÃE: Eu não sei.

PAI: Eu não me neguei a vir, mas há um monte de trabalho para fazer na loja hoje.

BOSCOLO: Deixe-me fazer esta pergunta. Você está dizendo que de um ano para cá as coisas têm piorado; em especial a falta de comunicação com seu marido, as brigas, e assim por diante. E há seis meses, Diane também começou a brigar com seu pai. Você acha que isso contribui para que haja brigas entre você e seu marido? Se Diane se desse melhor com seu pai, você se comunicaria mais com seu marido?

MÃE: Não, realmente não. O problema não é a comunicação entre Diane e o pai. Penso que ele a favoreceu e a mimou toda a sua vida e a estragou. Ela nunca fazia nada de errado. E isso, a meu ver, foi exatamente hostil. Como separar e favorecer uma filha quando ele tinha mais outras duas? E com Lisa foi exatamente o oposto. Ela foi perseguida durante sua vida toda...

BOSCOLO: Por quem?

MÃE: Por seu pai. Diane era mimada, Lisa perseguida e Dori ignorada. Ela estava lá, conversava com ela, era disciplinada e tudo isso, mas nunca foi perseguida ou mimada.

BOSCOLO: Diane gostava de ser a preferida de seu marido?

MÃE: Oh, sim! Ela jogava com isso todo o tempo.

BOSCOLO: Até seis meses atrás?

MÃE: Sim.

BOSCOLO: E, então, algo mudou. Você tem alguma ideia do que aconteceu?

BOSCOLO: Observei algo interessante. Quando o terapeuta retorna à sala não costuma dizer "O consultor pediu-me para dizer...". ou "O consultor tem esta ideia...". No caso, eu disse: "O Dr. Cecchin chamou-me para dizer que ele notou que as filhas não cooperam; que somente os pais cooperam". Eu acho que usei esta fórmula para colocar Cecchin em um nível mais alto em relação à família e à terapeuta. "Meu colega acha que estamos enredados; assim, pediu-me para fazer estas perguntas".

PENN: Então, o terapeuta é alvo da intervenção?

BOSCOLO: Sim, porque está num impasse.

PENN: Tem um efeito imediato na família. A participação deles torna-se muito mais detalhada e relevante. Vocês pensam que está maior participação é devida ao desejo da família de ajudá-la?

BOSCOLO: É possível. É interessante, a família não se sente acusada pelo terapeuta.

PENN: Ele é somente o transmissor das más notícias.

BOSCOLO: Meu colega observou que as moças parecem não querer estar aqui. É verdade? Eu não sei. Eu não as estou acusando de não quererem estar aqui.

PENN: Então, o terapeuta não precisa ser visto como pejorativo ou acusador.

BSOCOLO: Se o terapeuta não tivesse agido assim, teria sido perigoso, porque teria conotado negativamente, desde o início, uma parte do sistema. Tem de ser feito por alguém de fora.

CECCHIN: Por falar nisso, eu estava pensando que quando fazemos uso da decisão da equipe, sobretudo quando fazemos uso da decisão da equipe, sobretudo quando a família não está se movendo, a afirmação mais negativa normalmente vem do supervisor, não do terapeuta. "Meu supervisor é da opinião de que nada irá mudar e de que não há esperança. Eu sou o terapeuta, eu ainda tenho esperança. Pode ser que mais adiante, se não houver nenhuma mudança, eu venha a concordar com meu supervisor – mas agora não". Isso está relacionado com a questão sobre união. Como já dissemos, o terapeuta está em uma zona intermediária entre os dois sistemas – família e supervisor. É importante que a família tenha o sentimento de ter alguém ao seu lado.

HOFFMAN: O que é interessante no seu método é que há sempre uma ambiguidade em relação ao terapeuta. Com técnicas mais diretivas, o terapeuta une-se estrategicamente com este ou aquele. Com vocês, a família nunca está segura se o terapeuta estará deste ou daquele lado. Talvez eles percam o terapeuta, talvez não. Há uma ambiguidade que confere ao terapeuta uma certa liberdade, mesmo que não divida a equipe.

CECCHIN: É verdade. Habitualmente não dividimos a equipe, mas as pessoas ficam com a ideia de que tal pode acontecer.

PENN: Uma das coisas que eu observei é que quando um terapeuta particular traz um caso para consultoria, a família costuma ficar muito zangada com a equipe. A consultoria tende a prejudicar o relacionamento entre a família e o terapeuta, porque a família percebe o terapeuta como mais aliado às pessoas atrás do espelho.

BOSCOLO: Em geral, quando o terapeuta solicita uma consultoria, é porque sente que a terapia não está avançando. A família costuma não ter a mesma ideia que o terapeuta. As famílias que fazem terapia costumam relacionar-se com o terapeuta da forma que o fariam com um membro importante da família. Sua melhora implicará na perda do terapeuta, quem quer mudanças é o terapeuta. Quando o terapeuta pede uma consultoria, a família frequentemente concorda, não porque ache que necessita, mas para agradar o terapeuta. Nossa primeira pergunta seria esta: "O Dr. Fulano pediu-me que os visse porque pensa que a terapia está num impasse. Vocês concordam?" E com frequência os membros da família olham espantados. "Nós achamos que a terapia está indo muito bem". Esta resposta impressiona bastante o terapeuta, porque ele não espera uma reação desta ordem.

CECCHIN: Um outro ponto é que o consultor está introduzindo, no relacionamento entre a família e o terapeuta, um novo parâmetro. Uma das mais frequentes reações da família após a consultoria é a desqualificação do consultor com o qual se comunica o terapeuta, o qual, se aceitar a desqualificação, mostra-se inconsequente, pois foi ele mesmo quem solicitou a consultoria. Mas, se se alia com o consultor, também está errado. A única coisa que pode fazer é assumir uma posição que o coloque que um os terapeutas está, acima da batalha, baseando seu veredito no que acontecerá no futuro. Cada vez que a família tenta testar o que o terapeuta pensa da consultoria, ele pode responder: "Eu não sei, eles são os especialistas. Talvez tenham razão".

BOSCOLO: Também pode dizer: "O tempo dirá se eles estão certos ou errados". De outro modo, o terapeuta começaria a sentir que está enlouquecendo.

CECCHIN: Um ponto interessante sobre a situação de impasse em uma consultoria é que a família age de modo muito confortável, muito contente. A família parece ter escapado da luta pela mudança, e é o terapeuta que se encontra nesta posição. Assim a família começa a sentir-se melhor.

BOSCOLO: O terapeuta sente-se pior porque ele faz parte da comunicação terapêutica, o que faz com que queira mudar as pessoas. Então, ele começa a sentir um mal-estar. Nossos estudantes perguntam: "Quais são os sintomas?" E os sintomas são sempre os mesmos. Quando você atende uma família emperrada, começa a ter fantasias sobre mudança de trabalho, mudança de cônjuge. Fantasias de desistir desta família e encontrar uma nova. Você começa a ter sintomas físicos, começa a ficar com sono durante as sessões.

CECCHIN: E você pensa que os outros terapeutas são melhores que você.

BOSCOLO: Então o terapeuta começará a ter estes tipos de mal-estar. Talvez você tenha escolhido a profissão errada – você deveria ter partido para os negócios. Todos os nossos estudantes riem com isto, porque todos eles tiveram tais sintomas.

CECCHIN: Quero ressaltar um ponto epistemológico importante: nós introduzimos esta força mais poderosa que nós mesmos da qual fala Bateson (1972) no seu ensaio: "The Cybernetics of 'Self': A Theory of Acoholism". Se você diz "O tempo dirá", está introduzindo um fator externo, assim, ninguém é realmente responsável. Esta ideia tira o sofrimento do terapeuta e da família. "Tempo", você diz: "Tempo", com T maiúsculo!

HOFFMAN: Assim, a família tem um incentivo para mostrar aos consultores que eles podem mudar.

BOSCOLO: A consultoria em caso de impasse costuma ajudar mais ao terapeuta do que a família porque, neste contexto, o terapeuta é o mais paciente. Este movimento tira o terapeuta da posição de impotência, que cria um jogo sem fim, próprio de quem está tentando mudar a família.

CECCHIN: O terapeuta que está em um impasse é aquele que está se tornando terapeuta crônico. Sempre está sofrendo porque a família não muda. É útil dizer-lhe que a não-mudança da família – para eles a mudança poderia ser, por várias razoes, perigosa – constitui o melhor tipo de terapia. Quando o terapeuta retorna à família e diz: "Nada está mudando, mas vocês estão indo muito bem", sua mensagem analógica sobre a mudança é totalmente diferente. O que mantém as pessoas no mesmo lugar são as tentativas de mudá-las do terapeuta, quem, de fato, torna-se parte do problema.

ENTREVISTA FAMILIAR

BOSCOLO: Você tem alguma ideia do que aconteceu?

MÃE: Não, eu não sei o que fez Diane mudar. Foi uma mudança muito drástica e repentina. Não foi um processo lento; é como se um mês fosse a melhor das amigas e no mês seguinte uma inimiga.

BOSCOLO: Compreendo. Durante anos Diane foi a mais próxima do pai.

MÃE: Oh, sim.

BOSCOLO: Qual das outras duas eram mais chegadas a você, Lisa ou Dori?

MÃE: Bem, teria que dizer Lisa, porque Dori não é uma pessoa chegada a ninguém. Ela é muito voltada para si mesma, o senhor sabe, ela vai e se esconde e realmente não causa muitos problemas terríveis; ela vai embora e se esconde.

BOSCOLO: [ao pai] qual era sua impressão? Na sua opinião, quem era, ao longo dos anos, mais chegada à sua mulher?

PAI: Era Lisa.

BOSCOLO: Primeiro Lisa. E depois?

PAI: Bem, empate entre Dori e Diane.

BOSCOLO: [para mãe] Agora, pela informação que eu recebi da terapeuta, você foi casada duas vezes.

MÃE: Sim.

BOSCOLO: Percebo. E aí se separou.

MÃE: Sim.

BOSCOLO: Quantos anos tinha Lisa quando você se separou?

MÃE: Na verdade, meu marido deixou-me antes de Lisa nascer e, oh...

BOSCOLO: Você nunca foi casada?

MÃE: Oh, sim. Mas ele me deixou antes que ela nascesse – o senhor sabe – de vez em quando ele vinha, ficava um dia e ia embora, mas quando finalmente nos divorciamos, ela está com cerca de dois anos.

BOSCOLO: Por que finalmente se divorciou de seu marido?

MÃE: Ele tinha uma namorada.

PENN: Por que você está entrando na história da mãe agora?

BOSCOLO: Foi uma decisão. A uma certa altura da entrevista, o terapeuta geralmente decide ampliar o contexto. Como as filhas vinham de sistemas diferentes, resolvi buscar no passado as informações sobre o sistema preexistente que havia influenciado as duas famílias.

PENN: É também porque você agora tem uma ideia mais clara sobre os casais da família? O casal básico parece ser Lisa e a mãe, o que foi confirmado duas vezes pela mãe e uma vez pelo pai. Aí havia, até seis meses atrás, uma coalisão entre o pai e Diane, mas agora as duas moças mais novas ficaram mais unidas e o pai é um estranho. É como se você tivesse que regredir ao princípio para ver como se formou a primeira família.

BOSCOLO: Eu estou dizendo à mãe e à Lisa "Vocês não são apenas muito unidas, mas houve uma época, antes que os outros se agregassem, em que sozinhas constituíam uma família".

PENN: Qual era sua hipótese naquele momento?

BOSCOLO: Uma das razoes que me levaram a explorar o primeiro casamento da mãe é que, visto que este era o seu segundo casamento, ela deveria ter tido medo de um novo fracasso.

PENN: Você acha que ela aceitou o comportamento incestuoso do marido por temor de que, caso ela não aceitasse, este segundo casamento se romperia?

BOSCOLO: Possivelmente. A atitude da família da mãe para com estes dois casamentos também é importante; se eles a estivessem censurando, ela se sentiria compelida a agarrar-se a este segundo casamento, sem importar a atitude do marido, para mostrar que não era nenhum fracasso.

ENTREVISTA FAMILIAR

BOSCOLO: E quando se divorciou, conheceu logo o seu segundo marido? Ou ouve alguns anos de intervalo?

MÃE: Passaram dois anos e meio entre o tempo que meu marido foi embora e o tempo em que encontrei Jack – em torno de dois anos.

BOSCOLO: Dois anos. E durante estes dois anos, ficou sozinha com Lisa?

MÃE: Sim.

BOSCOLO: Você contava com alguma ajuda de sua família?

MÃE: Não.

BOSCOLO: De forma alguma?

MÃE: Não.

BOSCOLO: Sua família vivia em A______?

MÃE: Sim.

BOSCOLO: ... na época em que você vivia em A______?

MÃE: Sim.

BOSCOLO: Sua família está em A______?

MÃE: Sim.

BOSCOLO: Você tem irmãos e irmãs?

MÃE: Sim.

BOSCOLO: Quantos irmãos e irmãs você tem?

MÃE: Eu tenho dois irmãos e uma irmã.

BOSCOLO: Casados?

MÃE: Sim.

BOSCOLO: Como são seus casamentos?

MÃE: Bem, meus dois irmãos são divorciados e casados de novo. Meu outro irmão casou-se de novo em umas duas semanas. O mais velho casou-se de novo também. Minha irmã é a única que está com seu marido.

BOSCOLO: Sua irmã?

MÃE: Ela está ainda com seu marido.

BOSCOLO: E a sua mãe e seu pai ainda estão vivos?

MÃE: Sim.

BOSCOLO: Eles moram sozinhos?

MÃE: Sim.

BOSCOLO: Você tem contato com eles?

MÃE: Não o que se pode chamar de um contato próximo. Nossa vida familiar é muito... bem, eles não vêm nos visitar e se você quer vê-los, você tem que ir visitá-los e não é realmente um relacionamento íntimo. Minha mãe e eu somos mais chegadas, mas não é um relacionamento verdadeiramente íntimo.

BOSCOLO: Suas filhas são chegadas à sua mãe? Qual delas é mais chegada à sua mãe?

MÃE: Nenhuma delas, realmente, porque minha mãe tampouco é uma pessoa que mostre suas emoções, ela não favorece ninguém, ela realmente não é próxima a ninguém.

BOSCOLO: O que sua família achou quando você decidiu casar-se novamente? Estava a favor de Jack ou não?

MÃE: Bem, eles não eram a favor de eu me casar, mas eles não sabiam mesmo que eu estava vendo Jack, porque eu só lhes disse quando já estava casada. Eles sempre fizeram objeções a tudo o que eu fiz na vida. Tudo estava errado, por isso eu nunca lhes disse.

BOSCOLO: Mas seu pai e sua mãe esperavam que você se casasse?

MÃE: Sim.

BOSCOLO: Eles lhe disseram explicitamente que não deveria se casar?

MÃE: Eles sequer me emprestaram dinheiro para o divórcio, disseram que não podia ser.

BOSCOLO: Eles lhe ofereceram alguma ajuda depois que se divorciou?

MÃE: Não.

BOSCOLO: Então, você se casou, mas eles não ficaram muito satisfeitos com seu segundo casamento.

MÃE: Não. Eles não fizeram uma oposição concreta, mas tampouco manifestaram satisfação.

PENN: Quando a mãe estava falando de sua família de origem, eu percebi que ela também teve um relacionamento confuso com sua mãe, de quem era próxima, mas não muito íntima. Também tinha um pai que desaprovava tudo o que ela fazia.

BOSCOLO: Você quer dizer que Lisa está repetindo a mesma história?

PENN: Bem, há alguma ressonância com a família da mãe. Há alguns triângulos análogos que poderiam motivá-la para identificar-se com Lisa e ao mesmo tempo não lhe demonstrar muita proteção.

ENTREVISTA FAMILIAR

BOSCOLO: Compreendo. Depois casou-se novamente e teve duas outras filhas. E como foi seu casamento?

MÃE: O casamento foi bem no começo porque eu sempre dizia "desculpe!", "Vamos tentar novamente!", "Vamos fazer isso, vamos fazer aquilo, vamos resolver isso, vamos conversar sobre aquilo". Eu era a que sempre estava tentando desfazer as coisas erradas que eram ditas e tentando compreender todos os seus problemas.

BOSCOLO: Seu primeiro marido a compreendia melhor? Seu marido a compreendia mais?

MÃE: Não creio. Eu penso que ele é uma pessoa sem sentimentos. Quero dizer, ele pode sentir, mas não mostra nenhum sentimento, nem dor, nem remorso.

BOSCOLO: Percebo. Quantos anos tinha Lisa quando você se casou novamente?

MÃE: Dois anos e meio.

BOSCOLO: Foi na época que Jack não gostava... Não tinha um bom relacionamento com Lisa? No começo, você sentiu que ele a aceitava?

MÃE: Bem, pensava que sim, mas ele era sempre muito duro com ela. E quanto mais eu reclamava de sua dureza, mais duro ele era, porque ele achava que eu a protegia.

BOSCOLO: Ele achava que você a protegia demais. [ao pai] Mas antes do nascimento das duas últimas meninas, como era sua vida com sua mulher e Lisa?

PAI: Nós nos entendíamos. Muitas vezes quando eu voltava do trabalho ouvia: "Lisa fez tal coisa errada, dê um castigo nela" e isso quase desde o primeiro dia. Cada vez que eu ia dizer algo para Lisa, Betty ficava atrás de mim dizendo: "Deixe-a em paz!" Cada vez que eu falava com ela, ela, às vezes mais, às vezes menos, vinha me criticar, o que piorava as coisas.

BOSCOLO: Você sentia, na época, que estava em contato com Lisa? Sentia como se ela fosse sua filha?

PAI: Sim, eu a sentia como uma filha.

BOSCOLO: Você gostaria de ter, naquela época, um melhor relacionamento com Lisa?

PAI: Sim.

BOSCOLO: Mas Lisa era mais chegada à mãe...muito chegada à mãe.

PAI: Sim.

BOSCOLO: E depois que você se casou, quando nasceu a segunda filha, quantos anos Lisa tinha?

MÃE: Cinco anos e meio.

BOSCOLO: Quais foram as mudanças provocadas pelo nascimento de Dori?

MÃE: Bem, mudou a situação na qual ele estava. Realmente ele nunca teve muito o que fazer com as crianças, quando eram bebês, porque ele trabalhava em dois empregos. Quero dizer que a situação não mudou muito, a única que sentiu a mudança foi eu, porque passei a ter mais responsabilidades, mais problema e menos ajuda.

BOSCOLO: *Você se sentiu negligenciada?*

MÃE: *Eu me senti muito negligenciada, como se não tivesse nenhum apoio.*

BOSCOLO: *[para o pai] por exemplo, quando Dori nasceu, você achou que o nascimento de Dori melhoraria seu relacionamento?*

PAI: *Achei que melhoraria, sim.*

BOSCOLO: *Seu relacionamento com a sua mulher melhorou ou piorou quando Dori e Diane nasceram?*

PAI: *Bem, depois que Diane nasceu ficou um pouco pior*

BOSCOLO: *Um pouco pior?*

PAI: *Porque Diane nasceu num domingo, levei Betty para o hospital e depois tive que ir trabalhar. Ela ficou bastante irritada porque eu não estava com ela no hospital.*

BOSCOLO: *Então, se eu entendo corretamente, quando Diane nasceu você teve um bom entendimento com ela e Diane com você, como sua esposa disse antes.*

PAI: *Sim.*

BOSCOLO: *Você era chegado à Diane.*

PAI: *Sim.*

BOSCOLO: *Enquanto a mãe era chegada à Dori e Lisa, e elas eram chegadas à sua mulher. [para a mãe] por que as coisas não iam bem na época?*

MÃE: *Porque, como eu disse antes, eu não podia ver um pai protegendo uma filha e negligenciando outra, sendo ruim para uma e dando amor demais para a outra e dizendo que qualquer coisa que ela fizesse estava perfeito e qualquer coisa que ela fizesse estava perfeito e qualquer coisa que a outra fizesse não estava nunca certo.*

BOSCOLO: *A outra seria Lisa?*

MÃE: *Sim. Ele perseguia Lisa todo o tempo.*

BOSCOLO: A mãe está se queixando porque o pai não está próximo de Diane. Ela também se queixa de que o pai nunca foi próximo de Lisa. Ela gostaria que o pai fosse chegado às filhas.

HOFFMAN: Se sua hipótese está correta, ela tem medo de parecer um fracasso aos olhos de sua família, por isso continua tentando fazer funcionar seu segundo casamento. Mas ela está atada. Desde o começo submete-se a este marido e pede-lhe que castigue Lisa. Mas quando ele o faz, ela passa para o lado de Lisa e ele se sente rejeitado. Aí a mãe entra em pânico porque sente que "este casamento também pode se romper".

CECCHIN: Podemos ver também como o marido está amarrado. A mãe insiste em dizer: "Você não tem sentimentos, você nunca Expressa nada, você não é chegado às minhas filhas". E quando ele se aproxima, ela diz "Você continua errado porque você discrimina".

BOSCOLO: Isso deixa Lisa atada também. De um lado, a mãe parece dizer "Quero que meu marido ame Lisa, que é minha primeira filha". Ao mesmo tempo o pai diz: "Minha mulher nunca me permitiu aproximar-me de Lisa". E Lisa deve sentir-se confusa e profundamente errada tanto se aceita os avanços de seu padrasto, quanto se não os aceita.

ENTREVISTA FAMILIAR

BOSCOLO: Se Lisa não tivesse nascido, vamos dizer se você não tivesse Lisa quando se casou, e não tivesse tido nenhuma filha, você acha que a situação teria sido melhor?

MÃE: Teria.

BOSCOLO: O que lhe aborrece, cada vez mais, em relação ao seu marido, é que ele protege uma das filhas e não protege Lisa. Você acha que a situação teria sido melhor se Lisa não existisse, se você tivesse se casado com Jack sem nenhum filho e tivesse tido somente Dori e Diane?

MÃE: Eu penso que a situação teria sido um pouco melhor no sentido de que não teríamos nos atritado devido à minha sensação de que ele desgostava dela, persegui-a e achava sempre errada. Dentro desta concepção, a situação teria sido muito melhor, embora não mudasse, porque o problema ainda não continuaria, ele favorecia Diane e eu teria tido Dori e, então, eu teria tido que... eu teria, provavelmente, protegido. Mas quero dizer que nunca gostei disso, eu nunca protegi nenhuma filha mais do que a outra. Sempre tentei tratá-las do mesmo jeito, eu nunca...

BOSCOLO: Mas o que lhe incomoda mais é o fato de seu marido não se entender com Lisa?

MÃE: Sim.

BOSCOLO: Agora eu gostaria de fazer uma pergunta para Lisa. Nós conversamos sobre estas brigas entre papai e mamãe. Da maneira como você vê – por exemplo, quando eles estão brigando ou discutindo – de que lado Diane e Dori em geral ficam? [não responde] você não estava ouvindo.

LISA: Eu estava... não o ouvi... de que lado elas ficam?

BOSCOLO: Sim.

LISA: Eu não sei. Do lado do papai.

BOSCOLO: Pode falar mais alto?

LISA: Diane estava do lado do meu pai e Dori estava do lado da minha mãe.

BOSCOLO: E você?

LISA: Eu estava do lado de minha mãe.

BOSCOLO: Houve alguma vez, pelo menos uma vez na sua vida, que você estivesse de um lado e suas irmãs do outro? Isso nunca aconteceu?

LISA: Não.

BOSCOLO: Jamais?

LISA: Não que eu saiba.

BOSCOLO: Mas Dori, de que lado você a vê mais, com você ou com Diane? Dori é mais chegada à Diane ou a você?

LISA: A mim, eu creio. Eu não sei, nunca pensei sobre isso.

BOSCOLO: E você, Diane, de que lado Dori fica mais, do seu lado ou de Lisa?

DIANE: Eu não acho que ela fique mais com uma do que outra.

BOSCOLO: Você não acha?

DIANE: Não. Acho que ela é imparcial... apenas está lá.

BOSCOLO: E Lisa, sempre foi deste jeito?

DIANE: Eu não sei.

BOSCOLO: Ela parece muito triste... caída, triste. Esse é o jeito que ela normalmente tem?

DIANE: Eu não sei [Diane e Dori riem].

BOSCOLO: [para a mãe] você entende por que Diane e Dori estão rindo? Eu não entendo. Entende por que elas riem?

MÃE: Porque uma tem medo de falar da outra, medo de dizer como se sentem. Elas não querem se comprometer com uma opinião.

BOSCOLO: [para Lisa] você sabe por que, quando falei com elas, elas riram?

LISA: É um modo de esconder a verdade.

BOSCOLO: Como?

LISA: Elas querem esconder a verdade.

BOSCOLO: Elas riem para esconder a verdade.

LISA: Sim.

BOSCOLO: Que verdade estão escondendo?

LISA: O que elas realmente querem dizer. Aí elas riem.

BOSCOLO: Você pode me dizer o que elas não querem dizer?

LISA: Sim, mas eu também não quero dizê-lo. [Diane e Dori estão rindo]

BOSCOLO: Bem, isso é diferente. [para a mãe] você, se eu lhe pergunto, tem alguma ideia?

MÃE: Nenhuma delas quer dizer o que exatamente sente e o que querem falar. Elas querem...

CECCHIN: Aqui aconteceu algo misterioso que só pode ser visto no filme. Durante os dois ou três últimos minutos, os lábios da mãe moveram-se exatamente conforme as frases de Lisa. O técnico que filmava ficou muito excitado porque ao ver este comportamento não soube dizer se o movimento dos lábios veio depois ou antes da voz de lisa. Elas estavam em uma sincronia total.

HOFFMAN: De certa forma, deve estar autorizando a filha a falar, dizendo em silêncio seu texto. Seria uma maneira de sincronizar, ao mesmo tempo em que diz "Você não deve contar".

BOSCOLO: A mãe disse previamente que eles deveriam todos conversar. Agora ela dá uma injunção de não contar o segredo. As meninas estão falando de algo real e ela diz: "As meninas estão com medo de falar sobre seus sentimentos", o que constitui uma mensagem para que não se diga nada.

PENN: Mas Lisa acabou de dizer tudo. Ela diz: "Elas estão rindo porque não querem dizer a verdade". Depois diz: "Eu não vou dizê-lo". Como você conseguiu sua cooperação?

BOSCOLO: As irmãs vinham rindo ao longo de toda sessão, eu perguntei "Por que elas estão rindo?" Neste minuto eu me uni a ela contra as irmãs. Aí ela me deu este pedaço de informação, "aquilo" levou-me ao segredo.

HOFFMAN: Mas se você tivesse dito: "Parece-me que elas são incapazes de compreender o quanto você está se sentindo triste", não acho que ela lhe teria adiantado algo.

BOSCOLO: Penso que há, também, uma questão de sincronização. Você pode sentir a tensão aumentar, aumentar, até que em um determinado momento algo estoura.

ENTREVISTA FAMILIAR

LISA: Eu me sinto só.

BOSCOLO: Você se sente só. Você sempre se sentiu sozinha deste jeito ou só ultimamente?

LISA: O tempo todo.

BOSCOLO: Todo o tempo. Também quando era uma garotinha?

LISA: Sim. Eu me sentia como se estivesse no meio de tudo.

BOSCOLO: No meio de tudo.

LISA: E que teria sido melhor se eu não estivesse aqui.

BOSCOLO: Se não tivesse nascido.

LISA: Eu não quero estar sentada aqui. [começa a chorar].

BOSCOLO: Não, eu acho que é importante conversarmos. Elas riem enquanto você está chorando. Eu quero conversar com você, aí suas irmãs escutarão.

LISA: [soluçando] Eu não quero estar sentada aqui, eu não quero. Eu quero ir embora daqui.

HOFFMAN: Você tinha em mente, ao nível do conteúdo, a informação que Lisa havia tentado suicídio?

BOSCOLO: Creio que a pergunta se relacionava mais com o sentimento que tive de que Lisa estava em uma situação muito ruim. Seu comportamento na sessão indicava que estava muito arrasada, muito deprimida, também pensei que se encontrava em uma posição na qual facilmente poderia tornar-se psicótica.

HOFFMAN: Que lhe faz pensar que ela ainda não é uma psicótica?

BOSCOLO: Mais tarde soubemos que havia uma avó – a avó materna – que provavelmente lhe mandou uma mensagem assegurando-lhe que se preocupava com ela. Isso explicaria o porquê. Lisa foi morar com ela quando fugiu de casa. Também, se você olhar para o padrão familiar, encontrará que os relacionamentos são claros e distintos. O pai e a mãe são muito claros sobre de que lado cada um está, e as meninas também. Na psicose, as pessoas não conseguem definir seus relacionamentos tão facilmente.

PEEN: Mas você estava claramente preocupado; isso é evidenciado pela seriedade do seu tom e pela simpatia com que conversa com Lisa.

BOSCOLO: Sim, e penso que eu estava influenciado pela informação que obtive da terapeuta. Estava preocupado com Lisa e não creio tenha conseguido ser muito neutro. É difícil ser neutro quando se sabe que ouve incesto, uma séria tentativa de suicídio e que a família se recusa a reconhecer que estes fatos constituem um problema. Para eles, o problema era somente que Diane estava brigando com o pai. O terapeuta encontra-se em uma difícil situação.

PENN: Uma das mais efetivas informações que foram introduzidas no sistema, até agora, é sua confirmação do dilema de Lisa. Ela diz: "Teria sido melhor se eu não estivesse aqui", e você diz: "Se não tivesse nascido". É como se ela sentisse constantemente que não deveria estar naquele lugar. Trata-se de um momento muito intenso.

CECCHIN: Ao dizer isso, atingimos sua sensação de inutilidade. Você pode ver o efeito: ela de repente ergue-se na cadeira.

HOFFMAN: Eu gostaria que você falasse um pouco mais do que estava fazendo naquele momento.

BOSCOLO: Nunca saberemos o que teria acontecido nesta família se Lisa não tivesse nascido. Mas é importante ver o tipo de fantasias, o tipo de ideias, do sistema. Ao fazê-lo, você tem a chance de atingir alguns dos mitos e das premissas do sistema. É possível que eles possam realmente estar pensando que Lisa não deveria estar viva. Ela talvez tenha tentado se suicidar por causa da crença de que seu nascimento significou a ruína para a mãe. Mas nós não estamos procurando verdadeiras respostas para a pergunta.

HOFFMAN: Como você explica o efeito deste tipo de indagação?

CECCHIN: As perguntas hipotéticas e futuras são muito importantes porque, se estamos falando em termos cibernéticos, abrem os laços da família. Na família há regras que governam o que é e o que não é permitido. Por exemplo, nesta família é proibido falar de muitas coisas. Se você utiliza perguntas hipotéticas, você tira os esqueletos do armário. Estas perguntas – como também as perguntas futuras – vão contra as regras que mantêm tais proibições.

BOSCOLO: A família tem a sensação de que está presa num jogo sem fim. Seus membros têm a sensação de que não há saída. Ao utilizar perguntas futuras, você introduz a ideia de que as coisas poderiam ser totalmente diferentes.

HOFFMAN: É uma maneira de introduzir a ideia da mudança sem lhes dizer que deveriam mudar.

BOSCOLO: É uma maneira de lhes dizer que poderia haver uma diferença. Se Lisa não tivesse nascido, as coisas teriam caminhado diferentemente. O nascimento de Lisa torna-se uma informação importante para o sistema. Se você o trata como informação, você pode falar sobre o nascimento sem temer que isso possa deixá-la muito incomodada. E aí você poderá obter algum resultado real.

CECCHIN: Uma pergunta que poderíamos ter feito a Lisa é "O que acha que seria diferente na família se você não tivesse nascido?"

BOSCOLO: Perguntas sobre o futuro tem um impacto imenso sobre os comportamentos não-verbais. Você observa reações muito mais fortes nas perguntas sobre o futuro do que sobre o passado ou sobre o presente. Penso que isso está relacionado com o fato de que a família, com o tempo, tem desenvolvido uma ideologia determinista. Mas quando você pergunta sobre o futuro, não se pode ser determinista. As questões hipotéticas põem a família toda a trabalhar no estabelecimento de conexões e na busca de soluções.

CECCHIN: A um suicida, por exemplo, você pergunta "Por quanto tempo você acha que continuará sendo suicida?" Esta é uma pergunta futura. Depois você pergunta: "Se você morrer amanhã, o que acontecerá com seus pais, irmãos?" etc. "Se você morrer em um ano, como você acha que caminhará a terapia? Suponhamos que você continue fazendo tentativas de suicídio ao longo de toda sua vida, o que acontecerá com estas outras pessoas?" Você abre todas as possibilidades. Toda família, quando alguém tem um sintoma, sente-se presa a certos comportamentos repetitivos. Se você diz "Você pode morrer ou permanecer do jeito que é; pode morrer mais tarde ou decidir melhorar; pode também decidir parar de morrer" tais possibilidades podem alterar o comportamento repetitivo.

BOSCOLO: As perguntas têm, também, um imenso impacto psicológico. Por exemplo, se um casal vem para tratamento e cada parceiro diz que não pode mais continuar do jeito que está, você pergunta: "Por quanto tempo vocês acham que aguentarão esta situação... um ano? Dois?" Então, eles ficam agitados porque é difícil definir um relacionamento em torno de quanto tempo irão continuar com este tipo de comportamento.

CECCHIN: Se alguém diz dois anos, você pergunta: "O que você fará em dois anos?". "Eu o deixarei". Então você faz uma pergunta de sobrevivência: "Você acha que sua mulher sobreviverá?" Quem sobreviverá melhor?"

CECCHIN: E há também uma pergunta de punição que envolve o futuro: "Nós compreendemos que você está zangado com seus pais e os está castigando. Seu comportamento é uma punição que todo mundo compreende. Por quanto tempo você acha que seus pais serão merecedores deste tipo de castigo... quinze, vinte anos? A vida toda? Até no Departamento de Justiça existe um estatuto de limites. Talvez você tenha um limite. Quando se sentirá satisfeito de vê-los finalmente punidos?". Suponhamos que uma pessoa se sinta humilhada ou se sinta mal consigo mesma, você pode dizer: "Bem, a punição é necessária. Você trabalhou pela sua punição; a punição é necessária para a sua sobrevivência. Mas, por quanto tempo você acha que precisa continuar deste jeito?

HOFFMAN: Estas são categorias interessantes: perguntas de sobrevivência, perguntas de punição. Você tem outras?

CECCHIN: Perguntas de separação. São as mais assustadoras. "Quando os filhos sairão de casa? Quem será o primeiro a sair?"

HOFFMAN: Como vocês categorizam a pergunta: "Se você não tivesse nascido, as coisas seriam melhores ou piores?"

CECCHIN: Perguntas existenciais: "Se você não existisse, se seus filhos não existissem, como vocês se entenderiam?"

BOSCOLO: Eu me lembro de uma pergunta que usamos com uma garota suicida: "Suponhamos que você morra, quanto tempo você acha que levará para seus pais, seus irmãos e irmãs se esquecerem de você? Quanto tempo levará... cinco anos? Três anos? Duas semanas? Você tem muitas opções". "Um mês", ela disse. E os pais disseram "Janey!" E aí todos começaram a rir. Há tanto drama em torno de suicídio.

Uma outra categoria de perguntas futuras é aquela que tem a ver com o relacionamento entre a família e os terapeutas. Deixe-me dar-lhes um exemplo. Eu era terapeuta neste caso e disse à família: "Meus colegas atrás do espelho estão muito pessimistas em relação ao futuro de vocês porque não veem nenhuma possibilidade de uma grande mudança. Eles concordam mais ou menos com o pessimismo do pai. Agora, eu não concordo com eles. Eu concordo mais com a mãe sobre o futuro. Eu penso que as coisas caminharão, mas, se daqui a um ano não tiver havido nenhuma melhora, então eu concordarei com meus colegas atrás do espelho. Tornar-me-ei pessimista como eles". Isso foi em janeiro, e nós marcamos uma sessão para um ano depois.

ENTREVISTA FAMILIAR

BOSCOLO: Lisa, você disse que sempre se sentiu só.

LISA: [ainda soluçando] Eu não quero, eu quero ir embora.

BOSCOLO: No passado, você estava tentando ver se conseguia se aproximar de suas irmãs, e suas irmãs não queriam dizê-lo?

MÃE: [tentando confortar Lisa] Lisa.

BOSCOLO: [para a mãe] Vou lhe fazer uma pergunta: quando Lisa disse antes "Eu sempre estava sozinha", ela começou a chorar... sentindo que não era ninguém. Agora, você conhece sua filha muito bem, ela está chorando porque não consegue relacionar-se com suas irmãs? Por que ela está muito só?

MÃE: Bem, ela disse que seu pai era contra ela e estava sempre a perseguindo; e como Jack e eu brigávamos todo o tempo, ela sentia que era a causa de nossas brigas e que era culpada de tudo isso, eu tentei ficar, digamos, neutra. Eu lhe disse o que estava errado: "Obedeça ao seu pai, faça o que ele lhe diz. Se ele disser pule, pule. Se ele disser deite, deite". O senhor sabe, eu tentei... tentei que nunca...

BOSCOLO: Você tentou ver... por exemplo, ao longo dos anos, tentou dizer à Lisa para, para tentar se aproximar de seu marido? Você tentou dizer "Tente ser diferente. Vamos ver se você consegue satisfazer Jack, ou...".

MÃE: Sim, tentei. É por isso que disse para obedecê-lo. Para fazer o que ele diz e tentar entender. Ele trabalha duro e está cansado. Mas os problemas vieram...

BOSCOLO: Como Lisa reagiu quando você lhe disse: "Tente compreender que ele trabalha muito".

MÃE: Durante os últimos anos...

BOSCOLO: Ela tentou, Lisa?

MÃE: No início, ela tentou. Ela tentou, tentou fazer de tudo, era, de fato, uma criança perfeita, cuidava da irmã, assumiu muitas responsabilidades, limpava a casa. Ela fazia tudo o que pedíamos.

BOSCOLO: Suas outras filhas agradeciam ao que Lisa fazia por elas? Eram agradecidas ou não?

MÃE: Acho que Dori era, mas Diane, estragada de mais para sê-lo.

BOSCOLO: Estava estragada demais para sê-lo. [ao pai] E você? Você concorda com sua mulher? Ela disse muitas vezes que Lisa tentou ser boa para seu pai, que trabalhou muito duro etc., que Lisa tentou...

PAI: Até certo ponto, concordo.

BOSCOLO: Até certo ponto? Você sentiu que ela tentou fazer contato com você?

PAI: Ela deve ter tentado um pouco, mas Betty e eu começamos a brigar ou a discutir, quando eu dizia: "Lisa, poderia fazer isso ou aquilo", Betty ficava atrás de mim "Deixe a criança em paz. Ela não tem que fazer isso" ou "Ela não tem que fazer aquilo".

BOSCOLO: Vocês podem ver como Lisa torna-se uma função do relacionamento dos pais. As pais provavelmente começavam a brigar quando ela estava se dando bem com seu pai. Talvez para evitar a proximidade. E quando Lisa aproximava de sua mãe, eles também começavam a brigar. Daí por que Lisa diz: "Eu não era ninguém, mas eu estava no meio de tudo".

HOFFMAN: É uma clara descrição da participação da filha no triângulo.

CECCHIN: Este é um triângulo típico, no qual nenhum par pode persistir. Por exemplo, mãe e filha devem ter sido tão próximas uma da outra que o pai se sentiu de fora. Então, a mãe teve que dizer à filha: "Vá para seu pai". Elas não podem tolerar ver o pai excluído, sofrendo. E quando a filha vai para o pai, a mãe fica atrás do pai. "Deixe-a em paz. Você faz tudo errado". E quando a mãe e o pai estão se dando bem, a filha recebe a mensagem: "Eu não conto, eu não existo". Nenhuma dupla pode se formar sem prejudicar a outra. Cada um interfere com os demais. Cada um sente-se culpado quando está com alguém mais. Cada um acusa o outro. São todos prisioneiros da mesma situação.

HOFFMAN: A mensagem inconsciente da mãe é tão explicita: "Se ele disser pule, pula; se ele disser deite, deite".

CECCHIN: Mas não é suficiente pensar somente em termos de pai, mãe e Lisa. A mãe também acusa o pai de estragar Diane, e Diane de ser próxima demais do pai. Pelo tom de sua voz, você percebe que ela sofreu com esta proximidade, pelo menos até seis meses atrás. Pergunto-me se a mensagem da mãe não é também uma mensagem dirigida à Lisa, que ela não conta tanto quanto Diane.

PENN: A tentativa de Lisa sair de casa deve ter tornado as coisas mais difíceis. Será que ela pensa que Diane passou a formar parte do triângulo?

CECCHIN: Uma das possibilidades é que, depois da saída de Lisa, o pai tenha começado a avançar em direção à Diane. Uma vez que já não podia ter sua mulher, pelo menos tem que ter uma filha. E aí Diane começa a se rebelar, tanto na escola, quanto em casa. Alternativamente, a mãe pode ter dado uma mensagem à Diane que o pai era incestuoso, a fim de quebrar o relacionamento entre o pai e Diane. Ela pode ter dado a mensagem para Diane: "Veja o que seu pai fez com Lisa". Poderíamos também dizer que por um tempo houve um equilíbrio. A mãe tinha Lisa e o pai tinha Diane.

PENN: E Dori? Ela não se importou em ter sido deixada de fora?

CECCHIN: Ela estava muito feliz ficando de fora. Assim, a família continuou mantendo um equilíbrio geral. Mas, quando Diane aproximou-se de Dori, o pai ficou só.

HOFFMAN: E a mãe, na medida em que Lisa fugiu para viver com a avó, também ficou só.

CECCHIN: Sim. Os pais são deixados sozinhos um com o outro e brigam mais, e é por isso que eles trazem as filhas para a terapia. Mas as meninas não estão cooperando porque os pais estão dizendo: "Venham para a terapia assim nós poderemos triangulá-las de novo". Eles querem um bom terapeuta que traga Diane de volta para o pai, Lisa de volta para a mãe, e que quebre o elo entre Diane e Dori. Os pais são o casal desesperado.

HOFFMAN: O casal desesperado está tentando romper os outros casais.

CECCHIN: Sim. É fascinante. O sistema estava encontrando uma solução autocurativa. Lisa encontrou a avó; as duas garotas mais jovens encontraram-se uma à outra. E os pais estão agora procurando uma terapeuta para reverter o processo.

ENTREVISTA FAMILIAR

BOSCOLO: Deixe-me perguntar uma coisa, Lisa: quando você se mudou de casa?

LISA: Eu mudei-me um par de vezes.

BOSCOLO: Quando foi a primeira vez?

LISA: Há um ano e meio.

BOSCOLO: Há um ano e meio. Você se mudou devido ao que disse antes, chorando, quando estava dizendo que se sentia só e que sentia que ninguém a compreendia?

LISA: Em parte o motivo era que eu não conseguia...

BOSCOLO: Você não conseguia entrosar-se na família.

LISA: Eu simplesmente não conseguia viver lá.

BOSCOLO: Não consigo ouvi-la.

LISA: Eu simplesmente não conseguia viver lá.

BOSCOLO: Você não conseguia viver lá.

LISA: A mamãe e o papai sempre dizem "Bem, você sempre acha que a galinha do vizinho é mais gorda". Mas eles não ouviam, e eu não podia continuar lá. E chegaram à conclusão que era apenas um capricho meu, que eu queria me libertar, mas não era. Eu simplesmente não posso ficar lá.

BOSCOLO: Você não consegue ficar lá. Qual era a principal coisa que lhe perturba na família, que lhe fez ir embora? Havia algo específico?

LISA: Sim.

BOSCOLO: O que era?

LISA: É melhor não falarmos sobre isto.

BOSCOLO: Compreendo. É algo que você não pode dizer. Mas você disse que havia algo?

LISA: Sim.

BOSCOLO: Você acha que suas irmãs sabem o que é?

LISA: Não.

BOSCOLO: Elas têm ideia de que seja este assunto específico do qual você fala? Eu não quero que você me conte. Estou apenas perguntando se elas têm uma ideia.

LISA: É provável que tenham uma ideia, mas não sabem.

BOSCOLO: Quem tem mais ideia do que seja, Diane ou Dori?

LISA: Dori; eu não sei.

BSOCOLO: Então você tem dúvida se suas irmãs sabem sobre o que lhe fez decidir sair de casa. Os seus pais sabem?

LISA: Sim.

BOSCOLO: Eles sabem. Mas suas irmãs não sabem.

LISA: Não.

BOSCOLO: Você teve alguma vez a ideia ou o impulso de falar com elas?

LISA: Não.

BOSCOLO: Por quê?

LISA: Porque...

BOSCOLO: Por quê?

LISA: O que elas não sabem não as machucará.

BOSCOLO: Eu não compreendo. Você temia machucá-las?

LISA: É isso.

BOSCOLO: Mas você teve impulso de falar com elas?

LISA: Não, nunca.

BOSCOLO: Se você tivesse contado às suas irmãs o que você não quer nos contar - e é importante que você mantenha isso privado se você sente que deve – se você tivesse se sentido tentada a confidenciar às suas irmãs, como sua mãe se seu pai teria reagido se você tivesse contado às suas irmãs?

LISA: Meu pai?

BOSCOLO: Sim. Como teriam reagido sua mãe e seu pai se você tivesse contado às suas irmãs a razão pelo qual decidiu sair de casa?

LISA: Eu não sei.

BOSCOLO: Você não sabe?

LISA: Eles ficariam furiosos comigo.

BOSCOLO: Quem ficaria mais furioso com você?

MÃE: Minha mãe.

BOSCOLO: Sua mãe. Sua mãe lhe falou explicitamente, não fale para Dori ou Diane?

LISA: Não todo o tempo, mas ela disse.

BOSCOLO: Ela disse. Você, Dori, tem alguma ideia do que Lisa está falando, que havia algo que tornava intolerável sua estadia em casa, e isso fez com que ela fosse embora? Você tem alguma ideia do que seja?

DORI: Só um pouquinho.

BOSCOLO: Como?

DORI: Só um pouquinho.

BOSCOLO: Um pouquinho? O que é este pouquinho?

DORI: [silêncio].

BOSCOLO: [para Diane] E você?

DIANE: Um pouco.

BOSCOLO: Quando você sabe um pouco, um pouquinho, vocês conversam uma com a outra sobre isso?

DIANE: Não.

BOSCOLO: Dori, Diane, vocês nunca conversaram sobre isso? Não. Por quê?

BOSCOLO: Há uma pergunta que eu poderia ter feito à Diane, uma pergunta importante em termos de tempo. Visto que Diane disse que sabia, eu deveria ter-lhe perguntado: "Quando você soube?" Porque se foi há seis meses, poderíamos ter estabelecido uma relação.

CECCHIN: Quando ela rompeu seu relacionamento com seu pai.

BOSCOLO: Correto. Eu perdi esta abertura.

HOFFMAN: Vocês confiam na técnica da conversa sobre o segredo sem falar do segredo.

CECCHIN: O fato de que algo seja um segredo é mais importante que o conteúdo do segredo. Na família, existem duas ou mais pessoas que têm um segredo. Não estamos interessados no conteúdo, mas no efeito que o segredo tem nas outras pessoas. O segredo tem um efeito, mesmo que os outros não saibam do que se trata. Também sabemos que quando duas pessoas têm um segredo, isso as torna mais poderosas do que as outras. Às vezes partilhamos um segredo totalmente insignificante do ponto de vista do conteúdo, simplesmente a fim de ter um parceiro. Quando pedimos a alguém para ir a algum lugar sem contar a ninguém para onde vão, não achamos que, o para onde vá, tenha importância. O que importa é o que não conte a ninguém. É o fato de as pessoas saírem juntas que tem um efeito sobre o sistema. Se você se entusiasmar com o conteúdo, perde o sentido verdadeiro de todo o assunto. Você pergunta: "Quando vocês começaram a ter um segredo? Não me contem. Mas quem tem conhecimento disso? Quantas pessoas sabem? Há quanto tempo vocês têm este segredo? Por quanto tempo vocês acham que guardarão? Ou vocês acham que ele poderá escapar sozinho primeiro?" E você continua dizendo "Não me contem".

PENN: E as pessoas que insistem em lhes contar um segredo?

CECCHIN: Anos atrás caímos na armadilha de ouvir alguém nos contar algo sobre outra pessoa. "Eu preciso vê-lo sozinho. Tem algo que eu não quero que meus pais escutem". Você concorda. Você os escuta, via de regra, o que querem contar-lhe é algo bastante trivial. O verdadeiro propósito é criar uma aliança com você e quebrar seu relacionamento com os outros.

BOSCOLO: A família, enquanto família, tem medo de que o conteúdo de um segredo possa ser danoso. Assim, ao manter o conteúdo fora do conhecimento dos outros, protegem a família. Mas o que nos interessa aqui é a estrutura do relacionamento em torno do segredo. A família, neste caso, tolera minha conversa em torno do segredo, na medida que eu não pergunto o que é. Esta família deu uma injunção ao consultor de não falar sobre o comportamento sexual. Mas aqui, durante a sessão, eu falo sobre o comportamento sexual sem falar sobre ele.

PENN: Você está fazendo aquela mesma diferença entre informação e dado. O conteúdo de um segredo é um dado e o modo como o segredo organiza os relacionamentos é uma informação.

BOSCOLO: Em princípio, não se aplica somente aos segredos. Se você ouve que alguém é esquizofrênico ou delinquente, isso é também um dado. Se você traduz as afirmações deste tipo para processos ou para relacionamentos, tem um quadro bastante diferente. "O que isso significa? Quem tem conhecimento disso? Que efeito tem este tipo de comportamento delinquente sobre as outras pessoas? O que define como delinquente?" Você muda completamente o sentido.

PENN: Uma coisa interessante sobre o segredo é que ele pode ser o modo como um casal se define a si próprio dentro de um sistema, no qual há algo particularmente difícil de se fazer. Como Haley diz, um segredo é frequentemente uma coalizão que atravessa as linhas geracionais.

CECCHIN: Correto. Um segredo também evita que a comunicação flutue livremente dentro da família. Pessoas como Ivan Nagy (Boszormenyi-Nagy & Sparks, 1973) dizem que a presença da injustiça na família constitui uma das mais importantes fontes de patologia. Se há segredos, quer dizer, umas pessoas possuem uma informação e outras não, constitui um certo tipo de injustiça. Quando uma pessoa se sente empurrada para fora do sistema comunicacional, temos um problema.

HOFFMAN: Um outro problema é quando um terapeuta acostumado a tratar pessoas individualmente assiste um casal e um deles procura--o sozinho para lhe dizer: "Eu estou tendo um caso já faz dez anos, não conte à minha mulher". Isso é um verdadeiro problema para o terapeuta, que fica tentando um jeito de libertar-se do peso desta confidência.

CECCHIN: Suponhamos que, por exemplo, um membro de um casal lhe diga: "Quero falar com você sozinho", imediatamente você diz: "Que bom que você falou disso". Aí você diz para o outro: "Cada um de vocês, tenho certeza, tem algo privado que gostaria de contar para mim. Mas a terapia só pode caminhar se vocês manterem seus segredos. Ter segredos é muito importante para a sobrevivência do sistema".

BOSCOLO: Se uma pessoa diz: "Eu tenho um segredo" ou "Eu não quero falar sobre algo", é muito importante para o terapeuta construir regras gerais; de outra forma perde sua neutralidade.

PENN: Neste sentido, o poder do segredo é anulado, visto que a sua regra geral o coloca no mesmo nível para todos os membros da família.

ENTREVISTA FAMILIAR

BOSCOLO: Mas vocês acham – vocês, Dori e Diane – que está coisa que incomoda tanto Lisa e que a levou a sair de casa, porque viver lá tornou-se intolerável por razões que ela não quer falar, vocês acham que ela fez bem em sair, ou vocês acham que ela deveria ter ficado em casa? [silêncio] [para Diane] O que você acha, por exemplo?

DIANE: Penso que o que ela fez foi certo.

BOSCOLO: Ela fez o quê?

DIANE: Ela fez bem em sair, porque alguém que mora em um lugar sem ser feliz, eu acho, não deve continuar nele.

BOSCOLO: Então, na sua opinião, ela fez bem em sair?

DIANE: É.

BOSCOLO: Mas Lisa saindo de casa, não estando em casa, as coisas melhoraram ou pioraram para você ou para Dori? A situação da família seria melhor ou pior sem Lisa?

DIANE: Bem, não há de fato, nenhuma mudança.

BOSCOLO: Não houve nenhuma mudança. Mas você preferiria... Você acharia, por exemplo, que Dori teria preferido que Lisa ficasse ou que saísse de casa?

DIANE: Eu não sei.

BOSCOLO: [para Dori] O que você acha?

DORI: Eu não sei.

BOSCOLO: Você não sabe. Lisa, para onde você foi? A primeira vez foi a um ano. Onde você foi?

LISA: Para a casa de uma amiga.

BOSCOLO: Para a casa de uma amiga. Como reagiu sua mãe quando você decidiu ir, discordou ou não de você?

LISA: Não.

BOSCOLO: Ela não quis que você saísse?

LISA: Não. Ela me deixou ir.

BSOCOLO: O quê?

LISA: Ela me deixou ir.

BOSCOLO: Ela a deixou ir?

LISA: Mas ela, na verdade, não queria que eu fosse.

BOSCOLO: Ela tentou mantê-la em casa?

LISA: Não.

BOSCOLO: Quanto tempo ficou com sua amiga?

LISA: Só dois meses, depois mudei-me para um outro lugar com uma amiga.

BOSCOLO: Com sua amiga? Você tem boas amigas?

LISA: Não.

BOSCOLO: E depois? Depois voltou?

LISA: Na primavera, porque eu torci o tornozelo, não podia retornar ao trabalho, por isto tive que voltar para casa.

BOSCOLO: Você não podia ir trabalhar por causa do seu tornozelo. Você voltou para casa, para esta casa? Quero dizer para esta família?

LISA: É.

BOSCOLO: Compreendo. Mas você estava em dúvida se voltava ou não?

LISA: Eu não queria, mas não podia fazer muita coisa.

BOSCOLO: Compreendo. Você se sentiu triste quando estava fora? Você estava mais isolada?

LISA: Sim...

BOSCOLO: Você voltou, e quanto tempo ficou em casa?

LISA: Em torno de três meses.

BOSCOLO: Três meses. E então, o que aconteceu nestes três meses? Houve alguma melhora em casa?

LISA: Não.

BOSCOLO: Você quis sair novamente.

LISA: Sim.

BOSCOLO: E, desta feita, você foi para...?

LISA: Eu fui para casa de minha avó.

BOSCOLO: Para ver sua avó. De quem foi a decisão de ir para sua avó?

LISA: Minha e de minha mãe.

BOSCOLO: Da sua mãe ou... Mamãe sugeriu-lhe ir para sua avó, e você foi com vontade de ir? Quero dizer, você queria ir para sua avó?

LISA: Não.

BOSCOLO: E quanto tempo você ficou lá?

LISA: Eu só me mudei na semana passada.

BOSCOLO: Aí você voltou para casa?

LISA: Não, consegui um lugar só meu agora.

BOSCOLO: Você tem um lugar seu. E quanto tempo ficou com sua avó?

LISA: Desde o fim de novembro até semana passada.

BOSCOLO: Entendo, quer dizer que você ficou lá três meses. Como era a vida lá?

LISA: Boa e calma. Meus avós têm suas próprias ideias sobre as coisas e elas nem sempre... elas não são como as minhas, mas nós nos damos bem.

BOSCOLO: Mas, sua avó e seu avô eram bons com você?

LISA: Sim.

BOSCOLO: Eles pediram para você ficar mais tempo lá?

LISA: Não.

BOSCOLO: Você, Lisa, acha que seus avós têm alguma ideia da razão pela qual você estava com eles? O que nós conversamos antes que você não quer me contar. Tem alguma ideia sobre isso?

LISA: Não.

BOSCOLO: Você não acha que ele tem alguma ideia?

LISA: Eu acho que eles devem ter uma ideia. Eles sabem que algo está errado.

BOSCOLO: Algo está errado. Eles falaram com você?

LISA: Como?

BOSCOLO: Eles falaram com você sobre isso? Você falou com sua avó?

LISA: Não.

BOSCOLO: Você não falou por que ficou com medo de que isso fizesse sua mãe se sentir mal?

LISA: Bem, eles só falavam.

BOSCOLO: Como?

LISA: Eles não precisam saber.

BOSCOLO: Eles não precisam saber. Lisa, nestes anos em que você esteve em casa, seus pais algumas vezes falaram sobre uma eventual separação? Houve alguma vez em que eles fizeram isso?

LISA: Não.

BOSCOLO: Eles disseram que não se comunicavam bem. Houve algum momento em que você temeu que eles poderiam se separar ou que se o problema viesse à tona eles poderiam se separar ou se divorciar?

LISA: Bem, eles falaram sobre isso.

BOSCOLO: Eles falaram sobre isso.

LISA: Uma ou duas vezes.

HOFFMAN: Você fez esta pergunta por que adivinhou ou por que sabia que eles tinham falado de separação?

BOSCOLO: Penso que fiz a pergunta porque a mãe, no começo, disse que a comunicação com seu marido estava muito ruim. Foi isso que me fez pensar sobre a ideia da separação.

HOFFMAN: Poderia falar um pouco mais sobre a ida de Lisa para a casa de sua avó?

BOSCOLO: Eu acho que ela foi para a casa de sua avó porque era o mais aceitável para sua mãe..., era uma forma mais aceitável de deixar a casa. Mas embora lá a vida fosse mais tranquila, ela disse que não existia um relacionamento aconchegante. A mãe já havia dito que sua própria mãe não era uma pessoa muito afetiva.

PENN: Mas, às vezes, o relacionamento entre avó e neto pode ser mais caloroso do que aquele entre avó e filha.

BOSCOLO: Sim. Penso que deve ter sido assim. Pelo menos, Lisa parecia se sentir suficientemente amparada para ficar lá.

ENTREVISTA FAMILIAR

Boscolo: Como você se sentiu com eles falando sobre separação?

LISA: Eu fiquei feliz.

BOSCOLO: Como?

LISA: Eu fiquei feliz.

BOSCOLO: Você ficou feliz. E Diane e Dori? Elas também ficaram felizes?

LISA: Eu não sei.

BOCOLO: E Diane?

DIANE: Bem, primeiro fiquei triste; eu não queria que se separassem. Mas agora gostaria que acabassem com tudo.

BOSCOLO: Acabar com tudo? O que você quer dizer?

DIANE: Bem, é só conseguir o divórcio e começar uma nova vida.

BOSCOLO: Começar uma nova vida.

DIANE: Especialmente a mamãe. Eu não me preocupo com ela.

LISA: Primeiro eu fiquei perturbada e agora, realmente, não tenho nenhum sentimento a respeito.

BOSCOLO: Se eles se separassem, vocês iriam com o pai ou com a mãe?

DORI: [inaudível]

BOSCOLO: Como?

DORI: Provavelmente nós iríamos ambas com mamãe.

BOSCOLO: Quem é ambas?

DORI: Diane e eu.

BOSCOLO: E Lisa?

DORI: Lisa se vira só.

BOSCOLO: E quem irá com o pai?

DORI: Nenhuma. Ninguém.

BOSCOLO: Ninguém iria com o pai. Até seis meses atrás, talvez Diane fosse com o pai?

DORI: Não.

BOSCOLO: Um ano atrás? Se eles tivessem se separado só um ano atrás, ou dois anos atrás?

DORI: Se eles tivessem próximos, ela teria ido com ele.

DIANE: Se eles tivessem se divorciado quando eu era chegada a ele, ainda assim eu não teria ido com ele.

BOSCOLO: Você teria ido com...

DIANE: Quando nós éramos chegados, eu não teria ido com ele mesmo que eles tivessem se divorciado.

BOSCOLO: Você teria ido sempre com sua mãe?

DIANE: É.

BOSCOLO: Se eles tivessem se divorciado quando você se dava bem com seu pai?

DIANE: Sim.

BOSCOLO: [para o pai] você está surpreso?

PAI: Sim. Porque ela teria ido comigo.

DIANE: Eu não teria.

PAI: Ela muitas vezes disse que teria ido comigo.

BOSCOLO: Mas se, por exemplo, tivesse havido uma separação, quem gostaria que tivesse ficado com você?

PAI: Ambas, Dori e Diane.

BOSCOLO: E se elas não quisessem?

PAI: Bem, elas teriam ido com sua mãe.

BOSCOLO: Elas teriam ido com sua mãe.

PAI: É.

BOSCOLO: O que suas filhas estão dizendo agora é que em algum momento a questão da sua separação veio à tona. Concorda com elas ou você nunca pensou em separação?

MÃE: Sim.

BOSCOLO: Elas pensam em separação.

MÃE: Eu pensei. Particularmente nos últimos dois meses, eu decidi que definitivamente deveria haver uma reconciliação, um completo entendimento, ou um completo afastamento, porque não pode continuar do jeito que está, porque é o próprio inferno para todos nós [Cecchin bate na porta].

BOSCOLO: Desculpe, preciso sair.

HOFFMAN: Acredito que este intervalo não foi o último.

CECCHIN: Sim. Normalmente discutimos juntos duas ou três questões que não queremos perder antes de nos encontrarmos no último intervalo.

HOFFMAN: Por que interromperam neste momento?

CECCHIN: Pensei que já tinham muitas ideias e que seria útil comparar nossas opiniões e ver se haveria outras perguntas. Tínhamos escolhido algumas informações muito boas. A família está falando da separação dos pais. A mãe diz: "Temos que reconciliar ou separar". É um momento dramático, um bom momento para sair.

HOFFMAN: Vocês sempre fazem uma minipausa antes da última?

BOSCOLO: Algumas vezes, quando o supervisor sente que a sessão deveria terminar, telefona ao terapeuta e lhe diz: "Você poderá sair da sala quando quiser... para mim a sessão terminou".

HOFFMAN: Antes de ouvirmos uma discussão, diga-me por que perguntou à mãe aonde as filhas iriam no caso de uma separação?

BOSCOLO: A sequência é a seguinte: primeiro você fala sobre a separação da filha com a família. Depois perguntou à mãe: "Você está pensando também em se separar?", Depois fala sobre a separação das filhas. Nós os colocamos todos no mesmo nível; de outra forma não seríamos neutros.

HOFFMAN: O que seria o oposto de neutro?

BOSCOLO: Bem, ter uma ideia de como a família deveria ser. Esta mãe está dizendo: "Algo tem que acontecer"; está falando sobre seu casamento e está dizendo: "Deve haver uma reconciliação, ou então que cada um siga o seu caminho". No começo disse que era sempre ela a dar tudo. Soa como se um terapeuta tivesse lhe dito de parar de ficar dando tudo de si e a estivesse empurrando para deixar este homem. Se nos concentrarmos somente no casamento, estaremos fazendo algo similar. Estamos dizendo, implicitamente, que o casamento deveria mudar.

HOFFMAN: Você está falando sobre as formas de evitar a tendenciosidade do terapeuta.

CECCHIN: Sim. É fácil para um terapeuta gostar da mãe. Ela coopera, acredita na terapia, fala. O pai senta-se e não diz nada; age como se não quisesse estar ali. Temos que trabalhar duramente para ver a situação do ponto de vista do casal.

HOFFMAN: Como você descreveria este ponto de vista?

CECCHIN: A mãe diz que eles precisam de uma completa reconciliação. Contudo, há uma forte mensagem de que o pai deveria ser evitado porque é incestuoso. Assim, todas as garotas dizem que não querem ficar com ele. O pai está em uma posição difícil. Ele recebe a mensagem: "Nós não gostamos de você. Nós temos que evitá-lo". Como pode pensar em reconciliação quando recebe estas mensagens? Se ele for embora, todo mundo dirá: "Muito bem, não o queremos". Ao mesmo tempo, será acusado de abandonar a família. E se ele tentar se reconciliar, será acusado de fazê-lo de modo errado.

HOFFMAN: Muita gente sentir-se-ia no papel do árbitro nesta situação. É difícil ficar neutro.

CECCHIN: Tentamos contrastar tal tendência através de um exercício. Uma boa experiência para a equipe que está vendo uma família é passar pelo sentimento de desamparo que tem cada um dos membros da família ou que culpe um dos familiares por tudo. Então, dizemos: "Você acusa o pai de tudo, você a mãe, você as filhas, isso nos ajudará a compreender o quanto cada um deles sente-se preso nesta situação".

BOSCOLO: É uma forma de sair de uma posição moralista. Do ponto de vista do sistema, você pode ver cada membro de uma família tanto como vítima, como quanto agressor. Este exercício faz contrastarem-se todos estes pontos de vista. Assim, o terapeuta terminará lutando contra o jogo, não contra as pessoas.

PENN: Você está dizendo que cada posição no grupo é tão compreensível como qualquer outra, e que todas as posições estão absolutamente integradas no jogo.

BOSCOLO: Como dissemos antes, se você pensa em termos de tipos lógicos, está se movendo para um nível mais alto, onde os terapeutas estão. Depois de compreender de uma forma linear cada uma das posições na família, você tenta definir a premissa falsa sobre a qual se baseia todos estes comportamentos, como a ideia de Bateson sobre o alcoolista que baseia seu comportamento na falsa premissa de que tem poder sobre si mesmo. Nós perguntamos: qual é a premissa compartilhada por esta família que a impossibilita de encontrar uma solução? O pai e a mãe são incapazes de fazer algo certo. As filhas também o são. Obviamente, deve haver uma premissa sobre a qual eles baseiam sua compreensão de seus relacionamentos, seus comportamentos, que os impossibilita de encontrar uma solução.

CECCHIN: Bateson diz que uma premissa falsa tende a criar ciclos viciosos, ciclos dos quais não se pode escapar. Tomemos a situação anorética na qual existe a premissa de que a mãe não consegue deixar de ser uma mãe, e a filha está combatendo esta premissa. Ela diz: "Eu tenho que ser uma mãe com você". Ambas têm a mesma premissa. A mãe nunca pode parar de alimentar a filha porque ela fixou a premissa de que tem que ser a mãe e a filha não pode parar de desafiá-la. Ninguém consegue encontrar uma saída.

PENN: Quer dizer que, para alcançar um metanível, vocês primeiro assumem posições lineares, a partir daí desenvolvem um número de premissas que relacionem ou organizem aquelas lineares e contraditórias posições de forma tal que façam sentido para, finalmente, concentrarem-se em uma premissa razoavelmente geral que pareça explicar, melhor que qualquer outra, os comportamentos.

BOSCOLO: Sim, penso que passamos por um processo semelhante.

PENN: Quer dizer que para alcançar um metanível, vocês primeiro assumem posições lineares, a partir daí desenvolvem um número de premissas que relacionem ou organizem aquelas lineares e contraditórias posições de forma tal que façam sentido, para, finalmente, concentrarem-se em uma premissa razoavelmente geral que qualquer outra, os comportamentos.

BOSCOLO: Sim, penso que passamos por um processo semelhante.

PENN: Vocês diriam, então, que estas premissas são, em parte, aprendidas nas famílias de origem e, em parte, negociadas pelos seus relacionamentos atuais?

BOSCOLO: De seus atuais relacionamentos, de sua história e também da cultura geral. Você pode ter premissas que são sustentadas pela cultura na qual a família vive. Ou você pode ter premissas com respeito ao papel sexual: as atribuições de uma mulher, as atribuições de um homem.

CECCHIN: Uma premissa universal na qual acreditamos é que ninguém pode abandonar o campo sob uma conotação negativa. Veja o pai nesta família, ele não pode partir com a conotação de que é um mau homem, um pai incestuoso; está esperando partir como um bom pai, um bom homem. A mãe nunca poderá partir como uma má mãe que se casou com o homem errado, que deu sua filha a este pai incestuoso.

E as filhas não podem partir com a ideia de que elas fizeram coisas que destruíram este casamento.

HOFFMAN: Na época em que vocês viram esta família não existia tanta preocupação com a questão do abuso físico ou sexual de mulheres e crianças. Porém, muita gente teria problemas com a ênfase de vocês na neutralidade em um caso como este. É difícil ver um terapeuta assumir uma posição de não-intromissão diante de um comportamento que não apenas é moralmente repugnante, mas também definido como criminoso. Vocês poderiam esclarecer um pouco mais o que querem dizer com "neutralidade"?

BOSCOLO: A neutralidade é o resultado de uma interação, limitada no tempo, entre o terapeuta e a família. Se a família não conseguir responder as perguntas "De que lado está o terapeuta?", "O que ele acha que vocês devem fazer?", quer dizer que o terapeuta conseguiu ser neutro.

PENN: Por que é bom ser neutro?

CECCHIN: É uma forma de intervenção... de não-aceitação de qualquer definição ou distribuição de acordo com a linha que a família traçou. Por exemplo, se alguém diz: "Meu filho é esquizofrênico" e o aceita, você o aceita, você não é neutro. Neste momento você deve dizer: "O que significa ser esquizofrênico? Quem concorda que é esquizofrênico?"

HOFFMAN: A pergunta circular contribui para a neutralidade?

BOSCOLO: O questionamento circular contraria as regras do sistema familiar relativas a quem tem o direito de falar e sobre o quê. Na definição recíproca de um relacionamento, cada sistema desenvolve algumas regras. Quando você faz alguma pergunta a uma criança e ela não responde, mas olha para sua mãe ou para seu pai, pode estar com medo de, falando, contrariar as regras da família. Todos os membros mantêm suas posições dentro da família, a formulação de perguntas circulares liberta-os destas posições específicas.

HOFFMAN: Neutralidade é um termo muito confuso. As pessoas acham que significa estar sentado em cima de uma montanha e sendo objetivo, desapaixonado.

BOSCOLO: Cada grupo tem que lidar com definições de maldade e bondade, de certo e errado, e algumas vezes distribuem tais "qualidades" entre os membros do grupo; talvez isso tenha acontecido quando Adão e Eva perderam o paraíso, porque lá não existia a maldade, somente o bem. Eu acredito que a neutralidade está em um nível ainda mais elevado do que a conotação positiva ou negativa. Se você conota alguém positivamente dentro da família, poderia produzir, nos outros membros, tanto um efeito perturbador quanto um efeito agradável. Esta é uma das razões que torna difícil o uso da conotação positiva. Por exemplo: se você toma aquele que é sentido como o mau, o errado, ou o doente dentro da família e você diz: "Não, ele é bom; ele está ajudando os outros", a família não pode aceitá-lo. Você perturba seu sentido de justiça. Eu penso que a neutralidade é uma atitude, do terapeuta, que visa colocá-lo além da tendência familiar para distribuir maldade e bondade, certo e errado. Penso que esta atitude contribui para que as pessoas se libertem das posições fixas.

CECCHIN: Mas existem limites. Os pais não podem ser neutros. Quando se é pai, deve-se dizer quando algo é bom, mau, permitido ou não, deve-se dizer: "Eu não concordo com você; você me deixa zangado" ou "Está tudo bem". Você deu instruções claras sobre o que, de acordo com suas regras, é certo e errado, assim o filho sabe o que deve fazer. Ao contrário dos pais, o terapeuta coloca-se em um nível diferente, no qual tudo passa a ser comunicação. Isso seria uma confusão impossível para o filho, mas para um terapeuta tudo tem que fazer sentido enquanto comunicação. Por tanto, ser mal é uma mensagem importante dentro do sistema; ser mal é tão importante e tão valioso quanto ser bom.

PENN: Às vezes, os pais decidem que ser bons pais significa dizer ao filho que tudo o que ele faz é bom. Aí o filho pode ficar louco.

CECCHIN: Sim, você omite as definições. É o mesmo que dizer a alguém "Tudo o que você faz é errado". Até um professor deve dizer: "Se você é um bom estudante, eu lhe darei um prêmio. Se é mau, não; esperarei que melhore".

HOFFMAN: Você está ressaltando uma diferença entre educação e terapia.

CECCHIN: Exatamente. É por esta razão que queremos ficar longe da terapia educacional. Se você não é neutro, você dá instruções ou conselhos, diz às pessoas o que fazer ou o que não fazer, tornando-se educador, não terapeuta. O mundo precisa de professores e de pregadores, de polícia e de pais para distinguir entre o que é bom e ruim, útil e inútil, mas um terapeuta não deve cair desta categoria.

HOFFMAN: Então, como você descreveria um contexto terapêutico de aprendizagem?

CECCHIN: Na terapia sistêmica, você tenta fazer todo o trabalho que, através de anos, levou a família para sua problemática. Quero dizer, o modo usual e tradicional de educação e ensinamento. Através dos anos, a família vai desenvolvendo algumas premissas que, agora, estão lhe trazendo problemas. Através da neutralidade, da abordagem sistêmica, você cria um contexto de aprendizagem no qual as pessoas podem começar a encontrar novas regras, novas premissas para sua organização.

HOFFMAN: Você está dizendo que a educação constitui um contexto limitado – limitado pela cultura, pela família, pelos pais.

CECCHIN: Sim. Quando um professor nos procura, dizemos-lhe: "Não nos pergunte sobre esta criança. Trate-a como qualquer outra. Se não está indo bem na escola, reprovem-na. Não pense 'pobre garoto', sua família tem um problema, julguem-no como estudante".

BOSCOLO: Você pode dizer que o contexto de aprendizagem da terapia desfaz rótulos.

CECCHIN: Existem apenas uns poucos momentos na terapia, uns poucos momentos mágicos, nos quais você é capaz de alcançar tal contexto terapêutico. A maior parte do tempo você gasta conversando, esperando pelo momento correto para ser apto a fazer tal trabalho.

BOSCOLO: Quando falamos nas conferências sobre neutralidade, imediatamente vemos as mãos se levantando. Esta ideia não é muito bem aceita. Inevitavelmente, você terá sua própria ideologia, assim é possível ser neutro.

HOFFMAN: Você poderia dizer que neutralidade é também uma ideologia?

BOSCOLO: Sim, está certo. A neutralidade é uma ideologia que na minha opinião devemos sublinhar, enfatizar.

CECCHIN: Nossa ideologia tem consistido em ver tudo como mensagem, como comunicação. A neutralidade permite afastar-nos da tendência do sistema, a estar sempre formulando definições e rotulando os eventos.

A neutralidade afasta os rótulos que definem alguém como bom, mau, doente, saudável, maduro, desenvolvendo-se, não se desenvolvendo, inteligente etc. A neutralidade é a habilidade de ver, de um modo sistêmico, a coisa toda.

HOFFMAN: Você quer dizer com isso que, se alguém se mostra estúpido e você diz que ele é estúpido, você não está sendo neutro?

CECCHIN: Exatamente. Neutralidade significa livrar-se do verbo ser. Quanto mais patológico é o sistema, mais as pessoas se apegam a este verbo. Nos sistemas patológicos, há muitas definições do tipo "Você é louco, você tem uma doença hereditária, seu pai era sifilítico". Nestes casos, você obtém explicações causais muito pesadas.

HOFFMAN: Que outros casos caracterizam esta posição que vocês chamam de neutralidade?

BOSCOLO: Fizemos alguns segmentos com famílias que tínhamos tratado e perguntamos: "O que vocês pensam sobre o que aconteceu na terapia e o que vocês pensam sobre nós?" A resposta foi: "Bem, tentamos entender o que vocês pensavam sobre nós, mas não conseguimos. Discutimos isso em casa e constatamos que um dia vocês falavam uma coisa e no outro falavam algo totalmente diferente. Não conseguimos entender o que estavam fazendo". Neste sentido, o terapeuta foi neutro porque permitiu que o sistema familiar encontrasse suas próprias soluções especificas ou uma meta.

PENN: O que me surpreende é que o conceito de neutralidade é o conceito central da sua epistemologia. Sua metodologia, bem como outros conceitos, desprende-se deles, mas ele permanece inalterado.

CECCHIN: Esta é, para o terapeuta, uma experiência de aprendizado, porque, com o tempo, aprende-se a olhar para um sistema e a apreciá-lo pelo que ele é. É importante que tanto o terapeuta, quanto o estagiário exercitem sua capacidade de ver o sistema, de se interessarem por ele, de apreciá-lo sem querer modificá-lo.

PENN: Este conceito desafia a maioria das considerações sobre "normalidade", uma vez que nos orienta a aceitar, a admirar mesmo, as soluções mais fora do comum que uma família encontra.

CECCHIN: Algumas vezes, no início, você tem um sentimento negativo sobre uma família, mas quando começa a ver as conexões dentro do sistema, seus sentimentos mudam. A neutralidade não consiste na capacidade de ficar fora ou de ficar frio; é a aceitação do sistema como totalidade. É sentir o senso de compaixão, interesse e curiosidade acerca do dilema familiar. Como eles chegaram até aí? Como se organizaram assim? Tentamos ver a lógica até em situações que, sob um ponto de vista moral, são repugnantes.

HOFFMAN: Para você, neutralidade e moralidade são contrárias?

CECCHIN: Sim, mas ambas são necessárias. Não condenamos os comportamentos socialmente destrutivos, apenas introduzimos uma forma diferente de pontuá-los.

PENN: Como a equipe ensina ou reforça a neutralidade?

CECCHIN: Um exemplo: se você percebe que um terapeuta foi seduzido pela mãe da família, você chama o terapeuta para fora, e não diz: "Você está fazendo algo errado; não estaria sendo neutro. Você diz: "Observamos que a mãe teve mais sucesso em conseguir atenção de você do que o pai ou o filho. Você tem alguma ideia de como ela o conseguiu?" Use a palavra "como" ou "Que tipo de técnica ela usou para seduzi-lo?", o que a transforma em uma sugestão muito interessante. O terapeuta não está consciente disto, mas, a partir daí, começa a pensar a respeito. Aí você diz, em frente do terapeuta, e a todas as outras pessoas que estão atrás do espelho: "Vamos ver como o comportamento do pai e do filho é afetado pela bem-sucedida manobra da mãe". Você não o acusa, não diz nada; é uma experiência. É possível que o próprio terapeuta diga: "Sim, observei que o filho está ficando nervoso – ele não me olha nos olhos – e o pai olha para o relógio. Muito bem, e agora o que devemos fazer?" Aí o terapeuta retorna, mas com uma ideia diferente. Você não conotou o terapeuta negativamente. Só o ajudou a olhar para o processo e, ao fazê-lo, a restaurar sua neutralidade.

HOFFMAN: Não se fala em falha. Ele está em sala com a família e você está atrás do espelho. Seu contexto lhe permite observar que o dele não permite; assim, o erro não está nele, mas no contexto.

BOSCOLO: É importante lembrar que o nosso modo de trabalhar o terapeuta tem mais poder do que o supervisor. Essa é uma regra que nós estabelecemos há muito tempo, que o terapeuta é aquele que finalmente decidirá o que fazer, o que dizer.

CECCHIN: Um outro ponto sobre neutralidade é que você sempre faz perguntas, nunca afirmações. Fazer uma afirmação significa que você não é neutro, que está definindo algo. Você está dizendo: "Oh, é desse jeito!" Em vez disso, você pergunta: "Durante quantos anos você tem sido desse jeito? Quando decidiu fazer as coisas assim? Quantos anos levou para se esquecer de castigar sua mulher?" O castigo seria um termo que você tomou emprestado deles.

PENN: Chamo isso de uma palavra-chave, aquela que conduz a uma abertura para a formulação de perguntas.

CECCHIN: Certo. Depois de indicar que o termo lhes pertence, você pode elaborar sobre isso. Naturalmente, você nunca utilizará uma palavra destas a menos que eles façam. Você desafia cada afirmação que use a palavra: "O que significa ser temperamental? O que significa ser louco? O que significa ser mãe?" As pessoas dizem: "Eu sou uma mãe. Uma mãe deve comportar-se deste jeito". "Deste jeito como?" Algumas vezes as pessoas acham que nós fazemos perguntas ingênuas, muito simples. Todo mundo sabe o que é ser uma mãe. Mas eu não sei o que isso significa para ela. Através destas perguntas desafiadoras, você chega às premissas, às ideias básicas construídas através do tempo sobre o que significa ser mãe e como criar um filho.

BOSCOLO: Isso nos conduz ao processo de união. Algumas pessoas que nos viram trabalhando acusaram-nos de sermos frios. Mas o processo do questionamento circular produz um forte engajamento. Chegamos a ter a impressão de que talvez nosso sucesso com famílias em Milão dependesse do carisma ou de nosso nome. Mas aí eu trabalhei em um ou dois dias por mês em um hospital de uma pequena cidade onde não se disse às famílias quem eu era – pensaram que eu era um membro da equipe local – e elas engajaram-se tão fortemente quanto as famílias de Milão.

PENN: Como vocês lidam com profissionais menos "neutros" que chegam a se envolver com o caso?

BOSCOLO: No início, costumávamos ignorá-los, mas penso que era um erro. Se a pessoa de referência é importante – como um professor ou um psiquiatra que tem sido muito ativo na situação – diremos à família que peça a esta pessoa para nos chamar. Se um outro terapeuta está assistindo um membro da família, dizemos-lhe que continue, sem importar o que esteja fazendo.

PENN: Quer dizer que vocês não necessariamente os chamam para um contato direto, apenas estabelecem um elo de comunicação.

BOSCOLO: Correto.

HOFFMAN: Já chegaram a colocar a pessoa de referência atrás do espelho?

CECCHIN: Não costumamos fazê-lo, embora neste caso específico o tenhamos feito. A experiência de trabalho em uma equipe nos ajuda a desenvolver uma posição sistêmica. Mas nem sempre é proveitoso fazer com que todas estas pessoas que se acham envolvidas com a família passem por esta experiência. Como dissemos antes, se você é um parente ou um professor, não pode ser neutro.

HOFFMAN: Então, não seria de nenhuma ajuda incluí-los?

CECCHIN: Não. A equipe fornece um contexto especial no qual tudo é traduzido para algum tipo de informação, um contexto no qual olhamos para o processo, não para o conteúdo, no qual tentamos nos livrar da rotulação de bom ou mau. Mas, como dissemos, isso não implica a vida ordinária. Assim, nós só incluímos os parentes ou o profissional de referência temporariamente no final da sessão, quando compartilhamos nossas ideias por meio de um comentário ou uma mensagem.

HOFFMAN: Que tipo de conselhos vocês dão ao estagiário quando o profissional de referência vem de uma instituição não neutra na qual trabalha?

BOSCOLO: A maneira como lidamos com esta pessoa de referência depende do contexto. Quando há uma regra que exija a remessa de um relatório escrito ao profissional de referência ou encontro com ele, você deve responder de acordo. A primeira coisa que deve fazer um terapeuta que quer aprender a abordagem sistêmica é analisar o contexto no qual está operando. Se o terapeuta está em uma instituição, deve determinar as relações entre os diferentes subsistemas na instituição, bem como as relações da família, o instituto e o terapeuta. Tais relacionamentos influenciarão o tipo de intervenção que poderá ser feito.

CECCHIN: Eu gosto de dizer aos estudantes que é muito raro que se tenha a chance de ser terapeuta. A maior parte do tempo se é pago pela instituição para ser professor ou policial ou algo parecido. Você está fazendo um trabalho que a instituição lhe pede para fazer; se você acha que está sendo pago para ser terapeuta, você se engana. Mas uma vez que compreenda o contexto, você pode esperar pelo momento certo. Se for paciente, terá possibilidade de fazer algo que tenha um efeito em um nível sistêmico. Mas deve aceitar o sistema no qual está trabalhando, do jeito que ele é, do mesmo modo como você aceita a família. Você não deve convencer seus colegas a aceitarem seu modo de trabalhar; não deve partir para a disputa com eles, porque, neste momento, não está sendo neutro.

BOSCOLO: Quando nossos primeiros estagiários retornaram a seus locais de trabalho, tenderam a dar a seguinte mensagem a seus colegas: "Temos uma nova teoria que os tornará mais efetivos". O resultado é que foram eliminados.

PENN: O que aconteceria se tivessem que enfrentar a decisão de ministrar um medicamento ou de obedecer a algum outro procedimento com o qual não estivessem de acordo? O que vocês lhes diriam para fazer, então?

CECCHIN: Neste caso, naturalmente, não se pode ser neutro. Tudo o que se pode fazer é esclarecer de onde se vem. Por exemplo, se uma pessoa entra quebrando janelas e agindo feito um louco, você deve dar uma medicação e trancá-la. Uma vez que você está sendo pago para ser policial, assuma tal comportamento. Dois ou três dias depois, vai vê-la e diz: "Muito bem, agora quero compreender como foi que você me compeliu a agir como policial. Vamos descobrir o que aconteceu para que você se encontrasse na posição de usar-me como policial". Você não diz: "O que está errado com você?", ou "Vamos tentar curá-lo". Esta é uma mensagem completamente diferente.

BOSCOLO: Antes que encerremos nossa discussão, quero enfatizar novamente o que dissemos antes sobre o não uso da neutralidade na vida pessoal. Esta é uma posição para ser usada somente em terapia. Lembro-me de um estagiário que disse: "Eu estava dirigindo na estrada quando um outro carro veio por trás e me bateu. Foi difícil encontrar uma conotação positiva, mas eu consegui! Eu disse: 'Isto me ajudará a ter mais atenção na estrada'". Você deve se proteger rotulando e ficando zangado; de outra maneira você não conseguirá nenhuma indenização do seguro.

PAUSA PARA DISCUSSÃO

CECCHIN: Por que a mãe continuou nesta situação sem abandonar o barco?

BOSCOLO: Penso que a mãe tem uma outra razão para estar ressentida com o pai: ele perseguia Lisa. E isso explica que, depois do casamento, mãe e filha estivessem sempre juntas. Elas eram muito próximas. Lisa, tenho certeza, ressentiu-se pela união de sua mãe com outro homem, quando ela tinha dois anos e meio. Ela queria a mãe só para si – o pai era um estranho – aí nasceram as outras duas irmãs.

CECCHIN: Lisa deve ter recebido mensagens muito confusas. Ela é muito chegada à mãe, que continua a enviando ao pai. Mas o pai está zangado com ela porque ele quer a mãe. Assim, Lisa não sabe que posição tomar.

BOSCOLO: Penso que a confusão que Lisa sempre esteve é esta: ela ouviu, à medida que crescia, as queixas permanentes da mãe sobre a ruindade do pai. Quando eu lhe fiz a pergunta sobre a separação, respondeu que estava contente e sorriu, foi a única vez que o fez. Queria que sua mãe se separasse porque, se o fizesse, poderia ser coerente: poderia viver com sua mãe e deixar o pai. Em vez disso, a mãe a confundia, queria manter a relação com Lisa e, ao mesmo tempo, salvar seu casamento.

CECCHIN: Existiram dois casamentos: a mãe e Lisa e a mãe e o marido. A mãe confundiu todo o assunto, pois queria que estas duas pessoas se dessem bem. Se estivessem separados, provavelmente se daria bem. De fato, a filha diz que seria melhor se estivessem separados. É a mãe quem dá as mensagens que confundem, ela quer que os dois rivais se amem.

BOSCOLO: Se nós acreditamos que Lisa saiu de casa porque aconteceu algo que não quer revelar, poderíamos perguntar: "Diane, você acha que deverá sair de casa pela mesma razão?"

CECCHIN: Depois de perguntar isso à Diane, eu perguntaria à mãe "Por que você quer tanto que seu marido ame sua filha? Você não é suficiente para ele?"

BOSCOLO: Na realidade, a mãe queria que a filha amasse o marido porque temia que ela a deixasse. É interessante que quando eu perguntei, caso eles se separassem, quem iria com quem, as três disseram que acompanhariam a mãe. A mãe protestou no início porque o pai estava favorecendo uma filha. Ela tinha as outras duas, mas não era suficiente, estava com ciúmes da harmonia entre Diane e o pai. O pai não deveria ter uma única filha, mas as três. É um jogo louco! Vejo Lisa em uma situação muito difícil porque fizeram sua própria vida, longe dos pais.

CECCHIN: Deveríamos ter nos perguntado: "Por que o pai mostra um comportamento incestuoso em relação às filhas? O que aconteceu com ele? Qual é o significado deste incesto? Por que ele teve de se comportar sexualmente com Lisa?"

BOSCOLO: Deveríamos perguntar a Dori e Diane: "A mesma coisa que aconteceu à sua irmã, que todos vocês sabem um pouco o que é, mas não querem dizer, vocês acham que a mesma coisa poderia acontecer com vocês?"

CECCHIN: Deveríamos perguntar a Lisa: "Você acha que isso poderia acontecer às suas irmãs?"

BOSCOLO: Assim é melhor.

Dra. S: Lisa sente como se ela tivesse que proteger suas irmãs mais novas. Se revelasse seu segredo, as colocaria em risco. Cala-se para protegê-las. Pergunto-me se Lisa sente que suas irmãs necessitam ser protegidas tanto assim.

CECCHIN: É seguindo a mesma ideia que perguntamos: "Você acha que isso poderia acontecer com elas? Você acha que elas precisam de alguma proteção?"

BOSCOLO: O que é interessante é que a mãe disse que há dois meses ela decidiu se separar. Algo está acontecendo. Até dois meses atrás a mãe teve que manter todo mundo unido, com o marido lá; agora parece que algo mudou e a mãe está interessada na separação. [A Dra. S, Boscolo e Cecchin levantam-se para sair]

HOFFMAN: Estas são perguntas pesadas, perguntar à Lisa se ela acha que suas irmãs necessitam de proteção, perguntar à sua mãe por que é tão importante que o pai ame Lisa, se ela não era suficiente para seu marido.

CECCHIN: Quando começamos a usar o questionamento circular, tornamo-nos muito mais audaciosos. Quando fazemos uma pausa, como aqui, não estamos apenas procurando uma hipótese sobre como a família organiza suas ideias, estamos também introduzindo algumas hipóteses por nossa conta. Fazemos estas perguntas estranhas. Por exemplo à mãe: "Não acha que você é suficiente para seu marido?" Esta é uma pergunta muito dramática. Soa como uma interpretação, mas é colocada como uma pergunta: "Você é tão pouco para seu marido que tem de dar suas filhas para ele?" Em um outro estilo de terapia, você esperaria muito tempo antes de introduzir uma ideia como essa.

PENN: Uma área a qual não se deu uma atenção prévia são os antecedentes do pai. Como se poderia avaliar seu comportamento? Eu estava curiosa para saber por que jamais pergunta nada sobre ele na entrevista. Ele foi casado antes? Qual foi a experiência que trouxe para esta família? É estranho que não explorassem este aspecto.

BOSCOLO: Penso que foi uma omissão. Retrospectivamente, vejo que teria sido muito bom perguntar sobre as experiências passadas do pai. Isso teria equilibrado a informação que recebemos da mãe.

CECCHIN: O perigo é que teríamos feito uma conotação negativa: "Talvez achemos algo que nos explique o motivo pelo qual você é este tipo de homem".

BOSCOLO: Parece-me interessante o modo como ambos, terapeuta e supervisor, tornam-se isomórficos ao sistema familiar. O sistema familiar isola este homem cada vez mais, o terapeuta e o supervisor respondem de modo semelhante. Este é o poder da família – levar o terapeuta a comportar-se de acordo com suas regras.

ENTREVISTA FAMILIAR

BOSCOLO: [entrando na sala] Sua irmã disse que sabe um pouquinho. Mas eu gostaria de perguntar-lhe Lisa, você acha que há possibilidade que a mesma coisa que tem acontecido com você, que a levou a ir embora de casa, aconteça também com suas irmãs?

LISA: Não.

BOSCOLO: Você não acha que poderia acontecer?

LISA: [inaudível]

BOSCOLO: Se acontecesse, com quem aconteceria?

LISA: Não haveria... Não há... Não vejo o ponto...

BOSCOLO: Estou falando de uma hipótese: caso acontecesse. Quem irá protegê-las?

LISA: Nada aconteceria.

BOSCOLO: Caso acontecesse – é uma hipótese – você acha que sua irmã deixaria a casa como você fez?

LISA: Eu não sei. Não aconteceria, então não preciso pensar sobre isso.

BOSCOLO: Compreendo. [para a mãe] você disse que durante anos tentou ver se o relacionamento da família melhorava. Você sofreu muito com Lisa e seu marido; seu marido continuou perseguindo Lisa e você tentou fazer com que eles se dessem bem, mas eles não conseguiram. Por que era tão importante para você que Lisa tivesse uma boa relação com seu marido? Teria sido mais importante ela se dar bem com ele do que suas outras filhas?

MÃE: Bem, também era importante que elas tivessem uma boa relação, mas não eram elas que estavam sofrendo com o problema, não eram elas que estavam sendo machucadas, e elas não estavam sujeitas a que alguém fosse mau com elas. E assim, portanto, era mais importante ver se eu conseguia fazer com que Lisa e papai se entendessem e tentar uma reconciliação para parar com esta constante aversão.

BOSCOLO: *Você também teve o receio de que se isso tivesse continuado, o casamento viesse a se romper? Você teve antes um casamento que não andou bem. Ao longo destes anos houve algum receio de sua parte que este casamento pudesse também naufragar?*

MÃE: *É isso.*

BOSCOLO: *Então, você tentou promover um melhor relacionamento entre Lisa e o papai porque temia que ele, o papai, pudesse deixá-la, não foi?*

MÃE: *Eu não temia que ele me deixasse; eu temia um outro fracasso. Deixe-me colocá-lo desta maneira.*

BOSCOLO: *Um outro fracasso da sua parte.*

MÃE: *É isso.*

BOSCOLO: *Você temia um outro fracasso. Ainda teme este fracasso?*

MÃE: *Não, porque agora eu compreendo que minha atitude, ao achar que fracassaria, prejudicou extensamente minha família. Possivelmente, se eu tivesse agido quando elas eram mais novas, poderiam ter sido poupadas destas brigas e lutas constantes.*

BOSCOLO: *Há quanto tempo vem tendo estas ideias?*

MÃE: *Cheguei a esta conclusão somente no ano passado.*

BOSCOLO: *Alguém lhe ajudou a ter esta ideia?*

MÃE: *Temos conversado com outras pessoas, fomos com Lisa ver um psiquiatra, com Diane ver um psicólogo no Hospital Infantil; e eu me dei conta que se o seu casamento não dá certo, não significa que você é um fracasso como pessoa.*

BOSCOLO: *Compreendo.*

MÃE: *Mas ficar sentada, não tomar iniciativa alguma e não fazer nada – como eu disse, eu tentei, durante todos estes anos, solucionar o problema de outras maneiras como conversando, tentando me comunicar, tentando compreender, fazer todo mundo feliz. Simplesmente não deu certo.*

BOSCOLO: *Então, o psicólogo está lhe ajudando com estas ideias agora.*

MÃE: *Até certo ponto. Sobretudo eu mesma cheguei à conclusão de que eu não sou um fracasso porque não deu certo. Simplesmente não deu certo. E isso é tudo.*

BOSCOLO: *O que você acha que acontecerá no futuro? Como acha que vai ser com sua família?*

MÃE: *Penso agora que teria um efeito negativo sobre elas. Porque não posso ver um futuro feliz para elas, estando separadas de sua família e com constantes problemas. Quero dizer, talvez fosse mais fácil para elas, mas haverá de surgir outros problemas. Consigo ver onde poderia ser de ajuda e consigo ver onde poderia ser prejudicial.*

BOSCOLO: [para o pai] Como você vê o futuro?

PAI: Neste exato momento, não importa nada o que eu faça. Eu estou em maus lençóis. Estou sempre comendo o pão que o diabo amassou, faça o que fizer.

BOSCOLO: Você acha que ter vindo à terapia o ajudou?

PAI: Em um momento tenho a impressão de que ajuda nossa relação e no momento seguinte, tudo parece negativo.

BOSCOLO: E você? Você acha que traz alguma ajuda ter vindo aqui?

MÃE: Hum, sim, eu acho, até certo ponto. Mas, quando não há comunicação entre ambas as partes, por mais que [o terapeuta de família] procure ajudar-nos, não podemos ir... o senhor sabe, tem que haver comunicação para que [o terapeuta de família] nos ajude.

HOFFMAN: Uma das coisas interessantes que se passaram agora é a presença repentina de outras terapias na sala. A primeira coisa que a mãe lhes disse foi: "Nós não nos comunicamos". Essa, obviamente, é uma frase que ela pegou de um terapeuta. Parece-me que a mãe tem uma ligação muito forte com um dos terapeutas que foi ver.

BOSCOLO: Bem, pelo que disseram, a mãe teve algum contato com um psicólogo que viu Diane e com um psiquiatra que viu Lisa depois que ela tentou suicídio. Naquela altura, não nos apercebemos da importância do contato entre a mãe e os especialistas, mas, retrospectivamente, podemos perceber o quanto foi importante. Antes de ter contato com eles, acreditava que seria um fracasso se desistisse do casamento. É possível que os terapeutas a tenham levado a mudar de opinião. Trata-se de um efeito frequente dos terapeutas sobre famílias. Na terapia individual, costuma acontecer que a terapia "ande bem" e a família ou o casal separaram-se.

CECCHIN: Isso em si não é mau. O que é ruim é quando se separam de uma forma pegajosa e agressiva, deixando as crianças confusas e com sentimento de culpa que perduram por muito tempo. Se a ruptura coincide com uma forma de pensar na família, é diferente.

BOSCOLO: Vocês aqui podem ver a posição do pai. Ele diz que neste momento tudo o que ele faz está errado. É provável que, nos últimos meses, a mãe e as três filhas tenham-se aliado aos terapeutas. O resultado desta aliança é o isolamento e a expulsão do pai, quem aí, de um modo bastante lógico, responde: "O que posso fazer? Tudo o que faço está errado".

HOFFMAN: Ele parece estar totalmente deslocado neste ambiente terapêutico. Prestem atenção à maneira como ele se sentou lá, com um olhar distante e a boca semiaberta.

CECCHIN: Ele age como um retardado mental, um idiota. Mas nunca sabemos se alguém é realmente um retardado ou um idiota. Nos sistemas, pode-se observar uma amplificação das diferenças. Se a mulher se define a si mesma como a que é cheia de vida e expressiva e o marido se define a si próprio como o que trabalha duro e não mostra nenhum sentimento, tais característica tornam-se, com o tempo, cada vez mais pronunciadas. Ela se torna cada vez mais falante, mais espontânea, enquanto ele cada vez mais apagado, distante. Agora é a esposa quem aparece como sendo inteligente e sofisticada. Ela conversou com muitos terapeutas, sabe tudo sobre crescimento, progresso, mudança.

HOFFMAN: Você está dizendo que sua conexão com a terapia faz parte das diferenças entre elas. Mas vocês também, ao entenderem não lhe fazer perguntas, tornam-se parte disso.

BOSCOLO: Eu estou obedecendo às regras do sistema, que diz: "Por favor, ajude-nos a ampliar nossas diferenças", e eu o falo idealmente; se vemos um pai como este, tentamos não nos influenciar pelo sistema. Dizemos somente que é um idiota sistêmico. Nunca pensamos que alguém é realmente estúpido ou realmente inteligente.

CECCHIN: Nos casais em que um dos cônjuges, quase sempre a mulher, faz terapia, costuma-se encontrar este tipo de diferença. Depois de um tempo a mulher introduz no casamento uma nova linguagem que cria ainda mais problemas de comunicação, além dos que tinha antes. A mulher aqui vem acusando o marido de não ser capaz de se comunicar. Mas isto não faz nenhum sentido para ele.

BOSCOLO: É por esta razão que temos muito cuidado em não introduzir um conjunto de termos específicos nas famílias. Sabemos que estamos tentando introduzir novos mapas, novas conexões, mas devemos fazê-lo sempre com um ponto de interrogação, sem dizer que nossa verdade é melhor que a deles. Tentamos introduzir nossos mapas com dúvidas, com possibilidades, a fim de aumentar os vínculos dentro do sistema, o que pode conduzir a uma melhor comunicação, não a que se fala como terapeuta.

HOFFMAN: Uma das grandes vantagens do questionamento circular é que elimina o uso do jargão terapêutico.

BOSCOLO: É importante que seja assim, porque um membro da família que esteja em terapia individual pode usar o jargão terapêutico como uma arma contra os demais.

HOFFMAN: Temos de reconhecer que alguns terapeutas de família também agem assim.

BOSCOLO: É verdade. E isso aumenta um sofrimento mental de toda a família. Tentamos evitá-lo, comunicando-nos com a família de tal maneira que ela não perceba o que nós realmente pensamos que deve fazer.

CECCHIN: Sempre formulamos nossas perguntas com um ar ingênuo: "Nós não sabemos – poderia ser assim – por que fazem isso?" Sempre deixando a família com a impressão de que não temos nenhuma solução.

HOFFMAN: Mais uma pergunta. Qual era seu objetivo ao perguntar para Lisa se ela achava que o mesmo que aconteceu com ela aconteceria com suas irmãs?

BOSCOLO: Introduzimos a ideia de que, como são irmãs, estão sujeitas à mesma situação. Se algo semelhante acontecesse com elas, talvez ela pudesse protegê-las.

PENN: Introduzir esta ideia também a ajuda se dar conta de que a maneira como deixa a casa é importante, visto que suas irmãs talvez também tenham de fazê-lo.

BOSCOLO: O mais importante é a criação da conexão entre as irmãs. Queremos dar-lhes a ideia de que elas têm o mesmo problema e que podem proteger-se mutuamente. Quando os pais introduzem diferenças entre os irmãos, isso pode ter um efeito prejudicial.

HOFFMAN: Você quer dizer que Lisa, ao afastar-se das outras, ficou especialmente vulnerável?

BOSCOLO: Sim. Tínhamos a hipótese que Lisa podia ter sido uma filha ilegítima. A mãe diz: "Meu marido me deixou antes que ela nascesse".

Depois este homem casou-se com ela. Provavelmente agia de um modo ambivalente ao querer partilhar a filha com seu novo marido e ao querer, também, proteger a filha. Mas persistiu a dúvida de que seu marido a teria preferido sem o bebê. Neste ponto poderíamos perguntar: "Suponha que não tivesse Lisa quanto se casou. Acha que você e seu marido teriam se dado melhor?". Teria sido mais direto.

ENTREVISTA FAMILIAR

BOSCOLO: E vocês, Dori e Diane, acham que fizeram bem vindo até aqui?

DORI: Não sei.

DIANE: Não sei.

BOSCOLO: Gostaria de fazer-lhes mais uma pergunta: a mamãe disse que por todos estes anos têm se esforçado muito para ajudar Lisa a ter um relacionamento melhor com seu pai, o que também ajudaria a evitar a possibilidade de que seu casamento fosse por água abaixo. Mas e o relacionamento entre Lisa e as irmãs? Não há muita coesão entre elas, Lisa de um lado e Dori de outro.

MÃE: Mas há, eu penso. Penso que haja comunicação entre elas. Quando estão juntas em casa, se dão razoavelmente bem. Até o dia em que Lisa foi embora, elas sempre procuraram conviver bem como quaisquer outras irmãs. Quero dizer que conversavam entre si, iam juntas ao cinema, não havia uma total falta de comunicação. Lisa comunicava-se muito bem com Dori.

BOSCOLO: Lisa disse que sempre se sentiu isolada. De alguma forma, ela também se sentiu isolada de suas irmãs. Não é assim, Lisa?

LISA: Hum?

BOSCOLO: Que você se sentiu isolada de suas irmãs?

LISA: É. Elas sempre estavam juntas. Sempre estavam juntas.

BOSCOLO: Viviam agarradas, uma com a outra.

LISA: É.

BOSCOLO: Você sentiu ao longo destes anos que gostaria de se juntar a elas também?

LISA: É.

BOSCOLO: Você procurou meios, mas não foi bem-sucedida.

LISA: Não.

BOSCOLO: Vou parar por aqui, vou conversar com meus colegas. Depois voltarei.

HOFFMAN: Durante o intervalo, vocês iniciam o processo de criação de hipóteses que resultará em uma intervenção. Já que estamos apenas transcrevendo a parte da discussão que leva diretamente ao comentário final, poderiam dizer algo de caráter geral sobre o processo?

CECCHIN: Em essência, tentamos ser bastante elásticos para ter em mente várias possibilidades, sem nos fixarmos em nenhuma em particular. Se acreditamos que existe apenas uma só hipótese correta, poderemos ficar loucos tentando encontrá-la. O principal é experimentar o quanto a família está emperrada. Primeiro, divagamos a respeito da sua situação e, depois, procuramos por soluções. Muitos estudantes dizem: "Deveríamos fazer isto, deveríamos fazer aquilo". Nós dizemos: "Não, espere, espere". É muito fácil partir para uma solução quando não se tem a experiência de estar obstinada.

PENN: Quais são, na sua opinião, os elementos que compõem uma boa hipótese?

BOSCOLO: Penso que as hipóteses emanam de quatro fontes. Uma, são os dados; a segunda, é a teoria que você tem; a terceira, é a sua experiência de atendimento de muitas famílias; e a quarta, é a personalidade, o que em psicanálise é chamado de transferência. Por exemplo, o que Gianfranco capta em uma família é muito diferente do que eu capto. Eu sou mais sensível, mais afinado com certo tipo de atmosfera. Em termos de experiência, por exemplo, observei que, amiúde, o filho ou a filha de um casamento anterior tem mais possibilidade de desenvolver problemas. Lisa parece estar nesta situação, parece uma cidadã de segunda classe em relação às outras irmãs.

CECCHIN: E eu estou sempre controlando o que Luigi faz. Por exemplo, quando ele faz uma afirmação como essa, eu tento dizer algo totalmente oposto. Sempre estou atento à facilidade com que se faz uma afirmação como: "Cada vez que se tem um filho adotivo, aparecerão tais problemas"; Cada vez que se tem uma irmã muito bonita, a outra endoida". Temos que estar atentos para este perigo. Este é um problema importante da formação. Acho que não se ensina corretamente quando se é muito esperto ao se dar aos estudantes suas hipóteses sobre a família, porque, aí, estes vão à sessão tentar provar que suas hipóteses são corretas. Isto implica na existência de um esquema de atendimento para a família e que, quando se sabe o bastante, pode-se encontrar no esquema um lugar onde enquadrar a família.

BOSCOLO: Temos que encontrar o ponto de encaixe entre a hipótese e a organização, a qual, através dos anos, chegou àquele sistema. Existem infinitas possibilidades para as hipóteses, mas algumas encaixam melhor que as outras, algumas conectam uma parte maior dos dados.

CECCHIN: As hipóteses são melhores quando são feitas por terapeutas circulares e que respondem continuamente aos retornos da família durante a sessão. Assim, tem-se mais chance de se desenvolver uma hipótese que se encaixe, porque, neste processo, há um espelhamento da organização da família.

PENN: Mas vocês fazem pressuposições baseadas na organização da família, não é? Se a família tem um filho adotivo, você se pergunta imediatamente: como esta família poderá estabelecer conexões sólidas ao longo do tempo? Como podem ter certeza absoluta de que pertencem uns aos outros?

CECCHIN: Cada família será diferente, por isso cada vez que você fizer tal hipótese, ela deverá ser checada e questionada. Do contrário, criará construções semelhantes às da terapia analítica, na qual você sai à procura de complexos de Édipo, paranoias e coisas do gênero. Por exemplo: a afirmação de que Lisa tem um problema maior do que Diane, porque ela vem de outra família, deverá ser contestada. É melhor te, pelo menos, duas hipóteses concorrentes, aí você pode ver se elas se confirmam entre si.

BOSCOLO: Neste caso, você poderia dizer que o fato de a posição de Lisa ser a pior de todas, pode também estar relacionado com o seu isolamento das irmãs.

CECCHIN: Sim, observamos que as outras garotas sentam-se juntas, enquanto Lisa senta-se sozinha, longe do par. Olhamos, então, para os dados históricos e descobrimos que ela é filha de um outro pai e temos uma confirmação desta posição afastada.

BOSCOLO: Os dados analógicos fornecem um elo para os dados históricos.

CECCHIN: Mas temos que ser cuidadosos, pois o dado histórico pode influenciar nossa percepção. Devemos primeiro olhar para o padrão analógico, a configuração no presente, só depois olhar para o dado histórico, a fim de confirmá-lo.

HOFFMAN: Como vocês sabem que sua formulação de hipótese foi bem-sucedida?

BOSCOLO: Nós não estamos tão preocupados com a verdade quanto estamos com o encaixe. Usamos um processo empírico na construção de nossas hipóteses e de nossas intervenções. Se a família muda, é sinal de que ouve um encaixe entre a família e a nossa intervenção. Se eles não mudam, não houve encaixe. É a família que diz.

HOFFMAN: Às vezes quando uma família fica totalmente desorientada, surge uma pessoa com uma ideia ou uma frase que conquista uma unanimidade, todos se levantam e dizem: "É isto aí". É muito especial, é um reconhecimento. Parece como a formulação sempre tivesse estado lá, esperando para ser descoberta.

BOSCOLO: Sim, já tivemos esta experiência. Mas nunca acontece quando a discussão se torna competitiva. Por exemplo, se encontramos em disputa sobre qual opinião é melhor ou pior, ou se ouvimos colocações do tipo "Por que você disse isso? De onde tirou esta ideia?", este reconhecimento nunca acontece.

PENN: Você está sugerindo que uma das melhores formas para uma equipe manejar uma discussão é expressar as ideias e intuições que surgem sem que haja nenhuma necessidade de concordar com elas ou não.

CECCHIN: Sim, no ano passado instituímos um conjunto de regras, que tiveram muito sucesso. Proibimos nossos estudantes de dizerem "Eu concordo com você" ou "Eu discordo de você". Outra regra é que quando alguém dizia algo, o próximo deveria tentar adicionar algo que fosse totalmente sem conexão com o anteriormente dito. Uma pessoa poderia dizer: "Percebo Lisa como muito deprimida, muito perturbada". Uma outra diria: "Percebo a mãe como uma mulher perdida". Estas ideias estão aparentemente desconectadas. Mas é obvio que é impossível que para eles não estejam conectadas, e a conexão acabará por aparecer quando alguém surgir com uma formulação com a qual todos concordem. Assim, tem-se uma experiência de reconhecimento, pois todos contribuíram para o produto final.

HOFFMAN: Isso me lembra um brinquedo de criança, o pião, pintado com listas coloridas. Quando gira, aparece apenas uma pinta difusa e, de repente, surge um padrão geométrico. Penso que é uma boa analogia para o modo como vocês chegam a uma intervenção.

CECCHIN: É por isso que, neste intervalo, solicitamos que se juntem a nós mais dois terapeutas do grupo clínico. Chegamos à conclusão de que são necessárias pelo menos quatro pessoas para que este processo seja exitoso. Você precisa confrontar seu próprio pensamento linear com o pensamento linear de um outro. Somente, então, emergirá um padrão que fará sentido em um nível diferente de organização.

PENN: Gostaria de fazer uma pergunta sobre o consenso na equipe. Vocês disseram que a equipe deve ter uma regra com a qual sempre haverão de concordar; assim, assemelham-se mais a uma família rígida do que a uma equipe. Uma equipe é mais orientada pela tarefa a cumprir e tem um trabalho por fazer. Entretanto, ao observá-los trabalharem juntos, vocês parecem concordar na maior parte do tempo. Na pausa para a discussão, um de vocês dirá algo, o outro então refinará ou adicionará algo, de maneira que uma estrutura de informação parece alto construir-se e vocês finalizam aparentando estar bastante de acordo. Agora, talvez vocês não o estejam e simplesmente isso não aparece. Mas gostaria de perguntar-lhes isso, porque existe uma tendência, na maioria dos grupos que formam equipes, para evitar uma discussão aberta ou para lutar pelo consenso.

BOSCOLO: Durante o processo com a equipe, costumamos discordar, no sentido de apresentarmos diferentes pontos de vista, mas pode ser que não tenham a aparência de uma discórdia porque evitamos entrar em disputas sobre o poder. Quando se pensa em termos circulares, as lutas pelo poder não têm vez. Isso não é absolutamente o mesmo que um consenso, pois as diferenças são permitidas.

CECCHIN: Há um outro ponto, você encontra mais desacordo quando usa explicações lineares e causais. Eu acredito que ao pai cabe a maior parte da culpa, você diz que é à mãe e alguém mais diz que é o filho. Assim, todos nós discordamos. Mas se buscamos uma explicação sistêmica, procuramos ver como todas estas explicações lineares poderiam ser conectadas. O processo não é o de uma ideia derrubando as outras, mas o de uma ideia mais ampla que se forma, abrangendo todas as outras.

HOFFMAN: Vocês disseram antes que o terapeuta na sala tem a última palavra para decidir o que fazer.

BOSCOLO: Sim. Esta regra permite ao terapeuta mover-se livremente no espaço entre a família e o supervisor.

HOFFMAN: De modo que não é um prisioneiro da equipe.

BOSCOLO: Exatamente. De outra forma teria um problema para unir-se com a família.

PENN: O terapeuta é a única pessoa em todo o sistema família-terapia que tem de atravessar o espelho; ele tem que se sentir em casa nos dois lados do espelho.

HOFFMAN: Compreendo. É a posição que determina o que cada parte pode ou não fazer. Não há uma hierarquia intrínseca que determine que um componente é melhor ou mais poderoso que os outros.

BOSCOLO: Sim. Mais uma coisa sobre o questionamento circular: quando, durante a formação, fazemos jogos de papéis, damos aos estagiários quinze minutos para montarem um enredo. Uma vez que o terapeuta começa o questionamento circular, você observa que, pouco tempo após o início do questionamento circular pelo terapeuta, o enredo é desfeito. Começam a surgir espontaneamente, informações diferentes. A mesma coisa pode acontecer com uma família real. Se o terapeuta for passivo, não será introduzido nenhuma informação nova e a família continuará apresentando seu mapa usual. O questionamento circular derruba este mapa e introduz novas conexões. Do ponto de vista da resistência, pode-se dizer que o questionamento circular não vai diretamente contra o modo como a família atua ou contra aquilo que ela acredita, mas dificulta sua estaticidade.

PENN: Poderiam dizer uma ou duas palavras sobre a resistência? É um conceito que está sendo questionado.

BOSCOLO: Você poderia dizer da mesma forma que o terapeuta está resistindo à família quando ela não quer mudar nenhum pouco e o terapeuta está tentando fazê-la mudar. Se o terapeuta conota positivamente o problema, também pode-se dizer que ele está resistindo. Neste sentido, eu não acho que seja um conceito muito útil.

PAUSA PARA DISCUSSÃO

[A equipe discutiu o caso durante meia hora]

CECCHIN: *Há algo no sistema que impede que Lisa tenha um relacionamento com suas irmãs. Analogicamente, isso é reforçado porque elas riem quando Lisa chora. Façamos, por enquanto, esta pontuação e coloquemos toda a culpa na mãe. Do seu ponto de vista, as coisas funcionaram assim: durante os dois primeiros anos, Lisa e a mãe estavam bem próximas, mas quando apareceu o novo homem, a mãe sentiu que gostaria de começar uma nova vida sem a interferência de Lisa. Aí, é provável que tenha se tornado superprotetora e rejeitadora ao mesmo tempo. Se o pai não mostrava amor por Lisa, a mãe ficava furiosa. Entretanto, se o pai e Lisa se aproximavam demais, a mãe sentia ciúmes.*

BOSCOLO: *Lisa tem muitas tarefas a cumprir: tem que apoiar sua mãe que teve maus casamentos; tem que ser um marido auxiliar, uma esposa auxiliar, mãe para suas irmãs, irmã e mãe para sua mãe, e ainda, de vez em quando, estar disponível para o marido. Mantendo todos estes papéis, ela está protegendo todo mundo e mantendo todos os segredos. Mas ninguém a está protegendo. De fato, ela é culpada quando o casamento vai mal. A mãe diz: "Meu marido persegue só você, não as outras. Quer dizer que você não é boa. Se você não existisse meu casamento seria melhor".*

CECCHIN: *A precipitação de uma ruptura psicótica é perfeitamente perceptível, dado que a percepção de Lisa é "Eu não tenho lugar, eu não deveria ter nascido". A mãe poderia ter colocado a culpa do fracasso dos dois casamentos em Lisa: "Sem você, eu teria tido um marido satisfeito". Talvez até o abandono do primeiro homem fosse por causa da gravidez.*

BOSCOLO: *Se a mãe não chegou a se casar a primeira vez, é provável que tenha se sentido tremendamente vinculada à Lisa e, ao mesmo tempo, que a tenha rejeitado.*

CECCHIN: *A pontuação para o pai: é "Seja o pai, mas não seja o pai", então ele diz: "Eu estou sempre errado, não importa o que eu faça, está errado". A situação piorou com os anos, até que, finalmente, Diane rompeu o relacionamento com o pai, e o casal mais poderoso na família passou a ser Dori e Diane. O estabelecimento desta poderosa relação colocou todo mundo em crise. O pai, sem Diane, ficou mais sozinho, e Lisa está de volta com sua mãe porque ela não consegue se aproximar de suas irmãs.*

BOSCOLO: *Há uma informação importante, quando você perguntou sobre a separação do casal, Lisa respondeu dizendo: "Eu ficaria feliz se eles se separassem". Ela sairia, finalmente, de tal situação paradoxal, sairia destes múltiplos e incongruentes níveis na qual se encontra.*

CECCHIN: *As duas meninas mais novas dizem, em resposta à pergunta sobre com quem ficariam se os pais se separassem: "Antigamente, nós nos sentiríamos divididas, mas agora ficaríamos com mamãe". Entretanto, a divisão delas é: "Tanto faz com quem vamos ficar porque nós somos duas, nós somos um casal forte".*

BOSCOLO: *Nós não sabemos se a mãe via deixar este casamento, não sabemos o que irá acontecer, a situação é instável. É uma situação perigosa para Lisa. A intervenção teria que colocar a mãe e Lisa juntas. Deveríamos dar-lhes um ritual. Poderíamos dizer: "Estamos impressionados com o profundo laço afetivo que une a mãe e Lisa e Lisa e a mãe, o qual nunca foi abertamente manifestado. Elas decidiram que cada uma deveria seguir seu próprio caminho, na pretensão de que não se dão bem e sem demonstrar seu grande afeto mútuo. Mas por que fizeram isto? Parece que se elas tivessem manifestado o laço que existe entre ambas, teriam se transformado em um casal – mãe e filha – tão feliz, forte e bom, que as outras pessoas, o marido e as duas garotas mais novas, teriam sido deixadas completamente de lado. Estas não contariam tanto quanto Lisa. Enfim, sua preocupação com os outros levou Lisa e sua mãe a não fazerem prevalecer este laço. Mas nós achamos que elas foram longe demais. Foram longe demais no seu combate à tendência para se aproximarem, por isso, agora, é importante que uma vez por semana elas cumpram este ritual. Uma vez por semana é o dia de Lisa e da mamãe, e os outros devem, nesse dia, ficar completamente fora deste relacionamento. Lisa e mamãe não devem contar a ninguém o que farão, porque todos devem reconhecer que foram longe demais. Elas lutaram para permanecer separadas para o benefício dos outros, para não isolar os outros. Então, Lisa e mãe, vocês fizeram bem em não manifestarem a afeição que uma tem pela outra. Mas foi longe demais". Eu poderia finalizar esta intervenção.*

CECCHIN: *Acho que está bom. Em vez de comentar o incesto entre Lisa e o pai, o incesto seria entre Lisa e a mãe. Em vez do segredo existir entre Lisa e o pai, será entre a mãe e Lisa.*

BOSCOLO: *Existem duas famílias: a da mãe e a da filha, e a segunda. Eles sempre tentaram colocar Lisa na segunda, à qual não pertence. Sua filha é sua mãe. Então deve haver uma maneira que nos permita reconstruir a primeira família. Mas onde colocaremos o marido?*

CECCHIN: *Você pode dizer que ambas fizeram uma coisa importante pelo marido. Ela teria se casado com uma mulher e não poderia contar com ela devido ao forte laço entre mãe e filha. Mas elas não manifestaram seus laços em benefício do pai tanto quanto em benefício das outras duas filhas, que, do contrário, não contariam na família. Eu enfatizaria bastante este aspecto na intervenção para que as garotas compreendessem que se Lisa e a mãe não tivessem negado seus profundos laços, elas teriam sido deixadas de lado completamente. As duas devem agradecer à Lisa porque ela as ajudou a se sentirem fortes e felizes. Mas Lisa e a mãe foram longe demais e agora devem ficar juntas uma vez por semana, e as duas garotas e o pai devem deixá-las sozinhas.*

BOSCOLO: *E se colocássemos a mãe e a filha no mesmo nível? As duas eram muito sozinhas; tiveram que se odiar, lutar pela vontade de estarem juntas. A mãe tentou ficar afastada da sua filha – chegando até a expulsá-la – porque temia que seu marido ficasse aborrecido e que as duas garotas mais novas sentissem ciúmes. Ambas, Lisa e a mãe, tentaram duramente se manter separadas quando, na realidade, são profundamente ligadas.*

CECCHIN: *Por outro lado, se tivessem ousado manifestar seu afeto – e dado que Lisa vinha de uma outra família – haveriam amarrado a família atual. Se a mãe tivesse manifestado sua ligação com Lisa, a segunda família não seria tão importante quanto à primeira.*

BOSCOLO: *Agora chegamos à conotação positiva. Antes, vimos o lado negativo da mãe, mas agora, veremos o positivo. Ela teve que se livrar de Lisa para criar uma nova família. Para casar-se novamente, tem que negar seu casamento com Lisa, e Lisa tem que se comportar de um jeito que auxilie sua mãe a parecer separada dela, indiferente com ela.*

BOSCOLO: *Da mesma forma, nos casos que vimos de uma família X, construída a partir de dois casamentos prévios, o filho que passa de uma família para outra tende a ter mais problemas.*

CECCHIN: *E quando a família anterior está constituída por apenas três pessoas, é muito difícil de se manejar.*

MEMBRO DA EQUIPE: *O que vocês acham da hostilidade de Diane em relação ao seu pai? Ela diz: "Eu não quero falar com você, eu não quero ver você, quero que vá embora".*

BOSCOLO: *Diane é a líder patológica da família, porque ela é a amada pelo pai, e a mãe está muito preocupada com isso. Diane é a filha que é disputada pelos pais, e é por isso que agora é a mais poderosa, deixando Dori para trás. Você pode criar uma situação simétrica; por exemplo, se a mãe e Lisa se aproximarem demais, a segunda família desaparecerá; ou, se Diane se aproximasse demais, o primeiro casamento estaria acabado. Assim, Diane tem que combater seu relacionamento com o pai.*

MEMBRO DA EQUIPE: *Eles obedecerão ao ritual?*

BOSCOLO: *Sim, porque vem de fora do sistema, de um metanível, o relacionamento entre Lisa e a mãe tem estado sempre relacionado com uma pessoa, o marido, que não estava em um nível superior, mas no mesmo nível e, além disso, tinha ciúme do relacionamento.*

CECCHIN: *Não podemos, de jeito nenhum, pedir à Lisa e à mãe que se entendam bem uma com a outra, podem passar o dia delas sem conversar, podem até se odiar; o importante é que as outras pessoas não saibam o que elas estão fazendo, que elas criem um segredo entre si. Elas não têm que sentir prazer em estarem juntas, somente tem que transmitir às meninas a mensagem que estão juntas. Aqui a mãe e Lisa dão aos outros a ideia de que são um casal. Elas podem, neste dia, fazer o que elas quiserem; o importante é que ninguém interfira. Podemos até dizer que neste dia as duas filhas deveriam sequer falar com a mãe e com Lisa. Silêncio total. Somente a mãe e Lisa deveriam conversar entre si, se quiserem. E se lhes perguntarem o que estão fazendo, podem responder: "Isso é problema nosso".*

BOSCOLO: *Esta é uma intervenção. Vamos ver se conseguimos fazer uma outra, colocando todas as três garotas juntas: as três garotas de um lado e os pais de outro.*

CECCHIN: *Eu penso que Lisa gostaria de estar com suas semelhantes, não é?*

BOSCOLO: *Mas antes de chegarmos lá, ela deveria conviver um pouquinho com sua mãe. Suponhamos agora que você crie um incesto entre mãe e filha. Não é uma real solução para a família; a real solução seria que as irmãs estivessem juntas de um lado e os pais do outro. Mas penso que, antes disso, Lisa deverá estar ansiosa por sua mãe, que continua rejeitando-a. Por isso eu acho que ela deveria ficar com sua mãe um pouco, para poder senti-la um pouco. Mais adiante, poderemos elaborar um ritual que reunirá todas as filhas. Mas na próxima vez, agora não.*

CECCHIN: *Caso esta dê certo.*

BOSCOLO: *Naturalmente. Na próxima vez, poderemos mudar a pontuação com a nova intervenção. Poderíamos pedir às três filhas – Lisa, Diane e Dori – para que se encontrem uma vez por semana durante meia hora, e que cada uma fale por dez minutos, enquanto as outras escutam. Colocar a mãe e a filha juntas não pode ser uma intervenção final. Vocês têm alguma dúvida?*

CECCHIN: *Não. Se a mãe e a filha podem encontrar tempo para estarem juntas, não importa que não sejam amigas. Penso que assim que elas comecem a definir seu relacionamento, Lisa poderá ficar zangada com a falta de apoio de sua mãe, mas pelo menos terá uma compreensão clara.*

BOSCOLO: *Caso ela se sentisse assim, poderíamos explicar-lhe que, dado que sua mãe estava empenhada na criação de um novo casamento, não poderia apoiá-la. Com este esclarecimento, a filha poderá perdoá-la.*

CECCHIN: Existindo, assim, uma maior possibilidade de relacionamento. Na próxima vez, eles deverão vir todos juntos e poderemos dar o ritual para as meninas.

HOFFMAN: Durante o início desta discussão, vocês assumiram posições muito simples. A maior parte de suas opiniões parecem favoráveis à Lisa e fazem da mãe o vilão da história.

CECCHIN: Sim. Temos o costume de começar com afirmações lineares e causais, relacionadas com um ou dois membros da família. Aqui, como vocês veem, decidimos atacar a mãe. Depois, com o tempo, as hipóteses tornam-se cada vez mais gerais, começando a aparecer um padrão. Abandonamos as explicações lineares e partimos para uma descrição mais circular.

HOFFMAN: É possível acompanhar como vocês chegam a uma hipótese, mas não fica claro como chegam à intervenção. Esta parece surgir do nada.

BOSCOLO: É assim que construímos uma intervenção. Concordamos que aquela era uma situação instável e perigosa. Houve um intervalo e eu introduzi uma intervenção baseada em uma pontuação da situação. Gianfranco e os outros dois terapeutas que se juntaram a nós poderiam tê-la recusado, mas, em vez disso, aceitaram e a refinaram.

PENN: Eu gosto desta intervenção porque o casal é reinserido na família em vez de se excluir alguém. Por hora, não se desafia as garotas; permite ao pai sentir que ele não é o problema, e repara o relacionamento entre mãe e filha. Porém, o mais importante e que desafia a ideia de que a primeira família deve ser obliterada para o bem da segunda. A intervenção valida a primeira família, que, em um certo sentido, tem sido negada.

BOSCOLO: O primeiro casamento – mãe e filha – foi um mau casamento, porque, depois que Lisa nasceu, o pai foi embora e arruinou a vida da mãe.

PENN: Correto, esta é a premissa, muito clara. Agora, qual é a lógica que se segue?

BOSCOLO: De acordo com esta premissa, a mãe sentiu que quando se casou novamente, este primeiro casamento era perigoso para o novo casamento e as novas filhas. A lógica é utilizar esta ideia para explicar o que está acontecendo. Se tal casamento não deveria ter acontecido, explicar-se por que a filha é suicida, por que a mãe é ambivalente em relação à filha, por que Lisa aceita a posição de excluída, por que a mãe oferece a filha para o marido. Quando viramos o argumento, e dizemos que o casamento foi bom, todas as pequenas peças que mencionamos mudam de sentido.

PENN: Você está se referindo à reversão da premissa, de um primeiro casamento mal para um primeiro casamento bom.

BOSCOLO: Sim.

HOFFMAN: Por que interrompeu Luigi na elaboração da outra intervenção?

CECCHIN: Porque tínhamos que lidar com a situação no presente. A ideia de colocar as filhas juntas parecia um exercício intelectual, deslocado.

BOSCOLO: Eu acho que fiz a proposta porque estávamos em um contexto de formação e eu quis sugerir uma ideia que os outros terapeutas pudessem utilizar em uma outra sessão. Decidimos pela primeira intervenção porque Lisa era a que corria maior risco e sentimentos que ela precisava de uma clara mensagem de sua mãe. Em segundo lugar, precisávamos considerar o fato de que tínhamos duas famílias que ainda não estavam integradas, por causa disso, a segunda intervenção seria prematura.

INTERVENÇÃO

BOSCOLO: Meus colegas e eu discutimos a situação e estamos muito impressionados. O que nos impressiona mais é o forte vínculo que existe, e que sempre existiu, entre Lisa e a mãe e entre a mãe e Lisa. Mas temos uma pergunta: como foi que o forte vínculo, a profunda relação que sempre existiu entre Lisa e a mãe, a mãe e Lisa, não se manifestou abertamente ao longo dos anos? Nossa experiência nos diz que em situações como esta, mãe e filha têm lutado toda a vida para não mostrarem abertamente o forte vínculo que as une, o forte laço entre as duas, a profunda afeição... Não a demonstraram abertamente para a outra em benefício dos demais membros da família. Fizeram-no por papai, por Diane e por Dori. Mas por quê?

Achamos que se tivessem manifestado abertamente um forte vínculo entre ambas, sua forte relação, os outros membros da família seriam excluídos. O pai casou-se com a mãe para estar com ela, e ele teria sido deixado de fora. Se este vínculo tivesse sido abertamente expressado, Diane e Dori teriam se tornado cidadãs de segunda classe. Por isso pensamos que vocês fizeram bem, a mãe e Lisa, Lisa e a mãe, em não mostrarem abertamente o forte vínculo entre vocês. No passado, mamãe se decepcionava sempre que Lisa e papai não se entendiam e Lisa ficava aborrecida porque sentia o desapontamento da mãe. Então, Lisa e a mãe, a mãe e Lisa, sempre encontraram, ao longo de todos os anos, formas de não se sentirem profundamente satisfeitas uma com a outra. Pois, se elas tivessem ficado satisfeitas uma com a outra, teriam constituído um casal muito forte e seu positivo relacionamento teria se manifestado, deixando de fora os outros membros da família, o pai e as duas meninas. As duas meninas deveriam agradecer à Lisa e à mamãe por terem lutado contra o amor que elas sentiam tão profundamente uma pela outra. Lisa é primogênita, e mamãe viveu com ela nos primeiros anos, e este foi o terreno, a preparação, para um relacionamento muito forte. Ambas, mãe e Lisa, tentaram sempre não mostrar os profundos sentimentos positivos que cada um alimentava pela outra. Fizeram-no para o beneficiar vocês, Jack, Dori e Diane. Mas achamos que Lisa e mamãe foram longe demais. Foram longe demais ao tentarem não demonstrar os fortes laços que as uniam. Nós discutimos tudo isso e gostaríamos de recomendar que mamãe e Lisa, Lisa e mamãe separassem um dia na semana, que será o dia delas. Por exemplo, poderiam pegar a quarta-feira. Cada quarta-feira seria o dia que mãe e Lisa, e Lisa e mãe passariam juntas. E o pai, Dori e Diane deverão compreendê-lo e cooperar, ficando longe das duas aquele dia. Isso permitirá que um dia na semana, a mãe e Lisa, Lisa e mãe fiquem juntas. Elas podem fazer o que quiserem – conversar, não conversar, sair, não sair – elas vão decidir o que fazer, o que dizer – brigar, não brigar –qualquer coisa.

O mais importante é que este dia seja o dia delas, porque elas exageraram ao não mostrar seu vínculo, o amor que cada uma sentia pela outra. Então, vocês duas, e você Jack, deverão deixar que elas tenham um dia. Por exemplo: se Dori e Diane tiverem alguma coisa para dizerem para a mãe, não deverão dizê-lo neste dia, mas guardar até o dia seguinte ou até um outro dia qualquer, porque este será o dia de mamãe e Lisa.

Não importa o que a mãe e Lisa façam em tal dia, deverá ser mantido entre elas. Se papai, Dori e Diane ficarem curiosos e quiserem perguntar à mamãe ou à Lisa: "O que uma disse para a outra?", "O que vocês fizeram neste dia?", devem se conter e não perguntar. Se eles perguntarem, então, a mãe e Lisa deverão responder: "Nós não temos autorização para contar-lhes o que fizemos ou dissemos hoje". Está claro, Lisa? Correto. Uma vez na semana. É importante que tenham apenas um dia na semana, não mais. Poderia acontecer que, a causa do aumento da aproximação entre vocês, sentissem que desejam passar mais tempo juntas, mas é importante que não o façam. Correriam o risco de isolar o pai e transformar Dori e Diane em cidadãs de segunda classe. Concluindo, achamos que Lisa e a mãe exageraram em ajudar o pai, Diane e Dori a se sentirem parte importante da família. Por isso, deverão ter um dia na semana, a mãe e Lisa, para passarem juntas e os outros deverão deixá-las ter este dia. Se mamãe e Lisa sentirem que ela gostaria de ter um dia a mais, então vocês deverão falar com o terapeuta da família, porque nós achamos que é demais. No momento, é importante que tenham um dia.

HOFFMAN: Diane parecia muito zangada.

PENN: A reação mais comovente foi a de Lisa, que sorria muito tranquilamente. Apenas ergueu a cabeça e sorriu.

HOFFMAN: Tenho a impressão de que o pai se sentiu aliviado. Ele ergueu a cabeça e ganhou vida.

BOSCOLO: Vocês poderiam perceber a competição entre Diane e Lisa quando demos a mãe para Lisa. Diane ficou furiosa. Mesmo quando as meninas correm atrás do pai, é sempre na mãe que pensam. Elas vão para o pai porque a mãe as envia e o fazem para agradar a mãe, mas, na verdade, ambas querem a mãe.

PENN: Qual é o impacto que vocês esperam que esta intervenção tenha sobre a família?

CECCHIN: Sabemos, por experiência própria, que uma mãe e uma filha, presas nesta situação, experimentarão um enorme alívio graças à permissão externa que as autoriza a ficarem juntas. Mas o importante é que acontece com as outras pessoas. O pai também está aliviado, e se ele está aliviado, seu comportamento com Lisa será diferente. Se o seu comportamento com ela for diferente, seu comportamento com sua mulher também poderá ser diferente. Também é provável que as duas mais novas fiquem com ciúmes e façam mais perguntas à mãe. Se Diane mostrar ciúmes, Lisa se sentirá aliviada porque sentirá "Eu também conto". As duas meninas mais jovens vêm dando a mensagem: "Lisa não conta, ela não existe". A reação zangada de Diane poderá dar à Lisa uma enorme reafirmação. Esta é a única maneira de capacitar Lisa a deixar a casa: a certeza de que sua mãe a ama.

Você só pode deixar sua casa se sabe que as pessoas irão sentir sua falta. E se Lisa conseguir deixar o campo, as outras também serão capazes de fazê-lo.

BOSCOLO: Quero dizer algo sobre o ritual. Fizemos de Lisa a pessoa prioritária na família. Uma vez que, fora do relacionamento com a mãe, Lisa fica perdida, damos-lhes um ritual que deverá ser seguido pela família toda. Este ritual introduzirá duas experiências: primeiro, um relacionamento mãe-filha, uma vez por semana, com o qual Lisa poderá, finalmente, descobrir se sua mãe a aceita ou não; segundo, Lisa poderá permitir que suas irmãs tenham a mãe durante os dias restantes.

HOFFMAN: O interessante é que em suas discussões prévias, todo mundo foi conotado negativamente e com esta intervenção, de repente tudo se encaixa e torna-se não culpabilizante e não-pejorativo.

BOSCOLO: Isso é devido a um pulo para níveis mais altos, é mais sistêmico.

HOFFMAN: Mas como vocês chegaram lá?

CECCHIN: O fato mais revelador é o próprio casamento, entre a mãe e a filha, e sua subsequente negação. Quando, juntando-as mudamos a situação, tudo começa a fazer sentido. Lisa e sua mãe podem amar-se, o pai pode ser generoso, as duas meninas mais novas podem permitir que a irmã usufrua um pouco da mãe, assim todo mundo se sente bem. Tal sistema havia criado um contexto no qual todos os significados eram maus, todos eram maus para todo mundo. Agora, nós criamos um contexto no qual todos podem ser bons para o outro.

PENN: E este processo de criação da conotação positiva não influencia seus sentimentos em relação à família?

CECCHIN: Em geral, você se identifica com este sentimento "positivo" em relação à família. E você deve realmente acreditar naquilo que está dizendo, para que não seja uma manobra, um truque.

HOFFMAN: Qual seria, então, na sua opinião, a característica principal de uma intervenção sistêmica?

CECCHIN: Suponha que temos um sistema no qual quase todos se sentem mal em relação aos outros: "Meu marido é um bruto", "Minha mulher é uma megera", "Minha filha é uma idiota intransigente" etc. Todos têm maus sentimento em relação aos outros e a si mesmos. A percepção é: "É real, minha mulher é deste jeito realmente!" E as pessoas caem nas armadilhas de tais percepções. Há o sentimento de que não há nem solução, nem saída. Mas sempre existe uma solução. A solução é mudar a visão epistemológica que a família tem de suas relações.

HOFFMAN: Em outras palavras, vocês passam dos comportamentos para o contexto dos comportamentos – a premissa sobre a primeira família neste caso – e mudam para um nível de tipo lógico que lhes permite perceber todos os comportamentos como tendo uma certa razão de ser, sem importar o quanto os seus efeitos possam ser destrutivos.

CECCHIN: Exatamente.

PENN: O que aconteceu em seguida com esta família?

BOSCOLO: A terapeuta da família a viu mais três vezes. A mãe e Lisa fizeram o ritual, mas Diane ficou muito zangada e tentou interrompê-las. Mas pouco a pouco sua hostilidade foi diminuindo e ela e Lisa se aproximaram. Lisa, que tinha ido morar sozinha, encontrou um namorado. A mãe disse à terapeuta que Lisa e seu marido não queriam participar da terapia, então a terapeuta recomendou que tivessem um recesso. Na vez seguinte em que estivermos lá, aproximadamente seis meses mais tarde, perguntamos se podíamos revê-los para uma sessão de acompanhamento. Nesta vez, só os pais compareceram.

PENN: Como vocês conduziram o segundo encontro?

BOSCOLO: O nosso problema era continuar a dar a mensagem à família de que isso não era uma terapia. A "consultoria" como tal tinha terminado e não queríamos puxá-los de volta para nós. Então, decidimos usar o questionamento circular de uma maneira muito monótona, como se estivéssemos seguindo um roteiro de entrevista. Dissemos que fazia parte dos nossos procedimentos fazer uma sessão de acompanhamento, para fins de pesquisa com a família e que lhes faríamos perguntas padronizadas de pesquisa.

HOFFMAN: Houve alguma surpresa?

BOSCOLO: Ficamos contentes em saber que Lisa se sentia muito mais feliz, tinha um emprego e estava vivendo com um namorado disposto a casar com ela. As garotas estavam, segundo a mãe, mais unidas, e agora ela e Lisa tinham um relacionamento muito bom. Entretanto, o relacionamento entre os pais deteriorou-se e parecia que o pai se sentia mais excluído que nunca.

PENN: Conte-nos como foi a sessão seguinte com a família.

BOSCOLO: Voltamos um ano e meio depois, e pedimos para ver a família toda. Todos compareceram, incluindo um novo membro, o bebê de Lisa, que estava casada. Mas a sessão não pode ser filmada porque o pai não permitiu.

PENN: Você poderia resumir a sessão?

BOSCOLO: Cumprimentei-os do mesmo jeito que antes, agradecendo por terem vindo. O pai disse: "O seu amigo está atrás do espelho?" Percebi que estava muito zangado. Ele disse que não queria que Gianfranco estivesse nos observando, então, eu pedi que ele entrasse e se sentasse na sala comigo e com a família. Aí, o pai levantou-se e fechou as cortinas e não pudemos filmar. Ele desligou a filmadora e eu comecei a ficar realmente nervoso, a ponto de dizer: "Desculpe-me, mas se o senhor não quiser ser entrevistado, tudo bem". Ele disse "Sente-se" Eu me sentei e comecei a fazer perguntas. Perguntei como as coisas andavam e eles disseram que Diane estava se tornando cada vez mais rebelde, pedindo para sair de casa e até viver sozinha ou ficar com Lisa. Quanto mais os pais se opunham, mais rebelde ela se tornava. Perguntei à Lisa se ela queria que sua irmã viesse morar com ela, e ela disse que sim, mas sentia que isso não seria bom para os pais, ou seja, permanecia ambivalente. A situação chegou ao ponto em que Diane recusou-se a ir para a escola e, finalmente, refugiou-se em um hospital psiquiátrico. Ela declarou: "Não sairei daqui enquanto vocês não me derem a permissão para eu morar sozinha ou para eu viver com minha irmã". Durante a sessão, mostrou-se irritada, mas coerente. Não tinha nenhuma aparência de louca. Tinha ido voluntariamente para o hospital e agora queria sair. Lisa estava desconfortável e eu fiquei curiosa para saber por que estava tão perturbada. Minha reação emocional foi de decepção. Achei que ela deveria estar grata a mim, eu estava pensando como terapeuta. Eu lhe fiz algumas perguntas, e ela contou que estava casada, indo bem com seu marido etc. Então, eu lhe perguntei o motivo de estar tão zangada. Precisava esclarecer esta dúvida. Ela olhou para mim e disse: "Porque você deixou o seu trabalho inacabado!". Apontou para Diane: "Você me ajudou, mas nos deixou com isto". Toda a família concordou com a cabeça. Eles estavam irritados conosco porque, em vez de reconhecimento que os tínhamos ajudado, achavam que havíamos partido sem concluir o trabalho. Saímos da sala e discutimos o que fazer. Sentimos que estávamos em um paradoxo. Nosso dilema era: se fôssemos fazer terapia, estaríamos errados, porque éramos consultores; entretanto, se não fizéssemos terapia, estaríamos errados, porque a família estava infeliz. Foi assim que nos livramos de tal situação.

Depois da nossa discussão, retornei para a família e, em um tom de prece ou de ladainha, disse: "Discutimos a situação com os meus colegas e nós compreendemos por que vocês estão zangados. Compreendemos também por que Diane decidiu ir para o hospital, por que não quer ficar em casa e por que quer até mesmo viver sozinha ou ir para a casa de Lisa. Além do mais, compreendemos o motivo pelo qual, por outro lado, não pode permitir que isso aconteça. E nos compreendemos por que os pais não querem que Diane more sozinha ou com Lisa. Nós compreendemos todas estas coisas, mas não podemos lhes falar de nossa compreensão de todos estes 'porquês', pois não somos seus terapeutas".

O efeito foi dramático. Ficaram todos sentados como se estivessem hipnotizados. Fiz uma pausa e acrescentei: "Concordamos com vocês que o trabalho está inacabado, mas nós não podemos terminá-lo porque não somos seus terapeutas. Tudo o que podemos dizer-lhes é que achamos que vocês deveriam entrar em contato com um terapeuta de família daqui. Caso vocês decidam fazê-lo, nós diremos aos terapeutas todas as coisas que compreendemos sobre sua família, porque o terapeuta será a pessoa adequada para fazer a terapia. Mas nós não podemos contar-lhes, pois estaríamos nos comportando como terapeutas, o que não somos".

A família reagiu positivamente, levantou-se, agradeceu-nos com um aperto de mão. Eu tive a sensação de que a família tinha compreendido tudo. Foi uma intervenção muito forte, mais forte do que se tivéssemos lhes dito o que havíamos compreendido sobre eles.

HOFFMAN: O que vocês "compreenderam"?

BOSCOLO: Era claro que o relacionamento entre o pai e Diane estava muito ruim. Ela preferiu ir para um hospital que ficar perto dele.

Lisa não podia recebê-la, porque não queria que a mãe fosse deixada sozinha com o pai. Por isso o pai queria manter um controle total sobre a sessão. Ele disse, com efeito, "Se tivermos uma outra sessão como a última, na qual você me roubou uma filha, é provável que também me roube a próxima". A posição da mãe era que ela queria estar perto de suas filhas, mas também queria manter este homem. Ao dizermos "Nós compreendemos", conseguimos apontar para as preocupações pessoais de cada um sem fazer nada explícito.

HOFFMAN: Era sua intenção orientar o terapeuta que a família deveria procurar na compreensão do conteúdo destes "porquês"?

BOSCOLO: Não. Qualquer terapeuta futuro deveria ficar livre para empreender uma nova busca com as famílias, que de qualquer maneira seria uma família totalmente diferente de e quando eles retornassem. Tal intervenção, ao explicar à família o motivo pelo qual nós não podíamos trabalhar com eles, só serviu para sair do dilema que nos encontrávamos. Se a família decidir voltar, chamarão um terapeuta e o terapeuta iniciará um novo relacionamento com eles, libertando-nos da tarefa de sermos consultores. A intenção é nunca usar a prescrição novamente; é dada naquele momento para que se tenha um efeito.

CECCHIN: Temos usado este tipo de intervenção em instituições públicas com estudantes. As instituições públicas têm, na Itália, uma má reputação, razão pelo qual os terapeutas de tais instituições não contam. As famílias olham para o terapeuta como alguém que não presta, pois pensam: "Se fôssemos a um centro mais caro, seríamos curados, mas aqui você não pode nos curar". O terapeuta pode usar a mesma técnica, dizendo: "Eu tenho alguma ideia do que está acontecendo, e eu compreendo por que vocês fizeram isso, isto e aquilo, mas eu não posso lhes dizer, porque, aos seus olhos, eu não tenho status... vocês não confiam em mim. Por esta razão, o que eu disser não fará sentido para vocês e a culpa não é de vocês. Se eu fosse o diretor dessa instituição, talvez pudesse ajudá-los, mas eu não sou. Eu penso que vocês deverão esperar e se estivessem dispostos, teremos umas poucas sessões juntas, até que surja um sinal espontâneo de que confiam em mim, mas terá que ser espontâneo. Quando vocês tiverem uma sensação de confiança em mim, como terapeuta, o que é muito difícil, considerando as circunstâncias, então eu lhes direi o que compreendo. Somente, então, fará sentido para vocês".

HOFFMAN: Você sentiu, na entrevista, que tinha perdido o controle da sessão?

BOSCOLO: Não. Existe uma velha ideia de que o terapeuta deveria sempre ter o controle da sessão, mas nós não acreditamos nisso. O controle está sempre em movimento, porque controlar uma entrevista significa que se está criando um sistema fixo. Você tem que se oferecer como laço cibernético a fim de que possam lhe utilizar. Normalmente, no início da terapia, aparecemos para controlar, somos muito ativos, fazemos intervenções. Mais tarde, poderemos comentar o quanto nos sentimos confusos e incertos. Finalmente, poderemos dizer: "Não temos nenhuma ideia". E aí deixaremos que a família decida se devem parar ou seguir em frente.

PENN: Vocês acham que esta família estava em uma posição pior ou melhor do que quando a vieram pela primeira vez?

BOSCOLO: Não se pode dizer se eles estavam em uma posição melhor ou pior. Tudo o que se pode dizer é: "Na época em que eu observei o sistema não havia solução melhor". Também, quando há uma crise, ela tanto pode aumentar, quanto desaparecer. A escalada que descreveram poderia ter resultados muito negativos, mas nós temos sempre de nos lembrar que o sistema está evoluindo. Nós tendemos a acreditar que se conseguimos desemperrar uma família, eles, por conta própria, seguirão em frente para encontrar uma solução equilibrada.

HOFFMAN: O que os faz ter esta esperança?

BOSCOLO: Bem, o fato de Lisa ter se casado e ter saído de casa, naturalmente. E a família parecia muito mais clara nos seus relacionamentos. Houve muita definição, muita concordância. Nas duas primeiras sessões, a mulher era contrária ao marido, mas agora, concordava com ele. A família toda concordava com ele, exceto Diane.

CECCHIN: O que foi interessante foi o modo como o pai, de repente, tornou-se o líder da situação. Ele estava ditando as regras: "Agora faremos deste jeito". Este homem ficava, nas sessões anteriores, sentado, totalmente calado, e aqui ele está dizendo "Esta é minha família, estas são minhas filhas".

HOFFMAN: O que, do seu ponto de vista, deveria ser considerado bom ou mau? Vendo a sessão, pensam que há certas coisas que fariam de maneira diferente?

BOSCOLO: Eu acho que a intervenção feita na primeira sessão foi um erro, porque nós deslocamos o terapeuta. Isso sempre é uma dificuldade. O terapeuta, quando convida o consultor para intervir, dá a seguinte mensagem para a família: "Eu não estou conseguindo, preciso de alguém que seja melhor do que eu". Coloca-se por baixo. Nós poderíamos ter dirigido a primeira intervenção para a terapeuta, dizendo: "Esse é o nosso modo de ver a situação, e agora nós queremos lhe dar dois conselhos". O primeiro conselho seria dar à terapeuta a ideia de colocar a mãe e a filha juntas. O segundo seria dizer-lhe que ela deveria discutir isso com a família durante o próximo encontro e que deveriam chegar a um acordo sobre se eles gostariam de seguir ou não um conselho. Penso que assim teríamos restabelecido a imagem da terapeuta.

HOFFMAN: Eles teriam seguido seu conselho mesmo que decidissem não o considerar.

BOSCOLO: Sim. E isso teria restabelecido o relacionamento positivo entre a terapeuta e a família. Se tivesse tido um terapeuta, a família não teria chegado ao perigoso impasse no qual se encontra, é provável que Diane quisesse ficar no hospital para evitar a situação vivida por Lisa. Diane indicava: "Se eu for para casa entrarei na mesma relação com meu pai". E os pais estavam lutando para trazê-la de volta. A situação poderia ter piorado, no sentido de que a garota poderia ter intensificado seus sintomas para ficar no hospital.

HOFFMAN: Até onde vocês sabem, isso não aconteceu?

BOSCOLO: Não.

HOFFMAN: Uma outra pergunta. Neste país exige-se dos profissionais que trabalham com famílias e crianças que, se houver qualquer suspeita de abuso físico ou sexual na família, registrem uma queixa as autoridades. Eu observei que não há nada nos seus procedimentos usuais que tornem o terapeuta um, por assim dizer, "agente de controle social". Mas vocês afirmam que, algumas vezes, o terapeuta deve assumir este papel. Por que, dadas as altas possibilidades de que

Diane tivesse sido molestada – e abusada até – pelo seu pai, vocês não recomendaram à clínica que se fizesse uma investigação da situação ou, pelo menos, vocês não se negaram a continuar a consulta? Ou então, por que a clínica ou os outros profissionais envolvidos com o caso não tomaram nenhuma atitude?

BOSCOLO: Eu penso que o assunto da violência na família impõe um desafio muito grande às pessoas que querem manter uma perspectiva sistêmica. Nos casos em que a violência é um fato declarado e que já motivou, ou motivará, uma ação legal, esta mesma violência tornar-se-á parte da comunicação familiar e deve ser considerada como tal. A consequência de tal situação é que o terapeuta muitas vezes tem que mudar de papel, do papel de terapeuta para o papel de um controlador social. A conversa com a família deverá centrar-se nas consequências que, em decorrência da mudança da posição do terapeuta, sofrerá a terapia.

CECCHIN: Nos casos em que há apenas suspeitas de violência, os problemas são mais difíceis de serem solucionados. O terapeuta tem que se tornar detetive. O terapeuta sistêmico não costuma estar interessado na "verdade", mas, antes de mais nada, procura construir uma nova realidade com a família. Sua preocupação é encontrar significados para todos os comportamentos que possam ajudar os membros da família a mudar de tal forma que a violência possa ser evitada. Leva tempo para fazê-lo e não deve sentir-se compelido por um senso de urgência. Mas, se tiver suspeitas e, por razões éticas ou legais, sente-se obrigado a assumir o papel de detetive, deverá fazê-lo.

BOSCOLO: Sentimo-nos confusos quando certos membros da família estão cometendo um crime e tentando esconder a verdade. Voltamos para nossa antiga posição, segundo a qual a terapia é uma luta entre o paciente e o terapeuta e na qual cada um tenta ser mais esperto do que o outro. Durante anos estivemos tentando sair de tal posição.

CECCHIN: Com respeito aos nossos comportamentos no Canadá, deixa-me compartilhar uma respectiva história. Em 1980, quando entrevistamos esta família, a atitude da comunidade profissional em relação ao problema do abuso físico e sexual era bastante diferente da atitude atual. Na Itália, os terapeutas não comunicaram este tipo de abuso às autoridades a fim de não quebrar o compromisso de sigilo com o cliente. O mesmo compromisso existe no relacionamento entre o padre e a pessoa que se confessa. Na Itália, foi somente em 1984, que se começou a exigir daqueles que tivessem conhecimento de abuso físico ou sexual de menores o comunicarem à polícia. Nos últimos anos, deram-se, também, caso de terapeutas denunciados à polícia por não terem denunciado os abusos.

BOSCOLO: Na época em que entrevistamos tal família e discutimos o caso com os outros profissionais envolvidos, nem se falou na possibilidade de denunciar o caso à polícia. Nós admitimos que o terapeuta e os consultores estavam atados pelo direito do cliente pela confidencialidade, e que nossa tarefa era mudar o comportamento indesejável dentro do contexto da terapia. Quando no início dos anos 80 mostramos esta fita em consultórios e conferências, não chegaram a surgir perguntas sobre se se comunicava ou não o fato à polícia. Foi apenas recentemente que as audiências começaram a levantar tais questões. Nos últimos dois ou três anos, a atitude da comunidade profissional em peso mudou. O pêndulo foi deslocado e os profissionais tornam-se cada vez mais detetives, procurando pela evidência do abuso.

PENN: Uma última pergunta. Em Milão, vocês continuam sendo o problema do excessivo apego da família aos terapeutas?

CECCHIN: Em Milão, sempre trabalhamos com muitos terapeutas. Podemos substituir um terapeuta por outro e a família não parece notar. Algumas vezes um terapeuta por outro que a família não conhece entrará na sala. "Quem é você?", "Eu estava atrás do espelho, observando-os", "Bom". Parece não fazer diferença. E a família desenvolve afeição por "vocês", no plural. Eles continuam referindo-se ao que "vocês" dizem. Você está sozinho na sala, mas eles sabem que os comentários são feitos por você e pela equipe. A terapia sistêmica não parece necessitar do mesmo tipo de envolvimento pessoal com o terapeuta das outras terapias.

PENN: O que vocês estão dizendo é que a consultoria não é consultoria versus terapia, mas que estas duas coisas juntas são diferentes caminhos para mudar os sistemas humanos.

CECCHIN: O que nos leva à eliminação do conceito de terapia. Lyman Wynne diz: "Não existe terapia, só consulta". Quando você vê uma família, você se consulta com o sistema familiar. A "terapia" pertence ao modelo médico, no qual você torna uma parte do corpo e a cura. A terapia familiar, no sentido sistêmico, é sempre consulta.

BOSCOLO: Há algo aqui que vai ainda mais confuso. Se você usa a palavra terapia, você define a família como portadora de um problema. Implicitamente, você aceita a patologia. Se você introduz o termo consulta, você se liberta de tudo isso.

PARTE 3

A Questão da Anorexia

Introdução

Esta consultoria prolonga-se por quatro sessões e abarca um período de dois anos. Como nas outras consultorias apresentadas neste livro, o objetivo fundamental da Escola Milanesa é ensinar a um grupo de colegas, através do atendimento de uma família, o seu modelo de tratamento. Visto que Boscolo e Cecchin estão atuando, fundamentalmente, como professores, podem realizar seu trabalho com liberdade de crítica e de forma inovadora. Vemo-los responder em cada uma das sessões com uma mudança de direção tanto em relação à apresentação de novas informações, quanto ao reconhecimento de omissões anteriores. Nunca perdem a liberdade de reformular suas hipóteses quando é revelado um novo aspecto do dilema familiar.

A consultoria com a família S esclarece alguns dos problemas relativos ao contexto de referência, delineia os triângulos e as mudanças de seus contornos na família durante o período de tratamento. Destaca o conceito de premissa, utilizado por Boscolo e Cecchin, em uma família profundamente estruturada, convicta da importância da sua definição do problema e indica o quanto ela pode mudar.

Apresentação do problema e do sistema encaminhador

Sue, uma das filhas da família S, tem 23 anos e há seis sofre de anorexia nervosa. A família S tem três outros filhos: Jane, de 25 anos, Kate de 20, e Joe de 15. O pai é aposentado e permanece em casa. Sue e seus pais cruzaram os Estados Unidos e o Canadá de ponta a ponta em busca de terapeutas, ou da terapia, que pudessem curá-la. Durante este período, sue foi submetida a um prolongado internamento em um hospital de orientação comportamental, enquanto a família consultou-se com diversos terapeutas conhecidos pelos seus trabalhos sobre anorexia, sem que se conseguisse a almejada cura. Todos estes terapeutas fracassaram na sua tentativa de ajudar Sue e a família. Devido a esta experiência, a família não gosta dos terapeutas, nem confia neles. O Sr. S expressa veementemente esta atitude quando, durante a primeira sessão, ataca Cecchin e "os outros" por não saberem o que fazem. O Sr. S parece determinado a proteger sua família da frustração, ou seja, de mais uma terapia.

Cecchin responde ao caos familiar e aos ataques do pai com uma série de perguntas circulares, fazendo comparações com as terapias e rastreando as ideias da família sobre terapia. Em certo momento, Sue admite: "Se eu tivesse feito minha cabeça muito antes, não estaria doente". Este depoimento positivo contraria as negativas premissas da família no que se refere à terapia.

Deve-se notar que no modelo de tratamento de Milão os problemas do contexto de referência são sempre considerados, amiúde, antes de a equipe abordar a dinâmica familiar. As consultorias de formação dos criadores Milan Approach caracterizam-se pelo fato de incluírem o contexto terapêutico. A ênfase do seu tratamento nesta importante via de retroalimentação tem permitido o avanço da compreensão do "sistema significante": a sede de significados e relacionamentos organizados pelo problema. A ideia do contexto terapêutico engloba não apenas os profissionais de referência, mas também todas as terapias das quais a família participou. A experiência da passagem por inúmeras terapias leva o sistema familiar à criação de uma ideia do que é a terapia, ideia que, isomorficamente, pode representar todas as divisões, com acordos ou desacordos, encontradas na própria família. Ignorar o significado que, para a terapia em curso, têm as terapias anteriores, seria como assumir que a família pode ser separada da sua própria história. O questionamento do modelo de Milão enfoca sempre essas terapias. Quando se consegue esclarecer a compreensão da história terapêutica do sistema, o questionamento orienta-se para os particulares da terapia em curso e o surgimento da ideia na família: quem foi o primeiro que pensou, quem foi o mais reticente, quem foi o mais entusiasta e assim por diante. A ideia de "terapia", que é encontrada na família, nunca é assumida e, pelo contrário, é tratada como mais um tema que, tanto pode responder, como fornecer informação.

Esta posição tem um sustento bastante interessante. Muito cedo, eles começaram a perceber a terapia familiar como algo situado na fronteira entre a família e a sociedade. Boscolo conta uma história sobre a primeira conferência de Terapia Familiar realizada em Milão, em 1968, a qual contou com a participação de Nathan Ackerman e Ronald Laing. Na época, a maioria dos psiquiatras italianos era marxista. Ackerman foi clamorosamente atacado porque se apresentou como interessado exclusivamente na dinâmica familiar. Eles preferiram, e de longe, a pontuação dentro do contexto social feita por Laing, que se adaptava à sua própria ideologia. Eles sentiam que a psicanálise e os seus derivados eram "burgueses"; não obstante um grupo destes psiquiatras marxistas foram para o Centro Milanese para aprender com os dois terapeutas os "instrumentos técnicos" que lhes permitissem lidar com os problemas familiares. A reputação do Centro ampliava-se enquanto os psiquiatras marxistas continuavam utilizando métodos convencionais para tratar pessoas, que não melhoravam. O dilema dos marxistas demonstrou ser muito interessante; ao aprenderem as técnicas de Milão, entraram em contato com uma epistemologia diferente... que não apenas era neutra, como também tolerante com muitas visões neomarxistas do mundo. Os marxistas sentiram que para o terapeuta era importante ser politicamente consciente para ter o poder de introduzir normas sociais no paciente, aliar-se com ele contra a sociedade ou com as normas contra o paciente. Mas estes problemas, que estavam na fronteira entre o paciente e a sociedade, não foram resolvidos quando os marxistas aprenderam as técnicas de Milão. Em vez disso, a metodologia serviu para contestar as soluções marxistas. No entanto, os marxistas ensinaram à Equipe de Milão uma importante lição: que não era possível fazer uma terapia que não incluísse o contexto relacional da família, tanto social, quanto profissional. O ato terapêutico deve representar todos estes contextos.

Retornando a família S, esta tinha elaborado uma posição para lidar com as terapias fracassadas. Tornou-se claro, durante a entrevistas, que sua posição desafiadora queria exigir que os terapeutas – mas não eles – mudassem. A sua coleção de terapias passa a ser um elemento da sua maneira de se manterem juntos. A hipótese é que a terapia implica, para esta família, em um risco de separação. Os pais contornam este perigo dividindo a tarefa: um deles procura com afinco um ilustre terapeuta e o outro encontra uma razão para desaprová-lo. Este "jogo" protege a premissa segundo a qual a família deve permanecer unida. O principal terreno de acordo entre os pais é sem assentimento com o fracasso dos terapeutas e das terapias. Neste sentido, eles concordam a respeito de quando concordar e de quando discordar.

A Equipe de Milão pediu – com o objetivo de questionar as regras de relacionamento do casal S com a terapia – que retornassem no dia seguinte após terem chegado a um acordo sobre que grupo – os pais ou os filhos – compareceriam à sessão. O elemento racional fornecido à família é que as filhas vivem em um conflito e que não poderão crescer porque acham que os pais não são capazes de permanecerem juntos sem elas. Se os filhos decidem voltar, os consultores tentarão fazê-los desistir desta ideia. Caso sejam os pais que decidam retornar, a equipe investigará de que forma os filhos obtêm a mensagem que reforça esta ideia.

A mãe e o pai voltam no dia seguinte e recebem a tarefa do "casal secreto": terão uma data secreta cada semana. Ninguém deverá saber para onde vão e, quando voltarem, não deverão falar sobre o que fizeram, nem para onde foram. Este ritual permite que sejam realizadas duas coisas importantes: primeiro, coloca todos os filhos no mesmo nível, cada um no seu próprio caminho, lutando com o problema de como sair de casa sem se preocupar com os pais. Segundo, todos os triângulos do sistema estarão subordinados ao tempo secreto que o casal passa junto. Por outro lado, a fim de amenizar sua desconfiança dos terapeutas e de dar-lhes um tempo para que explorem novas possibilidades por si próprios, foi-lhes pedido que não fizessem terapia durante um período de seis meses.

Triangulação e a premissa

A avaliação triádica constitui a base da construção de hipóteses, mas a premissa é o tema ou a ideia, o problema pelo qual se debatem os triângulos. Os triângulos da família podem mudar e, de fato, com a intervenção terapêutica, mudam, mas a premissa é algo muito mais fácil de se mudar e conserva uma posição-chave do problema que a família ainda tem que resolver.

Antes de explorarmos a instável estrutura triádica, construída em torno da premissa particular da família S, lembraremos a visão que a Equipe de Milão tem da rotulação. A anorexia constitui um grande desafio para qualquer modelo terapêutico. Para a Equipe de Milão, a anorexia vem a ser um rótulo como qualquer outro e como qualquer outro será transformado em um processo internacional ou em uma descrição comportamental. Sua preocupação central é a observação de qualquer sinal indicando que a família compreende que a doença da pessoa representa uma forma de relacionamento com os outros. A partir daí, tanto o terapeuta, quanto a família podem começar a ver a "doença" como a decisão de assumir um comportamento determinado, podendo, assim, os membros da família começarem a reagir com o anorético, levando em conta que se trata de um ser humano e não exclusivamente de uma "pessoa doente". A Equipe de Milão sente que este é o momento em que começam as mudanças.

As triangulações da família S assumem, no decorrer das quatro entrevistas, algumas mutações interessantes. Os consultores passam do triângulo constituído pela mãe, Sue e Jane – na primeira sessão – a um outro formato pela mãe, o pai e Sue, na terceira. Ao concluírem o trabalho com esta família, surgiram outras triangulações que serão posteriormente discutidas.

A partir do material analógico e verbal colhido na primeira entrevista, Boscolo e Cecchin chegam à conclusão de que Sue e Jane parecem estar competindo por sua mãe, quem, por sua vez, incentiva a competição. O resultado deste tipo de rivalidade – que se manifesta sob a forma ficar/sair – é que nenhuma das filhas consegue separar-se da família. Os consultores, percebendo os movimentos das duas garotas – suas tentativas de sair de casa e seus subsequentes retornos – desenvolvem a noção de filha pseudoestável e filha pseudofugitiva. Ambas as posições – tanto a ameaça de partir, quanto o retorno – aumentam o vínculo com os pais. A lógica desta conduta implica na necessidade da manifestação do desejo de partir de um dos filhos e, visto que nenhuma delas constitui a solução, na alternância das posições. Este comportamento tem, para a família, uma consequência evidente: dado que um dos filhos está sempre se preparando para partir, o fato de ficarem juntos torna-se aceitável. Este raciocínio possibilita uma definição mais abrangente da oscilação ficar/partir que permite que a família permaneça unida.

Boscolo e Cecchin introduzem, para tratar da oscilação ficar/partir, as questões futuras. Por exemplo, ao perguntar: "Qual dos quatro filhos decidirá ficar em casa para estar perto dos pais?". Estas e outras questões futuras, relativas às expectativas da família com os filhos, contribuem para criar conexões que a família não tinha previsto ou das quais não tinha falado.

Para eles, a premissa faz parte do sistema de crenças da família. Quando as pessoas tentam criar um mundo muito semelhante àquele que conhecem, inventam uma profecia autorrealizável. Mas se se formularem questões futuras, neste caso em torno da separação: quem será o primeiro a deixar a família, a se casar e assim por diante, serão feitas perguntas não permitidas pela premissa. Estes questionamentos introduzem a ideia de que a premissa pode mudar ou, no mínimo, ser modificada.

Como bem indicava Gregory Bateson no seu ensaio The Cybernetics of Self (1972), a mudança da premissa é um acontecimento raro e difícil. Neste ensaio Bateson descreve a premissa do alcoolista: "Eu controlo minha bebida", o que deve ser provado uma ou outra vez, a cada rodada. De acordo com a premissa "Eu controlo", para mudar, o alcoolista deve levar uma boa "sacudida", que o faça reconhecer que não tem o controle. Aí a premissa muda da constante negativa de provar o controle à aceitação do fato que não se tem controle.

Os terapeutas sentem que, por exemplo, ao se dizer "Não mude, permaneça o mesmo! Seja mais depressivo, ansioso, angustiado, anorético, ainda que você possa morrer", isso equivale a uma profunda sacudida. Ao prescrever esta "profunda" sacudida, cria-se a possibilidade de uma nova solução.

Boscolo e Cecchin afirmam, na discussão deste caso, que as famílias possuem premissas gerais, particularmente sobre separação e morte. O modo como se percebe a morte nos relacionamentos familiares e a forma em que esta será vivenciada no futuro, depende da evolução de tais ideias durante a história familiar.

Voltando ao caso, a terceira sessão é realizada seis meses após a prescrição do ritual do caso secreto. O comportamento de Sue mudou, mas ainda inquieta a família. Durante este período ela começou a ver um terapeuta com quem parece ter um envolvimento estável. Entretanto, seus pais ainda estão brigando com ela: o pai a ataca porque seus amigos são um "lixo", enquanto a mãe a defende, dizendo que é provável que a sua autoestima muito baixa a faça imaginar que não é digna de algo melhor. Boscolo e Cecchin sentem que é importante não separar a família da forma que o fez ao propor a intervenção do casal secreto, razão pela qual recomenda que a família permaneça junta. O tempo, afirmam, encarregar-se-á das coisas, e o tempo normal da separação virá por si só. Para eles, a terapia de Sue constitui uma maneira de desaceleração do processo de separação. Em essência, eles querem conceder à família o tempo necessário para a reorganização do seu comportamento, que respondia às consultas e para contra-arrestar à injunção dos muitos terapeutas com que a família tinha se envolvido e seguido, para os quais a permanência em casa era uma atitude anormal. Dentro desta linha, Boscolo e Cecchin dizem para a família que Sue, mesmo que ainda manifeste um comportamento anorético, já deixou de ser anorética. A seguir, eles falam dos longos intervalos entre as sessões que caracterizam seu trabalho. No começo da terapia, veem a família com mais frequência, chegando a utilizar até três sessões para fazer uma intervenção. Depois de uma avaliação que levará em conta o tempo apropriado para cada caso, deixam a família ir embora, proscrevendo-lhe um intervalo que pode ir de vários meses a um ano.

Acompanhamento após 18 meses

O seguimento é realizado em duas fases, dois meses depois da primeira entrevista e dezoito meses depois da segunda. Durante este período, Sue continuou vendo seu terapeuta individual e a família foi ver um psiquiatra. Houve uma grande mudança. A Sra. S abriu uma cadeia de boutiques de roupas esportivas. O negócio representa um sucesso para a família, mas não apenas em termos financeiros, porque cada filha dirige sua própria boutique ou trabalha na matriz. Boscolo e Cecchin interpretam a mudança da maneira seguinte: durante anos a Sra. S esforçou-se para transformar seu marido em um bom chefe de família, o que os levou várias vezes a ficarem à beira da falência. De fato, em uma ocasião o Sr. S foi obrigado a vender a casa da família. O casal sempre pediu dinheiro emprestado à rica mãe da Sra. S. Isso sempre foi muito humilhante para a Sra. S, uma vez o que era a única das três irmãs cujo marido não era rico. Durante esses anos, a Sra. S teve um relacionamento dependente da sua mãe, enquanto o Sr. S também manteve um relacionamento bom com ela, visitando-a com frequência para *tête-à-tête*. Ou seja, a mãe não apenas não tinha jeito como as irmãs (para se casar com um homem rico), mas seu marido e sua mãe tinham uma aliança. A abertura das boutiques desligou a família S da avó e estabeleceu um claro limite entre a Sra. S e sua mãe. A Sra. S tinha conseguido separar-se financeira e emocionalmente dos vínculos de sua família de origem.

O problema principal da família S parecia ser a separação da mãe com sua família de origem e seu sentido de independência e autonomia. Segundo Paul Dell (1982), a mudança não acontece no nível do sistema, mas sim no nível dos seus membros individuais. A família não muda subitamente, existe uma retroalimentação constante entre o indivíduo que muda e o sistema. Nesta família, foi a mãe que fez a primeira mudança dramática, acabando com a dominação da sua mãe e organizando a vida financeira da família.

Tudo isso impõe duas questões. A primeira, em torno da continuação da proximidade ou "emaranhamento familiar". Por exemplo: um terapeuta familiar estrutural poderia julgar esta solução inadequada dado que a família ainda continua morando junta? Ou poderia esta família ser vista como saudável mesmo sendo uma família emaranhada? Este caso também mostra, sem ambiguidade, que as mulheres – tanto como os homens – são organizadoras de soluções sistêmicas e que estas soluções se caracterizam pelo sucesso interpessoal e a engenhosidade.

A segunda questão tem a ver com a liberdade de trabalho com as hipóteses do Grupo de Milão. Embora recebendo algumas informações referentes à família de origem – pelo menos com respeito à família da mãe – eles não trabalham, nem fazem seus questionamentos e intervenções a partir de hipóteses multigeracionais. Eles focalizam a separação das filhas de seus pais, sem promover ou incluir a separação da família nuclear da família de origem. Mesmo na discussão que segue ao resultado conseguido com as boutiques, eles utilizam a informação sobre a família extensa para avaliar o que aconteceu. Isso implica em uma ideia adicional: nem sempre é preciso ter mais do que uma hipótese parcial para produzir mudanças na família como totalidade.

O CASO: CONSULTA E CONVERSAÇÃO

1ª Sessão

HOFFMAN: Por que os chamaram para ver esta família?

CECCHIN: Eles tinham uma filha de 23 anos, Sue, que durante os últimos seis anos havia sido definida como anorética. Nesse período, a família procurou vários profissionais, incluindo Hilde Bruch, em Houston. Finalmente, foram encaminhados para uma clínica, onde iniciaram um tratamento com a Dra. H, tratamento que, depois de algumas sessões, decidiram interromper. Quando nos dirigíamos para este seminário, a mesma terapeuta escreveu uma carta para a família, na qual dizia: "Estamos recebendo a visita de dois doutores italianos, famosos pelos seus trabalhos em anorexia. Se vocês quiserem voltar para o Instituto, poderiam ter uma consulta com eles".

PENN: Quanto tempo fazia que a família tinha abandonado o tratamento?

CECCHIN: Cerca de seis meses.

HOFFMAN: Durante quanto tempo estiveram com a terapeuta?

CECCHIN: Três ou quatro meses, fazendo cinco ou seis sessões. Foram tentando algumas intervenções tipo Milão, mas a família respondeu abandonando o tratamento. Para mim, tratava-se de um duplo desafio. A família dizia "Vamos ver o que tais doutores podem fazer", enquanto a sua terapeuta dizia "Vamos ver como fazem estes italianos".

HOFFMAN: Qual foi a sua experiência com Hilde Bruch?

CECCHIN: Hilde Bruch apenas as encaminhou para o hospital. Durante sua entrada no hospital, Sue foi alimentada e ganhou peso. A seguir, o hospital enviou-a para casa, indicando uma terapia familiar.

HOFFMAN: Quando você a viu, estava muito abaixo de seu peso?

BOSCOLO: Não, estava bem, mas tinha um comportamento anorético, estava sempre pensando em comida. Sua anorexia começou quando sua irmã, Jane, saiu de casa. Eram três irmãs: Jane, de 25 anos, entrava e saia da universidade. Kate, a irmã mais nova, era também hiperativa. Joe, de 15 anos, era calado e um pouco gordo. O pai era "aposentado" e ficava em casa, dizia que tinha sido fraco na escola.

PENN: E a terapeuta?

CECCHIN: Estava atrás do espelho. O terapeuta que acompanha a família costuma entrar conosco, mas como era uma terapeuta "queimada", decidimos que talvez fosse melhor deixá-la de fora.

ENTREVISTA FAMILIAR

PAI: E a Dra. H (a terapeuta anterior da família) vai entrar?

CECCHIN: Não, nós lhe pedimos para ficar fora. Você preferiria que ela estivesse aqui?

PAI: Não, apenas pensei que ela fosse estar aqui. De fato, não têm importância.

CECCHIN: A Dra. H contou-nos sobre a sessão que teve com vocês e sobre o que tinha acontecido. Segundo soube, vocês têm atravessado um longo período de problemas e visto muitos terapeutas.

MÃE: Por muito tempo.

CECCHIN: Qual é o problema da família agora? Podemos começar desde o início? Qual é o problema da família agora?

MÃE: Sue tem anorexia e este é o problema. Ela está doente, o que cria outros problemas na família, porque talvez alguns dos membros da família não queiram aceitar sua doença. Em vez de ajudá-la, temos um bocado de brigas, o que faz com que as coisas piorem.

CECCHIN: Sue, concorda com o que sua mãe diz... concorda que você tem uma doença?

SUE: Acho que sim.

CECCHIN: Desde quando?

SUE: Desde os meus 17 anos.

CECCHIN: Agora você tem 23.

BOSCOLO: S mãe disse que Sue tem anorexia e que alguns membros da família não aceitam o fato. Penso que seria bom perguntar "Quem não aceita?", porque é possível que a briga da família se deva ao fato de a mãe acreditar que Sue é anorética, enquanto os outros não acreditam. O problema poderia ter sido abordado perguntando: "Quem acredita que você é anorética? Quem não acredita? E dos que acreditam, quem acredita mais?" Ao se acreditar que alguém é anorético é preciso aceitar muitos comportamentos. Por exemplo: se a anorética jogar um prato na cara e acreditar que ela é anorética, ela não é responsável. Já se você não acreditar, aí você fica zangado.

CECCHIN: Aqui estamos novamente falando de processos e não de conteúdo. Não estamos interessados em saber se é ou não anorética. Caso contrário, cairíamos no mesmo erro epistemológico da família. Pretendemos saber quem acredita e quem não acredita em sua anorexia. Estamos atentos à maneira como funciona o processo desta convicção, nesta família em particular.

BOSCOLO: Eis um bom exemplo de como a busca da solução pode passar a ser um problema. Os casos de anorexia têm aumentado muito nos últimos trinta anos, o que poderia, em parte, ser explicado pelo fato de as manequins serem cada vez mais magras, levando muitas adolescentes a iniciarem regimes de emagrecimento. O problema começa quando aquela que fica muito magra ou anorética provoca uma reação na família, a qual passa a preocupar-se: "Está ou não doente?" É esta retroalimentação que gera o problema.

PENN: Eu estava pensando na estrutura fraterna desta família, particularmente na relação entre as três irmãs, na qual vemos que, com frequência, duas se aliam, excluindo a terceira. Será que a anorética tende a ser a terceira? Qual é a sua relação com a mãe?

BOSCOLO: Embora tenhamos encontrado esta situação em alguns casos, preferimos ter o cuidado de não generalizar. A garota que se torna anorética procura um sentido pessoal fora da relação com sua mãe. Ela experimenta, na ausência da mãe, uma sensação de traição, o que acontece quando uma das irmãs faz algo diferente – deixa a casa, trabalha, casa – e a mãe lhe telefona todos os dias. A filha que fica exige todo o amor da mãe. Quando isto não se concretiza, a garota decide não comer, o que obriga a mãe a se envolver exclusivamente com ela, mas não resolve o problema. Isso costuma acontecer em famílias nas quais a comida é vista como um veículo para o envio de mensagens. Quando se faz parte de uma família que utiliza a linguagem psicossomática e se deseja transmitir uma mensagem, pode desenvolver-se uma dor de barriga ou uma enxaqueca. Nas famílias judias ou italianas, a comida é algo muito importante. Quando sua esposa não está cozinhando bem, você diz "Ela já não me ama". Nesta família a comida constitui um meio de comunicação, o que significa que qualquer um dos seus membros pode desenvolver uma anorexia.

CECCHIN: Penso que existem diversas tipologias para descrever as anorexias. Às vezes, o triângulo principal está constituído pela anorética, a mãe e uma irmã; outras pela anorética, a mãe e o pai. Temos visto alguns casos em que a anorexia começa quando o pai se aposenta e fica em casa o dia todo. Um outro triângulo pode ser formado pela anorética, a mãe e a irmã da mãe ou a prima, filha da irmã da mãe. Uma outra tipologia, e para mim esta é a pior, é quando a mãe prefere claramente um outro filho, outra irmã, e a anorética deve, supostamente, ser a parceira do pai. Quando entra na adolescência, começa a tornar-se anorética. Eu acredito que estes casos sejam os mais difíceis, pois a anorética nunca se iguala à mãe.

BOSCOLO: Temos tendência a colocar a mãe no centro do triângulo, mas, às vezes, quando há muitos filhos, a relação dos filhos torna-se mais importante. Em certos casos, um dos irmãos deixa a casa porque não é tolerado por um dos irmãos. Durante a adolescência, os irmãos podem constituir subsistemas tão fortes que marginalizam os pais. É claro que a partida de um dos irmãos torna a questão da futura escolha da mãe muito importante.

CECCHIN: Uma outra situação típica é aquela da mulher que se torna anorética depois do casamento. Como está tão fortemente vinculada à mãe, tenta afastar-se dela: "Vou encontrar um homem melhor do que você, não preciso de você". O homem fica louco, tenta ser uma mãe, um pai e um marido para ela; porém, quanto mais tenta, pior fica. Eventualmente, ela volta para sua mãe, por algum tempo, depois as coisas tornam a piorar e a filha volta a sair etc. Ninguém pode entender o que acontece.

HOFFMAN: Como descreveria os triângulos nesta família?

CECCHIN: Ainda não está claro, mas poderíamos começar com a hipótese de que o grupo das três garotas é mais significativo. Quando duas se unem, a outra é excluída. Amiúde, quando se tem um grupo de três irmãos – homens e mulheres – mais ou menos da mesma idade, são eles que constituem o grupo mais importante.

PENN: Mas, nesta altura, você ainda não tinha nenhuma hipótese sobre a família?

CECCHIN: Não.

ENTREVISTA FAMILIAR

CECCHIN: Você tem passado muito tempo doente. Quem decidiu que era uma anorexia?

SUE: Fui eu.

PAI: Quem disse que era uma doença?

CECCHIN: A mãe.

PAI: Não é uma doença.

MÃE: Seja lá o que for.

CECCHIN: Você não concorda com o dito pela sua esposa?

PAI: Não, a anorexia não é uma doença.

CECCHIN: E o que você acha que é?

SUE: Uma doença, uma enfermidade.

PAI: É uma desordem mental, um problema psiquiátrico, emocional... chamem-na como quiserem. Uma doença pode ser classificada como, por exemplo, quando se tem tifo.

CECCHIN: Então, não é uma doença física?

PAI: Não.

CECCHIN: É uma doença mental.

PAI: Pode chamá-la como quiser. Diga que é emocional ou... qual é mesmo a diferença entre emocional ou mental? Existe diferença entre as duas?

CECCHIN: Não muita.

PENN: Você está fazendo nesta sessão algo que nós não podemos ver? O pai parece o estar atacando.

BOSCOLO: Existe uma discordância entre pai e mãe, tanto no que diz respeito à terapia, quanto à definição do problema. O pai não concorda com a mãe quanto à necessidade da terapia, por isso começa a atacar o terapeuta.

CECCHIN: Está claro que ele não quer ninguém interferindo na família. A mãe sai à procura de terapeutas, mas o pai quer ser o chefe da sua família, por isso disse: "O que você está fazendo aqui? Não quero ninguém vindo competir comigo por todas estas mulheres".

ENTREVISTA FAMILIAR

CECCHIN: E sua filha? [Para Sue] você concorda com o que seus pais estão dizendo? É uma doença, uma doença emocional?

SUE: Até um certo ponto sim.

CECCHIN: Sua mãe estava dizendo que isso acarreta problemas para a família. Que tipo de problema?

JANE: Bem, esta pergunta é difícil de se responder.

CECCHIN: Que tipo de problema você acha que sua irmã mais nova traz para sua mãe?

JANE: Para minha mãe? Ela faz com que minha mãe se sinta culpada por tudo. A mamãe já nem vive, sempre está preocupada com Sue, isso não é justo, está se preocupando o tempo todo com Sue, que concentra toda sua atenção. Nós não estamos tendo porções iguais da atenção dos pais, porque ela sempre está especialmente se dirigindo para Sue, é nela que tudo se concentra. Porque ela está doente.

CECCHIN: Você disse os pais ou a mãe particularmente?

JANE: A mãe em particular. Mais a mamãe do que o papai. Embora ache que no fundo ambos participem. Isso acarreta problemas para os outros filhos, Kate e Joe, por exemplo, porque eles são mais novos. Tenho certeza de que eles se sentem um pouco negligenciados. Eu sou a mais velha e não tenho os mesmos sentimentos. Faz tempo que sou independente e, para mim, realmente, não faz diferença.

CECCHIN: Você está morando fora de casa?

JANE: Não, estou morando em casa, mas já morei sozinha. Acabo de voltar para casa, mas para mim não constitui um problema como para Kate e Joe.

CECCHIN: Você disse que Sue faz sua mãe sentir-se culpada. O que ela faz para sua mãe se sentir culpada?

JANE: Reclama de tudo.

SUE: Mas eu penso que sou um bom pretexto para todo mundo. Sempre que acontece algo de ruim, sou a culpada. Que nem na semana passada, por exemplo, quando Kate e minha mãe tiveram uma briga; eu estava em casa por acaso e o primeiro que Kate fez foi jogar na cara da minha mãe: "É tudo culpa dela", referindo-se a mim.

CECCHIN: Como ela faz?

SUE: Oh, é porque, veja, Kate teve um acesso de raiva e como não pode se controlar, meteu-me na história. "É culpa da Sue, se ela não estivesse doente...".

KATE: Não, não é verdade.

SUE: Sim, eu acho que é e ela ficou zangada comigo por sua causa.

MÃE: Não. Sabe o que aconteceu? Recebemos uma carta para virmos aqui, um convite. Eu achei que tínhamos muita sorte de termos esta oportunidade. Aí eu falei, para Jane e para Kate, sobre o assunto. Sua atitude foi "Eu não vou", isso me chateou muito porque penso que foi sorte termos uma chance que talvez impulsionasse Sue para... eu jamais perderia tal oportunidade. Eu acho que como sabiam que eu estava ansiosa pela sua participação, escolheram esta maneira de punir-me. [Para Sue] não a você.

KATE: Não foi assim, não. Eu lhe disse exatamente por que eu não poderia vir e você começou a dizer-me coisas que não teria me dito se Sue estivesse presente.

MÃE: Não, Kate disse que não poderia vir porque tinha trabalho. As duas horas utilizadas para vir e voltar interfeririam no seu trabalho, aí ela disse que não iria perder duas horas de trabalho. Mas isso não era apenas uma desculpa.

HOFFMAN: Esta família está muito barulhenta e muito caótica. Uma das perguntas que poderia ser feita por um estudante a respeito do questionamento circular seria: o que fazer quando a família não se cala, quando alguém se torna muito hostil ou quando uma criança fica gritando ou correndo?

BOSCOLO: Pode-se responder a este comportamento específico perguntando a outro membro da família: "Como você explica este comportamento?". Mas eu acho que quando falamos sobre o questionamento circular, corremos o risco de sermos muito rígidos. Primeiro, se você só fizer perguntas circulares, vai parecer robô. Segundo, você pode criar um problema de ligação. O terapeuta pode, ao formular estas questões, torna-se extremamente mecânico, caindo no perigo da hipercircularidade, o que vem a ser uma espécie de sintoma. Umas vezes o terapeuta usa as perguntas circulares, outras faz uma pausa. Ao fazer a pausa, dá-se a oportunidade de ficar calado e pensar... Nem sempre é necessário escutar tudo o que a família diz. Eu tento ver se toda a informação fornecida nos últimos minutos contribui para algum padrão de conexão. Fico fora da família por um instante, deixo alguém falar para proteger meu próprio pensamento ou passo também a fazer perguntas diádicas.

Bem, no começo da sessão o terapeuta também pode decidir não controlar as interações familiares. Á vezes, é bom deixá-los responder como se não estivessem na presença do terapeuta. Eu aproveito a circunstância para observar a maneira como se sentam, a forma como se olham. Eu tenho tendência a prestar mais atenção ao comportamento analógico, mostrando, durante estes primeiros minutos, hipóteses que, a seguir, serão testada através da formulação de perguntas circulares.

PENN: Nesta sessão, a mãe é a primeira a sentar-se, e as filhas disputam um lugar perto dela, o que faz suspeitar de um triângulo constituído pela mãe e pelo menos duas filhas.

CECCHIN: Sim, e logo pode-se ver uma premissa: não se pode partilhar a mãe. Tem-se a impressão de que todas as filhas fantasiam sua posse em exclusividade. A premissa desta anorexia é: a mãe deve ser só minha.

BOSCOLO: O pai tem a mesma ideia, é por isso que interfere tanto. A mãe não sabe lidar com a situação, está constantemente se auto-oferecendo, mas, de fato, não sabe como se dar a ninguém.

PENN: Luigi acabou de dizer que a anorexia pode aparecer a partir do momento o pai aposenta-se, ele depende da mãe para reconhecer nas suas novas atividades, mas torna-se rival quando as filhas ainda moram em casa.

CECCHIN: Sim, passa a ser uma criança. Está dizendo "Eu trabalhei a vida toda esperando pelo momento em que você tomaria conta de mim". Mas a esposa deixa transparecer que era melhor quando ele trabalhava.

BOSCOLO: Alguns pais aposentados acham que os filhos tiveram a mãe durante muitos anos e que agora é a sua vez. É aí que começam os transtornos. Podendo haver uma escalada entre a anorética e o pai, dinâmica em que é possível a constatação do desenvolvimento da honestidade entre o pai e a filha.

ENTREVISTA FAMILIAR

SUE: Aí minha mãe disse para Kate "Bem, se é assim, saia de casa". E Kate retrucou: "Oh, saio de casa se você me der comida, eu conto apenas com o crédito educativo e não tenho dinheiro". Eu moro sozinha em um apartamento.

MÃE: Acaba de mudar-se em janeiro.

CECCHIN: Você mora muito longe de casa?

SUE: Não muito, eu gosto da área.

CECCHIN: Com que frequência visita seus pais?

SUE: Eu nunca vou em casa.

CECCHIN: Mas você voltou para casa semana passada.

SUE: Isso me confunde muito.

CECCHIN:E antes da semana passada, com que frequência ia em casa?

SUE: Mais ou menos uma vez por semana a cada dez dias.

CECCHIN: Você falava com eles pelo telefone? [Boscolo telefona]

HOFFMAN: O que é que Luigi queria dizer?

CECCHIN: Chamou-me para fora porque sentiu que estávamos tendo uma conversa de comadres.

BOSCOLO: Não, acho que queria que você tentasse a hipótese da competição da filha pela mãe.

ENTREVISTA FAMILIAR

CECCHIN: Bem, antes Kate estava dizendo que Sue não tivesse este problema, vocês poderiam ter um pouco mais de seus pais. Jane, você disse "Nós não estamos tendo nossa parte", não foi? Quando eu perguntei "Qual dos seus pais você gostaria mais ter?", Kate respondeu "A mãe". Agora eu gostaria de perguntar a Sue: "Qual dos seus irmãos gostaria de ter mais dos seus pais?"

SUE: Kate.

CECCHIN: Qual dos filhos está sentindo mais a falta dos pais?

SUE: Kate.

CECCHIN: Foi isso que você disse. [Para Jane] Kate disse que o problema de Sue faz com que os outros não tenham os pais o suficiente. Você diria que quem mais sofre é Kate?

JANE: Eu não penso que nenhum deles sofra. Eu penso que meus pais nunca deixam de estar onde era preciso.

CECCHIN: Quer dizer que você não concorda com o dito?

JANE: Não, para dizer a verdade, não.

CECCHIN: O que eles dizem não é verdade?

JANE: Bem, o foi por algum tempo.

PAI: A verdade está apenas na cabeça de quem fala. Sua interpretação do que ele pensa não é necessariamente a mesma que a das suas irmãs.

MÃE: Mas concordo com Jane e concordo com Sue. Houve uma época em que realmente eu estava tão preocupada com ela, que era verdade.

CECCHIN: Quando foi que acabou?

MÃE: Acho que foi a mudança de Sue. Quando ela estava fora [na cidade], eu sempre estava preocupada.

CECCHIN: Quer dizer que a partir de janeiro o problema foi superado?

MÃE: Bem, não foi superado.

PAI: Que problema foi superado?

JANE: Ela ainda está fora, mas nós não entendemos por que, quando ela liga, só fala com a mãe e mais ninguém.

CECCHIN: O seu irmão também está tendo o mesmo problema com a falta dos pais?

SUE: Não sei.

PAI: Pergunta para ele. [Para Joe] que problema você tem?

CECCHIN: Você tem os mesmos problemas que suas irmãs? Jane e Kate disseram que antes da saída de Sue de casa existia o problema. A mãe estava sempre zelando por Sue – o pai também – e elas sentiram que, de certa maneira, não estava recebendo o suficiente dos seus pais, a parte que lhes cabia...

JOE: Não.

CECCHIN: Você recebe dos pais a parte a que tem direito?

JOE: É.

PAI: Olhe para o doutor, não para mim.

CECCHIN: [Para Joe] Como você explica o fato delas terem este problema e você não? Elas percebem este tipo de coisa e você não?

JOE: Sei não. Eu recebo deles o suficiente.

SUE: Ele passa a maior parte do seu tempo com papai.

CECCHIN: Ele passa a maior parte do seu tempo com papai? E papai também está envolvido com Sue ou não?

MÃE: Eu vou dizer-lhe como foi que Joe se envolveu. Joe não gostava que Sue estivesse comendo e vomitando. Seu envolvimento não foi produzido porque sentisse a falta de seu pai e de sua mãe, seu problema era que não queria utilizar os aparelhos sanitários porque Sue estava sempre vomitando neles. Foi assim que se envolveu. Ele sempre gostou de Sue – se davam bem – mas a doença dela os afastou, porque não queria utilizar os sanitários.

CECCHIN: *Você disse que ele tem seu pai. [frase inaudível] Ele não estaria culpando seu pai?*

SUE: *Se está, não deixa transparecer.*

CECCHIN: *[Para Jane] quem está mais chateada por não receber o suficiente de sua mãe, você ou Kate?*

JANE: *Foi assim por algum tempo, mas acho que agora não...*

SUE: *Eles esquecem de que quando precisam de ajuda, ninguém se nega. Esquecem de que se um deles tivesse meu problema, todos estariam com ele da mesma forma que estão comigo.*

CECCHIN: *Suponha que você não tenha anorexia e que é tão saudável quanto suas irmãs. Quem gostaria, neste caso, de ser a mais chegada à mãe? Qual das três irmãs gostaria de ser chegada à mãe?*

PAI: *[Pigarreia].*

SUE: *Provavelmente eu.*

CECCHIN: *Por quê?*

SUE: *Porque eu sempre senti...*

PAI: *Não, essa não é a pergunta. A pergunta é: se você não fosse doente, se estivesse na mesma categoria de suas irmãs, se todas três fossem saudáveis, qual das três gostaria de receber mais atenção de sua mãe?*

SUE: *Provavelmente nenhuma.*

CECCHIN: *Provavelmente nenhuma se importa com sua mãe?*

SUE: *Provavelmente ficaria na mesma. Eu talvez me importasse mais, porque não sou como elas. Elas parecem preocupar-se mais consigo mesmas que com as outras, enquanto eu, desde que me entendo por gente, sempre me importei com os outros.*

BOSCOLO: Se naquele momento tivéssemos tido uma hipótese, essa provavelmente seria que as filhas estavam brigando pela mãe. Mas agora, revendo a fita, parece que as outras filhas não eram tão apegadas a mãe quanto Sue, elas não se importavam muito com ela. As irmãs não estão competindo com ela pela mãe. Este seria o momento de mudarmos nossa hipótese, perguntando: "Quem mais poderia ameaçar seu relacionamento com a mãe? Seu irmão? O pai? Deveríamos abranger a família extensa?"

CECCHIN: O rapaz está muito na dele.

BOSCOLO: Nesta sessão, sentimo-nos constantemente bloqueados porque a hipótese da briga entre as irmãs não era correta.

PENN: Mas aí você fez a pergunta: "Suponha que você não tem anorexia, quem gostaria de ser mais chegada à mãe?"

CECCHIN: Sim, "Provavelmente eu", foi a resposta. Foi muito honesto, muito estranho. Caso ela realmente estivesse competindo com suas irmãs, nunca teria dito isso, mas sim "Minha irmã".

BOSCOLO: É muito interessante que ela diga "Seria eu", porque isso indica que não é anorexia que a aproxima da mãe. Ela também disse que, no passado, as irmãs queriam compartilhar a mãe, mas que ultimamente não se importavam. Não obstante, ela e Jane parecem competir, quando uma volta para casa a outra sai e vice-versa.

CECCHIN: Há muitos elementos que confirmam a ideia de que elas estão competindo entre si, o que nos seduziu.

ENTREVISTA FAMILIAR

CECCHIN: E antes da anorexia, qual das três irmãs era a mais próxima da mãe?

JANE: Não olhe para mim.

SUE: Eu, porque ainda estava no colégio.

PAI: [Rindo] Jane nunca foi chegada à minha mulher, nunca. Por isso estava rindo... porque é verdade.

CECCHIN: Seria porque, sendo a primeira, filha foi sempre muito independente?

PAI: Não, ela era ciumenta.

CECCHIN: Quem era ciumenta?

PAI: Houve uma complicação entre as duas [Jane e sua mãe].

CECCHIN: Por causa de quê?

SUE: Por ele.

PAI: Não sei. Uma queria mais atenção do que a outra, queriam saber quem se importava mais, não acho que nenhuma delas faça muita diferença.

CECCHIN: Antes deste problema acontecer, Jane era...

PAI: Era independente.

CECCHIN: Era independente. Ela era chegada a você?

PAI: Bem, até uma certa idade.

JANE: É, até os 4 anos. Eu nunca fui chegada nem ao meu pai, nem à minha mãe, sempre segui meu próprio caminho, entende? Lembro-me de que durante todo este tempo sempre quis dos meus pais mais orientação do que amizade, eu carecia de alguém que falasse mais como pai do que como amigo, e ainda hoje eu, na verdade, não falo abertamente com ninguém.

CECCHIN: Por quê? Porque eles se comportam como...

JANE: Como amigos. Sempre.

CECCHIN: Quem o faz mais, o pai ou a mãe? Quem se comporta mais como amigo?

JANE: Ambos. Sinto-me muito distante de todos dois.

CECCHIN: Você disse que Jane era muito ligada ao pai.

PAI: Até uma certa idade.

CECCHIN: Sue, você disse que até uma certa idade Jane era muito ligada ao pai. Ela disse que aos 4 anos deixou de sê-lo. Você concorda?

SUE: Não, acho que não. Porque eu me lembro de que quando eu nasci, ela me odiava tanto quanto odiava minha mãe.

MÃE: Bem, nós duas estávamos na mesma situação porque ela teve que dividir seu pai, entende? Ela não gostava de mim, pois tinha que dividir seu pai comigo, aí chegou Sue, ela não gostava de Sue porque teve que dividir o pai conosco duas. A chegada de Kate não teve importância, porque Jane já estava na escola começando a ter seu próprio mundo. Ah, e Jane sequer deixava que eu a tocasse, eu não podia respirar perto dela.

JANE: Não é que eu não queria meu pai e minha mãe, é que não gosto de ninguém. Não gosto de ser tocada. Gosto de fazer as minhas próprias coisas. Lembro-me de que quando Kate, chegou ela era meu centro de atenção, quando Kate nasceu passou a ser minha melhor amiga, porque eu era como sua mãe. Até que uma vez eu atendi o telefone e ela ficou louca comigo. Desde então eu deixei de gostar dela, porque ela tentou bater em mim. Eu peguei o telefone e ela ficou louca comigo, porque era para ela e eu nunca digo "Espere um minuto", simplesmente deixo para lá. Eu lembro que eu chamava por você, porque ela estava tentando me bater.

CECCHIN: Quando foi isso?

JANE: Cerca de quatro anos atrás, quando ela estava saindo com aquele idiota.

PAI: Todos os seus namorados são idiotas.

CECCHIN: E aí você rompeu com ela.

JANE: Ela, como estava saindo com este namorado, não queria mais saber de mim.

[A família fala sobre as intermitentes brigas de Jane e sua mãe]

CECCHIN: [para a mãe] se você quisesse se impor diante dela [Jane] e ela resistisse, a quem pediria ajuda?

MÃE: Ninguém me ajuda. Eu falo disso com ele, mas como ele não quer se envolver não me ajuda. Ele não quer se envolver.

CECCHIN: E Kate, ela lhe ajuda?

MÃE: Não, Kate não diz nada. Ela apenas percebe o que está acontecendo e faz sua própria opinião, mas não manifesta abertamente quem está certo, quem está errado, o que está acontecendo.

KATE: É porque eu não falo com vocês como pais.

MÃE: Oh, bem, talvez ela fale com você, mas até onde eu sei.

CECCHIN: Quem sai ganhando quando há um conflito entre Jane e a mãe?

PAI: Por que tem que haver um vencedor?

JANE: Não há vencedor.

CECCHIN: Sua esposa disse que se ela quisesse impor algo importante, se tivesse que impor sua vontade, isso significa que há um vencedor.

PAI: Levando-se em conta... entende? que a moça tem 25 anos, que não é mais nenhuma criança, 25 anos como pode haver um vencedor? Como você pode impor...? É impossível.

JANE: Eu acho que a mamãe não se entrega, mas sempre para quando não quer mais discutir.

PAI: É o que eu estava dizendo: não há vencedor.

JANE: Em uns dois dias as coisas se resolvem.

CECCHIN: O problema desaparece?

MÃE: Nunca fica resolvido, e nunca se chega a uma conclusão. Eu acredito que o problema esteja basicamente entre meu marido e eu. As crianças aprenderam, através dos anos, a manipular, porque isso é o que acontece entre meu marido e eu. Eu posso comunicar e falar e falar e falar, ele não quer encarar o problema. Ele... É realmente assim que maneja a situação, que nunca fica realmente resolvida.

CECCHIN: Qual dos seus filhos sabe manipular melhor seu marido? Ele aprendeu manipular seu marido?

MÃE: Esta casa só tem manipuladores.

CECCHIN: Mas faça uma classificação... Quem desempenha com mais brilho esta atividade? Quem manipula mais o seu marido?

MÃE: Quem é o que mais manipula?

SUE: Joe.

MÃE: Quem manipula meu marido? Eu acho que o melhor manipulador... Bem, Sue, certamente, tornou-se muito boa na questão graças à sua doença, não posso dizer que seja o mesmo tipo de manipulação. É provável que sua manipulação me afete um pouco mais. Eu acho que Jane... não é que seja manipuladora, mas ela tem aprendido novas formas... punições. Eu sei, porque me sinto muito punida em casa e não sei se Sue é assim. Sinto isto desde quando era muito nova, desde que me casei, Harold costumava, de certa maneira, castigar-me. Quando estávamos prontos para sair, para ir a uma festa, ele se zangava comigo por algum motivo e não íamos mais à festa. Se eu queria ir a um show, ele me punia dizendo "Eu não vou". Isso me afetava muito, e acredito que as crianças tenham aprendido esta maneira de punir. Acredito que Jane nos castigue, à Sue e a mim, da mesma forma que ele. [Boscolo chama e Cecchin aproveita a interrupção para falar com o grupo atrás do espelho].

HOFFMAN: De que falaram durante o intervalo?

BOSCOLO: Trocamos impressões sobre a família. Vimos que o filho, Joe, estava sentado perto do pai, e que o tocava de vez em quando, enquanto as mulheres sentavam-se separadamente. O pai parecia querer todas para si, mas nunca apoiava a mãe, e Jane sempre ganhava as brigas com sua mãe. Jane e o pai estavam juntos. Mas o que nos faltava era a resposta ao porquê de Sue, aos 17 anos, decidiu ser anorética.

CECCHIN: Eu acho que nesta altura começamos a sentir-nos insatisfeitos com nossa hipótese, baseada na nossa observação de que o sintoma da anorexia se inicia quando um dos pais – frequentemente a mãe – começa a preferir um dos filhos, ao mesmo tempo em que nega tal preferência. O perigo desta hipótese é que gostávamos muito dela. Com o tempo, todas as famílias anoréticas parecem iguais. Aqui decidimos fazer uma pergunta futura, que temos feito muito ultimamente e que está relacionada com a expectativa dos pais a respeito dos filhos: "Que estão fazendo seus filhos? Como está seu crescimento?" Fazemos perguntas hipotéticas que seguem a linha seguinte: "O que você acha que aconteceria se X ou Y mudassem?" "Se Sue não tivesse anorexia, as outras filhas brigariam para se aproximarem da mãe?" "Se o seu irmão se tornasse um problema, o seu pai se preocuparia mais com ele do que com Sue?"

Este tipo de pergunta permite a criação de conexões, a revelação de mitos, profecias autorrealizadoras e de expectativas das quais a família não costuma falar. Aqui eles nos conduziram para a compreensão de uma premissa familiar relacionada com o sair ou ficar em casa, que parecia muito importante. Por outro lado, decidimos questioná-los sobre as precedentes experiências terapêuticas da família.

PENN: As perguntas que você está fazendo agora refletem a mudança de hipótese, elas introduzem a noção de separação... conseguirão, sim ou não, os filhos deixarem a família? Poderia apresentar sua nova hipótese?

CECCHIN: A ideia global é que eles estão totalmente emaranhados uns nos outros, competem uns pelos outros; o pai, por exemplo, vem e tenta dirigir a sessão. As filhas estão competindo pelos pais, e estes pelas filhas. Todo mundo quer possuir o outro... esta é sua maneira de viver. Eles sequer cogitam a possibilidade de que as pessoas possam ir embora.

HOFFMAN: Se você perguntasse "Quem poderia ficar?", ficaria implícito que os outros podem partir.

CECCHIN: A introdução da possibilidade de alguns ficarem e outros saírem nos permitirá observar qual é a sua reação ao conceito de separação. Prestamos uma atenção particular àquele que está tentando escapar... o "fugitivo", como o chamamos.

PENN: Esta é a primeira vez que você fala do fugitivo. Só temos observado aquele que fica. Gostaria de que você falasse um pouco mais sobre esta questão.

CECCHIN: Chamamos um fugitivo de pseudofugitivo e um pseudoestável. O filho pseudoestável em casa pensando: "Assim terei o amor dos meus pais". O pseudofugitivo descobre que, indo embora, ameaçando partir, ameaçando casar-se, causa um tremendo efeito nos pais, sobretudo na mãe. A mãe começa a se interessar mais por aquele filho; recebendo assim, quem desempenha o papel de fugitivo, muita atenção.

HOFFMAN: E nesta família, quem é o fugitivo?

CECCHIN: Jane é o fugitivo, e o tem sido desde os 4 anos de idade. Ela descobriu que a única maneira de chamar atenção dos seus pais era indo embora. A outra, Sue, é a estável, sempre presente.

HOFFMAN: É por isso que ela diz "Desde que nasci tomo conta dos meus pais, eu sou a única que se preocupa com eles". Jane tinha 4 anos quando Sue nasceu, época em que se tornou fugitiva. E Sue tornou-se anorética a primeira vez que Jane saiu de casa.

PENN: A fugitiva só aparece para ir embora. Por sinal Jane acaba de voltar para casa enquanto Sua acaba de mudar-se.

CECCHIN: É interessante notar a escalada de diferenças entre as duas posições: Sue fica cada vez mais estável, no sentido de ficar em casa até morrer. Em vez de buscar um namorado, procura terapeutas. Jane torna-se cada vez mais fugitiva, dizendo: "Eu não me importo com os meus pais, eu sou independente".

BOSCOLO: A saída de alguém da família pode provocar diversas reações naqueles que ficam. A pessoa que fica pode começar a ter diversos sentimentos para com a pessoa que vai embora, pode começar a sentir "Eu talvez a ame" ou "Eu me importo com ela".

CECCHIN: Isso está baseado em uma premissa; para ter uma ideia do que está acontecendo, você deve identificar as premissas do sistema.

HOFFMAN: Bem, aqui parece haver uma regra segundo a qual a pessoa que parte será mais amada do que aquela que fica. O pai voltou para casa para ficar: ele é menos amado. Jane partiu: ela é mais amada. E o rapaz? Eu não consigo ver sua parte na história.

BOSCOLO: O rapaz é totalmente controlado, sendo o único filho homem, sente-se muito à vontade. Ele tem intimidade com o pai e com a mãe. É provável que o pai o veja como o futuro macho da família. E para a mãe, é um rapaz, ou seja, mais importante que as moças. Ele não tem por que falar ou ir embora.

HOFFMAN: Quem se preocupa mais com Jane? O pai ou a mãe?

CECCHIN: Ambos se preocupam com ela. Não obstante, não seria correto dizer que a fugitiva é a mais importante, ela só é importante aos olhos daqueles que ficaram, e a fugitiva tem ciúmes de quem ficou.

HOFFMAN: Mas tomemos a premissa: eles estão lutando para encontrar a solução entre ficar e sair. Sair não é uma solução, sempre se retorna.

BOSCOLO: Mas ficar tampouco é uma solução, porque todo mundo pensaria mais em você se partisse. Que nem naquele filme *L'Aventura* em que um homem desaparece e todo mundo o procura, mas no momento em que a mulher o encontra, ela perde o interesse.

PENN: A premissa nesta família deve ser que sair e ficar devem sempre alternar-se. Nenhuma pode ser a solução, ambas devem existir, uma sempre substituindo a outra.

HOFFMAN: Isso poderia explicar o ciclo aproximação-afastamento, no qual um dos parceiros está sempre tentando possuir totalmente o outro, um outro que está sempre fugindo.

BOSCOLO: O problema não é facilmente definível através do conceito aproximação-afastamento. Trata-se de uma premissa sistêmica ampla e não de uma premissa de casal. O sistema como totalidade luta para resolver o problema, mas qualquer solução só consegue aumentá-lo.

HOFFMAN: Você está querendo dizer que nesta família só se consegue estar próximo através da alternância da dúvida: "Quem dos que ficam seria o preferido caso eu saísse? Qual dos que saem seria o preferido se eu ficasse?" Esta contínua oscilação envolve todo mundo.

PENN: Esta premissa poderia ser: "Para ser o preferido devo sair, mas se for muito longe, devo retornar para estar seguro de que sou o preferido". Se esta for a premissa que tenta modificar, suas perguntas deverão girar em torno da questão sair ou ficar.

CECCHIN: Sim, mas nós introduzimos uma ideia totalmente diferente: existe alguma possibilidade de se romper este circuito? Não gostam de ficar juntos, mas sentem que alguém tem de fazê-lo.

CECCHIN[6]: Fascina-me a ideia de que toda família com problema possui uma premissa básica, unicamente dela, e que tem de resolver.

BOSCOLO: Existe uma premissa básica sobre separação que as pessoas devem resolver. A aceitação da ideia de que os relacionamentos não são permanentes – de que as relações mãe-filho, esposo-esposa, não são permanentes, que as pessoas morrem – constitui uma premissa básica. Os membros das famílias emaranhadas tentam negar ou testar o problema. Tentam experimentar a separação, mas, a seguir, voltam para resolver o mesmo problema e, ao fazê-lo, costumam produzir sintomas. O caminho da morte é vivido dentro do sistema, é percebido e experienciado em relação com uma premissa estabelecida acerca da morte. E o caminho que separa, experienciado no futuro, está em concordância com esta premissa. Existem algumas premissas sobre a morte segundo as quais a pessoa não deveria morrer e que, de certa forma, fazem com que permaneça viva. Em certas famílias, vemos que o morto tem um poderoso efeito pragmático: "O que ele pensaria se estivesse vivo?" ou "Qual seria o conselho que minha mãe me daria se estivesse viva?"

[6] Eis a transcrição da última parte da entrevista.

HOFFMAN: Seria este, quando uma pessoa morre e a família não aceita a sua morte, um outro exemplo de pseudofuga?

CECCHIN: Sim. Quando alguém morre torna-se mais importante do que os que permanecem vivos.

BOSCOLO: Deixem-me dar-lhes um exemplo: há cinco ou seis anos fomos procurados por uma mulher que era psicótica e paranoica. Tinha se tornado psicótica após a morte da mãe. Essa mulher tinha várias irmãs, mas nunca ficou claro qual era a mais próxima da mãe, o que lhe provocava uma permanente insegurança. Quando descobriram que a mãe tinha um tumor, nossa paciente deixou o marido durante um mês para ficar no hospital com ela, transformou-se numa enfermeira exclusiva de sua mãe. Fez muito mais do que as outras irmãs e sempre esperava que a mãe mostrasse sua aprovação. Antes de a mãe morrer perguntou-lhe: "O que é que a senhora pensa de mim?". Não consigo lembrar qual foi exatamente a resposta da mãe, só sei que quando acabou de falar morreu. Depois disso, a mulher tornou-se cada vez mais desiludida, passou a ignorar seu marido e terminou ficando totalmente psicótica. Nós a recebemos individualmente e, durante as primeiras sessões, disse-nos que diariamente entrava em contato com sua mãe. A mãe enviava suas mensagens – como deveria ser isso, como deveria ser aquilo, como ela deveria pensar – esse tipo de coisas. A primeira questão que lhe fizemos foi: "O que é que sua mãe acha sobre o que você está fazendo aqui? Está satisfeita ou não por estarmos cuidando de você?" Ela respondeu: "Bem, eu deveria falar com ela, talvez na próxima sessão possa dizer-lhes o que minha mãe pensa". Dado o grande efeito pragmático que a mãe tinha sobre a mulher, tivemos de inclui-la durante toda a terapia. Estava morta, mas tudo que a mulher fazia tinha relação com ela. Se fizéssemos uma intervenção, diríamos que seria importante que ela falasse conosco, porque assim sua mãe refletiria sobre a intervenção.

Na literatura psicanalítica, todas as premissas explicativas da psicose ou da esquizofrenia giram em torno da separação e da morte. O sistema esquizofrênico, por exemplo, possui uma série de premissas loucas sobre como lidar com a separação. Em nossos exemplos precedentes, a mãe estava morta, mas a filha comportava-se como se estivesse viva.

HOFFMAN: Não surpreende que tantos terapeutas de família tenham baseado toda sua terapia em queixas não resolvidas. Em muitas famílias o problema parece estar relacionado com a proibição da morte de alguém.

CECCHIN: Você descobre imediatamente que certas famílias são incapazes de resolver o impacto da morte e que esta passa a ser o ponto principal.

PENN: Mesmo em casos de doença crônica inesperada ou morte acidental, a premissa do sistema de como lidar com a separação deve ser tratada. O sistema tem desenvolvido ou continuado uma premissa sobre separação que se adaptará a qualquer forma de vida ou morte.

BOSCOLO: Sim. Se você fala segundo as ideias de Bateson sobre premissas, está falando sobre estruturas construídas desde a infância, que foram "gravadas-programadas na memória" e explicam porque uma pessoa tende a repetir o tipo de relação que tinham seus pais. Uma pessoa que tem pais separados ou divorciados terá mais possibilidades de separar-se ou divorciar-se. Uma pessoa que teve pais super envolvidos tenderá a repetir a mesma situação.

PENN: É como se o sistema procurasse por uma solução epistemológica para cada problema específico deixado sem solução pelas gerações precedentes.

CECCHIN: Concordo. Por exemplo, uma mulher de 25 anos, cuja mãe se divorciou aos 25 anos, pode sentir necessidade de divorciar-se, mas não tem um bom trabalho. Talvez se tivesse havido um reles divórcio, a filha não sentisse a necessidade de repetir a história. Não era a solução para o problema de estar juntos ou estar separados, mas continua até resolver o problema de como estar junto ou separado.

HOFFMAN: É algo parecido com a noção de Karma.

BOSCOLO: Se você disser que se trata apenas de uma imitação, que se divorciaram porque seus pais também divorciaram, você adere ao conceito psicanalítico de repetição compulsiva. Nós dizemos algo diferente, você tem de repetir aquilo que já foi programado no interior do sistema, mas com o escopo de resolver o problema, não para continuá-lo.

CECCHIN: Durante os primeiros anos de vida na família, você adquire uma maneira de ver o mundo que virá a ser uma premissa, esta premissa tornar-se-á uma profecia autorrealizável, você tenderá a criar um mundo semelhante àquele em que viveu. Mas, em termos dessa família, se eu lhes perguntasse: "Quem será o primeiro a deixar a família, a casar?" etc., estaríamos introduzindo uma ideia que sua programação não permite. Eles estão tentando resolver o problema de como ficar juntos ou separados, como poder ser fugitivo, como poder ser distante etc. Quando você faz perguntas futuras sobre esse problema, pode ver que a família responde rapidamente porque você introduziu a ideia da possibilidade da mudança da premissa.

BOSCOLO: Isso é raro. Na maioria dos casos a interação não atinge a premissa. É muito difícil de se mudar uma premissa. Como já dissemos, você atinge o fundo. É por isto que a prescrição do sintoma pode ser efetiva, porque sugere que as coisas poderiam ser diferentes. Uma declaração do tipo "Não mude, continue o mesmo, seja mais anorético, até pensar que você pode morrer" constitui o equivalente verbal de se chegar ao fundo. Ao prescrever este absurdo, sugere-se a possibilidade de uma nova abertura.

HOFFMAN: Neste ponto, você decide perguntar sobre o crescimento dos filhos.

CECCHIN: Sim, e começo perguntando se alguém mais tem um problema, para tirar de Sue o rótulo de paciente identificada.

ENTREVISTA FAMÍLIAR

CECCHIN: [voltando para sala] alguém mais na família além de você tem problemas?

SUE: Eu acho que Jane tem.

CECCHIN: Como você vê este problema?

SUE: Quando ela está de mau humor, consegue deixar todo mundo de mau humor, ela não se importa.

CECCHIN: Você acredita que ela pode influenciar os outros?

SUE: Quando ela está aborrecida com algo, grita com você, grita com todo mundo e deixa todos aborrecidos. Inclusive em uma grande loja, Jane está com pressa e todo mundo deveria sabê-lo... impaciente.

CECCHIN: E Kate?

SUE: *Kate leva as coisas a sério, esconde tudo. Tem também uma inclinação para os acessos de raiva: ela está enlouquecendo.*

CECCHIN: *E seu irmão?*

SUE: *Está assumindo os hábitos de todos, como Kate. Quando eu ainda estava em casa, se fazia uma salada não podia tocar na comida e outra noite quando papai estava comendo com uma colher, Joe disparou "Eu não estou comendo, eu não quero isto".*

CECCHIN: *[para pai] O que você acha do crescimento dos seus filhos? Está satisfeito com o rumo que estão tomando? Prevê algum problema para o futuro? Deixe-me falar sobre seu filho... O que você acha da sua atitude? O que você pensa, como pai, do seu filho?*

PAI: *Eu acho que ele está legal. Agora as meninas... não tenho a menor ideia.*

CECCHIN: *Quer dizer que ele está crescendo bem?*

PAI: *Bem, até agora está. Tem seus probleminhas na escola, mas ele não é burro.*

CECCHIN: *Como se relaciona com os amigos? Tem uma vida social satisfatória?*

PAI: *Bem, ainda não. Joga hóquei, vai para o Y, o centro comunitário. Está se enturmando com outros garotos.*

MÃE: *Não o suficiente.*

CECCHIN: *Você acha que ele se dá bem com os outros rapazes?*

PAI: *Ele se dá bem, mas poderia falar mais do que faz.*

CECCHIN: *Fala com as moças? Com os rapazes?*

PAI: *Se fala com as moças, o faz muito discretamente, mas não quer que ninguém saiba das suas conversas com elas... ele é um pouco tímido. Você deve ter percebido que meus filhos são isolados; é porque foram para a escola paroquial durante muito tempo. [O pai faz uma digressão sobre as escolas paroquiais]*

CECCHIN: *E como vê o crescimento de Kate?*

PAI: *Eu não a vejo com muita frequência. Levanta-se cedo e volta tarde.*

CECCHIN: *Você tem alguma opinião? Acha que está crescendo bem?*

PAI: *Eu tenderia a pensar que não. Não estou satisfeito, mas não há muito o que se possa fazer a esse respeito.*

CECCHIN: *O que é que lhe frustra, o que é que lhe deixa insatisfeito... seu comportamento?*

PAI: *Bem, ela é muito teimosa. Puxou à mãe: se você não faz as coisas como ela quer, grita, insulta, zanga-se e acaba provocando uma discussão. Acho que ela é um pouco teimosa, sim.*

CECCHIN: *Quer dizer que você não está muito satisfeito com o rumo que ela está tomando?*

PAI: E pode haver um pai completamente satisfeito?

CECCHIN: Às vezes sentem-se muito contentes...

PAI: Bem, até agora, não estou não. Acho que ela é boa na escola, mas tem de compreender que há coisas mais importantes do que as que ela está fazendo. Quer vê-la feliz? Dê-lhe um par de esquis.

CECCHIN: E ela, como se dá com seus amigos?

PAI: Bem, acho que com os amigos se dá bem, sempre que eles fazem o que ela quer.

CECCHIN: Ela é mandona?

PAI: Totalmente.

CECCHIN: Um namorado?

PAI: Não um, um bocado. Pela manhã liga um, dois, três... pode dar o nome que quiser. Nos últimos meses não foi nada mau.

CECCHIN: Você não gosta disso? Você gostaria que ela ficasse só com um?

PAI: Não é isso, não. Eu acho que ela ainda não sabe o que quer. Acho que esquece suas obrigações.

CECCHIN: Ela é muito esquecida?

PAI: Bem, de certa forma sim.

CECCHIN: E sua outra filha? O que você acha do seu desenvolvimento?

PAI: Eu não saberia o que lhe dizer sobre ela. É como procurar uma cigana e ver em uma bola de cristal: dependendo do dia, tanto pode estar nublado, como muito claro. Esta é Jane.

CECCHIN: Ela tem 25 anos. [Para a mãe] E você tem uma ideia?

MÃE: Kate, tem problemas. Certo, eu não estou feliz com o que estou vendo acontecer com ela, porque, apesar de estar fazendo muitas coisas, não as está aproveitando. Ela sabe o que quer, mas não está fazendo o necessário para consegui-lo. Quer entrar no mundo da moda; mas não está trabalhando em prol de seu objetivo: ela está passando por um bom momento e chegará o dia em que nos pedirá todo o dinheiro para custear sua carreira. Do ponto de vista das relações sociais passou um tempo parada, parece ter melhorado, mas as pessoas ainda se aproveita dela. Tem consciência disso tudo, mas não está sendo seletiva e tem relacionamentos com pessoas que se aproveitam dela enquanto ela não se aproveita deles. Não, não estou feliz. Estou preocupada. Mas penso que Kate pode crescer um pouco mais, decidir o que quer da vida e progredir da maneira certa. Ela não está trabalhando, contudo, passa por um período maravilhoso. Ela passa a vida esquiando. Gostaria de ouvir Kate dizendo "Eu devo trabalhar". Gostaria que me mostrasse que pode conseguir um trabalho, um emprego, poupar algum dinheiro e que vai merecer a educação que almeja.

CECCHIN: E seu filho?

MÃE: Joe? Joe tem problemas na escola, não estava estudando, fazia o que queria. Não quer aceitar a disciplina da escola. De certa maneira, eu criei totalmente a situação. Acabei pedindo para que a escola o testasse e visse se tinha capacidade suficiente. Mas tinha uma base ruim. Depois de uma luta de três meses, coloquei-o em um programa de esforço escolar e agora está aprendendo a aceitar responsabilidades. Ele ainda não está fazendo as tarefas de casa no ritmo que gostaria, porque quer atingir a média. Está aprendendo.

CECCHIN: E como era Sue antes de decidir não comer? Como foi seu desenvolvimento até esse momento, até os 17 anos?

MÃE: Certo, vou dizer-lhe como era Sue. Sue era muito boa e sempre muito boa, porque via Jane me dando problemas. E eu penso que em um dado momento – quando ainda era muito nova – Sue decidiu que não ia me dar mais problemas, que iria ser boa. Não sei quando aconteceu, mas aposto que aconteceu. E penso que depois disso, Sue decidiu que iria querer muito Jane. Tiveram uma discussão na qual Sue não revidou, foi para seu quarto, punindo-se por achar que a discussão era culpa sua. Sentia-se muito culpada.

CECCHIN: Quando foi que você saiu de casa pela primeira vez para trabalhar?

SUE: Meu primeiro emprego?

CECCHIN: Quando você saiu de casa. Você não ficou fora de casa por um tempo?

SUE: Quando fui para a universidade.

MÃE: Sue deixou a casa após uma grande discussão comigo.

CECCHIN: Mudou-se.

SUE: Primeiro, na universidade quando eu tinha 18 anos. Mas a primeira vez que fiquei fora de casa por um longo período foi aos 19.

CECCHIN: Nas famílias como a sua, às vezes um dos filhos decide: "Eu vou ficar perto dos meus pais", percebem? Tal filho quer ficar perto da mãe, especialmente se há problemas. Qual dos filhos, você acha, desejaria ficar em casa perto de você? Qual dos quatro filhos tomou a decisão de não ir embora e de ficar perto dos pais?

PAI: Nenhum deles.

MÃE: Eu não penso que nenhum deles esteja com esta pretensão agora.

CECCHIN: Se um deles tivesse que ficar, quem seria mais propenso a fazê-lo?

MÃE: Poderia ser Sue, porque ela quer assumir a responsabilidade. Sua anorexia começou devido um problema entre seu pai e eu. Na minha opinião começou muito antes, porque quando isto aconteceu, o mundo de Sue já estava abalado. Sua imagem da família já tinha sido abalada, a família precisava permanecer junta e eu acredito que Sue decidiu fazer algo drástico para mantê-la unida, e o fez. Parou de comer. Sempre estava disponível para quem necessitasse dela, mas nunca pensava em si mesma e é por isto que ela está doente.

CECCHIN: *[Para Jane] O que você acha do relacionamento entre o pai e a mãe? É um relacionamento afetuoso? São afetuosos com seus filhos? Como tem sido através dos anos? Qual é sua opinião?*

JANE: *Eles se gostam e sabem estar juntos. Porém, do meu ponto de vista, não entendo por que permanecem juntos, visto que seu relacionamento é ridículo. Mas eles sabem conviver, então podem viver assim... eles gostam, eu realmente penso que gostam.*

CECCHIN: *Você disse "Eu nunca aceitaria uma situação como essa, mas eles gostam". Quando descobriu isso? É uma ideia recente?*

JANE: *É recente sim... quando estavam tendo problemas. Eu já não estava em casa, tinha ido morar na universidade, realmente nunca soube o que estava acontecendo: agora veja, eu nunca tinha refletido sobre a questão.*

CECCHIN: *Kate, o que é que quer dizer?*

KATE: *Bem, eu só quero dizer que passei a pensar nisso recentemente, porque ela tocou no assunto há umas duas semanas. Eu lhe perguntei o motivo pelo qual nunca vai para lugar nenhum, porque sei que ela gosta de dançar, sair, divertir-se. Aí ela me disse que se o fizesse, ele ficaria furioso com ela, ele é muito ciumento porque sempre que vou para minhas aulas e volto para casa, até minha amiga me pergunta por que teu pai diz: "Onde está sua mãe? Onde está ela? O que está fazendo?", quando não sabe onde ela está. Ele ri, sabe que está sendo bobo, sabe que volta para casa, mas sempre faz isto o tempo todo. Outro dia um homem telefonou e perguntou "A Sra. S está?" Sim, você ficou com ciúmes. É por isso que você não quer que ela vá para lugar nenhum.*

CECCHIN: *Seu pai tem ciúmes dos homens ou das mulheres?*

MÃE: *É das mulheres.*

KATE: *Dos homens e das mulheres. Ele não a deixa ter amigos, nem fazer nada. [Inaudível, várias conversas paralelas]*

CECCHIN: *[Para Kate] você fala muito sobre o assunto, mas você não quer pensar nele.*

MÃE: *Certo. Ela se envolveu tanto...*

KATE: *Dói a cabeça só de pensar.*

CECCHIN: *[Para Joe] E você?*

JOE: *[Depois de uma longa pausa] Se ela não quer sair não deve sair.*

CECCHIN: *O que você acha do pai e da mãe como casal? Eles estão casados, eles ficam juntos?*

JOE: [Silêncio]

MÃE: Fale.

JOE: É... [Hesita]

PAI: Não olhe para mim.

CECCHIN: Você concorda com Jane, Kate e Sue?

JOE: Kate.

PAI: Você diz isso só pra responder o doutor ou é sua opinião?

MÃE: Posso fazer um parêntese? Eu acredito que ele tenha o mesmo sentimento de Kate, porque há uns meses, uma vez que eu queria ir para o cinema e Harold não queria, lembro-me de Joe dizer-lhe "Por que você não leva a mamãe para um show?"

JOE: Foi?

MÃE: Aconteceu, e isso me emocionou muito porque...

CECCHIN: Você acaba de dizer "Meu marido tem ciúmes de mulheres". Que mulheres?

MÃE: Oh, minhas amigas, todas as minhas amigas com quem falo. Quando começamos uma discussão, ele logo vai dizendo, "Telefone para Louise, ligue para Mary", qualquer uma que seja mais próxima.

SUE: É por isso que ele não tem amigos para conversar.

CECCHIN: Acabamos de ouvir Kate dizendo que seu pai tem ciúmes da sua mãe e que a quer perto dele o tempo todo. Quando ela sai, ele fica perguntando: "Onde está minha mulher?" Esta informação poderia fazê-lo pensar cada vez mais em termos da hipótese segundo a qual Sue e seu pai competem pela mãe e, agora que o pai deixou de trabalhar, ficando em casa o dia todo, vivem uma escalada sintomática.

HOFFMAN: Você sabia naquele momento que o pai estava aposentado?

CECCHIN: Não, só soube mais tarde. O pai tinha vendido, ou perdido, seus negócios várias vezes, vendo-se obrigado, para a grande angústia da mãe, a vender a casa da família por duas vezes. Tem-se a impressão de que sua família é extremamente rica. Parece que durante uma época conseguiu fazer muito dinheiro. O que significa que, de fato, não precisava trabalhar. Mas parece que tal conduta desagradava muito à mãe.

HOFFMAN: Aqui você tem um outro elemento que reforça a sua teoria: o pai não apenas compete com Sue pela atenção da mãe, mas, também, com as amigas dela.

CECCHIN: Sim. Uma boa pergunta teria sido: "E Sue? Também tem ciúmes da mãe?". Isso teria validado a hipótese de que Sue e o pai estavam lutando para ver quem ganhava uma porção maior da mãe.

HOFFMAN: É interessante como na construção as suas hipóteses você deixa de lado a informação acerca do casal, porque a mãe diz que a anorexia de Sue começou quando se intensificaram as brigas dela com o pai e oferece sua própria hipótese – ou quem sabe só estivesse citando um dos terapeutas que tinham consultado – que Sue adoeceu para manter a família unida.

CECCHIN: Esta hipótese – que parece ser a mais popular entre os terapeutas de família norte-americanos –, poderia ser verdadeira, mas não é mais do que um sinal.

HOFFMAN: É verdade, temos muito arraigada a ideia de que o sintoma ajuda a manter a família unida e constitui uma espécie de cola para o casamento dos pais. Você tem de assumir que a luta pela divisão da mãe tem as mesmas consequências. E eu penso que você enfatiza muito mais o grupo fraterno, no qual agora você inclui o pai.

CECCHIN: Concordo, essa é a diferença entre a nossa maneira de pensar e o modo como vocês têm pensado. Cada vez mais abandonadas essas hipóteses triádicas para buscar hipóteses sistêmicas totais do tipo ficar ou ir embora.

HOFFMAN: Aqui você vai perguntar sobre o contexto terapêutico.

CECCHIN: Sim, durante o último intervalo decidimos que depois das perguntas sobre o desenvolvimento dos filhos abordaríamos essa questão.

ENTREVISTA FAMILIAR

CECCHIN: Isso traz à tona um problema relacionado com a terapia. Sua família tem participado em muitas terapias diferentes, alguns de vocês devem estar frustrados. Quem de vocês é o mais frustrado das terapias?

SUE: Eu acho que é Jane.

JANE: Eu penso que sou eu.

PAI: Que tipo de terapia?

CECCHIN: Qualquer tipo de terapia, vocês já devem ter visto de oito a dez terapias.

PAI: *Eles têm preocupado nos tratar. Bem, nos tratar não, não deveria dizer isso... Eles vêm tentando tratá-la como algo que eles desconhecem totalmente. Para começar, os médicos aos quais ela foi originalmente – os médicos daqui – sabem tanto de anorexia, quanto eu de eletrônica: zero. Os médicos sequer sabiam do que estavam falando.*

CECCHIN: *E na outra cidade?*

PAI: *Lá os médicos sabiam o que fazer, não ficavam enrolando. Trataram de Sue, e disseram "Você vai ter que fazer isto e aquilo e se não o fizer...". Você trabalha em um sistema de recompensa, tem privilégios.*

CECCHIN: *[Para Sue] qual é sua opinião?*

SUE: *Eles sabem lidar com isso.*

PAI: *Mas por que sabiam lidar com isso? Porque tinham experiência com pacientes anoréticos, tinham experiência com anorexia.*

CECCHIN: *Sim, mas a experiência não funcionou.*

PAI: *Oh, claro que funcionou. Mas doutor, você não entendeu? Quando telefonei para seu médico, para seu terapeuta, percebi que eles tinham perfeita consciência de qual era seu problema. Disseram-me que ela queria voltar para casa, que já tinham feito tudo que poderiam fazer com ela. Ganhou peso e está bem da cabeça, se faz terapia, se pode continuar sua terapia da anorexia, pode voltar para casa. Nós a trouxemos de volta, foi o maior erro do mundo, porque os médicos daqui não tem a menor ideia do problema. E mesmo que soubessem qual é o problema, não sabem como tratá-lo. Nunca o viram, e mesmo que o tivessem visto não sabem reconhecê-lo.*

CECCHIN: *Você já pensou em voltar para a cidade?*

PAI: *Eu disse à Sue que voltasse para a cidade. Ela não quer voltar porque sabe que eles podem ajudá-la, está lutando pela condição anorética. [Para Sue] esta é a minha opinião, não a sua. A primeira vez que lhe falei na volta você disse que não voltaria: "Eu não ficarei aqui". Quando fui à cidade para apanhá-la, disse-lhe: "Sue, em casa as coisas não mudaram. Você tem que aprender a viver e aceitar as coisas como elas são, porque as pessoas não vão mudar por sua causa, não vão mesmo". Ela respondeu: "Compreendo", não foi? "Compreendo. Estou melhor e penso que com a terapia vou continuar melhorando", não foi Sue?*

SUE: *Bem, fale por mim, você sabe exatamente o que estou pensando.*

PAI: *Não foi isso que você disse?*

SUE: *Sim.*

PAI: *E quando voltou para cá não contou com ajuda adequada, aqui os terapeutas não sabiam como lidar com a situação.*

CECCHIN: Quais são as suas expectativas? O que você gostaria que a terapia fizesse?

PAI: Bem, não são as minhas expectativas. Esses caras são, supostamente, as maiores autoridades no tratamento da anorexia do país. Foram treinados por uma suposta... eu nunca vi a mulher. Você conhece uma Dra. Bruch, Dra. Hilde Bruch de Houston, Texas? Ela é supostamente uma autoridade em anorexia. Minha esposa e minha filha foram para Houston, para vê-la. Ela indicou uma clínica no Canadá, para onde a mandamos e onde teve progressos. Quando fui buscá-la de volta para casa parecia bem. Mas eles também recomendaram uma terapia adequada.

CECCHIN: Você gostaria que ela voltasse para a terapia?

PAI: Se aqui dispuséssemos de uma terapia, eu acharia ótimo. Mas aqui ela não encontra ninguém relacionado com o seu problema.

CECCHIN: Qual é a sua opinião sobre a terapia?

MÃE: [Para Sue] Quer manifestar sua opinião sobre a terapeuta que estamos vendo agora?

CECCHIN: Talvez não precisemos de todos os detalhes. Eles são importantes, mas, quem sabe, seja melhor ter uma visão geral. Quem é neste momento o mais frustrado com a situação terapêutica?

SUE: Sou eu. Todos esses médicos não sabem bulhufas.

CECCHIN: Você é a mais frustrada de todas?

SUE: Bem, eu penso que nem deveriam exercer a Medicina.

CECCHIN: Quais são as suas expectativas? Você ainda espera que alguém possa ajudá-la ou já desistiu?

PAI: Os médicos da cidade podem ajudá-la?

SUE: Não. A Sra. R. pode. Os médicos me alimentavam.

CECCHIN: Sua posição é que ninguém poderia ajudá-la, não é?

SUE: Um terapeuta de outra cidade poderia me ajudar e ontem estive telefonando para ele. Aqui, eles não compreendem os anoréticos porque não trabalham cotidianamente com eles. Quando você tenta explicar algo a alguém, eles pegam as coisas ao pé da letra, não percebem a relação com a anorexia...

CECCHIN: Quer dizer que você ainda tem alguma esperança?

SUE: É claro que tenho, senão eu já estaria morta.

CECCHIN: Você está muito frustrada, mas ainda tem esperança?

SUE: Eu estou furiosa, talvez mais comigo mesma do que com os outros, porque se eu tivesse me disposto, eu não estaria doente.

PAI: Você também pensa que se tivesse ficado na cidade, você...

SUE: Não, penso que se tivesse voltado para cá, não para casa de vocês, mas se tivesse me mudado imediatamente para meu próprio apartamento, nunca teria caído novamente na teia.

PAI: Mas você sabia muito bem o que estava acontecendo em casa quando você voltou.

CECCHIN: [para mãe] E você? Quais são seus sentimentos sobre a terapia?

MÃE: Eu estou terrivelmente frustrada com a terapia daqui. Atualmente ela vê um terapeuta que está tentando ajudá-la, mas ele não entende nada de anorexia. Está tentando ajudar uma pessoa doente: mas ela é duas pessoas. A anorexia sempre aparece e ele não entende como. O terapeuta que a ajudou na clínica foi o escolhido entre vários terapeutas.

BOSCOLO: Nós temos o hábito de apelidar as famílias para lembrá-las. Essa foi chamada a Família Festiva. Percebemos que nas sessões estavam sempre sorrindo, olhando-se e sentindo-se muito à vontade. Pode-se constatar uma contradição entre as mensagens verbais e as mensagens analógicas da família. Verbalmente manifestam problemas, sintomas, frustrações etc., mas, analogicamente, parecem muito felizes e muito íntimos.

CECCHIN: Eles querem dizer "Ainda que tenhamos um sério transtorno sempre poderemos rir deles". O terapeuta não pode responder a nenhuma das mensagens sem desqualificar alguém.

BOSCOLO: Se nossa hipótese se ajusta à família, o terapeuta pode, para engajá-la a participar da festa. Contudo, em certo momento, deve mudar o tom entre ele e a família. Tem de introduzir algum drama para, assim, quebrar o jogo. Do contrário, a conversa festiva prolongar-se-ia indefinidamente.

CECCHIN: Eles estão unidos contra qualquer tipo de intervenção. O pai protege sua família contra qualquer interferência externa, os terapeutas são percebidos como ruins ou inúteis. Mas em vez de nos deixarmos desorientar pelo conteúdo, perguntamos-lhes: "Você se sentiu frustrada? Quando decidiu que não era bom? Quando decidiu que não tinha esperança?" Nesse ponto, em resposta ao questionamento, Sue disse, "Se eu tivesse me disposto a melhorar, não estaria doente". Ou seja, o oposto da negativa percepção familiar sobre as terapias.

BOSCOLO: Em certo momento, Sue disse que tinha visto trinta terapeutas. Vemos aqui dois sistemas evoluindo ao mesmo tempo: o "sistema familiar" e o "sistema dos terapeutas". Os terapeutas, por definição, têm por finalidade a mudança da família. Mas neste caso a família disse que, visto que os terapeutas além de serem incompetentes não têm sido de nenhuma ajuda, são os próprios terapeutas que devem mudar. É por isso que devemos perguntar: por que, se os terapeutas são tão incompetentes, a família continua a procurá-los?

Via de regra, quando uma família procura um terapeuta, o faz para que este mude o paciente, mas não o jogo familiar. Quando o jogo familiar muda, automaticamente deixa de haver paciente e não se necessita mais de terapeuta. O que pode acontecer é que após um tempo a família se apegue ao terapeuta e que o terapeuta venha a ser uma espécie de membro da família. Uma vez que o terapeuta é incorporado pela família, perde-se a possibilidade de mudar, porque, ao fazê-lo, perderia o terapeuta. Com o passar do tempo o terapeuta torna-se indispensável. É por essa razão que algumas terapias são intermináveis.

CECCHIN: Neste caso é diferente. Você descreve uma família cujo desejo é que o terapeuta se transforme em uma espécie de Dr. Homeostato que mantém a família como está. Mas esta família buscou um terapeuta atrás do outro, no país inteiro, para comê-los, digeri-los e jogá-lo fora. E quando você é famoso, o prato é mais apetitoso. É impressionante como os pais utilizam o problema de Sue para competir pelos terapeutas. Se a mãe gosta, o pai não, se o pai aprova, a mãe reprova. Para poderem realmente começar uma terapia precisariam concordar, mas só concordam em que o terapeuta nunca está correto. Se concordassem, estariam indo contra as regras do sistema, o qual exige que nunca concordem.

BOSCOLO: A ideia de Cecchin sobre a incapacidade de concordância dos pais é interessante. Quando vemos pais que discordam continuamente sobre a educação dos filhos, nossa primeira intervenção costuma ser: "Vemos que vocês discordam sobre como lidar com John e Mary, e cada um pensa que a sua própria maneira é melhor do que a do outro. Acontece que nós pensamos que ambas as maneiras seriam muito boas, excelentes maneiras de lidar com John... se vocês estivessem separados. Por exemplo, se John estivesse com você, sua maneira seria melhor ou, se estivesse com sua mãe, a maneira dela seria melhor. O problema aqui é sua discordância. Esta é a única saída que podemos oferecer-lhes, vocês deverão levá-la adiante. Se concordarem, dar-lhes-emos uma prescrição dizendo-lhes o que fazer. Esta é a única possibilidade de fazer a terapia, de qualquer outra forma não adianta. Agora podem ir para casa e não falem do assunto; daqui a duas semanas, tendo decidido se aceitam ou não a nossa prescrição, podem voltar. Se concordarem, começaremos a terapia".

CECCHIN: Se concordarem, a prescrição será: na segunda-feira, o pai toma conta da criança, na terça, a mãe etc., alternando os dias da semana. Você lembra-lhes que ambos são perfeitos quando o outro não está por perto. É óbvio que com isso ambos concordam. Estarão fazendo algo que você pediu e ao mesmo tempo obedecendo à sua própria regra.

BOSCOLO: Uma vez que concordam em vir e seguir sua prescrição, já mudaram a regra do seu relacionamento.

ENTREVISTA FAMILIAR

CECCHIN: [Para Sue] você também está frustrada com a terapia?

SUE: Não sei.

CECCHIN: Vejo que todo mundo veio aqui hoje. Como isso foi possível? Quem insistiu para vir?

PAI: Essas duas relutaram muito.

CECCHIN: Quem insistiu mais para que elas viessem?

PAI: A mãe. Houve uma grande discussão que durou dois dias e que quase termina em confusão. E até que houve uma certa confusão. Ela [não fica claro quem] jogou um prato naquela [não fica claro em quem].

CECCHIN: Quer dizer que sua mulher é mais...

PAI: Minha mulher está no mundo da lua.

MÃE: Estou não, Harold! Eu sei que vai demorar muito, mas preciso de ajuda.

CECCHIN: E seu filho?

PAI: Ele não está nem aí. Mas eu lhe disse, nós vamos e ele respondeu "falou". Não esqueça que quando você lida com as três moças, estar lidando com três jovens adultas que pensam com a própria cabeça, e se elas quiserem vir, virão, se não quiserem, fique na sua que não virão.

CECCHIN: E desta feita, como foi que sua esposa conseguiu?

PAI: Eu não sei se conseguiu, elas vieram sob pressão.

CECCHIN: E você?

PAI: Eu? Não faz diferença. Eu acho uma perda de tempo, pela simples razão de achar – até que me provem o contrário – que se eles me dessem um mínimo de esperança de que sabem como tratar um anorético, aí eu daria o meu inteiro apoio. Mas até afora eles erraram 100%, sequer tentaram chegar da realidade do problema.

CECCHIN: Agora eu gostaria de conversar com o meu colega. [Sai]

HOFFMAN: Qual foi o tema da conversa durante a pausa?

CECCHIN: Grande parte da conversa foi sobre o relacionamento da família com os terapeutas, incluindo aqui os próprios consultores. A nossa hipótese iniciada estava relacionada apenas com a dinâmica da família, mas agora nossa hipótese inclui o relacionamento da família com o terapeuta. Este é um elemento muito importante da hipótese; antigamente quando o negligenciávamos, fracassávamos.

PENN: É verdade, o método de vocês é o único que no campo da família chama explicitamente a atenção para o próprio contexto e para o contexto dos outros profissionais.

BOSCOLO: Sim. Nós tentamos considerar três níveis. O primeiro nível é o sistema familiar, o segundo é o relacionamento entre a família e o terapeuta e o terceiro é família/terapeuta/grupo consultor. É muito difícil elaborar uma intervenção que leve em conta os três níveis. Em casos como o desta família poderíamos dar mensagens de que estamos confusos. Poderíamos dizer que "um pensa uma coisa, o outro pensa o contrário, e que não sabemos qual é a melhor opção". Ou, também, eu poderia dizer: "Às vezes acontece de eu discordar do meu colega. Eu não penso que seus pais possam chegar a um acordo sobre a terapia. É claro, vocês dois concordam que nenhuma terapia poderia ser efetiva, mas eu duvido que vocês concordarão sempre. Vocês só virão a terapia sem concordar".

PENN: Desta forma você coloca os pais em uma situação difícil. Se discordaram de você, eles concordariam, e se não concordarem, estariam dizendo que concordam com a terapia.

CECCHIN: Também poderíamos dizer: "Vocês têm um problema, e se acreditassem em terapia poderíamos ajudá-los, mas dada à sua experiência, isso resulta muito difícil para vocês. Não obstante vocês não podem acreditar no que eu disse, pois vocês não acreditam em terapia. Estamos em maus lençóis. Gostaríamos de transmitir-lhes nossas conclusões, mas vocês não acreditam em nós. Nós entendemos. Contudo, conversarei com vocês de qualquer maneira". No fundo estaríamos dizendo que eles são imunes à terapia.

BOSCOLO: Lembro de uma outra intervenção que fizemos com a família de uma outra anorética. Toda a família acreditava que ela era anorética porque não estava satisfeita com seu emprego. Decidimos que o que tínhamos de fazer era responder as explicações da família sobre sua anorexia, assim dissemos: "Conversamos e vimos que ela deixou de comer por causa do seu trabalho. Nós concordamos, isto é muito provável. É claro que se isso não fosse devido ao seu trabalho nós lhe diríamos algo totalmente diferente..., mas concordamos que esta seja a explicação mais plausível. Agora o problema é que nós não podemos fazer a terapia". A família ficou nos olhando... não pode se esquecer que essa era sua primeira sessão. Prosseguimos: "Seria inútil fazermos terapia. O que recomendamos é que ela assume ou que abandone seu trabalho. Se o trabalho for a causa do seu problema, ao abandoná-lo, o problema desaparecerá. Só teremos outra sessão se ela abandonar o trabalho e não melhorar". Aí paramos e pedimos que a família nos ligasse quando isso tivesse acontecido.

Cerca de seis meses mais tarde, recebemos uma ligação da mãe pedindo uma sessão. Quando lhe perguntei do que se tratava disse-me que sua filha estava para casar e que ela temia que recomeçasse a não comer. Perguntei-lhe como estava seu peso, ao que me respondeu "perfeito". Perguntei-lhe se havia deixado o seu trabalho e respondeu-me que não, que estava ótima, sem problemas e muito feliz. A seguir pediu que as recebêssemos por razões "preventivas", caso a filha tivesse novamente o problema. Eu respondi que não fazíamos terapias preventivas porque não sabíamos prever o futuro. Aí acabou a conversa. Nesse caso, era importante que atingíssemos a relação entre a filha e a terapia.

HOFFMAN: Lembro de que você uma vez estava falando da situação política da Itália dos anos 70. Os hospitais psiquiátricos tinham sido fechados e os psiquiatras eram considerados agentes de controle social.

Você dizia que isso tinha contribuído para aumentar seu interesse no contexto terapêutico.

BOSCOLO: Sim. Eu tinha feito meu doutorado nos Estados Unidos e quando voltei para a Itália e encontrei os psiquiatras italianos, tive a sensação de estar chegando de um outro mundo. Nos Estados Unidos, eu havia aprendido a compreender os pacientes, a diagnosticar e a fazer terapia, enquanto na Itália havia uma revolução antipsiquiatria. Era importante que se vissem os pacientes com sintomas em um outro nível, um nível social, o nível da sociedade. Passou um tempo antes que integrássemos esses dois níveis, e penso que isso repercutiu no nosso trabalho. A consequência é que somos extremamente sensíveis aos diversos níveis sistêmicos: individual, social e às interações entre os três.

CECCHIN: Nos anos 70, nos Estados Unidos, não se tinha consciência de que a ação sobre cada pessoa contribuiria para o conjunto. Na Itália, era muito claro que qualquer coisa que se fizesse constituiria uma ação política. Por conseguinte, quando um paciente tem um problema e você tem que trancafiá-lo, está realizando uma ação política.

PENN: É interessante que vocês não tenham acabado assumindo uma posição como a de Laing, dizendo que o esquizofrênico é bom e o psiquiatra ruim; vocês propõem uma apreciação do relacionamento entre ambos.

BOSCOLO: Concordo. Na época eu lia Bateson e estava familiarizado com as posições de Szasz e Laing. Mas quando se trabalha com as ideias de Bateson, pensa-se em termos de pontuação. As práticas psiquiátricas tradicionais pontuam os problemas de uma maneira particular. Para os psiquiatras organicistas, os problemas derivam da bioquímica ou da genética; para os psicanalistas, derivam dos primeiros anos da infância. Essas são pontuações lineares-causais. Laing virou esta pontuação de cabeça para baixo. Para ele (como para o movimento antipsiquiátrico da Itália), o indivíduo tinha problemas porque a sociedade está doente e eram as pessoas sadias que estavam no hospital. Isso nos impulsionou ao conceito de metanível.

PENN: Na época você já estava com Selvini?

BOSCOLO: Não, até 1967. Em 1968 o Grupo de Milão, ao qual pertencíamos Mara e eu, organizou a primeira conferência sobre Terapia

Familiar. A Conferência foi realizada no Sul da Itália e os nossos convidados estrangeiros foram Nathan Ackerman e Ronald Laing. Os psiquiatras italianos que participaram eram, na sua grande maioria, marxistas e atacaram Ackerman, devido à sua preocupação exclusiva com as dinâmicas familiares, sentiu que os psiquiatras queriam ajudar aqueles doentes com suas doenças. Mas as outras pessoas simpatizaram muito com Laing e sua pontuação. Eu estava muito confuso, mas serviu-me para começar a compreender a importância dos diferentes níveis.

Em 1977, nossos primeiros formandos sabiam muito de psiquiatria e psicanálise. De fato, constituíam uma espécie de vanguarda muito sofisticada. Os primeiros a nos procurarem disseram: "Estamos aqui porque fazemos parte de uma revolução social e estamos precisando de alguns instrumentos técnicos com os quais possamos tratar os pacientes que não querem melhorar. A psicanálise não serve porque é burguesa".

CECCHIN: Para eles, havia sempre uma dicotomia: ou você era marxista ou era burguês; era impossível não ser político. Essa ideia é muito semelhante àquela que diz que não se pode comunicar. Eles sentiam que você tinha que estar de um lado ou do outro, mesmo que não dissesse nada. Vinham e nos diziam: "Não sabemos de que lado vocês estão, nem queremos saber. Estamos apenas interessados nas suas técnicas". O caso é que, aos poucos, perceberam que nós oferecíamos uma terceira opção. Através da técnica busca-se a epistemologia, através da técnica aprende-se a pensar. Mas o fato de não sermos marxista e de terem que vir para um centro privado e pagar para aprender era muito duro para eles.

HOFFMAN: Por que estavam tão interessados nas suas técnicas?

BOSCOLO: Eles não acreditavam em psicoterapia individual, também pensavam em termos de "sistemas" e a terapia familiar parecia congruente com sua filosofia.

CECCHIN: Na conferência de 1968, Ackerman foi considerado reacionário por ter dito: "Eu vi este casal durante dois ou três anos, antes de que eu os visse não eram capazes de sentir prazer ao dormirem juntos e agora já o são. Considero que foi um grande sucesso". As pessoas que estavam na conferência disseram: "Que história ruim, é ridículo que uma pessoa chegue a gastar dois ou três anos ajudando outras pessoas a dormirem juntas. Seria como dizer que a família normal é aquela que se adapta ao sistema norte-americano. E qual é o sistema norte-americano? O sistema que sustenta a corporação multinacional que precisa vender algo a esta família". Como acharam que Ackerman estava a serviço desse sistema, não aceitaram suas ideias.

BOSCOLO: Eu penso que Ackerman foi apenas desafortunado. O marido da sessão apresentada trabalhava para a IBM. Então, quando Ackerman mostrou a fita, de repente umas duzentas pessoas gritaram: "Isso é um sucesso? Só porque dá uma de coelho com a esposa enquanto faz mísseis para matar vietnamitas?". E Ackerman, que era um mestre de grandes grupos, disse: "Eu concordo com vocês", e eles se acalmaram. A seguir agregou: "Concordo sobre Vietnã, os mísseis, a IBM. Mas a única arma que possuo é o voto. Vocês podem ter revoluções, mas na América do Norte a única coisa que posso fazer contra a política sobre a Vietnã é o voto". Então alguém começou a rir um pouco. Ele disse: "Cada vez que vou votar, garanto-lhes, estou sendo contra a IBM etc.". Ele era realmente um mestre. A seguir disse: "Concordo com a sua opinião, fazer com que o casal dormisse junto não constitui um resultado. Para mim, é um sucesso. A mulher não tinha sido, durante três anos, capaz de fazer amor. Depois conseguiram fazer amor, a mulher teve um filho. Para mim, fazer amor é melhor do que não o fazer. Esta é a minha posição. Para mim, foi um sucesso".

Sua posição era também a minha. Nos Estados Unidos eu também recebi, durante sete anos, uma formação em psiquiatria e psicanálise e, quando voltei para Itália, compreendi que estava pensando em termos de tríades: família – terapeuta – sociedade. Sendo que o terapeuta se coloca entre a família e a sociedade. Aí comecei a compreender a dilema do terapeuta. O terapeuta, com frequência, sem ter consciência do que está fazendo, pode introduzir as normas sociais no paciente, aliar-se com a sociedade contra os pacientes ou aliar-se com este contra aquela. Os marxistas também estavam conscientes dessas possibilidades.

HOFFMAN: Resumindo, você compreendeu que o terapeuta podia restabelecer o sistema sem nunca suprimir o problema ou, dito em outras palavras, fazer com que – por intermédio de medicamentos, sessões etc. – a situação fosse tolerável e o problema continuasse. Seria um salto intelectual considerar os psiquiatras como fatores de homeostase, como preservadores do jogo.

BOSCOLO: A maneira como abordamos o problema da pessoa de referência – do nosso artigo com o mesmo nome (Selvini; Palazzoli; Boscolo; Cecchin; Prata, 1980) – surgiu lidando com casos em que não havia motivação para o tratamento ou em casos que não conseguíamos colher informação. Tentávamos, infrutiferamente, encontrar uma hipótese que justificasse essa conduta, tanto do sistema familiar nuclear quanto do familiar extenso, quando tivemos um estalido: descobrimos que o comportamento da família poderia ser explicado pela relação existente entre ela e o terapeuta de referência. Por exemplo, a família poderia estar muito apegada ao terapeuta de referência e este sentir ser importante tratar do seu caso. O terapeuta nos enviaria a família pensando que assim poderia continuar a ser importante. A família não poderia dizer-nos por que relutava em vir devido ao temos de transmitir-nos a seguinte mensagem: "Nós não os queremos", ou de ofender o terapeuta de referência. A família queria ficar conosco, sem, no entanto, se engajar. Foi naquele momento que elaboramos a hipótese sobre a pessoa de referência.

CECCHIN: As pessoas de referência das quais falamos não são, nem do ponto de vista da sua função nem individualmente, ruins. Se fazem o trabalho é porque querem ajudar as pessoas. Mas, às vezes, certos grupos funcionam no interior de instituições cujo propósito é sobreviver. As pessoas gastam seu tempo discutindo, falando entre si, tagarelando. Esquecem-se do paciente, que, ao final, passa a ser secundário. Trata-se de um processo natural. Essa situação não deve nos levar a assumir uma atitude negativa: a instituição é ruim, querem matar as pessoas. É óbvio que a instituição ajude os pacientes e que os pacientes ajudem a instituição.

PENN: O primeiro "problema" a ser tratado seria, então, o efeito homeostático dos outros profissionais.

BOSCOLO: Sim. Por exemplo, se o terapeuta precisa sobreviver enquanto terapeuta, tem que ajudar as pessoas. Quando o terapeuta permanece na sua posição, o paciente vê-se obrigado a permanecer na sua. Este é o elemento básico das terapias intermináveis. Neste caso, aí invés de começar a sessão dizendo "Qual é o problema atual?", dizemos "O que aconteceu com o sistema de vocês que os levou a precisar de terapeutas? O que aconteceu com a capacidade auto curativa de vocês que chegaram a precisar de alguém para cuidar de vocês?" Você recebe a história de alguém que penetrou no sistema como terapeuta e mais adiante complicou o problema. Aí, o conjunto passa a fazer sentido.

HOFFMAN: Voltemos à intervenção. Uma vez que não incluímos a discussão da equipe, teremos que lhe fazer algumas perguntas sobre o modo como a elaboram.

INTERVENÇÃO

CECCHIN: [voltando] Permitiram-me compartilhar com vocês as nossas observações. Nós percebemos que entre os quatro filhos desta família existem muitas divisões. Sue sempre houve conflitos com Kate, Kate com Jane etc., de tal maneira que as filhas nunca se uniram. Seu filho é distante das irmãs, ele fica com seu pai, talvez porque sua mãe não é próxima do pai. Nossa experiência tem nos ensinado que a união entre as irmãs facilita seu crescimento, sua saída de casa, sua independência e sua capacidade de dirigir suas próprias vidas. Mas, sempre que os filhos estão divididos – assim como na sua família – há uma razão por trás. E a razão é que eles acreditam que, permanecendo divididos, nunca crescerão nem sairão de casa. Ficam crianças porque sentem que seus pais precisam deles. Para ter certeza de que os pais não se sentirão abandonados, os filhos não se dão bem uns com os outros. Os filhos mantêm os pais focalizados neles e nos seus problemas e não na própria solidão dos pais.

Não obstante, nesta família existe certa confusão. Nesta família, os pais têm seus próprios desacordos, mas sua maneira de viverem juntos pode prolongar-se eternamente, sem mudanças. O pai tem ciúmes da mãe, a mãe não concorda com o pai, mas, de qualquer maneira, ainda têm uma vida juntos que não desejam mudar: sempre será a mesma. Mas os filhos acreditam que, sem eles, os pais não saberão o que fazer. Este é um tremendo equívoco entre os pais e os filhos. Não se trata de uma questão de anorexia, porque, se Sue não tivesse anorexia, um dos outros filhos teria algum outro problema. Ela desenvolveu a anorexia porque, no momento, era a mais sensível. Se ela não tivesse anorexia, talvez fosse John quem tivesse problemas – um problema na escola ou transtornos de conduta – quem pode saber? O interessante é que enquanto os quatro filhos acreditarem que devem fazer algo para os seus pais

– que na nossa opinião não precisam da sua ajuda – não poderão se juntar para deixar a casa. Vocês têm um bom relacionamento – brigam e curtem tais brigas e curtem seus desacordos – vocês não querem se separar. Jane entende muito bem a questão porque disse: "Eles curtem suas brigas, é assim que se dão bem".

Mas nós temos um problema. Se estivéssemos em Milão, com uma família como a de vocês, pediríamos aos filhos que viessem a uma sessão para compreendermos por que acreditam que seus pais não podem viver sem eles. E não é apenas Sue quem pensa que deve ficar com seus pais, são todos os quatro.

PAI: *Você lhes está dando ideias, na próxima semana estaremos em Milão.*

MÃE: *Não é verdade.*

CECCHIN: *Se pedíssemos que pai e mãe viessem sem os filhos, veríamos todas as mensagens, por vocês transmitidas, talvez inconscientemente, que sustentam esta crença dos filhos. Mas as mensagens são claras: fiquem perto, não nos abandonem, precisamos de vocês, não podemos nos dar bem etc. É provável que vocês transmitam esta mensagem sem querer. Afinal de contas, vocês têm uma vida própria fora dos filhos, você tem seu próprio estilo. Dado que vamos permanecer aqui durante três dias, propomos-lhes que vão para casa e pensem sobre o que dissemos; se decidirem que querem continuar, oferecemos-lhes a possibilidade de fazer a escolha seguinte: de duas, uma, os quatro filhos voltam para conversarmos, durante trinta minutos ou uma hora, sobre o problema com o seu país e a sua mãe ou, então, vocês, pai e mãe, voltam e discutem o problema. Não importa quem, os pais, os filhos.*

MÃE: *Não todos nós juntos? Só uns ou os outros? Bem, eu penso que seja mais importante para os filhos.*

CECCHIN: *Não falaremos disto agora, vão para a casa e pensem. Damos-lhes esta oportunidade, que é o que faríamos em Milão. Vamos ficar aqui até sábado, tem tempo.*

PAI: *E Sue?*

CECCHIN: *Sue tem de decidir no momento se desistirá do problema.*

PAI: *Bem, por quanto tempo?*

CECCHIN: *Não há terapeuta, não há ninguém que possa decidir por ela.*

MÃE: *Ou seja, em outras palavras, se o problema da família melhorar...*

CECCHIN: *Os quatro filhos estão convencidos de que devem fazer algo para que seus pais continuem...*

PAI: *Não planejamos uma viagem à Califórnia na próxima semana, só iríamos minha esposa, eu e meu filho. [Para mãe] você sabe, duas semanas atrás, dois deles decidiram que viriam conosco.*

SUE: Desculpem-nos, há duas semanas não. Eu estive doente desde dezembro. [A família levanta-se para sair]

CECCHIN: [para mãe] por que seu filho não decide ficar em casa com elas? Por que vocês dois têm de ir com um dos filhos? [A família sai da sessão de bom humor. A mãe disse para Cecchin: "Você deveria ficar aqui"]

HOFFMAN: Quais foram as ideias que os levaram a esta intervenção?

CECCHIN: Visto que eles não gostavam de terapeutas, esta era uma espécie de prova de confiança. Se tivesse sido em Milão, teríamos pedido que voltassem para ver se queriam ou não. Nesse caso teríamos tido: "Temos algumas ideias para explicar o que está acontecendo, especialmente sobre como as filhas têm dividido os pais".

PENN: Trata-se da mesma ideia: devem concordar com a decisão de voltar ou não.

CECCHIN: Sim. Neste caso, se eles voltarem, tentaríamos ajudá-los a se libertarem da sua louca ideia. Mas eles teriam tomado a decisão.

HOFFMAN: Vocês também colocaram a família em uma situação na qual era impossível que ignorasse a diferença geracional. Quer sejam os pais, quer sejam os filhos que venham. Ou talvez que ninguém venha. Vocês diriam que se trata de um movimento estrutural?

CECCHIN: Não, porque não sabemos neste momento pensando em termos das dinâmicas familiares. Estamos preocupados com a dinâmica terapeuta-família. Sempre houve alguém que tomasse as decisões sobre terapias no lugar deles. Isso explica esta impressão festiva que transmitem durante a sessão, o terapeuta puxa e puxa enquanto eles se limitam a permanecer sentados brincando. Nós dizemos "Não temos certeza do que fazer porque não estamos em Milão e só ficaremos aqui até sábado. Mas, vocês querendo, receberemos os pais ou os quatro filhos. Vocês decidem. O caso está em suas mãos".

HOFFMAN: Ao levarem todas as coisas para o terapeuta impediam que aparecesse seu desacordo sobre a terapia.

CECCHIN: Exato. A mãe tomou a iniciativa, o pai a seguiu, mas sem haver nenhuma resolução da sua divisão básica. Se decidem vir, terão que lidar com esta divisão. Porque terão que concordar com a vinda. E não vindo terão que lidar com a divisão de outra maneira.

PENN: Com esta intervenção vocês exigem que eles decidam qual é o subsistema que virá. A tomada desta decisão dificultará a reinstalação das suas velhas e costumeiras divisões. Vejo-os, dada a situação em que foram colocadas pela intervenção, fazendo algo diferente.

BOSCOLO: Sim, o terapeuta está lhes pedindo que escolham. Mas ele deve permanecer neutro. Isso é fundamental, porque às vezes o terapeuta familiar pode – sem estar consciente do que está fazendo – colocar-se do lado dos pais contra os filhos ou do lado destes contras àqueles. O terapeuta pode, também, preferir uma alternativa à outra. É muito importante que o terapeuta seja genuinamente indiferente.

Segunda sessão

HOFFMAN: Dado que, excetuando a sua parte final, não incluiremos aqui a transcrição desta sessão, poderiam dizer-nos o que foi que aconteceu?

CECCHIN: Os pais vieram sós. Tinham transcorrido dois dias. Tivemos algumas boas retroalimentações sobre a última sessão: a família saiu junta para jantar e, contrariando as suas normas habituais, não tiveram nenhuma discussão.

BOSCOLO: Tínhamos decidido colher mais informações sobre a família extensa. Tornou-se claro que a mãe era muito ligada à mãe e às irmãs, enquanto o pai estava muito ligado à avó. A mãe disse que sua mãe tinha ciúmes das suas irmãs, que eram casadas com homens de sucesso. Parecia que a avó se sentia mais à vontade com esta filha porque ela tinha muitos transtornos. Aí descobrimos que o pai tinha uma história de negócios começados, que quando não eram bem-sucedidos eram vendidos, chegando até a venda da casa da família. Apesar de que, aparentemente, tinha conseguido fazer dinheiro dessa forma, a mãe não estava muito feliz com ele. Na época em que os vimos ele já tinha deixado de trabalhar, mas ela pensava que ele deveria trabalhar. A avó tinha falado à mãe dos seus temores de que esse ficar em casa sem fazer nada o fizesse "pirar".

CECCHIN: Perguntamos sobre a forma como os filhos se acomodavam à situação. Parece que eles estavam sempre voltados para a questão da dificuldade de o casal ficar só. Eu fiz a questão "Quem de vocês manda mais mensagens aos filhos", "Venham e aproveitem a situação?". Eles imediatamente concordaram em que os filhos estavam sempre aproveitando-se dos dois. Durante nossa pausa, retornamos à conversa sobre a ideia de que os filhos acreditavam que os pais se separariam se eles não intervissem, transformando-se a estrutura em que prescreveríamos o ritual do "segredo do casal", segundo o qual os pais seriam sós e em segredo.

INTERVENÇÃO

CECCHIN: *Como já dissemos da última vez, a situação é mais séria... muito mais séria do que vocês imaginam. E para os filhos, esta é uma situação perigosa. Sue tem problemas com a comida. As outras moças apresentam uma espécie de conduta irresponsável... para os filhos, viver sem nenhum sentido da realidade é uma situação muito perigosa. Por quê? Porque eles pensam que sem eles, sem seu comportamento, sem sua presença vocês dois não conseguirão ficar juntos. É assim que eles pensam. O que nós vemos é que vocês dois encontraram uma maneira de viver o casamento, vocês dois não se deixam um do outro. Também vimos que vocês não se apresentam a si mesmos como o casal fantástico, vocês não mostram a todo mundo o quanto vocês são bem-sucedidos. Achamos que isto é muito bom para sua sogra porque ele tende a ser um pouco ciumenta. Você é a filha preferida e os seus problemas podem ser úteis para ela. Mas também vemos que este tipo de situação não é muito bom para os filhos. É uma situação muito séria. Daí o motivo pelo qual temos uma sugestão para dar, uma espécie de ritual. Durante os próximos meses – digamos seis meses – não pensamos que seja importante vocês voltarem para a terapia familiar; pensamos que é importante pararem, devendo, certamente, fazer uma coisa: uma vez por semana deverão escolher uns dois dias, sem dizer nada para os filhos e sair para algum lugar. Sair de circulação. Poderão deixar uma nota na mesa dizendo: "Estaremos fora até terça, às 5 horas".*

PAI: *Ela nunca fará isto.*

CECCHIN: *Sabemos que será extremamente difícil para ela e também para você.*

PAI: *Porque... vou lhe dar um exemplo, deixe que eu lhe explico em um segundo. Vamos sair na próxima quinta, Jane já disse que enchêssemos a geladeira e deixássemos tudo certo.*

CECCHIN: *Mas vocês não dizem nada. Podem encher a geladeira antes de sair se querem ter certeza dos que eles não passarão fome, mas eles não deverão inteirar-se de nada. Depois vocês desaparecem. Saem, mas sem obrigação de ficarem juntos, se não gostarem de ficar juntos, cada um pode ir para um lugar diferente. O importante é que eles recebam a mensagem de que vocês dois estão fazendo algo desconhecido por eles. Isso é muito importante. Baseia-se na nossa experiência de situações semelhantes à de vocês.*

PAI: *Boa ideia. Gostei da ideia.*

CECCHIN: *Vocês voltem terça às 5 horas. Eles irão perguntar "Onde vocês estavam? O que fizeram?" Se eles perguntarem, aí vocês dizem "O que fizemos é problema nosso".*

PAI: *Outro dia eu saí de casa, durante uma ou duas horas, quando meu filho veio perguntar-me "Onde você estava?" Eu lhe respondi "Isso não é da sua conta". Aí minha esposa disse "Você não poderia dizer para ele onde estava?"*

CECCHIN: *Se estão juntos, você diz "Este é um assunto meu e da minha esposa". Eu sei que isso é um sacrifício, mas vocês precisam fazê-lo. Talvez vocês não percebam a dramaticidade da situação.*

PAI: *Eu já o percebi há muito tempo.*

CECCHIN: *Se vocês "decidem" fazer uma viagem a cada três ou quatro semanas, preparem-na com antecipação e desapareçam sem dizer nada para ninguém. É muito importante que eles não saibam o que é que vocês fazem. Estando fora, não precisam curtir um ao outro. Suponham que vocês não sintam vontade de ficar juntos: você pode ir para uma cidade e você para outra, visitar amigos em vez de ficar juntos... qualquer coisa. O importante é que eles não saibam onde vocês estão. Só deverão ver pessoas que não falem para ninguém. Agora, quando voltarem para sua casa, terão duas possibilidades. Se eles perguntarem sobre a reunião, vocês poderão dizer: "O Dr. Cecchin disse-nos para não contarmos nada do que tínhamos dito durante a sessão. Disse-nos que não deveríamos tocar no assunto".*

MÃE: *E Sue? Ela não está morando em casa. Vai melhorar?*

CECCHIN: *Sim. Sabemos, por experiência, que quando as pessoas são bem-sucedidas, muito dos problemas desaparecem. Em situações como esta, como a de vocês, quando os pais são capazes de fazer o que pedimos, há sucesso em 80% dos casos. Existe a possibilidade de que o problema de Sue possa melhorar, porque, mesmo não vivendo em casa porque seu irmão tinha voltado, fez algo relacionado com o que acontecia em casa. Ela saberá da situação, vocês não devem lhe falar.*

MÃE: *Eu não poderia pegar o telefone e dizer "Vamos sair por uns dias?" Apenas não dizem nada para Sue?*

CECCHIN: *Para ninguém. Você poderia dizer "Deixe Sue saber".*

MÃE: *Oh, deixar os filhos dizerem à Sue que nós saímos?*

CECCHIN: Sim. Mas vocês não lhes devem dar instruções, porque aí a coisa se tornaria. "Aonde vocês foram? Por que falaram com ele e não comigo? Eu quero ser tratada como eles". Se Sue não estiver presente, um dos outros filhos pode encarregar-se de avisar. Meu colega disse ser importante que não vão para algum lugar onde alguém possa informar aos seus filhos, por isto, será melhor encontrarem outra solução. O importante é ir para casa e dizer "O Dr. Cecchin disse-nos que o assunto deverá ficar entre ele e nós".

PAI: Eles não vão perguntar o que aconteceu.

CECCHIN: Bom, daqui a quatro ou cinco meses vocês ligam para a Dra. H [terapeuta]. Voltam com algumas notas sobre a reação dos filhos diante desta atitude. Cada um anota algo... talvez alguém tenha quebrado a lâmpada. Vocês anotam sem dizer nada ao outro e daqui a cinco ou seis meses trazem todo esse material para a Dra. H, ela entrará em contato conosco.

MÃE: Você acha que bastará fazer isso para que os filhos cresçam independentes, sigam seus próprios rumos e Sue comece a comer?

CECCHIN: Cerca de 80% o fazem, mas é extremamente difícil.

MÃE: Em quanto tempo Sue vai melhorar? Em quanto tempo vai melhorar?

CECCHIN: Sue é como os outros que vivem. Sue disse: "Mamãe, vamos ficar juntas, nós duas". Ela tenta separá-la do seu marido.

PAI: Utopicamente.

MÃE: Ela tem ciúmes porque nós dois estamos juntos.

CECCHIN: Ela está presa na sua fantasia de que vocês não podem viver sós e juntos.

MÃE: E quando eles virem que nós estamos...

CECCHIN: Que vocês estão juntos... vocês não devem demonstrar que estão juntos...

PAI: Eles encontrarão seu próprio rumo, irão embora. Eles não deverão saber onde nós estamos.

CECCHIN: Contudo, a decisão de vocês permanecerem realmente juntos poderia ser perigosa para sua mãe. Ela poderia, desta forma não ter uma relação satisfatória com seu esposo ou sentir uma grande falta de vocês. Daí por que afirmo que não seria bom que vocês o demonstrassem. Não se preocupem se durante estes dois dias você não curtir seu marido e você não curtir sua esposa. Caso vocês se chateiem um com o outro, vá cada um para o seu lado.

MÃE: Teremos algum contato com a Dra. H?

CECCHIN: A Dra. H quer que vocês liguem daqui uns quatro ou cinco meses para ver se conseguiram ou não. Vocês poderão contar-lhe se foram bem-sucedidos ou não.

MÃE: Diga-me, como devemos nos conduzir com Sue e seu terapeuta? Devemos abrir mão das histórias de Sue?

CECCHIN: Você diz: "Você está indo para um terapeuta. Isso é problema seu, não quero saber nada a respeito".

PAI: Minha esposa continua se metendo.

CECCHIN: Deixe Sue cuidar da sua terapia.

MÃE: Por ela mesma, eu ficando de fora.

CECCHIN: Se ela disser: "Eu não gosto do meu terapeuta", você diz: "Isto é problema seu".

MÃE: Tome suas próprias decisões. E Joe? Joe e ele são assim [indicando que são muito próximos].

CECCHIN: Todos os quatro filhos estão no mesmo barco: um é anorético, o outro é o filhinho do papai, a outra é a manipuladora e a outra é confusa. Assim, todos estão no mesmo barco.

MÃE: E Kate não quer participar das diversões com a gente, deveria?

PAI: Não, não.

CECCHIN: Não, isso não faz parte dos deste projeto. Todo mundo sabe para onde vocês vão. Façam o que vocês quiserem. Não direi mais nada a respeito disto.

PAI: Em essência, o que você está dizendo é que quando decide sair não diz nada para ninguém e deixa uma notinha na mesa: "Saímos".

MÃE: Será a tarefa. Aposto que o conseguiremos. Eu lhe escreverei. [O casal levanta-se para sair].

HOFFMAN: Como se desenvolveu o processo de aproximação desta intervenção?

CECCHIN: Nós concordamos com o ritual, mas depois tivemos uma discussão sobre como responder à desconfiança da família pelos terapeutas. Aí decidimos pedir-lhes para que durante seis meses não procurassem nenhum terapeuta, o que foi importante porque eles estavam saturados de tanta terapia. Enviamos-lhes inúmeras duplas mensagens: esqueçam a terapia familiar durante seis meses – contudo, esta é uma prescrição, o que significa que vocês estão em terapia. Não entrem em terapia – contudo a filha pode procurar um terapeuta individual. Ao enviarmos todas estas mensagens, pretendemos romper o seu padrão de conduta com os terapeutas. Para nós era mais altamente significativo que fosse deles a iniciativa de voltar a nos procurar.

BOSCOLO: Esta intervenção tem um outro elemento importante, a utilização de estatísticas. Dado que se trata de uma família que demite os seus terapeutas, nós introduzimos uma estrutura complexa. Dizemos que 80% dos casos as intervenções funcionaram, enquanto 20% não. Eles são muito competitivos e nós desejamos utilizar sua competitividade colocando o estatístico 80%.

PENN: Parece-me que esta prescrição dava continuidade à tarefa original que dividia a família em dois grupos. A prescrição poderá acompanhá-los durante o período de não terapia familiar que vocês pediram, mas manterá a divisão entre pais e filhos, nivelando os membros de cada um dos grupos.

BOSCOLO: Sim. Veja como fomos teatrais quando colocamos todos os filhos no mesmo barco. Dado que a família não estava sendo muito séria, pensamos que era importante dramatizar a situação. Se esta é uma família festiva, devemos evitar que se inicie uma terapia festiva.

HOFFMAN: O pai responde a intervenção de uma maneira muito positiva em oposição à mãe que parece um pouco abatida.

BOSCOLO: Sim. Aqui vemos como a intervenção confirma a hipótese que formulamos quando observamos que o pai nunca se aproximava da mãe porque esta contava com todas as vinculações: com suas filhas, com sua mãe, com suas irmãs. A intervenção juntou a mãe e o pai, e este respondeu "Gostei". E a mãe confirmou a hipótese mostrando-se abatida.

CECCHIN: Esta intervenção que, sob determinados aspectos é puramente estrutura, lhe permite ver o problema. Apesar de dizermos que os pais não devem ficar juntos, que apenas devem aparentar que estão juntos, a realidade é que os estamos juntando. O que alegra o pai e entristece a mãe. Essa seria a limitação desta ideia.

PENN: A prescrição rompe todos os triângulos dos que participam o pai e a mãe, tanto na família nuclear, quanto na extensa. O que resulta obviamente difícil, tanto para a mãe, quanto para o pai. Pensando na situação, vocês poderiam imaginar uma intervenção mais balanceada?

BOSCOLO: É possível. O abatimento da mãe constitui uma retroalimentação que sugere uma outra intervenção, intervenção está baseada em uma hipótese ligeiramente diferente, mas talvez eficaz.

A hipótese poderia estar relacionada com o fato de Sue ter iniciado os seus sintomas depois de o pai ter vendido os seus negócios e começado a ficar em casa. Durante a sessão, a mãe disse que sua mãe pensava que seu marido tinha problemas mentais porque ficava em casa o dia todo brigando, sem fazer nada e chateando os outros. Pode-se supor que foi nesta época que começou a competir pela posse da mãe. O pai tinha ciúmes da relação da mãe com Sue e disse, várias vezes, que Sue queria que seus pais se separassem para assim ela viver uma fantasia com sua mãe. Ele não conseguia aceitar que a mãe fosse uma mãe para os filhos e uma esposa para ele. Desejava-a toda para si próprio e, aparentemente, Sue queria a mãe toda para si mesma.

PENN: Como poderia mudar a prescrição?

BOSCOLO: Poderíamos ter dado a seguinte prescrição: dado que tanto o pai, quanto Sue queriam a mãe, um dia na semana a mãe estaria vinculada exclusivamente ao pai; outro dia, estaria à Sue e no resto da semana cada um teria um comportamento espontâneo.

CECCHIN: Este ritual conferiria à Sue uma posição muito importante, e ao mesmo tempo permitiria que mãe ficasse próxima dela. Pelo rosto, você pode ver que a ideia de ficar só com o marido não lhe pareceu atraente.

BOSCOLO: É porque a mãe, segundo esta hipótese, encontra-se em uma posição insustentável. Quando está com Sue, sente-se mal porque não está com o marido; quando está com seu marido, sente-se mal porque não está com Sue. Mas o ritual indicaria uma saída. Determinaria um tempo durante o qual a mãe ficaria só com Sue e um outro só com o pai. Ao introduzir-se uma sequência no triângulo constituído pelo pai, Sue e a mãe, de fato, retira-se a mãe da situação paradoxal na qual se encontra.

PENN: Ordenar-lhes que tenham um comportamento espontâneo também é um paradoxo, mas saudável. Esse constitui um bom exemplo de um ritual que utiliza o tempo.

BOSCOLO: Eu gostaria de voltar ao que Gianfranco disse sobre os limites da intervenção estrutural. Existe o perigo de impor a ideia segundo a qual pais e filhos devem ser separados. Em muitas culturas que possuem famílias de três e quatro gerações, os filhos podem crescer e ficar com os pais em vez de ficar pelo caminho. Eu prefiro a segunda intervenção porque ela responde mais à configuração desta família do que a ideia da normalidade.

CECCHIN: Se pensássemos em uma característica que parece organizar as famílias que vemos, diríamos que a estrutura está regida por uma regra de três. Se uma díade tenta sair só, haverá sempre uma outra pessoa tentando interferir. Daí porque nós não pensamos em termos de pais e filhos, de linhas geracionais ou de subsistemas maritais ou parentais, mas sim em termos de triângulo.

HOFFMAN: Isolando o casal, vocês contradizem esta regra de três.

CECCHIN: Sim. É por isso que quando desejamos fortalecer um casal, o levamos a não se tornar muito forte para não fazer sofrer as outras pessoas. Quando o fazemos, pedimos aos outros a permissão para deixar o casal só. Utilizamos uma fantasia educativa: um dia a mãe toma conta da criança, enquanto o pai não deve interferir; no dia seguinte, invertem os papeis. É uma maneira de dizer-lhes que cada um só é bom educador, mas que, no entanto, devem se revezar. Porém, o seu escopo é o rompimento da regra de três.

HOFFMAN: É importante para vocês, por exemplo, que os pais continuem realizando este ritual secreto do casal? Dito em outras palavras, suponha que voltem dizendo que não cumpriram, que a mãe disse à Sue para onde foram ou que Sue descobriu.

BOSCOLO: Ao nos dizerem que fracassaram estariam nos dando muitas informações. Descobriríamos que a mãe se recusou a realizá-lo porque tinha outras coisas para fazer, que os filhos interferiram ou o pai sentiu que não gostava. A seguir poderíamos dar-lhes uma outra contra prescrição: "Nós achamos que vocês devem parar com este ritual, era prematuro, pensamos que deveriam esperar".

CECCHIN: Em certos casos, este tipo de intervenção funciona muito bem, mas nos casos muito sérios, existe o perigo de desembocar em uma luta pelo poder. Às vezes, tem-se uma crise porque os filhos não permitem que o terapeuta detenha este tipo de poder. O paciente reforça e amplia a sua conduta sintomática, é hospitalizado. Tudo isso para proteger seus pais. Se isto acontecer, abandonamos a prescrição e pedimos a volta de toda a família. A seguir, decidimos sobre a continuação. No presente caso, como vocês poderão ver, provocamos uma escalada. Ao reencontrarmos a família, constatamos que Sue havia começado a comportar-se muito mal e a interferir mais intensamente do que antes na vida dos pais.

Terceira Sessão

HOFFMAN: Quanto tempo transcorreu entre uma e outra sessão?

BOSCOLO: Seis meses. Pouco tempo após a última sessão, Sue ligou para um dos terapeutas que estava atrás do espelho unidirecional pedindo-lhe que fosse seu terapeuta. Entre as duas sessões, Sue tinha começado a praticar pequenos furtos em lojas e a sair com todo tipo de rapazes. Bebia e voltavam para casa dando a entender que havia promiscuidade sexual. O terapeuta disse que a mãe lhe telefonava com frequência, tentando interferir no tratamento. Durante a discussão da pré-sessão, quase só falamos do trabalho individual do terapeuta, quem, finalmente, decidimos incluir na sessão.

HOFFMAN: Por que tomaram esta decisão?

BOSCOLO: Porque ele tinha se tornado parte do sistema. Ele está agindo sobre a mãe, a filha e, provavelmente, sobre o resto da família, sem ter condições de avaliar seu impacto sobre o caso, porque apenas vê a filha. Tratamo-lo, como faríamos com um terapeuta em uma consulta de impasse, colocando-o dentro da família.

HOFFMAN: Quem estava presente na família?

CECCHIN: Os pais, Sue, que tinha voltado para casa, e Joe. As outras duas filhas estavam morando fora de casa, em uma outra cidade. Sue foi o foco. O pai começou a descrever o "lixo", isto é, os amigos que estava levando para casa. A mãe por sua vez a defendeu, aduzindo que estava com sua autoestima tão baixa que não conseguia sentir que merecia algo melhor.

PENN: Os pais obedeceram à prescrição?

CECCHIN: Sim, obedeceram. Cumpriram-na muito bem, apesar de que, por umas duas vezes, a mãe deixou transparecer para Sue aonde iam e o que faziam.

PENN: Qual foi a justificativa de Sue por ter voltado a casa?

CECCHIN: Ela não disse, mas nós sentimos que tinha a ver com a prescrição dada aos pais de saírem sozinhos. Voltou para casa e começou a ter uma conduta que interferia totalmente no relacionamento deles.

PENN: O pai continuava sem trabalhar?

CECCHIN: Sim, e, com a mãe, dava uma série de duplas mensagens para suas filhas: "Tentem viver, mas não vivam de verdade". Não parecia preocupado com o fato de as filhas saírem de casa para irem morar em uma outra cidade, com o fato de terem amigos ou não. As únicas relações externas que pareciam toleradas eram as que mantinham com os terapeutas. Tinha-se a impressão de que o casal, e particularmente o pai, ficaria muito deprimido em consequência da saída de todos os filhos.

HOFFMAN: E como vocês avaliaram a posição da família? Havia regredido? Tinha havido alguma mudança ou tinha apenas estagnado?

BOSCOLO: Sentimos que tinha havido alguma mudança, o comportamento da filha havia mudado e, apesar de continuar sendo um problema, agora era um problema diferente.

HOFFMAN: Você acha que ela não estava agindo de uma maneira muito diferente de qualquer adolescente irritante?

BOSCOLO: Sim. Demo-nos conta, durante a terapia, que era um sinal de mudança, e nossa reação foi positiva. Em Milão, quando há uma mudança na família, propomos o encerramento. Dizemos para a família que não vemos mais problemas psiquiátricos e sim problemas vitais humanos. Vamos assistir à intervenção. Assim terão alguma ideia de como iniciamos o encerramento.

INTERVENÇÃO

CECCHIN: Sua família, que tem sido muito próxima e muito íntima, permaneceu junta durante muito tempo. Em um dado momento surgiu uma injunção – eu não sei de onde veio – indicando que vocês deveriam separar-se. Nós pensamos, porém, que vocês já avançaram muito nesta direção na tentativa de se libertarem um dos outros. Vocês só devem esperar, psicologicamente, que um tempo virá em que cada um escolherá seu próprio rumo. É como uma planta em crescimento. Você não pode obrigá-la a crescer, ela o faz por si só. Trata-se de um fenômeno psicológico. Posso perceber que todos vocês, o pai e a mãe, Sue e Jane, em particular, tentam se opor a esta tendência a separação. Nós achamos que vocês estão agindo muito bem. Por exemplo: Sue está fazendo o impossível para não se apaixonar por rapazes – esta é uma boa maneira de evitar o crescimento. Vimos Jane – imediatamente que se apaixona por um rapaz, dispensa-o – esta é outra boa forma de evitar a separação. Vimos o pai que disse: "Vou colocá-los todos na rua" e nunca o fez. Um dia isto acontecerá, mas será um processo lento. A mãe, ao acompanhar a filha às sessões de terapia e, especialmente, ao procurar os terapeutas, está diminuindo o ritmo do processo. Uma boa maneira de desacelerar o ritmo do processo é procurando terapeutas. Enquanto estiverem vendo terapeutas não crescerão. Como você disse, Sue está saindo com um "lixo" humano, ela não quer se envolver com ninguém importante. De qualquer maneira, nós sentimos que vocês estão muito seguros do que estão fazendo. Sentimos que o problema psiquiátrico deixou de existir. Em vez de esperarem que o tempo normal viesse por si só, vocês têm trabalhado arduamente pela separação e individuação, e fazem muito bem. Se vocês fossem nossos pacientes, nós lhes diríamos que não os veríamos mais porque não há mais problemas psiquiátricos; o tempo por si só encarregar-se-á do problema. Vocês constituem uma família muito unida e, é claro, têm dificuldades de crescimento, de separação e para encontrar seu próprio caminho. O pai acha difícil separar-se das filhas, a mãe acha difícil separar-se das filhas, as filhas acham difícil separar-se dos pais. Tudo isto leva muito tempo. Dez, cinco anos talvez... não sabemos. Mas nunca pode se acelerar este tipo de processo, não pode ser precipitado.

MÃE: Quer dizer que você não considera Sue anorética?

CECCHIN: Não.

MÃE: Não tem mais anorexia.

CECCHIN: É o que decidimos, agora o problema é diferente.

PAI: [Para Sue] Então você está curada.

CECCHIN: Contudo, ela está trabalhando para diminuir o impulso que os leva a sentirem que têm de se separar. Eu não sei como surgiu tal ideia, parece-me que veio sozinha. Ninguém precisa fazer nenhum esforço. Contudo, vocês estão fazendo muito bem em reduzir esta pressão que às vezes vocês realizam.

MÃE: Você sugeriria que Sue continuasse com sua terapia?

CECCHIN: Ela saberá o que fazer.

MÃE: É para ela decidir.

CECCHIN: Quando ela diz: "Estou indo para a terapia", está querendo dizer "Ainda não estou pronta para separação". É um redutor do ritmo do processo muito útil. Reduzindo o ritmo da separação, consegue-se que esta chegue naturalmente. Na hora certa o tempo chegará por si mesmo. Mas vocês têm pressionado muito. O pai diz "Saia todo mundo de casa", você diz "Você deveria ser autônoma", ela diz "Eu não quero falar para os meus pais porque me preocupo muito com eles". Todo mundo tenta fazer alguma coisa. Jane vai para a cidade e diz "Eu devo permanecer aqui por mim mesma". Todo mundo realiza um grande esforço, e nós não conseguimos entender o porquê. O tempo, por si só, encarregar-se-á do problema.

MÃE: No que diz respeito à Sue, ainda não come corretamente.

CECCHIN: Isso não é anorexia.

MÃE: Ela ainda vomita.

CECCHIN: Tem muita gente que não sabe comer.

PAI: Bem, é ela quem deve decidir se continua indo com seu terapeuta.

CECCHIN: [para o terapeuta que está na sala] é uma boa ideia, se ela lhe procurar estará dizendo "Não vamos acelerar esta separação". Se ela deixar de ver o terapeuta poderá encontrar um outro homem, talvez até se case, o que significaria separar-se. Obviamente, ao continuar indo casar-se com ele, ele é apenas seu terapeuta. Vocês aprovam que ela continue vendo o terapeuta, assim as coisas continuam como estão. Seria bom, empurraria muito a separação. Não se trata de um problema psiquiátrico, é uma ideia que lhe surgiu: "Devemos nos separar". Eis o que sentimos.

PAI: Eu não sei se eu vou esperar tanto tempo.

CECCHIN: Às vezes isso toma toda uma vida. Algumas pessoas vivem toda sua vida sem se separarem. De qualquer maneira fazem bem.

MÃE: Não é um problema tão terrível.

CECCHIN: Vocês criaram um outro problema. Sua família decidiu que vocês tinham que se separar para ser independentes. Não sei como lhes veio esta ideia. De qualquer maneira, para nós, não se trata de um problema psiquiátrico. Crescer independentemente não constitui um problema psiquiátrico. Cada família tem um ritmo diferente. Não devemos esquecer, vocês tentaram fazê-lo a uma velocidade que não correspondia ao seu ritmo.

PAI: É possível. A mensagem é: "Sejam vocês mesmos. Deixem acontecer".

CECCHIN: Deixem acontecer, sem pressionar, sem se preocuparem com a independência.

PAI: Tá certo, doutor.

MÃE: Obrigado. É verdadeiramente um prazer encontrar-me com o senhor.

HOFFMAN: Por que disseram a esta família que já não tinham problemas psiquiátricos? É uma forma de encerrar?

CECCHIN: No começo, a família veio porque precisava de um rótulo psiquiátrico. A própria família tinha desencadeado o processo de rotulação e precisava de alguém para confirmar o seu diagnóstico. Você aceita esta ideia por algum tempo até que, em um certo momento, os aceita como pacientes. Aceita sua definição de que têm problemas psiquiátricos, mas, imediatamente, começa a desafiar esta mesma definição. Aos poucos, através do processo terapêutico, você tenta transformar o rótulo em uma conduta. Por exemplo, perguntando: "O que significa ser anorética? O que você faz por seu irmão, por sua mãe?" Quando você sente que a família é capaz de transpor seu próprio rótulo para a ação, quando compreende que a doença de uma pessoa é um comportamento, você pode considerar a anorexia como uma decisão e as pessoas começam a reagir como se o anorético estivesse tendo um comportamento humano, e não como se fosse uma pessoa doente. É neste momento que começa a mudança. Finalmente você sai e diz "Isso deixou de ser um problema psiquiátrico", e joga fora o rótulo. Você diz para a família que, uma vez que deixaram de ter um problema psiquiátrico, não precisam vir novamente. Mas você afirma que eles têm muitos problemas vitais, esta moça ainda terá muitas brigas com sua mãe, é provável que não coma etc. O importante é que você os tenha fornecido uma descrição das suas condutas vitais mais do que rótulos psiquiátricos. Não se diz "Vocês estão curados". Você muda a linguagem de doença para comportamento, as pessoas reagirão diferentemente. O comportamento torna-se uma mensagem sobre o que está acontecendo na família. Nesse ponto você pode afastar-se.

PENN: Como se faz para se reconhecer uma mudança que lhe permitiria afastar-se?

CECCHIN: Quando a família muda sem obedecer às sugestões. Por exemplo, quando um terapeuta estrutural pede para que uma família mude, a mudança não pode ser considerada válida. Nessa situação, a mudança fica vinculada à terapia e, com o afastamento do terapeuta, a família pode cair na mesma situação.

HOFFMAN: Uma das surpresas dessa abordagem é que às vezes a família volta dizendo que tudo está diferente. Você descobre que eles pensam na sua própria solução.

CECCHIN: Esta é a melhor solução, não é?

HOFFMAN: Sim. A família o define como desnecessário. Eles abandonam, mas essa é uma saída que difere muito do tradicional processo de encerramento, de "lamentações" pelo terapeuta.

CECCHIN: O importante é não encerrar a terapia dizendo "Agora vocês estão curados", "Agora vocês estão melhor" ou "Agora que vocês estão melhor podemos encerrar a terapia". Isso na realidade, prende o paciente, pois, mais tarde, ele pode voltar dizendo que não chegou ao fim. Você não deve se colocar na posição do terapeuta que decide que alguém está ou não curado. Você deve dizer: "A única coisa que como especialista posso dizer é que não se trata de um problema psiquiátrico".

PENN: Eu não acredito que outros inovadores da terapia familiar tenham estudado tão bem esta maneira de encerrar a terapia. Eles repetem as recaídas, as reincidências etc., mas não questionam a sua autoridade.

CECCHIN: Bem, às vezes construímos uma pequena ponte. Quando a família diz: "Se algo acontecer, podemos retornar?", nossa resposta "É claro, estamos aqui, mas nós preferíamos que mesmo que acontecesse alguma coisa, esperassem seis meses antes de nos ligar". Assim desmanchamos a tentação de criar um outro problema psiquiátrico. Pede-se um período de seis meses, acreditando que saberão manejar a situação.

HOFFMAN: Qual era o seu propósito com esta intervenção?

BOSCOLO: Na primeira sessão, dizemos que os pais deveriam estar enviando mensagens que interferiam nos relacionamentos dos filhos, insinuando que era esta por esta razão que os filhos não estavam crescendo. Mas nunca dissemos que os filhos tinham que crescer. O que acontece é que a comunidade terapêutica sempre lhes disse que tinham de se separar e que os filhos deviam sair de casa. Em nossa intervenção, invertemos a situação. Giramos em torno da ideia da separação dizendo: "Vocês conceberam a maluca ideia de que deveriam crescer, ser independentes. Não entendemos como surgiu (é claro que entendemos muito bem) mas apreciamos os esforços que vocês realizam contra essa louca ideia. Vocês estão tendo um maravilhoso desempenho".

CECCHIN: Quando o terapeuta fala sobre o tempo, dizendo que o processo de crescimento pode levar cinco, dez anos, introduz uma ideia de tempo flexível. O "terapeuta do crescimento", que diz que as pessoas deveriam deixar a casa, encontrar um apartamento etc., comunica: "O ritmo da família não é bom, vocês deveriam seguir meu ritmo". Quando a família não muda, o terapeuta dirá que a família é rígida. Mas o terapeuta é mais rígido do que a família.

PENN: Você poderia falar algo dos intervalos entre as sessões e se houve mudança desde que vocês começaram a trabalhar desta maneira? Estou pensando no texto de Selvini "Why a Long Interval Between Sessions" (Selvini Palazzoli, 1980)

CECCHIN: Em Milão, quando as pessoas vêm de muito longe, começamos a vê-las com intervalos mensais. Assim vimos que elas estavam melhor do que aquelas que estavam vindo com mais frequência. Acontece que, se fazemos uma intervenção, prescrevemos um ritual, dizemos uma palavra, a família precisa de um tempo para elaborar e construir suas próprias fantasias e ideias. Fazer uma intervenção e ver a família dois ou três dias depois ou uma semana mais tarde é prematuro. Eles vêm trazendo a hipótese ou a intervenção do terapeuta e você acaba impondo suas próprias ideias.

HOFFMAN: O que poderia interromper o processo.

CECCHIN: Sim. Concedendo um tempo para que a família reinvente seu próprio mapa e faça algo original. Se você está sempre dizendo o que têm de fazer, interfere no seu próprio processo autocurativo. Se você faz, por exemplo, terapia estrutural, tem que ver a família uma vez por semana, porque você precisa dizer-lhe o que tem de fazer, transformando-se no seu monitor. É por isso que faz sentido, na terapia estrutural, ver a família uma vez por semana, e para nós faz sentido não os ver semanalmente. Contudo, até o intervalo mensal começou a parecer-nos rígido. Dado que nós temos grupos de formação quinzenal, a situação era muito cômoda para nós e tivemos que discutir sobre isso. Sentimos que em alguns casos talvez devêssemos reduzir o intervalo, especialmente no início.

BOSCOLO: Ou alongá-lo.

CECCHIN: Mas não no começo. No início tendemos a ver a família quinzenalmente, mas não cada semana. O intervalo de quinze dias pode ser muito bom, sobretudo quando você ainda não está ligado à família. Assim, temos duas ou três sessões sem intervenção. Após, por exemplo, a terceira sessão, fazemos uma intervenção, depois da dizemos "Os veremos em dois meses".

BOSCOLO: Dada a importância que tem o envolvimento, o intervalo entre as primeiras sessões deve ser mais curto. Temos notado, entretanto, que quando a família se envolve muito, seus vínculos com a família extensa diminuem. Em certas famílias, observamos que a avó é muito importante, mas quando aumenta seu vínculo com o terapeuta torna-se maior do que a avó.

PENN: Quer dizer que em alguns casos o terapeuta substitui a família extensa?

BOSCOLO: Exatamente. E quando as famílias estão muito envolvidas conosco, pedimos-lhes que nos vejam só uma vez por mês. Nos últimos anos, os intervalos têm-se tornado cada vez mais longos, de seis meses a um ano.

HOFFMAN: Como determinam a frequência com que veem a família?

BOSCOLO: Depende de cada caso, quando decidimos estabelecer um intervalo de um ano é porque, conforme nossa hipótese, o tempo é muito importante para este caso.

CECCHIN: Trata-se de ser capaz de perceber qual é o tempo de cada sistema. Se o tempo de uma família for acelerado, você deverá mover-se de acordo com ele e não o frear. Às vezes, você se dá conta de que está lhes impondo um ritmo muito acelerado, aí tem que reduzir a velocidade.

HOFFMAN: Às vezes, as pessoas nos mostram esta realidade não aparecendo para uma sessão. De qualquer maneira, frequentemente sentem-se assim.

CECCHIN: Sim. Podem chamar-nos e dizer "Poderíamos adiar a sessão? Nossa filha tem que ir à escola". Nós costumamos aceitar o pedido de imediato, e sem perguntarmos nada, porque é claro que o sistema está precisando de um pequeno descanso.

PENN: Se cancelam a sessão, vocês definem o fato como uma necessidade de mais tempo ou de um descanso. E quando querem vir mais cedo?

CECCHIN: Costumamos responder que não podemos vê-los, que os veremos na data marcada. Às vezes, a família entra em crise depois de uma intervenção e liga pedindo a antecipação da consulta. O perigo está em que, se aceitarmos, poderemos bloquear a possibilidade de mudança.

HOFFMAN: E o que vocês fazem quando percebem que a família não quer vir porque não gosta do que vocês estão fazendo?

BOSCOLO: Uma intervenção seria convidar aqueles que estão querendo vir para que nos ajudem a compreender o motivo pelo qual a família está nos dando tal mensagem. Ao se ver uma parte da família, poderão ser colhidas informações sobre o que pensam a respeito da negativa da família como um todo comparecer. Estando todos juntos, talvez não lhes fosse possível falar do assunto.

HOFFMAN: Mas quando os pais telefonam dizendo que os filhos estão ocupados ou que os pais não podem sair do trabalho, em outras palavras: quando resulta evidente que estão utilizando pretextos táticos?

BOSCOLO: Uma das maneiras de manejar a situação consiste em aceitar o pedido e dizer: "Tudo bem, hoje veremos só você e seu filho mais velho e da próxima vez seu marido com seu filho mais novo". Você toma a direção do processo e depois pode continuá-lo.

HOFFMAN: Quando você faz uma intervenção que parece atingi-los e confundi-los muito, a família pode não parecer na próxima sessão ou, então, só comparecerão aqueles que o desejarem. Eu fico um pouco nervosa com isso e nem sempre sei o que fazer.

BOSCOLO: Quando não comparecem à sessão, tentamos fazer uma sessão telefônica. Uma vez que não antecipamos as sessões, fazemos questão de chamá-los. Contudo, nesses casos formulamos algumas perguntas e elaboramos uma hipótese rápida com a equipe. Realizamos, assim, uma sessão telefônica de dois ou três minutos. Dependendo da razão que duram para não comparecer, o terapeuta poderá dizer que fizeram bem tomando a decisão de não vir e conotar positivamente o desejo da família de diminuir o ritmo do tratamento.

HOFFMAN: Com os métodos mais tradicionais, sente-se uma espécie de fracasso quando a família não volta. Com este método, cada resposta constitui uma nova informação (mesmo quando esta não lhe agrada) que lhe permite uma melhor compreensão do funcionamento do sistema.

CECCHIN: Exato. Um dos maiores mitos da terapia consiste em acreditar que o bom paciente sempre volta ou que o bom terapeuta sempre faz a família voltar. Se voltam, mostram que estão motivados, mas a motivação poderia ser a de revê-lo e não a de melhorar. Pode se tratar de uma dependência ou de uma situação em que tanto o terapeuta quanto o paciente intercambiam duplos vínculos. A volta do paciente pode se dever à sua falta de liberação para dispensá-lo.

HOFFMAN: Este é o problema de alguns centros de formação. Quando você supervisiona estudantes de uma instituição e as famílias só comparecem uma vez, mesmo que para você as coisas estejam indo bem e tenha havido mudança, as estatísticas são negativas.

BOSCOLO: Alguns anos atrás, quando as famílias não voltavam após duas ou três sessões, sentíamos que havíamos fracassado. Mas quando começamos a realizar o seguimento, percebemos que alguns destes casos que haviam desistido estavam entre aqueles que tinham os melhores resultados. Os chamamos de "jubilamento" terapêutico. Ao tratarmos de compreender esse fenômeno, percebemos que todo sistema possui duas características: primeiro, a tendência a estabilidade e, segundo, a tendência à evolução. Nossa opinião, nos casos de abandono terapêutico, era que a informação introduzida nas poucas sessões realizadas fez mudar tanto a família que esta teve de abandonar a terapia para preservar o sistema.

PENN: Você disse que gostava de dar início ao encerramento um pouco antes do esperado pela família. Mas a regra parece utilizar também um outro caminho: eles podem encerrar antes do que você espera.

CECCHIN: Sim. Tem os dois extremos, as famílias que desistem e as famílias que se tornam pacientes crônicos. Na primeira situação, você nunca pode ter muito impacto; na segunda, perde sua capacidade de ser terapeuta e passa a ser um membro da família. O equilíbrio da terapia consiste em se permanecer no meio de ambas as soluções.

Quarta sessão

PENN: Transcorreu um ano e meio. O que souberam da família antes de revê-la?

BOSCOLO: Formalmente, tratava-se de uma entrevista de segmento. As outras tinham sido sessões de terapia. A clínica ligou para a família avisando da nossa presença e dizendo que gostaríamos de vê-los.

PENN: O terapeuta da clínica continuou vendo Sue?

BOSCOLO: Sim. E a família também foi vista pelo terapeuta daqui. Aparentemente as coisas estavam indo bem. Houve algumas mudanças interessantes. A mãe tinha tomado a iniciativa e utilizado seus recursos para abrir uma cadeia de boutiques de malhas esportivas. O marido era responsável por uma das boutiques na qual trabalha diariamente. As duas filhas mais novas eram vendedoras. Jane a mais velha, acaba de abrir uma filial em outra cidade. Apenas Joe tinha ficado fora da nova empresa, estava gordo, com 90 quilos.

CECCHIN: Foi a mãe quem mais mudou. Ela estava resplandecente. Nas outras sessões parecia preocupada, tensa e perturbada.

HOFFMAN: Dado que só incluiremos a transcrição do encerramento da sessão, poderiam nos dar suas impressões sobre a entrevista e algumas ideias sobre o motivo da mudança?

CECCHIN: Esta mudança está mais relacionada à do relacionamento entre a família nuclear e a extensa. Durante anos a mulher tentou fazer com que o marido assumisse a responsabilidade pela família, mas este a colocou em perigo com suas bancarrotas que implicavam na necessidade permanente de apelar para avó, que é muito rica. A solução que encontraram – a solução das boutiques – é boa, porque une a família nuclear. Agora que tiveram a ideia da cadeia de boutiques, a mãe pode mostrar para a família extensa que é independente.

PENN: Na segunda sessão, em uma parte que não transcrevemos, a mãe disse que tinha pavor do sucesso em relação à sua mãe e suas irmãs. O que fez, na sua opinião, com que isso mudasse?

BOSCOLO: Eu acredito que o trabalho realizado durante as três primeiras sessões introduziu muitas conexões entre os membros da família. Vendo a maneira como as filhas falam agora do pai e como os pais falam das filhas, tem-se a impressão de que o sistema se tornou mais inteligente. A família nuclear conseguiu um certo esclarecimento dos seus relacionamentos, o que lhes permitiu encontrar um acordo enquanto sistema. Agora, quando brigam, se divertem. Todos sorriem quando brigam, essa é sua maneira de desfrutar a vida. Por outro lado, também mudaram sua maneira de se relacionarem com os sistemas exteriores. A boutique foi uma solução fantástica.

HOFFMAN: Quer dizer que esta família compartilhava de uma premissa segundo a qual a mãe devia manter certo tipo de relação com sua própria mãe. Não podia ser bem-sucedida, razão pela qual lhe era de grande utilidade ter um marido subempregado e uma filha doente. Em troca, era a preferida da avó.

CECCHIN: Em uma intervenção prévia, eu tinha sugerido que a mãe, ao não ser bem-sucedida, estava prestando um grande serviço para sua mãe. Isso pode tê-la sacudido um pouquinho.

BOSCOLO: Eu me sentiria melhor se tivesse feito, nesta sessão, uma intervenção pedindo-lhes que não fossem tão rápidos, porque se eram muito felizes e tinham muito sucesso, algo poderia acontecer com as outras famílias. Um pouco mais tarde soubemos que a avó pensava que a ideia das lojas era terrível e que tinha se oferecido para comprá-las.

CECCHIN: Você também poderia ter perguntado para a mãe: "Há um tempo você me disse que sua mãe era ciumenta. E agora, tem ciúmes do seu sucesso? E suas irmãs? Estão satisfeitas com o seu sucesso? Seus sobrinhos e sobrinhas, têm tentado entrar no seu negócio?".

PENN: Uma boa questão futura poderia ter sido "Como as filhas ajudarão a mãe no seu relacionamento com a avó e com as tias caso ela continue a ter sucesso?". E também algo análogo para o pai. Sempre tive a sensação de que ela havia casado com esse homem por causa de sua mãe.

CECCHIN: Ou o homem casado com ela para sua mãe.

PENN: Admiram-me que vocês não tenham colhido informações sobre a família do pai. A única coisa que sabemos do pai é que iniciou um negócio com o irmão e que a sociedade acabou. Existe uma tendência em todos os casamentos – umas vezes por razões geográficas, outras por razões emocionais – a que uma das duas famílias domine. Chamou-me atenção que vocês tenham decidido não perguntar ao pai sobre seu irmão ou sobre o resto de sua família.

BOSCOLO: Foi uma omissão. Eu acho que nós pensamos que a família da mãe era a mais importante e deixamos de lado a família do pai.

PENN: Eu trouxe isso à tona porque a mãe disse, na segunda sessão, que o transtorno havia começado quando o marido tinha iniciado a sociedade com seu irmão. Nunca ficou claro em que consistia nem o motivo do término.

BOSCOLO: É possível que fosse o "medo do sucesso" do marido na relação com o irmão, do qual falou à mãe. Se tivesse muito sucesso, poderia diminuir seu irmão. Se esse medo tivesse sido validado, poderia ter sido utilizado como elemento de uma intervenção.

HOFFMAN: À guisa de lembrança, deve ser incluída a possível contribuição dos outros terapeutas que os membros da família frequentaram nesse período.

CECCHIN: Sim, os terapeutas podem convencer-se de que todas as mudanças são devidas ao seu trabalho, esquecendo-se das diversas outras influências a que, ao mesmo tempo, a família é submetida.

HOFFMAN: Deixa-me fazer aqui uma pergunta mais ampla. Quando veem um sistema amplo, como aqui, vocês sentem que a família muda repentinamente, como se fosse uma unidade simples, ou acreditam que as mudanças acontecem gradativamente? Frequentemente parece como se uma pessoa fosse começar a fazer algo diferente que ataque uma premissa submetida, uma premissa vinculada ao problema, e aí alguém muda em relação com a premissa que foi modificada.

BOSCOLO: Deixe-me colocar as coisas assim: acredito que a mudança não acontece no nível do sistema e sim no nível dos seus membros. Seria extremamente improvável que a mudança acontecesse em duas ou mais pessoas exatamente no mesmo momento.

HOFFMAN: Mas existe uma tendência a tratar a família como se fosse uma unidade que deveria submeter-se a uma conversão total de uma vez só. Penso que é importante que se retorna a ideia de que a família está constituída por indivíduos e que, se um muda isto, pode impulsionar os outros.

BOSCOLO: Com os indivíduos acontece algo semelhante. A pessoa não muda totalmente, de imediato, muda uma ideia ou uma ocupação e, a seguir, isso repercute sobre o resto da personalidade.

HOFFMAN: É algo assim como a interrelação entre natureza e cultura, em que a mudança se desloca do nível individual para o nível do sistema. Mas você poderia descrever o processo de mudança nesta família tal como o percebeu? Por exemplo, a primeira transformação acontece com o comparecimento dos pais à segunda sessão. A mãe queria ter vindo de qualquer maneira, mas conseguiu convencer o pai. Você os levou a concordar sobre a terapia, o que já foi um grande passo.

CECCHIN: Sim. E a prescrição, feita na segunda sessão, segundo a qual os pais tinham que sair juntos, trouxe como consequência a volta de Sue para casa, onde ficou grudada e para onde trouxe toda uma série de homens indesejáveis, interferindo no relacionamento dos pais.

BOSCOLO: Foi depois da terceira sessão que, sem dúvida, a família realizou os maiores progressos. A intervenção esteve dirigida à preocupação da família como tempo, quando diziam as pessoas têm de sair, serem independentes, crescerem, estavam sempre falando sobre tempo. A intervenção bateu justamente neste ponto. Nós dissemos "É bom que vocês fiquem juntos, as filhas podem ficar em casa", porque a mãe estava sempre enviando mensagens negativas a este respeito, ao pai em particular. Naturalmente, nenhuma intervenção pode ser eficaz na falta de um envolvimento da família com um terapeuta. Mas, dentro desta estrutura, o terapeuta pode dizer duas coisas. Primeiro: porque tanta pressa em serem independentes, a independência chegará com o tempo. Segundo: vocês não têm que crescer. Isto pode ter libertado os membros da família das incessantes brigas sobre esta questão.

HOFFMAN: Vocês também liberaram a família da preocupação negativa com os terapeutas. Durante toda a sessão, não se falou nem em loucuras, nem em terapeutas, os temas maiores da primeira sessão.

PENN: Vocês concordam com o grupo de Palo Alto quando diz que uma pessoa em particular, um dos membros da família, possui uma maior tendência à ansiedade e ao desconforto? Aqui parece que o pai estava tranquilo e despreocupado com a situação e as filhas, à vontade; era só a mãe que desejava mudança.

BOSCOLO: Penso que esta é uma das pontuações possíveis, há outras.

PENN: Bem, eu estava pensando na conversa que tivemos sobre a mãe, no começo ela estava em uma situação paradoxal: se estava com o marido não podia estar com sua filha, se estava com a filha não podia estar com o marido. A primeira e a segunda intervenções colocaram os pais em um nível e os filhos em outro. O segundo acontecimento foi que o sintoma mudou da anorexia para um sintoma de maior desenvolvimento, com passagem ao ato sexual. Os anoréticos não costumam ter passagem ao ato sexual. De qualquer maneira, os pais não ficam muito transtornados com isto, o que os transtorna é que os filhos não sejam independentes. Vocês contrarrestaram o problema com sua intervenção: tomem seu tempo. O grupo relaxou e a mãe fez este surpreendente negócio das boutiques.

BOSCOLO: Ela estava na posição de quem tem de cuidar de uma filha doente. Durante a terceira sessão, foi retirado o rótulo da doença, deixou de haver uma doença psiquiátrica. Isso pode ter lhe permitido manifestar sua energia fora da família.

HOFFMAN: Eu quero enfatizar de novo o que você disse sobre a pontuação. Aqui nós estamos falando como se tudo tivesse acontecido dentro da mãe, mas, se olharmos o processo retrospectivamente, constataremos que este sempre foi multilateral, prismático. Assim, são considerados todos os pontos de vista. Quando utilizamos uma pontuação particular, devemos lembrar que esta é a mais clara, a menos verdadeira. De qualquer forma, penso que foi um lindo exemplo de processo terapêutico desenvolvendo-se através do tempo.

PENN: Eu penso que poderíamos encerrar, incluindo a última parte da sessão.

INTERVENÇÃO FAMILIAR

CECCHIN: [para a mãe] O que pensa sua mãe sobre estes negócios?

MÃE: Minha mãe pensa que eu estou totalmente maluca. Ela me disse: "Você não está indo trabalhar com suas filhas. Por que tenta protegê-las? Elas precisam de maridos e não de negócios. Você as está transformando em negociantes e elas precisam de maridos. Elas irão se amarrar ainda mais a você". E tem razão. Veja o que penso, sei que estou errada, penso que poderia torná-las independentes, maduras, fazer com que tivessem um negócio e ao mesmo tempo queria comprar a minha liberdade porque elas poderiam ser...

CECCHIN: Você comprou sua liberdade?

PAI: Não, nós fomos mais além.

MÃE: Estamos mais envolvidos do que antes. Não é minha mãe, ela é espirituosa. Eu não era espirituosa.

CECCHIN: [para o pai] você também conversou a este respeito com a sua sogra?

PAI: Não, eu só brigo com ela, gosto de discutir com ela.

CECCHIN: Você discutiu também este problema com ela?

PAI: Nunca.

MÃE: A minha mãe propôs-me a compra dos meus negócios.

CECCHIN: O que você acha da desaprovação da sua mãe? Antes esta desaprovação a preocupava muito. Como é que agora a desaprovação da sua mãe não a incomoda e antes a incomodava tanto?

MÃE: Você sabe o que minha mãe me disse? Queria comprar meus negócios porque pensava que eu acabaria adoecendo. Ela preocupa-se comigo, com os problemas emocionais que têm acontecido, porque no fim de todas as brigas que ela criou, que eles criaram, eu tenho me exasperado... veja, tudo isto cai em cima de mim.

CECCHIN: Eu, no entanto, tenho a impressão, assim como meu colega, de que você está muito bem.

PAI: Oh, nós estamos realmente bem.

MÃE: Formidável! É isso que tem incomodado.

CECCHIN: Significa que o problema é que elas estão adiando os seus casamentos?

PAI: Bem, se eu for a causa disso eu vou mudar.

MÃE: Você disse que vai mudar? Ótimo!

SUE: É sobre estas coisas que estamos mudando, coisas que podem ser resolvidas assim: como? Se meu pai desistisse de dizer que somos estúpidas, que somos isso e aquilo, se nos tratássemos como adultas, nós poderíamos tratá-lo com adulto. Quando nos trata como bebezinhos, descontrolamo-nos e não podemos ajudar, pois, se vocês falam como adultos, em vez de brigarem discutam coisas, depois venham com perguntas...

CECCHIN: Mas aí haveria um perigo, porque vocês poderiam se separar.

SUE: Haveria definitivamente um perigo, naturalmente que haveria.

CECCHIN: Vocês constituam uma família muito próxima. Talvez vocês não gostem da ideia.

SUE: Exatamente.

CECCHIN: Por exemplo, ao brigar com ele, ele a infantiliza como você diz. Vocês mantêm a afeição, e eles a mantêm como pequenas odiosas garotas que afastam os rapazes de si. [Todos falam]

SUE: Não. Eu vi isso, um domingo, há três semanas. Eu acordei e não estava brigando, era muito simpático. Todos estavam fora, lavando os carros e falando. E eu pensava comigo mesma: isso não vai continuar. E duas horas mais tarde, houve uma briga porque a família não queria continuar assim. E tudo o que eu estava dizendo era que as pessoas começassem a mudar aos poucos e não drasticamente...

KATE: Eu não quero mudar. Eu não quero ir embora.

CECCHIN: [para o pai] A questão é: se você muda e todo mundo acomoda, então talvez todo mundo sinta como se estivesse saindo de casa, fazendo alguma coisa diferente, o que é prematuro. Vocês são muito próximos uns dos outros, vocês se amam [pai tenta interromper]. É uma família muito unida, muito difícil de se separar.

SUE: *Mas é o que eu digo, "um pouco de cada vez".*

CECCHIN: *Se você passa o dia falando e brigando com seu pai, pela tarde, você não sente o desejo de falar com o rapaz.*

SUE: *Não, definitivamente não.*

CECCHIN: *[para o pai] Vocês têm este negócio que afasta suas filhas – relações públicas – preocupam-se com elas, com este tipo de vida. Se não fizessem nada, se aborreceriam, cada um deve encontrar seu rumo. [todos falam, riem] Para nós, sob nosso ponto de vista, vocês estão indo muito bem.*

MÃE: *A família está indo muito bem?*

CECCHIN: *Adiando as soluções.*

SUE: *Mas por quê? Tá certo, por quê?*

CECCHIN: *Porque vocês são muito próximos uns dos outros. A pena ao deixar o outro é muito grande.*

PAI: *Quem disse isso?*

SUE: *Por quanto tempo isso irá acontecer?*

PAI: *Quem lhe deu a impressão de que somos uma família muito unida?*

KATE: *Bem, Jane não convive com ninguém.*

SUE: *Certo, ela está, ela tem seu próprio dinheiro. Sem dúvida ela está junto... ela liga o tempo todo.*

PAI: *Os únicos que estão próximos somos eu e meu filho, nós somos muito próximos.*

CECCHIN: *Você é muito próximo das suas filhas.*

PAI: *De maneira alguma. Eu tento afastar-me delas. Por que sairiam quando tudo está sendo tão bom?*

SUE: *Por quanto tempo isso irá acontecer?*

CECCHIN: *É muito difícil prever. Chegará um ponto em que todos se cansarão de ser tão próximos e em que cada um fará algo diferente. Mas isso deve acontecer espontaneamente, vocês não podem provocá-lo.*

PAI: *Eu estou tentando.*

MÃE: *Mas por que ele está... todos os dias, ele tenta empurrá-las para fora de casa...*

CECCHIN: *Mas se elas saíssem, ele as chamaria de volta.*

PAI: *Ah, eu não as chamaria de volta. De jeito nenhum.*

FILHAS: *Sim, chamaria sim.*

PAI: Bem, saiam e vejam se eu as trago de volta agora. [rindo]

CECCHIN: Todo mundo deve estar preparado. Porque vocês não são estúpidos... vocês são inteligentes, vocês sabem viver. Mas um dia, quando todo mundo estiver cansado de estar junto...

PAI: Mas por que teriam de ir embora quando tudo está tão bom?

CECCHIN: É isso aí.

KATE: Eu não tenho dinheiro.

CECCHIN: Você poderia muito bem descontrolar seu salário; poderia descontrolar vinte e cinco dólares.

PAI: Isso provocaria uma guerra. Eu disse que iria deduzir suas despesas do seu salário: o senhor deveria ter visto o tumulto que fizeram, Nossa Senhora!

MÃE: Se estas moças são adultas, você tem que tratá-las como tal, agora que estão recebendo um salário, devem contribuir para a manutenção da casa? Por que teria que ser ele quem descontasse do seu salário quando...

KATE: Nós temos um salário e devemos contribuir para a manutenção da casa. Se nós não estivéssemos lá, com quem iriam brigar?

CECCHIN: De maneira alguma, eu não penso que vocês dois tenham de fazer nada para que elas se tornem adultas.

PAI: Eu não estou tratando de fazer com que elas se tornem adultas.

CECCHIN: Se elas querem ser adultas poderiam ser adultas amanhã.

PAI: Exatamente. Eu já lhes disse isso umas cem vezes.

CECCHIN: Mas você deve esperar. Quando for o momento certo.

PAI: Eu não viverei tanto tempo.

MÃE: Por que tenho que aguentar o absurdo diário da briga dele pela saída delas?

CECCHIN: Todo esse "saiam" não significa nada. Sairão quando estiverem prontas, quando se sentirem maduras. Você não pode amadurecê-las falando com elas.

PAI: Eu posso tentar.

CECCHIN: É assim que as suas filhas o descrevem. Às vezes você fala – quiçá para iniciar a conversação, porque você está aborrecido – provavelmente você conversa sobre a saída delas, como com sua sogra, você poderia vender a casa...

MÃE: E eu? Eu não estou preparada para deixar minha casa. Não estou preparada e você não poderá me fazer mudar da minha linda casa para um apartamento de dois quartos.

PAI: Os doutores vieram da Itália. Por que eles não ficam na minha casa? Poderíamos alugar os quartos.

CECCHIN: A questão é que nenhum de vocês quatro está preparado para viver separado dos outros.

MÃE: [rindo] Tudo bem doutor, mas por que ele muda de assunto o tempo todo? Quando está conversando... como ela acaba de dizer, nós estávamos conversando e aí ele fez observações tolas. Isto perturba as garotas, e a mim também. Eu sou a única que já o compreendi. Ele fala bobagens. Não se pode ter uma conversa com ele.

CECCHIN: Se a família ficar muito tranquila – cada um se ocupando das suas coisas – depois de um tempo, isso deixaria de existir. Por isso é que ele vem, trabalha, fazendo os seus comentários bobos, para manter a família junta.

HOFFMAN: Deixe-me parar um momento. Eu me pergunto se vocês tinham pensado em fazer uma entrevista formal?

CECCHIN: Não, porque era uma entrevista de segmento. Mas eu os empurrei um pouquinho, dizendo-lhes para ir mais devagar. Eles reagiram com muita sensibilidade, não pensaram que eu estava completamente fora da pista.

PENN: O seguimento é algo extremamente sutil.

BOSCOLO: Sim, o terapeuta dificilmente consegue passar da posição de terapeuta para a daquele que está fazendo um segmento. Quando chamei Gianfranco pela primeira vez, lembrei-me que se tratava de uma entrevista de segmento e que tentasse não falar em problemas.

PENN: É impossível. Por que não decidiram que fosse Luigi quem faria o seguimento?

CECCHIN: Deveríamos ter pensado nisso. Um segmento deveria ser feito por alguém que não esteja vinculado à família. É difícil para o terapeuta não voltar a ser seduzido. Tem-se muita dificuldade com a separação, sobretudo quando a família está bem. Quando dizem que está tudo bem, é como se estivessem dizendo: "Já não precisamos de vocês". Eles tentam trazer-lhes de volta e a melhor maneira de fazê-lo é falando nos seus problemas.

BOSCOLO: Para o terapeuta também é difícil deixar a família. Se se apaixonou pela família, deverá passar por um processo de luto talvez maior do que o da própria família.

HOFFMAN: Neste método você não tem de trabalhar o problema do encerramento com a família, mas talvez tenha de fazer algo por causa do terapeuta.

ENTREVISTA FAMILIAR

CECCHIN: [Para Sue] por que está falando tão seriamente com ele?

SUE: Ele me incomoda. Eu não posso imaginar o quanto ele é estúpido. Um minuto ele fala isso, fala para todos, compra isso, compra aquilo. E você senta lá e nos fala sobre dinheiro, dinheiro, dinheiro. E quando estamos com outras pessoas, como aqui com estes doutores italianos, você lhes diz "Por que não ficam na minha casa? Eu tenho uma grande casa". Você quer que todo mundo saiba que tem uma grande casa e que é muito rico.

PAI: Mas essa era uma maneira de falar que eu queria me livrar da casa. [Boscolo telefona]

HOFFMAN: Por que telefonou para Cecchin?

BOSCOLO: Eu disse para falar-lhes "Estive tratando de sair por dez, quinze minutos, mas não consegui, esta é realmente uma família muito próxima.

HOFFMAN: Você pensou que ele estivesse precisando de ajuda?

BOSCOLO: Precisava de alguém que o puxasse para fora. Estava que nem Sue dizendo "Nunca posso sair" e ficava aí.

CECCHIN: Parece com uma ópera italiana. Você canta, Partiame, Partiame – "Estou indo, estou indo" – por dois e três atos e fica.

ENTREVISTA FAMILIAR

[Todos falando, Cecchin interrompendo]

CECCHIN: Eu tenho a experiência com vocês, eu quero dizer algo e não posso deixá-los [para mãe] é provável que você tenha sempre a mesma experiência?

MÃE: Bem, às vezes, aqui, acolá, precisamos sair.

CECCHIN: Você pode fazê-lo se quiser – Você vai para Los Angeles – não é difícil.

SUE: Eu estou indo.

MÃE: Eu disse que se todo mundo parasse de brigar e conseguíssemos avançar e abrir todas estas lojas.

CECCHIN: Você não pode fazer nada para mudar a situação – não deve se esforçar - porque no momento que as pessoas estão prontas para fazer algo diferente, o fazem.

MÃE: Vão parar?

CECCHIN: Um dia pararão sem que você lhes diga nada.

MÃE: Quer dizer que você pensa que não estamos tão doentes. Sue não está doente, Kate não está doente e nós não estamos doentes.

PAI: Não, nós estamos nos encarregando das coisas e esse é o caminho.

BOSCOLO: Eu teria gostado se isso fosse mais efetivo, uma vez que estávamos perto do final, entrar na sessão e não falar com Gianfranco pelo telefone. Eu deveria ter ficado de pé um pouquinho e pedido para ele sair. Eu acho que teria sido mais importante.

[A família sai no meio de muito riso, todo mundo falando]

PENN: O que aconteceu finalmente com esta família?

CECCHIN: Não voltaram para a terapia familiar, contudo a última vez que os vimos a moça ainda estava fazendo terapia individual. Disseram que estava fazendo bem. As moças ainda circulavam em torno da casa.

BOSCOLO: Nem todos poderiam estar satisfeitos com este resultado. As filhas ainda não tinham ido embora, continuavam sendo uma família "emaranhada". Esta é uma posição. Mas estruturando seu objetivo nesta ótica, corre-se o risco de impor sua ideia de normalidade. Pode-se ter uma família "emaranhada", saudável, na qual ninguém tenha sintomas.

PENN: David Reiss fez alguns estudos interessantes sobre como os membros da família se vinculam uns aos outros e ao mundo extrafamiliar. Neste caso, o estilo familiar caracteriza-se por um traço que ele chama "consenso sensitivo". O que significa que eles estão sempre pensando: "Eles concordam comigo? Não concordam comigo?" E isso mostra com a família era: uma família consensual-sensitiva. O que mudou é que já não têm um rígido paradigma controlando a maneira de ser dos membros da família que conquista seu meio, as butiques aumentam no país afora e as filhas estão indo dirigi-las, o que limita o caráter consensual-sensitivo e a torna menos emaranhada.

BOSCOLO: É possível que, depois que comecem a ter sucesso, comecem a ser menos adictos ao consenso, mas eu penso que ainda permanecem dentro deste estilo. A diferença é que esta é uma forma trabalhável.

HOFFMAN: O que você pensa que seria especialmente útil nestes casos?

BOSCOLO: Quando penso a este respeito, acho que o aspecto mais importante seria o tempo. Gosto de usar intervenção relativas ao tempo, porque penso que a rigidez das ideias sobre o tempo que as pessoas impõem nos seus relacionamentos constituem uma das fontes das "patologias" da família. Suponha que dois pais decidem que depois da idade de 12 anos os filhos devem mostrar uma conduta adulta. A partir deste momento, se os filhos não mostram um crescimento, toda sua conduta é rotulada negativamente. Uma intervenção de tempo seria "os filhos deveriam se separar". Na próxima sessão, como neste caso, dizemos: "Ainda não é tempo de se separarem. Vocês estão indo muito rápido". Ao alternar estes dois elementos, você introduz a flexibilidade. Há um tempo para separação e outro para a união. Ao introduzir esta outra dimensão temporal no sistema, as pessoas podem fazer sua escolha de quando partir ou quando ficar.

CECCHIN: Algo que me dá um prazer particular nestes casos é a quantidade de técnicas que utilizamos para promover a mudança e para evitá-la.

HOFFMAN: Chamaria isso de "balanço do sistema".

CECCHIN: Balançar o sistema. Pressionar os pais para se afastarem depois pedir-lhes para ficarem juntos.

HOFFMAN: Mas o ritmo do seu movimento (um outro aspecto do tempo) era uma resposta ao tempo familiar. Depois desta primeira mudança a filha volta para casa trazendo os garotos beberrões. Foi aí que vocês diminuíram o ritmo.

CECCHIN: Sim, mas em geral eu penso que isso ilustra duas amplas categorias de intervenção que utilizamos. Uma é quando tentamos mudar a crença do sistema, desafiando a premissa em que se baseiam os problemas de conduta. A outra categoria é quando promovemos a mudança, a seguir, retrocedemos. Com estes dois métodos, quando você consegue impulsionar a mudança (eu não penso que você sempre possa dizer que "causou" a mudança), a família encontra suas próprias respostas. Isso constitui a originalidade do sistema. Por exemplo, esta família deixou de vincular-se a um sintoma para se vincular a uma butique. Esse não é o tipo de solução que poderia ser imaginada por um terapeuta. Um bom exemplo de ideia do terapeuta é de que o filho ou a filha deve ter um apartamento e tornar-se independente.

Tornar-se "independente" seria um mapa repetitivo imposto pelo terapeuta, sem considerar as propriedades autocurativas do sistema. Aqui, o sistema achou a ideia da butique, que permite que, ao mesmo tempo, as pessoas sejam dependentes e independentes. Esta é uma solução metafórica, porque se você pode lidar com dinheiro e dirigir uma butique, pode ser independente. A questão que gostaríamos de fazer agora é por que nós pensamos que esta solução é melhor que o sintoma.

BOSCOLO: Porque esta solução introduz um novo elemento. Antes os pais sustentavam, dando dinheiro aos filhos, queixando-se constantemente que eles agiam como crianças dependentes. Os filhos aprendem com as boutiques a trabalhar pelo seu dinheiro. Instala-se assim um arranjo completamente diferente.

CECCHIN: Algo mais. Quando Sue era anorética, representava por si só todo o problema. A solução da butique junta as filhas. Eles encontram uma configuração que pode representar o mesmo dilema, mas se contribui de modo mais uniforme.

HOFFMAN: O que é diferente a prender uma das filhas em uma interminável oscilação: deveriam ficar ou ir embora? A butique é uma forma de levá-los a um nível superior de organização, que resolve um ou outro ou o dilema, em favor de uma configuração complementar que coloca os opostos ao serviço do todo.

CECCHIN: Esta é uma ideia muito bonita. Se o terapeuta acredita que o problema deve ser resolvido, comete um grande erro, porque este é um daqueles problemas humanos que nunca serão resolvidos. Uma maneira de tentar resolvê-lo – maneira que não é tão patológica quanto primitiva – é que uma pessoa tenha um sintoma tipo anorexia, mas, deslocando-se para um nível mais elevado de organização, o mesmo problema possa ser jogado de forma diferente.

PARTE 4

A menina colada na mãe

Introdução

Esta consultoria difere do modelo usado no restante do livro. Boscolo e Cecchin foram seus próprios entrevistadores. A sessão foi gravada durante um seminário, realizado em uma clínica da Alemanha, algum tempo depois das entrevistas dos três outros casos terem terminado. Resolvemos incluí-la porque constitui um excelente exemplo do processo de questionamento circular. Entretanto, na época, nós quatro não conseguimos nos reunir para revisar a sessão e, assim, o protocolo da entrevista é diferente.

O caso ilustra claramente o uso das "aberturas", um dos elementos-chave do questionamento circular. Uma abertura é uma expressão do sistema de significados em uma família. Pode aparecer de muitas formas: uma ideia, uma palavra-chave, um tema, ou uma raça de comportamento analógico. Qualquer que seja sua forma, representa uma brecha, ou uma "abertura", na forma em que uma família específica organiza seus padrões de pensamento, seus comportamentos e a combinação dos significados que representam coletivamente. Por exemplo: um pai pode dizer "Minha filha é independente demais". A ideia de independência é uma abertura, é uma palavra plenamente investida de significado para essa família; embora a reclamação seja dirigida a uma pessoa problemática, a abertura, implícita e indiretamente, refere-se a todo o sistema.

Como vemos nesta consultoria, Boscolo e Cecchin fazem, a partir das aberturas, toda uma série de perguntas – perguntas circulares, questões futuras, questões existenciais, assim por diante – e só as interrompem quando sentem que tal questionamento perturba o sistema o bastante para convidar a família a reconsiderar e a reorganizar em torno da ideia apresentada. Muitas vezes as aberturas não são fechadas, significando que não precisam de uma conclusão; elas têm a intenção de desestabilizar o modelo de pensamento da família, sugerindo associações novas e diferentes possibilidades. Alexandre Blount escreveu que a Terapia Familiar dos criadores do Milan Approach é "orientada pelo significado". A ideia – que esta é uma terapia que constrói significado – é, de algum modo, mais aparente do que no delineamento cuidadoso do seu uso de aberturas.

Além do mais, as aberturas aumentam e tornam-se mais complexas e ricamente integradas à medida que a sessão se desenvolve. Cada abertura intensifica e dá corpo à anterior, até que um padrão emerge, o padrão familiar, o qual apresenta um aumento em variação e colorido, enquanto as aberturas vão se processando.

A primeira abertura: a regra do não falar

Essa consultoria foi realizada em uma clínica alemã e conduzida em inglês, com a ajuda de um tradutor. Gerte, a paciente identificada, é uma mulher de 21 anos que trabalha e vive em casa; seu irmão mais novo, Karl, é estudante. Seu pai trabalha e a mãe é dona de casa. Gerte sempre teve problemas de relacionamento com as pessoas, com exceção de sua mãe. Recentemente, esteve hospitalizada, durante quatro meses, devido a um episódio psicótico.

Boscolo começa a consulta perguntando qual é o problema atual da família, e esta responde que é Gerte. A família responde que seu problema é o mesmo desde a infância: dificuldade em dormir e de relacionar-se com outras pessoas.

Quando uma família designa um problema que tem durado tanto, desde a infância, a equipe terapêutica conscientiza-se de que não será fácil produzir mudanças, porque, uma vez que as sequências de comportamento são repetidas muitas vezes, o tempo amplia e aprofunda o problema. Entretanto, neste estágio inicial da entrevista, os terapeutas estão mais preocupados com a importância que o problema tem para outras pessoas; que espécie de definições de relacionamento têm acompanhado o problema. Ao perguntar quem foi o primeiro a notar o problema, o terapeuta indica que existe como realidade psicológica somente quando alguém a nota (toma consciência dele), quando é interacional ou cocriado pelos membros da família. Karl, o filho, responde que sua mãe foi a primeira a notar o problema de Gerte, e afirma que sua irmã somente fala com a mãe e não "conosco", os homens da família.

Karl, assim, oferece ao terapeuta a primeira abertura importante da sessão: pode ter havido um rompimento antigo na família; Gerte ficando ligada à mãe e as duas mulheres permanecendo distantes de Karl e o pai. Esta abertura, que produz a configuração básica da família, ocorre durante os primeiros três minutos da sessão e ocupa (através de muitas permutações) a primeira metade da consulta. Karl oferece imediatamente outra descrição interessante, da qual ele possivelmente não tem lembrança, uma vez que é dois anos mais moço que Gerte. Quando Boscolo pergunta quanto tempo tinha passado antes que os pais notassem que Gerte tinha um problema, ele respondeu "Talvez alguns meses". Isso tem vários significados: ele não é aliado à irmã, o que confirma a cisão entre eles. O seu relacionamento foi sempre desde o nascimento polarizado pela família: ele é o membro sadio e ela o membro doente da família. Dado que uma abertura é sempre uma oferenda da família, estas perguntas adicionais fornecem mais informações sobre a antiga cisão ocorrida.

Agora, o pai fornece informações espontâneas diferentes das de Karl. Karl disse que Gerte tinha menos dificuldades em casa do que na escola, mas o pai a descreve como "grudada" à sua mãe, sugerindo que, na realidade, ela tinha dificuldades em casa. Boscolo faz uma pergunta de confronto circular: "Quem era mais apegada, Gerte ou a mãe?" Esta é uma importante elaboração da ruptura na família, porque permite que o terapeuta realmente conheça as descrições da família sobre "grude" dentro da estrutura de pergunta de confronto. Esta retroalimentação fornece uma descrição dupla e torna-se claro que não é possível grudar sozinha: fica-se grudado a alguém que também gruda.

"Grude" sugere uma relação; é a expressão de uma ocorrência mútua. Esta ocorrência acrescenta um elemento de surpresa, já que é algo sobre o qual a família não tinha pensado; e joga a moeda, mostrando o outro lado. Se os membros da família olham o outro lado – porque a mãe ficou grudada à Gerte – deverão reconsiderar sua explicação do problema da família. Claro que neste ponto, eles ainda não estão prontos para fazê-lo. Este tipo de confrontação costuma conduzir ao inverso do problema apresentado pela família. Se ela está envergonhada, pergunta-se: "Qual foi o último acontecimento do qual alguém nesta família se sentiu orgulhoso?" ou se a família é demasiado séria: "Quando foi a última vez que vocês se sentiram brincalhões?" ou, se a família é desligada, mas veio junto para a terapia, pede-se para que falem sobre esta vinda juntos, do significado disso para eles agora, e assim por diante.

É durante a investigação da primeira abertura que Gerte comunica à mãe que não quer falar sobre o seu problema. Essa atitude evidencia o que será um tema ou uma premissa na família; não se pode falar, todos devem guardar segredos. O que segue é uma comunicação entre Gerte, o terapeuta e a mãe, comunicação cujo significado mais amplo sugere que o sistema familiar abriga ideias contraditórias, tratando-as como se não fossem contraditórias, mas iguais. Vale a pena descrever a comunicação já que ela contém a lógica familiar e ilustra o desempenho de sequenciamento linguístico que conserve Gerte fixada no seu papel-problema.

Em resposta ao dito pela mãe (que Gerte não gosta de falar sobre o seu próprio problema), o terapeuta pergunta a Gerte se concorda com seu pai, mãe e irmão que ela tem o problema. Ela concorda acrescentando, entretanto, "Mas eu já...", sem completar a frase, o que é feito pela mãe "superou o problema". Sua mãe continua "Ela pensa que superou seus problemas..., mas eu realmente penso que não". Essa comunicação pode ser vista como um pensamento simbiótico, partilhando pela mãe e por Gerte, a tentativa para expressar uma diferença por parte de Gerte, que foi cooptada por sua mãe, o juiz da "realidade". O terapeuta pergunta novamente "Você concorda com que a sua mãe disse?", e Gerte torna a concordar, só que, dessa vez, de fato concorda com a ideia de que não superou seu problema. Mesmo assim, ela continua a afirmar que tinha superado seu problema. Boscolo pergunta: "Quando superou seu problema? E ela diz: "Depois da minha doença". O pai acrescenta que ela sente (e a mãe acrescenta que ela pensa) que superou seu problema, ambos desqualificando sua tentativa de fazer uma distinção que permita a contradição. A confusão entre superar ou não o problema domina o intercâmbio, mas é tratada pelo pai e pela mãe como se fosse conclusiva – ela pensa e sente que superou o problema (mas não o superou!).

Esse é um exemplo de uma realidade familiar cocriada que sustenta uma regra: não se pode revelar os segredos. Gerte não pode esclarecer a contradição na família – se ela superou ou não seu problema – sem quebrar a regra de não falar. Se alguém fala, as contradições podem ser esclarecidas, os segredos partilhados, o que seria perigoso. Gerte começa por lembrar à sua mãe que ela não deseja falar sobre seu problema, mas não se recusa a responder à pergunta do terapeuta se ela concorda com os outros membros da família que tem problemas. Uma vez que sucumbiu e está falando sobre superar seu problema, sua mãe lembra à família e ao terapeuta que a "realidade" de Gerte é confusa, interior à "realidade" mais ampla. Assim, desqualificada na sua realidade, Gerte só pode concordar com ambas as realidades – isto é, a contradição – superar o problema.

A segunda abertura: Quem mais tem problemas?

Tendo alterado essa sequência – e o que ela defende –, Boscolo deixa a realidade para ser reconhecida por ela mesma e prossegue outra avaliação. Agora, de acordo com a estrutura da primeira sessão – a descrição de uma aliança antiga entre a mãe e Gerte, que separou as mulheres dos homens, e que não deveria ser discutida – Boscolo prossegue com duas subaberturas: quem grudou em quem e a mensagem de Gerte para a mãe de que era importante não falar. Todo trabalho ocorre em um período curto e enriquece as informações do relacionamento em torno da primeira abertura. Reconhecendo que não se chegaria a nenhum consenso sobre se Gerte tinha ou não superado seu problema, Boscolo pergunta-lhe se mais alguém na família tem um problema. Isto é um desafio para a distribuição feita pela família. Eles, de fato, dizem: Gerte tem todos os problemas; nós, não.

Isso também é um desafio para a polarização que a família tem feito em torno de tal distribuição: existe um membro ruim e três membros bons. Essa polarização é similar àquela já citada, que descreve as crianças como doentes e sãs. Como era de se esperar, Gerte responde que não vê outros problemas. Boscolo, então, muda para um estilo hipotético e começa a usar as perguntas "se". As perguntas futuras permitem a discussão de um tópico proibido e fornecem um caminho seguro e indireto para responder perguntas que não poderiam ser colocadas diretamente. "Se alguém tivesse que ter um problema, quem poderia ser?", é condicional o bastante para manter o controle; enquanto que "Quem mais tem um problema?" É uma intervenção direta que seria recusada. Gerte responde à pergunta hipotética sobre outros problemas citando a mãe e depois o pai. Boscolo continua perguntando sobre seu irmão. Segundo Gerte,

Karl não desenvolveria um problema no futuro. Boscolo persiste. Caso ele perguntasse a seu pai se Karl desenvolveria um problema no futuro, ele daria uma resposta? "Talvez", responde Gerte.

A mãe interrompe, dizendo que ela não entende bem. Essa interrupção pode ser vista ou como um mal-entendido quanto à formulação da pergunta ou quanto ao conteúdo do intercâmbio.

O terapeuta-tradutor alemão imediatamente "explica" a pergunta de Boscolo, em alemão, para a mãe.

Subsequentemente, o pai intervém perguntando: "Você quer dizer quem primeiro desenvolveria ou quem primeiro superaria um problema?"

A mãe enfatiza o desvio do pai dizendo que, de acordo com Gerte, os pais podem ajudá-la a superar seus problemas no futuro.

Novamente, uma "tradução" é necessária antes da resposta de Gerte ser aceita: a mãe, depois o pai.

Na família, a ideia de outros terem problemas é, sem dúvida, totalmente nova, e a família usa as dificuldades da língua como meio de responder às questões difíceis. Como Cecchin diz na discussão, pode-se claramente ver como, usando a dificuldade da língua, a família confirma sua própria crença no sistema, suas próprias explicações, as quais, finalmente, permitem-lhes concluir que, se um problema surgir dentro da família, no futuro, os que podem resolvê-los são: a mãe, o pai e, depois, o irmão.

Boscolo está satisfeito e resolve parar por aqui; ele aceitou as condições da família: o ponto de vista da filha de que a mãe e o pai podem desenvolver problemas, e o ponto de vista dos pais de que eles nunca poderiam ter problemas, porque sempre poderão resolvê-los. Ele não discute, nem aceita tal contradição, mudando de assunto para uma variação do tema "outros problemas": o crescimento de Karl. Pergunta à Gerte se seu irmão está se desenvolvendo bem, "sem problemas". Ela diz que está. Novamente, Boscolo usa um estilo hipotético, perguntando-lhe o que é que seus pais responderiam a tal questão. Mais uma vez há uma dificuldade linguística, então Boscolo faz pergunta ao pai. A primeira resposta do pai é para observar como Karl está ficando alto. No entanto, na próxima sentença, concorda que, é claro, ele tem problemas, mas não são sérios, tem amigos e relaciona-se bem na escola. Os pais só falam positivamente de seu filho, e a mãe, imediatamente o compara com as características negativas de sua filha. Essa é a ampliação dos tributos opostos persistido por anos. Essa polarização em torno do bem – filho sadio – e do ruim – filha doente – representa um dos modelos rígidos constantemente encontrados em famílias psicóticas, que são encobertas pelo falso argumento mutual de que, com exceção da pessoa problemática tudo é bom na família.

No esforço de quebrar a ideia de que Gerte é ruim e Karl é bom, Boscolo muda para uma questão sobre distância e proximidade, perguntando: "De quem Karl está mais próximo, da mãe ou do pai?". Ele descobre que Karl é próximo ao pai, algumas vezes à mãe, e nunca à Gerte, desde que brigaram há alguns anos. Esta linha de questionamento desafia o modelo de pensamento da família, que tende a estruturar-se em torno de oposições: a criança ruim e a criança boa, a criança doente e a criança sadia. Proximidade e distância são ideias negociáveis e mudam no decorrer do tempo, enquanto as oposições permanecem oposições.

A terceira abertura: O ciúme entre irmãos

O questionamento distancia/proximidade desenterrou outro segredo: Gerte não é próxima ao irmão e não fala com ele. A mudança de questionamento ocorrida nesse ponto é importante o bastante para ser comentada aqui. Boscolo começa perguntando a Karl se sabe os motivos pelos quais sua irmã não fala com ele. O garoto responde que não a conhece bem. Então, Boscolo troca seus estilos de questionamento, em vez de fazer perguntas didaticamente, perguntas circulares, pede a uma pessoa para comentar as razões que não tem outra pessoa para guardar um segredo, ou para oferecer uma explicação do motivo pelo qual alguém deseja guardar um segredo. O conteúdo de um segredo é imaterial; o importante é infringir as regras da família não falar. Apesar de não ser um desafio direto, provoca a discussão sobre as explicações e os limites de um segredo. Boscolo, então, pergunta a Karl se seus pais conhecem as razões de Gerte. Todos concordam que conhecem as razões. Boscolo pergunta quais as explicações da decisão de Gerte para deixar de falar com seu irmão: "Quais são as suas razões?" e não "Qual é o seu segredo?" O pai diz que não pode responder, pois poderia magoá-la, ferir "seu coração". A mãe interrompe, dizendo que Gerte não quer se revelar para ninguém, a não ser para ela. O problema é o isolamento de

Gerte e agora um colega no seu novo trabalho quer que ela fale com ele, motivo pelo qual ela quer largar o trabalho. A mãe torna a estabelecer o controle, redefinindo o problema original e a relação da família para com ele. Na discussão, Boscolo comenta que a mãe e filha têm ficado presas durante toda a vida, o que agora os pais sentem que Gerte os controla. Surge uma premissa sobre o controle. Boscolo sente que a ideia deles tem sido a seguinte: se se rebelassem contra Gerte, ela teria um colapso, uma reação violenta. Esse medo de violência cria um sistema secreto de relacionamento que os define e aprisiona. Nem a mãe nem Gerte podem sair para falar com outras pessoas. Uma situação na qual, devido ao medo de revelar os seus segredos, a família não quer falar, constituiu um dilema para a terapia. Se a terapia continuar, deverá abordar a questão do falar ou não, caso contrário, a família virá à terapia para não falar, agindo da mesma maneira que agem dentro de casa, não falando uns com os outros.

Ficou claro para os Associados Milão que a mãe estava dedicando-se exclusivamente à Gerte: era como se somente tivesse uma filha. Qual é o significado sistêmico disso tudo? Essa definição de relacionamento, não importa em que ponto do sistema exista, desvenda o tema do ciúme intenso. A extrema diádica constitui sempre uma declaração sobre o ciúme. No entanto, o ciúme é uma premissa interacional: quem tem ciúme de quem? Quem foi o primeiro a ter ciúme de quem? Quem continuou? Se tivesse de surgir uma nova dupla ciumenta, quem seria? E, assim, sucessivamente. O ciúme é, assim, uma expressão sistêmica das estruturas triangulares, porque sempre existe mais alguém que tem ciúme do outro. Nesse sistema, o ciúme pode dar-se em uma díade entre irmãos, mas não exclusivamente; também pode existir na díade mãe/filha, por causa da proximidade exclusiva. Essa é uma ideia que permeia todo o sistema, uma ideia como história e futuro[7].

O ciúme entre irmão é, pois, o começo de uma terceira grande abertura na família. A família confirma ao terapeuta que o problema

[7] Esse é um importante ponto para ser detalhado, desde que a mulher, neste caso, como também nas segunda e terceira partes, perece ser o subsistema que as famílias extensas transformam no foco da construção hipotética. A capacidade para moldar um relacionamento não deve, de modo algum, ser considerada como exclusividade feminina; as antigas suposições de que as mulheres são protetoras da família, responsáveis pela socialização das crianças, devem ser evitadas. Notamos também que em nossas três consultas, foi a mulher que iniciou a terapia e mostrou mais inclinação para mudar.

consiste na ligação entre mãe e filha. Quando Boscolo aproxima-se das razões de Gerte para não falar com seu irmão, recebe informações sobre o não reconhecimento e a falta de diálogo sobre o ciúme entre irmãos. Ele descobre isso perguntando sobre a história: quando o pai percebeu que Gerte ficou grudada à sua esposa? O pai, em uma frase, confirma a abertura secreta: "Desde quando ela nasceu". Sua explicação: "... um tipo de ciúme. Um tipo de ciúme, eu acho".

Quando Boscolo pergunta se a senhora T. concordaria, responde que ciúme é parte do motivo. Mas ela não pode falar sobre o resto "Porque ela [Gerte] não quer".

Novamente a regra é invocada, e a família tenta a retirada da distinção de ciúme do pai. Gerte dia: "Eu não digo se concordo ou não". A mãe diz: "Nós não conversamos sobre isso na família". Finalmente, o pai desiste: "Eu não... me lembro. Isso foi há muito tempo". Agora, todos obedecem à regra de não falar.

Quarta abertura: falar/não falar

Para a quarta abertura, Boscolo usa "o outro lado da moeda", descobrindo uma abertura a partir da discussão faz da família para saber desde quando falar/não falar é o dilema apresentado. Ele faz a pergunta sobre como a mãe e Gerte passam seu "grudado" tempo juntas. Karl diz que Gerte e a mãe sempre falam, porque uma não tem emprego e a outra está desistindo de sua "profissão".

Então Boscolo pergunta se Gerte fala mais quando os homens estão em casa ou quando estão fora. Quando um dos homens fala com a mãe, ela fica temporariamente descolada? O que Gerte faz, então?

Às vezes ela se zanga e deixa a sala, respondem.

O foco aqui é o que Gerte fará se "perder o controle". Raiva desapontamento, ciúme são sentimentos de Gerte que a família não se permite experimentar; parecem ser sentimentos perigosos para a família. É como se a Gerte tivesse uma posição de receptáculo, cuja função seria evitar que estes sentimentos chegassem até a sua família.

Boscolo continua conversando sobre a abertura falar/não falar. Pergunta a Karl se Gerte pede a sua mãe para guardar segredos do pai e dele. Essa variação na abertura dá uma importante informação, os membros da família não têm discutido abertamente entre si. Ao continuar com a linha de questionamento, fica claro que, apesar de Gerte guardar todos os segredos, a mãe não o faz, dizendo que isso é muito difícil para ela porque "Eu tenho muitos aborrecimentos e às vezes preciso confessar". Mais uma vez Boscolo utiliza um estilo hipotético para perguntar à Gerte o que ela faria de sua mãe não pudesse guardar um segredo de seu pai. Karl diz, então, que às vezes a mãe e Gerte discutem sobre a possibilidade de a filha retomar sua profissão novamente. Esse é o desejo da mãe, enquanto Gerte quer ficar em casa. À pergunta de Boscolo sobre quando foi a última vez que a mãe ficou zangada com Gerte, o pai diz que foi no momento que Gerte abandonou seu emprego. A mãe diz que ela não estava zangada, porque Gerte estava doente. O pai responde: "Você ficou chocada", e a mãe concorda.

O modelo familiar é a concordância permanente dos pais. Nenhuma raiva é expressada, e a doença torna-se uma explicação que permita à mãe não expressar sentimentos que são proibidos para a família. A segunda informação importante, resultado da continuação dessa abertura, é a afirmação da mãe de que só fica zangada com Gerte quando ela é agressiva ou hostil com o pai. "Então eu fico zangada e digo para ela que não é bom para a família que ela se mostre tão hostil para com seu pai, porque ele também gosta dela, mas não pode mostrar seus sentimentos".

É interessante refletir sobre esta peculiar informação acerca de seu relacionamento. Se essa é a única situação em que a mãe se permite zangar-se com Gerte, é possível que a mãe, de fato, quisesse que Gerte se aproximasse de seu pai? Gerte provavelmente, percebendo isso, mantém-se grudada à mãe, pois, assim, ela não será empurrada para o pai. Isso é um segredo encoberto? Por que razão sua mãe teria que desocupar o lugar ao lado dela ocupado por Gerte? Quem deveria ser o próximo ocupante? O questionamento em torno da abertura é prolongado pela pergunta de quem melhor guarda segredos que, às vezes, Gerte precisa confessar e lhe conta. Uma exploração mais detalhada revela que a mãe conta os segredos na família, mas agora as cartas estão na mesa. A mãe – devido ao peso de seus aborrecimentos – nem sempre guarda os segredos para o filho e o marido, advertindo-os de que não contem à Gerte. A explicação dela é que "existem mais aborrecimentos do que segredos". Os aborrecimentos da mãe são, para ela, de certa forma, segredos que devem ser ditos, mas não para Gerte. O perigo dessa revelação é que muda o relacionamento entre Gerte e a mãe. Agora Gerte sabe que sua mãe não guarda os seus segredos! Na discussão, Boscolo faz um comentário interessante sobre sua persistência nessa abertura, dizendo que a obsessão do questionamento da terapia ativa gera uma crise nos modelos e regras da família. O terapeuta faz perguntas e aceita cada resposta sem fazer interpretações. Tais perguntas, que continuamente introduzem oposições, pontuações do outro lado da moeda, vão de encontro às rígidas regras da família. A família engaja-se, de fato, em uma discussão sobre a falta de diálogo, e um segredo foi revelado: a mãe revela alguns dos segredos que Gerte lhe conta por que tem muitos aborrecimentos.

Quinta abertura: o período de hospitalização

Toda abertura ou tema adiantado pela família contém muitas subaberturas ou variações. Até agora, temos explorado algumas das mais importantes aberturas dessa entrevista. Muitas outras, também importantes, são deixadas para que o leitor descubra. Mas a próxima abertura, relativa à fala da mãe sobre sua zanga com Gerte, porque não é próxima de seu pai, fornece informações interessantes.

Falando sobre os quatro meses durante os quais Gerte deixou seu trabalho e passou o tempo no hospital, Boscolo pergunta como ficou o clima em casa sem ela. O pai fala primeiro: "Terrível", e continua "Eu acho que estes foram os piores dias da minha vida". A mãe relata que antes de sua hospitalização, Gerte não queria mais viver. Karl confirma que o pai era o mais deprimido e pessimista. Os pais dizem que quando Gerte estava hospitalizada, constantemente pensavam nela, chegando ao ponto de negligenciar o filho. O pai acrescenta: "Quando ela está fora, penso constantemente nela. O que acontece com ela, o que ela deve fazer, e assim sucessivamente. Eu estou sempre pensando nisto". A família toda admite não se sentir à vontade quando Gerte está fora, seja no hospital ou no trabalho. Boscolo volta-se para Gerte, perguntando-lhe o que eles fariam se ela se sentisse bem, deixasse a família e se casasse. Concluí fazendo uma colocação existencial: suponha que você nunca nasceu. Como seria a vida de seu pai, de sua mãe e de Karl sem você? Gerte recusa a primeira questão, mas responde prontamente a segunda, dizendo que as coisas seriam mais fáceis para ela. Karl imediatamente tenta salvar sua irmã dizendo: "Não, eles não seriam mais felizes se ela não tivesse nascido, porque há outros aborrecimentos". Boscolo pergunta sobre as características dos aborrecimentos na família – o quanto eles são sofridos – e, finalmente, pergunta: "Quem é mais infeliz, seu pai ou sua mãe?" Karl diz: "Meu pai". Ele tem sido sempre o mais infeliz. Boscolo termina esse questionamento perguntando os filhos se seus pais seriam mais infelizes se não os tivessem tido.

Durante essa série de perguntas descobrimos que o pai era quem tinha ficado mais deprimido com "saída" de Gerte de casa, e que ele era o membro mais infeliz da família. Até o momento, tais descrições pareciam ter mais relação com a mãe. Essa nova informação, combinada com a única expressão de aborrecimento da mãe com Gerte – sua recusa em passar tempo com o pai – confirma a última hipótese da entrevista: que a mãe deseja que Gerte não seja tão presa a ela. Entretanto, não está claro se o pai preencherá o espaço que Gerte ocupa ao lado da mãe. A próxima oportunidade tornará clara quem poderá ser o ocupante deste espaço. Aqui será introduzida outra pessoa que fará com que todas as questões façam sentido: a importante irmã da mãe.

As questões existenciais colocadas, ao fim do intercâmbio confirmam a visão da paciente identificada de que todos estariam melhor sem ela. Mas a próxima questão, se os pais seriam mais infelizes se não tivessem filhos, introduz uma nova ideia sobre os pais: apesar de parecerem infelizes eles os seriam ainda mais sem seus filhos. Essa questão lança a ideia de que os pais têm certa infelicidade ou tristeza que é exclusiva deles e não envolve seus filhos.

Ambas questões agem como antídoto para condição existencial da paciente identificada. Se é colocada uma questão existencial, deve se insistir nela porque o não dito foi dito: eles estariam melhor sem mim. Isso deve incluir o antídoto pensado, que é: seus pais têm problemas exclusivos que não lhe dizem respeito e eles seriam mais infelizes sem você.

Discussão da equipe após a sessão

A primeira parte da discussão é uma livre expressão de hipóteses lineares e caudais de todos os terapeutas; nada é omitido ou censurado. Aos poucos, à medida que a discussão avança, os padrões tornam-se mais complexos e mais conectados, até que, finalmente, emerge uma hipótese geral. O propósito da discussão é a compreensão do comportamento psicótico de Gerte e sua vinculação com o mais obvio padrão familiar: tendência da família em manter segredos.

A equipe tenta chegar a um consenso, uma hipótese geral que inclua diferentes possibilidades, de modo que várias formas de intervenção possam ser consideradas. O trabalho com famílias com contrações esquizofrênicas pode exigir duas a três sessões antes que os terapeutas sejam capazes de encontrar uma hipótese consistente, sistêmica. Quando a equipe não alcança facilmente um consenso, mas começa uma experiência desconfortante, repetitiva e confusa, ou quando deixam de surgir novas ideias as discussões da equipe, devem ser paradas até a próxima sessão.

Boscolo e Cecchin utilizam três classes diferentes de hipóteses nas suas discussões. Uma classe refere-se a quem está com quem na família, isto é, uma apreciação das alianças, coligações ou "casamentos", como às vezes são chamados. A segunda classe de hipóteses refere-se às premissas e mitos individuais e familiares. No caso discutido na primeira parte, o paciente identificado lutava com o mito do casamento perfeito. A terceira classe de hipóteses é baseada na análise das comunicações na família e outros sistemas. Essa classe descreve a linguagem de duplo vínculo, nesse caso, que permite a família falar sem estar falando.

A discussão combina todos os significados que as diferentes aberturas surgiram. Os terapeutas lembram a reação da família à terapia: ninguém, fora a mãe, queria viver. A equipe luta com duas ideias: como imprimir uma conotação positiva do comportamento de Gerte e como recompor a relação na família e na terapia. Dado que apenas a mãe está motivada para vir à terapia, os membros da equipe esforçam-se para encontrar um elo entre sua hipótese sobre a família e o relacionamento terapêutico. Um membro da equipe sente que faria sentido convidar apenas dois membros da família para serem atendidos na próxima sessão. Isso é isomórfico com a luta da família, com seus relacionamentos diádicos exclusivos e sua recusa de abrir estruturas triangulares. A equipe pede que a família escolha qual casal deverá vir para a primeira sessão, qual virá para a segunda e assim por diante. A equipe relembra que a família toda fala sobre os segredos, mas quer continuar os mantendo privados. Outra ideia emerge: depois que a família decidir qual par deverá ser atendido na sessão, o grupo deverá decidir quais são os segredos que não querem divulgar. Isso é consistente com a apresentação do sistema; revela a regra do sistema sobre conversa como conversa proibida. Enquanto Gerte diz que não entender a intervenção, o resto da família comporta-se como se cada um a tivesse compreendido claramente.

Essa consulta clareia a óbvia relação entre o pensamento de Boscolo e Cecchin e a linha de questionamento na entrevista. O segmento nesse caso é desapontador, já que, embora a família retorne-se em "pares" várias vezes, Gerte não melhorava significativa. No outono do ano seguinte, ela começou a ser atendida diariamente em hospital dia, e a família desistiu da terapia.

A questão de até que ponto a consultoria compromete a família com a continuação da terapia é delicada. Se a consultoria é boa demais, a família tem, ao deixar os consultores, um período duro, difícil. Se a consultoria não consegue obter novas informações, a terapia se mantém idêntica.

O trabalho de Boscolo e Cecchin tem sido largamente apresentado em inglês através do uso de consultorias diádicas, consultorias que têm sofrido mudanças significativas. A importância do tema deve-se ao fato de que nós ensinamos um ao outro, através da consultoria de um ao outro! As consultorias oferecem aos colegas de todo o mundo a oportunidade de aprender um com o outro através da investigação e apresentação de mapas de consultoria, para que na consulta o modelo seja claramente teorizado, representando na sessão e inteiramente discutido. Isso deve representar todos os participantes e valores do sistema de significados da família, o contexto de referência e a solicitação de consultoria clínica. Nos últimos dez anos, nenhum outro grupo tem estado tão disponível para o trabalho mútuo, através de consultorias diádicas, quanto os criadores do Milan Approach.

O CASO: CONSULTA E CONVERSAÇÃO

A entrevista seguinte é uma consultoria realizada em setembro de 1980, durante uma série de seminário de trabalho conduzidos pelo Dr. Cecchin, em uma clínica da Alemanha. O caso foi apresentado para os consultores por um membro de equipe clínica que tinha estado em contato com a família, acrescentando que a família depois seria encaminhada a uma terapia de família com um psicoterapeuta local.

Gerte, a paciente identificada, é uma mulher de 21 anos que mora com a família. Seu irmão, Karl, é um estudante de 19 anos. O pai é funcionário público civil, e a mãe também trabalhava, mas passou muito tempo de sua vida de casada como dona de casa.

Muito pouca informação foi dada aos consultores. Gerte teve problemas desde a infância. Ela sempre foi isolada, tanto em casa, como na rua, evita contato com pessoas e sua mãe é a única pessoa de quem se aproxima. Um ano antes, começou a trabalhar como recepcionista, mas, progressivamente, tornou-se estressada e ansiosa alguns meses depois, após um episódio psicótico caracterizado por insônia, agitações e desilusões paranoicas. Depois da apresentação do caso, ficou decidido que Boscolo entrevistaria a família com a ajuda do terapeuta-tradutor; Cecchin e a equipe clínica assistiram à sessão por trás do espelho unidirecional.

BOSCOLO: Deixem-me começar explicando a maneira como início nossas consultorias. Explico à família que o Dr. Cecchin e outros colegas estão atrás do espelho. Explico-lhes que um terapeuta só não tem a mesma capacidade que uma equipe para compreender as completas interações apresentadas pelas famílias que nos procuram.

CECCHIN: Eu também lhes expliquei que os entendemos melhor porque temos "um grupo" equivalente ao deles. O pensamento é o produto da sua relação sistêmica que inclui ambos os grupos. Introduzimos a noção de que certas ideias e conexões – que uma pessoa só nunca faria – podem vir de fora do sistema.

ENTREVISTA FAMILIAR

TERAPEUTA ALEMÃO: Já que vocês falam inglês, poderíamos conduzir a sessão em inglês.

BOSCOLO: Você fala inglês?

GERTE: Um pouco.

BOSCOLO: Um pouco.

MÃE: Ela está aprendendo na escola.

TERAPEUTA ALEMÂO: Assim nós não precisaríamos traduzir todos. Talvez somente quando algo não ficar claro?

BOSCOLO: Tudo bem. Nomes? Idade? Seu nome?

GERTE: *Eu tenho 21 anos.*

BOSCOLO: *21 anos. Seu nome?*

GERTE: *Gerte.*

BOSCOLO: *Gerte?*

TERAPEUTA ALEMÃO: *Gerte.*

BOSCOLO: *Gerte. E você?*

KARL: *Karl.*

BOSCOLO: *Karl.*

KARL: *19.*

BOSCOLO: *19. Vocês são os dois únicos filhos. Sim. Eu vejo. Vocês podem nos dizer qual é o problema agora? O problema pelo qual vocês estão aqui?*

TERAPEUTA ALEMÃO: *Vocês querem que lhes expliquem esta sala?*

BOSCOLO: *Sim, eu quero descrever a sala. Vejam, tem um microfone aqui, este é um espelho. O Dr. Cecchin de Milão e outros colegas podem observar de lá o que está acontecendo aqui, e, eventualmente, o Dr. Cecchin pode me chamar durante a sessão para conversar comigo. A razão pela qual fazemos isto é que nossa experiência tem nos demonstrado que a inclusão de um grupo de colegas nos possibilita entender melhor a situação das pessoas que vêm nos pedir ajuda, essa é a razão principal. Assim, pode acontecer que o Dr. Cecchin me chame durante a sessão.*

TERAPEUTA ALEMÃO: *Há também um vídeo.*

BOSCOLO: *Oh, sim. Temos um vídeo e isto é uma câmera. Gravamos e assistimos o vídeo, como eu disse anteriormente, a fim de compreender e ajudar às pessoas que nos procuram. Eu gostaria de começar perguntando-lhes, genericamente, qual é o problema que os trouxe aqui hoje.*

PAI: *Eu acho que é basicamente um problema psicológico, que minha filha é... bem, depressiva...*

MÃE: *Ela estava com medo.*

PAI: *Ela começou a trabalhar, estava lá algum tempo, mais ou menos vinte meses, mas depois ela teve que desistir do trabalho.*

BOSCOLO: *Qual trabalho?*

MÃE: *Ela não podia mais dormir.*

PAI: *Ela era recepcionista em uma firma, não podia mais dormir e, no final, tivemos que mandá-la para o hospital.*

BOSCOLO: *Quando foi isso?*

PAI: *No início de março. Foi um tipo de psicose, bem, ela ficou lá por cinco meses e teve um pequeno progresso. A doença principal parece ter regredido um pouco, mas ainda existe um problema psicológico.*

BOSCOLO: Então, você disse que o problema é Gerte, não?

PAI: Sim.

BOSCOLO: E quando vocês notaram o problema em Gerte? Quando foi a primeira vez que vocês notaram que Gerte tinha problemas? Já faz um ano ou menos?

MÃE: Desde sua infância.

PAI: Desde sua infância.

MÃE: Ela dificilmente conseguia dormir em sua infância – não podia dormir – e desde que começou a escola, tinha que tomar remédios para dormir e sempre teve dificuldades em relacionar-se com outras pessoas.

BOSCOLO: Outras pessoas.

PAI: Essa é uma parte do problema.

MÃE: E ela também se isolou da família.

BOSCOLO: Quem foi o primeiro a notar que Gerte tinha um problema na infância? Quem notou primeiro?

BOSCOLO: Eu pergunto quem foi o primeiro a notar o problema de Gerte. Esta é uma pergunta padrão, baseada na ideia de que um problema não é algo que está dentro da pessoa, dentro de Gerte. O problema pode ter um aspecto orgânico ou fisiológico, mas, para os nossos objetivos, é mais importante descobrir que tipo de valor informativo o problema tem para as outras pessoas. Aí, pergunta-se a outras pessoas: "Quem o notou primeiro?" O problema existe como realidade somente quando alguém a nota.

ENTREVISTA FAMILIAR

KARL: Sem dúvida, a mãe.

BOSCOLO: Sua mãe notou primeiro?

KARL: Com certeza, sim.

BOSCOLO: Você disse com certeza...

MÃE: Eu sou a única pessoa...

BOSCOLO: Desculpe. É por que você lembra do dia que sua mãe começou a notar um problema em Gerte?

KARL: Sim, eu acho que é porque ela sempre está com minha... fala com minha mãe. Ela não fala muito conosco.

BOSCOLO: Você lembra que sua mãe foi quem notou primeiro?

KARL: Sim.

BOSCOLO: Quantos anos tinha sua irmã quando sua mãe notou problema? Quantos anos tinha? Você se lembra?

KARL: Ela tinha... hum...

BOSCOLO: Humm?

MÃE: Isso foi alguns anos atrás.

KARL: Alguns anos atrás. Sim. Eu não sei exatamente.

MÃE: Ela até me disse... não falou nisso na infância, mas mais tarde, quando tinha talvez uns 15 ou 16 anos, começou a falar comigo sobre seus problemas.

BOSCOLO: [para Karl] você disse que sua mãe foi a primeira a notar que Gerte tinha um problema. Quanto tempo depois seu pai viu que Gerte tinha um problema? Quanto tempo depois?

KARL: Talvez alguns meses...

BOSCOLO: Alguns meses depois. Você concorda com seu filho?

PAI: Não se pode precisar exatamente... isto é...

BOSCOLO: Certo. [para Karl] E você: Quando você... quanto tempo depois você percebeu?

KARL: Talvez na mesma época.

BOSCOLO: Talvez na mesma época. E o problema que tem sido notado desde que Gerte era criança – você disse que isso ocorreu em sua infância – ao longo dos anos teve uma mudança. Houve algum tempo, alguns meses ou anos nos quais você não notou nenhum problema?

KARL: Não, eu penso que não. Mas, com o tempo, ele tornou-se mais grave.

PAI: Mais e mais grave.

BOSCOLO: Sim. O que é que você diria no passado... como era o problema quando apareceu para você? O problema de Gerte no passado?

KARL: No passado, talvez ela tenha tido algumas dificuldades na escola.

PAI: Na escola.

BOSCOLO: Dificuldades. Que tipo de dificuldades? Aprendizagem ou relacionamento?

KARL: Sim. No aprendizado e no contato com os outros.

PAI: Com os outros alunos.

BOSCOLO: Ela teve mais dificuldade na escola ou em casa?

KARL: Eu acho que na escola. Na escola.

PAI: Sim, na escola.

BOSCOLO: Na escola. Em casa ela não teve dificuldades.

KARL: Não muitas.

BOSCOLO: Eu pergunto ao filho quando tempo passou antes de os pais perceberem que a filha tinha problemas. O filho responde: "Talvez alguns meses". Isso é interessante, mesmo sabendo que o filho nascera dois anos depois da filha, ele responde com detalhes sobre a infância de sua irmã. Ele nunca diz: "Eu não sei, eu era muito pequeno, pergunte aos meus pais".

CECCHIN: Imediatamente tem-se a ideia de que o garoto tem algum tipo de interesse em definir sua irmã como sendo o membro doente da família. Ele fornece uma cuidadosa descrição do que está errado com ela. Isso mostra que ela não é aliada dela. Se fosse, estaria ansioso para defendê-la: "De qual problema você está falando?" Em vez disso, confirma que a irmã representa a doença na família. A ruptura entre o irmão e a irmã é revelada por este comportamento.

BOSCOLO: O problema da ruptura pode ter começado quando o filho era muito novo, 2 anos de idade, porque ele não se encontrou com uma irmã, mas com uma pessoa doente. Ele tinha uma pessoa doente para cuidar.

ENTREVISTA FAMILIAR

BOSCOLO: Onde ela começou a ter dificuldades? Em casa ou na escola?

PAI: Bem, ela grudou na sua mãe. Ela se grudou na sua mãe especialmente.

BOSCOLO: Ela ficou grudada na sua mãe. Você concorda com seu marido?

MÃE: Ela se recusa a relacionar-se com o seu irmão e com seu pai, que só quer ajudá-la a progredir na escola e, assim, sucessivamente.

BOSCOLO: Mas quando você disse que ela grudou na sua mãe, quem grudou mais, Gerte ou a mãe?

PAI: Gerte.

BOSCOLO: Sim, Gerte. Sua esposa também grudou nela?

PAI: Oh, sim, ela também grudou, mas eu penso que sempre existiu uma boa relação ente nós, entre os adultos e meu filho havia uma boa relação...

CECCHIN: A pergunta "Quem grudou mais em quem, mãe ou filha?" representa uma tentativa de introduzir a ideia da circularidade, da falta de recursos mútuos. A família descreve Gerte como a única que tem o problema de estar grudada, o terapeuta introduz a ideia de que o "grude" não existe unilateralmente. Esta afirmação introduz outra forma de ver as coisas e, olhando os rostos das pessoas neste momento, podia-se perceber que pareciam surpresos pela pergunta.

BOSCOLO: Outra maneira de introduzir uma pontuação oposta, especialmente em famílias depressivas como esta, é perguntar repentinamente: "Quando foi a última vez que vocês tiveram bons momentos?" Isso introduz um sentimento oposto.

CECCHIN: Quando o pai foi compelido a dizer: "A mãe grudou em Gerte", isso sugere que ele vê a diferença entre mãe e filha e a relação entre a mãe, ele mesmo e o filho. Ele misteriosamente diz: "Sim, minha esposa estava grudada. Mas existia um bom relacionamento com os outros da família". Parece que a pergunta já surte efeito. O que o pai está dizendo é que o grude entre mãe e filha, de algum modo, está vinculado ao relacionamento entre ele mesmo, sua mulher e seu filho.

BOSCOLO: Outra possibilidade é que, quando o pai responde desta maneira, esteja dizendo "Sim, ela está grudada, mas entre nós, entre os adultos e meu filho, há um bom relacionamento".

ENTREVISTA FAMILIAR

BOSCOLO: Existe algo que Gerte queria dizer para sua mãe?

GERTE: Não. Eu não quero falar.

MÃE: Ela não quer. Não quer falar nada sobre ela mesma. Não gosta de falar nada sobre ela. [para Gerte] Eu acho que você se recusa.

GERTE: Sim.

BOSCOLO: Eu só queria constatar, entende.

MÃE: Ela não gosta de falar sobre seus problemas... Qual é o seu problema.

BOSCOLO: Aqui se nota a primeira pista para um tema que surge sempre na família: não se permite que as pessoas falem, todos guardam segredos. Mas é Gerte quem tem o trabalho de manter e reforçar esta regra familiar.

CECCHIN: Sim, e o que é interessante é que a mãe rapidamente interfere para lembrar que ela não quer falar sobre seus problemas. Isso é quase como uma indução hipnótica.

BOSCOLO: Bem, talvez... Eu entendo. Eu perguntarei à Gerte. Agora, eu perguntei antes à sua família "Qual é o problema em sua família? Por que vocês estão aqui?" Aí, eles me disseram que haviam notado que você tinha um problema desde criança e também ultimamente. Você concorda com eles, com seu pai, sua mãe, seu irmão, que você tem problemas? Ou você não concorda?

GERTE: Sim, eu concordo.

BOSCOLO: Você acha que tem um problema?

GERTE: Mas eu já...

MÃE: Superou o problema. Ela acha que tem superado seus problemas. Não é? Mas eu realmente não concordo. Você sempre... humm...

BOSCOLO: Você concorda com o que sua mãe disse?

GERTE: Sim, concordo.

BOSCOLO: Você acha que tem superado o problema?

GERTE: Sim, acho que tenho.

BOSCOLO: Você superou o problema.

MÃE: Mas, além de mim, você não é capaz de se relacionar com outras pessoas. Isso é um grande problema.

BOSCOLO: Então você acha que superou o problema?

GERTE: Sim, eu acho.

BOSCOLO: Quando você superou o problema? Quando foi?

GERTE: Depois de minha doença.

BOSCOLO: Depois de sua doença.

MÃE: Ela teve que tomar...

BOSCOLO: Desculpe. Eu gostaria de saber quando, em que ano você superou o problema?

GERTE: Com 21 anos.

BOSCOLO: Quando você tinha 21 anos?

PAI: Depois de sua recente doença, ela acha que superou o problema, mas eu entendi bem.

MÃE: Sim, ela acha isso.

BOSCOLO: Aqui eu pergunto à filha se ela concorda com minha análise do problema. Ela diz: "Sim, eu concordo. Mas eu já tenho..." e ela olha para sua mãe, sua mãe olha para ela, e a mãe responde por ela, dizendo "Ela acha que tem superado isso". A mãe então acrescenta que ela concorda que a filha tenha superado o problema. Então eu pergunto à filha "Você concorda com sua mãe?" E a filha, de fato, diz, "Eu concordo com duas declarações contraditórias", que superou e que ela não superou o problema.

CECCHIN: Há uma confusão entre superar e não superar o problema. Mãe e filha confundem-se falando sobre isso. Este é um exemplo característico de dupla valia... um valor que se move entre dois polos.

ENTREVISTA FAMILIAR

BOSCOLO: Certo. Você, Gerte, vê outros problemas? Você concorda que tem um problema, mas vê outros problemas na família?

GERTE: Neste momento eu não tenho nenhum.

BOSCOLO: E os outros? Sua mãe? Seu pai?

GERTE: Eu não sei.

BOSCOLO: Você não sabe. Isso é mais para "sim", você vê problemas, ou para "não"?

GERTE: Eu não vejo nenhum problema.

BOSCOLO: Você não vê problemas. Por exemplo, se você vê problema em seu pai, mãe ou irmão, quem estaria mais propício a desenvolver um problema em sua família?

GERTE: Minha mãe.

BOSCOLO: Sua mãe? Ela seria a mais propícia a desenvolver um problema? E quem mais depois de sua mãe?

GERTE: Meu pai.

BOSCOLO: Seu pai? E Karl? Você acha que Karl possa desenvolver um problema no futuro?

GERTE: Não.

BOSCOLO: Por que não? [pausa]

GERTE: Eu nunca discuti problemas com ele.

BOSCOLO: Se eu perguntar ao seu pai, por exemplo, você acha que ele poderia me dar uma resposta sobre isso? Você disse que se existirem outros problemas... talvez sua mãe, depois seu pai, tenham problemas, mas você não vê Karl desenvolvendo problemas? Você diz "eu não sei". Se eu perguntar ao seu pai, você acha que ele poderia me responder?

GERTE: Talvez.

BOSCOLO: Talvez. O que você acha que responderia?

MÃE: Eu não entendi direito.

BOSCOLO: Gerte não espera... eventualmente, se houver problemas no futuro, talvez a mãe e o pai os tenham, mas ela não espera que Karl tenha um problema no futuro.

TERAPEUTA ALEMÃO: [traduz]

PAI: Você perguntou quem primeiro desenvolveria um problema ou quem primeiro superaria um problema?

BOSCOLO: Desenvolveria.

TERAPEUTA ALEMÃO: Desenvolver o problema. Ele acha que ela deve ter compreendido mal. Ela deve ter ouvido você dizer quem poderia primeiro superar o problema, em vez de desenvolver um problema.

MÃE: Ela acha que eu talvez pudesse superar seus problemas... seus pais poderiam superar os problemas dela.

BOSCOLO: Ah! Eles poderiam superar o problema.

MÃE: Sim, para ajudá-la.

BOSCOLO: E, então, o pai ajudará...

MÃE: Seu pai ajudará...

BOSCOLO: [para o terapeuta alemão] você pode perguntar-lhe se eu entendi mal?

TERAPEUTA ALEMÃO: [Traduz para Boscolo] Ela entendeu você dizer "resolver os problemas". Se houvesse problemas, quem poderia resolvê-los melhor?

PAI: A mãe, o pai e depois o irmão.

CECCHIN: Quando você pergunta à filha "Você vê outro problema na família?", ela nem mesmo entende a pergunta, está tão acostumada a ser a portadora do problema, que o terapeuta tem que repetir "E as outras pessoas?" Esta é uma ideia totalmente nova para a família.

BOSCOLO: Eu tento obter uma resposta: "Se alguém tivesse problemas, quando estaria mais propício a tê-los?" Eles, categoricamente, dizem: "Nós não vemos nenhum problema; ela é a única a ter problemas".

Quando a filha é pressionada por uma questão hipotética – "Quem estaria mais propício a desenvolver um problema?" – ela responde. Ela diz primeiro a mãe, depois o pai, e não o irmão. Esta resposta pode dar origem à hipótese de que, através dos anos, os pais têm apresentado o filho como o único sadio, o único bom, e a filha como a única a ter problemas. Dado que o filho está sempre agindo em comparação com a filha, é impossível para o filho tornar-se um problema.

CECCHIN: A ideia de que a mãe pode desenvolver problemas, por exemplo, que alguém mais além de Gerte pode ser um problema, cria uma real confusão. O tradutor alemão tem que interferir e traduzir, porque a mãe começa a dizer: "Eu não entendo o que vocês estão falando". Nesta sessão pode-se ver como a dificuldade da língua é regularmente utilizada quando surgem questões difíceis.

Agora vocês podem ver como, finalmente, a família restabelece seu próprio sistema de crenças, suas próprias explicações. Eles não podem aceitar a ideia de que alguém, além de Gerte, possa desenvolver um problema. Depois de muita confusão com a língua, aproximam-se da conclusão final de que, se outro problema surgisse na família, a pessoa que seria capaz de resolvê-lo seria a mãe, o pai, e por último o irmão.

BOSCOLO: Então, a única que pode ter outros problemas é a filha.

ENTREVISTA FAMILIAR

BOSCOLO: Gerte, como você vê Karl? Como você vê o seu crescimento? Você disse que não tem notado problemas em Karl. É isso?

GERTE: Eu não entendi.

BOSCOLO: Você nunca notou nenhum problema?

GERTE: Se Karl tem problemas?

BOSCOLO: Sim.

GERTE: Eu não sei.

BOSCOLO: Você não sabe. Como você vê o crescimento de Karl? Você acha que ele está crescendo bem ou não?

GERTE: Ele está crescendo bem.

CECCHIN: Neste ponto o terapeuta decidiu desistir de sua linha prévia de interrogatório. De certo modo ele já criou a confusão necessária para que a família clarifique sua percepção do problema. Este tipo de processo implica em uma espécie de perturbação. Você não precisa que a família concorde com suas ideias. Você já estremeceu sua organização. Se você insiste que eles concordem, coloca-se em uma posição simétrica, adversária. Geralmente, quando isso acontece, o terapeuta é o perdedor.

BOSCOLO: Este é um bom exemplo para estabelecer uma posição neutra. O terapeuta aceita o ponto de vista da filha de que a mãe e o pai poderiam desenvolver problemas. Ele também aceita o ponto de vista dos pais de que eles nunca poderiam ter problemas, porque sempre saberiam como resolvê-los. O terapeuta aceita ambas as opiniões e não as discute, mantém o problema como uma incerteza, em vez de entrar na discussão sobre qual das duas posições é correta; esta incerteza pode ser muito terapêutica.

CECCHIN: Há também a conexão de tais oposições feitas pelo terapeuta. Isso pode ter um efeito positivo. Primeiro porque ele aceita estas oposições e, segundo, porque, aceitando-as, sugere a possibilidade de sintetizá-las ou uma nova posição que as reconcilie.

ENTREVISTA FAMILIAR

BOSCOLO: Como? Ele tem crescido bem. Se eu fizer esta pergunta para sua mãe, para seu pai, se eles notaram alguma vez no passado que Karl tinha alguns problemas, o que você acha que seus pais responderiam?

GERTE: Eu não o entendi bem.

TERAPEUT ALEMÃO: [traduz] ela está dizendo que não entendeu.

BOSCOLO: [para o pai] Sobre Karl? Como você o vê?

PAI: Ele é um adolescente crescendo para ser... para ser bem-sucedido.

BOSCOLO: Ser bem-sucedido.

PAI: Claro que tem problemas, mas eu acho que eles não são tão sérios, de qualquer forma, não tão sérios quanto os de Gerte, são problemas típicos de adolescentes, eu acho.

BOSCOLO: Que problemas?

MÃE: De um adolescente.

PAI: De um adolescente.

BOSCOLO: Por exemplo?

PAI: Bem, como aproveitar bem os seus anos, e...

MÃE: De progredir na escola.

PAI: ... tentar progredir na escola e conseguir boas notas.

MÃE: Obter as melhores notas.

PAI: Bem, talvez tente se relacionar com algumas garotas. Somente coisas normais. Quanto a outros problemas eu não tenho a dizer... não há nada que eu veja.

BOSCOLO: E na sua maneira de ver?

MÃE: Eu concordo com meu marido. Ele tem... ele nunca teve grandes problemas na escola e nem com outros garotos. Ele tem muitos amigos.

BOSCOLO: Muitos amigos.

MÃE: Sim, amigos suficientes, eu penso.

BOSCOLO: Ou amigos demais?

MÃE: Não, demais não... e ele é independente o bastante para morar fora. Há alguns anos ele viajou com os amigos e isso não acontece com ela. Ela não quer amigos.

BOSCOLO: Eu sei.

MÃE: Ela só gruda em mim.

BOSCOLO: A mãe diz: "Gerte sempre gruda em mim". Ela conta isso quando fala sobre seu filho, que ela diz ser independente. Aqui vemos um padrão: a qualquer momento eles falam de seu filho e encontram características positivas e, espontaneamente, comparam-nas às características negativas de sua filha. Podemos ver que este processo tem persistido por anos. Isso pode funcionar como uma lavagem cerebral para a filha, um tipo de indução hipnótica, sugerindo que ela só tem qualidades negativas, que é a ovelha negra da família. E há um processo de amplificação contínua que faz o filho parecer mais e mais normal, e a filha mais e mais anormal.

CECCHIN: As pessoas, neste tipo de família, só existem em relação com seus contrários. Você é bom, somente se sua irmã é ruim; você é ruim se seu irmão é bom, só existe em relação com outra pessoa. Isso conserva o sistema extremamente relacionado com mais alguém.

BOSCOLO: Este é um exemplo típico de padrão rígido que pode ser visto em famílias psicóticas. O terapeuta está falando com os pais sobre a maneira que eles veem ambos, a filha e o filho, e eles persistem, repetindo, de forma rígida, que a filha é ruim e o filho, bom.

ENTREVISTA FAMILIAR

BOSCOLO: Sei, Gerte, posso lhe fazer uma pergunta? Quem é mais próximo a Karl? Seu pai ou sua mãe?

GERTE: Mais próximo?

BOSCOLO: Karl é mais próximos à sua mãe ou ao seu pai? [a família fala em alemão]

GERTE: Eu acho que ele tem tido um maior contato com minha mãe.

TERAPEUTA ALEMÃO: Uma maior ligação com a mãe.

BOSCOLO: Com sua mãe? Sempre tem sido assim? Mesmo quando era criança, era mais próximo à mãe ou ao pai?

GERTE: Por um lado ele era mais próximo a meu pai, pois eles têm os mesmos interesses.

BOSCOLO: Ah, sim. Por um lado. E pelo outro?

GERTE: Se ele tiver problemas, talvez, pergunte à minha mãe.

BOSCOLO: Eles disseram antes que você tem sido sempre a mais próxima de sua mãe. Disseram que você tem estado grudada em sua mãe. Você concorda com isso?

GERTE: Sim, concordo.

BOSCOLO: Algumas vezes você tem tido maior proximidade com seu pai?

GERTE: Se eu tenho problemas na escola, eu me dirijo a ele.

BOSCOLO: Você se dirige a seu pai quando tem problemas na escola.

MÃE: Ela poderia ajudá-la.

BOSCOLO: Você acha que Karl tem tido...

PAI: Independente. Independente.

BOSCOLO: Sim. Mas no passado você via Karl mais próximo de sua esposa ou de você?

PAI: Bem, quando ele queria algo, pedia para minha esposa. [a família ri]

MÃE: Ele tinha desejos, desejos especiais.

PAI: Bem, eu não verifiquei todos os desejos dele.

KARL: Mas eu acho... nem mais próximo ao meu pai, nem à minha mãe. É a mesma coisa.

BOSCOLO: A mesma coisa. Quando você era garotinho também era assim?

KARL: Sim, talvez como eles disseram. Se eu queria algo, me dirigia à minha mãe.

BOSCOLO: Eu sei. E com a sua irmã?

KARL: Eu nunca tive um bom contato com ela. Um bom relacionamento.

BOSCOLO: Você não tem tido, você não tem.

KARL: Não.

BOSCOLO: Quando foi a última vez que você teve um bom relacionamento com sua irmã?

KARL: Há alguns anos. Nós sempre discutimos e agora não nos falamos mais.

BOSCOLO: Vocês não se falam mais.

MÃE: Foi difícil para ele, não é? Porque ela não queria.

BOSCOLO: Ela não queria o quê?

MÃE: Falar.

BOSCOLO: Com ele?

MÃE: Sim. E conosco, algumas vezes, também não.

BOSCOLO: Aqui, com a finalidade de afastá-los da ideia de que Gerte é má e Karl é bom, pergunto sobre proximidade. Karl é mais próximo à mãe ou ao pai? As perguntas sobre proximidade e distância enquadram-se perfeitamente em uma família onde tudo só existe em relação a seus opostos, mas, isso, em vez de ser pejorativo, é meramente descritivo. Então, nós descobrimos que Karl é próximo ao seu pai, embora, algumas vezes, quando tem problemas, procure a mãe; que Gerte procura o pai por problemas na escola, mas é mais próxima a sua mãe; e que o irmão e a irmã nunca foram próximos.

CECCHIN: Isso constitui um bom exemplo de adesão ao estilo da família com introdução de uma diferença: neste caso, estamos fazendo comparações entre relacionamentos, mas não há comparações entre "bom" X "mau". Estamos, pois, quebrando esta dicotomia.

BOSCOLO: Com o qual, dado que todos têm que ser incluídos na descrição de proximidade e distância, também se combate o pensamento linear focado em Gerte.

ENTREVISTA FAMILIAR

BOSCOLO: [Para Karl] que explicação você dá para o fato de a sua irmã não querer mais falar com você?

KARL: Talvez nossos interesses sejam muito diferentes. Não tenho uma explicação exata.

BOSCOLO: *[para a mãe] que explicação você dá? No passado, houve algum tipo de relacionamento entre eles, eles discutiam, mas havia uma relação.*

MÃE: *Eu acho que ela não quer falar sobre o motivo. Ela mesma poderia dar motivo, mas não quer falar sobre isso.*

BOSCOLO: *Você concorda com sua mãe?*

GERTE: *Concordo sim.*

BOSCOLO: *Eu sei.*

MÃE: *Eu a conheço.*

BOSCOLO: *Você disse que existem razões das quais Gerte não quer falar. Se ela não quer que elas sejam ditas, eu não quero ouvi-las, mas o que eu gostaria de perguntar é: quais as razões que existem, que Gerte conhece, mas não quer falar a respeito? Você sabe quais são as razões, Karl? Você me diz as razões, pois Gerte não quer falar sobre elas. De certa maneira ela não manteve contato com você, ela não falou para você. Você entende?*

KARL: *Sim. Suponho que sim.*

BOSCOLO: *Você tem ideias das razões?*

KARL: *Eu não sei quais são...*

BOSCOLO: *Você não sabe por quê?*

KARL: *Eu não a conheço profundamente.*

BOSCOLO: *Você acha que sua mãe conhece as razões?*

KARL: *Talvez...*

BOSCOLO: *E seu pai? Eles as conhecem?*

KARL: *Humm... É mais provável que ele as conheça.*

BOSCOLO: *[para Gerte] você acha que seu pai conhece as razões que você não quer comentar?*

GERTE: *Acho que conhece.*

BOSCOLO: *E sua mãe, ela as conhece?*

GERTE: *Sim, ela sabe.*

BOSCOLO: *Ela sabe. [para o pai] Você conhece as razões?*

PAI: *Sim. O bastante para poder me dar uma ideia.*

BOSCOLO: *Por que ela decidiu em um certo ponto parar de falar com seu irmão? Você tem alguma ideia do motivo? Eu não quero ouvir as razões por querer respeitá-las.*

PAI: *Eu tenho minhas... Eu não posso explicar.*

BOSCOLO: *Você tem alguma ideia do motivo pelo qual Gerte não quer trazer suas razões aqui? Você sabe por quê?*

PAI: Sim.

BOSCOLO: Você poderia dizer por que, sem dizer as razões, Gerte não quer comentar?

PAI: Ela não quer que sejam ditas. Ela não quer... Não quer nos dizer suas razões.

BOSCOLO: Mas você tem ideia do porquê?

PAI: Oh, sim.

BOSCOLO: Pode dizer? Diga-me sua ideia? Você vai tem que falar sobre as razões.

PAI: Bem, isso pode magoá-la. Agora...

BOSCOLO: Isso pode magoá-la.

PAI: Magoá-la.

MÃE: Magoá-la.

PAI: No seu coração.

BOSCOLO: No coração dela, pode me dizer como?

PAI: É.

BOSCOLO: [para mãe] Você concorda com isso?

MÃE: Concordo sim, ela não pode nos dizer as razões.

BOSCOLO: Sim, eu não quero ouvir as razões. Eu respeito a vontade de Gerte de não querer nos dizer, ou a mim, ou ao seu irmão, ou..., mas a pergunta que faço é: por que vocês acham que Gerte não quer que as razões sejam reveladas?

MÃE: Porque ela não quer revelar-se. Ela não quer mostrar seus sentimentos para ninguém mais, exceto eu. Como eu disse, isolou-se e esse é nosso grande problema porque agora tem um trabalho, mas quer deixá-lo, pois há um colega que quer convencê-la a falar com ele e ela não gosta disso...

PAI: Falar com outras pessoas.

BOSCOLO: Falar com outras pessoas.

MÃE: ... e então ela quer...

PAI: Não, não, não. Desistir.

MÃE: Desistir do trabalho.

PAI: Desistir do trabalho.

BOSCOLO: Neste ponto, a recusa antes manifestada por Gerte e sua mãe, de falar sobre os seus problemas, generaliza-se em um claro padrão familiar. Nesta família, o fato de ter segredos está associado à presença de muitos tipos de proibições. Falar é sempre perigoso. É provável que também seja proibido ter sentimentos de possessividade ou ciúmes. Pode-se ver que todos relutam em discutir, uma vez que o relacionamento entre Karl e Gerte é distante.

CECCHIN: É aqui que mudamos o método. Deixamos de usar o interrogatório e passamos a perguntar sobre o que uma pessoa acha das razões de outra para guardar o segredo. O conteúdo do segredo torna-se secundário, mas não permitimos que a família bloqueie a exploração. Assim, rompemos a regra familiar estabelecida, sem desafiá-la diretamente.

BOSCOLO: Outra premissa da família que vem à tona aqui é relativa ao exercício do controle. O pai diz que a filha sempre esteve grudada à mãe. Esta não pode se desprender. Eles não podem controlar Gerte, ela os controla. A crença deles é que se se rebelarem contra Gerte, ela entrará em colapso. O medo que eles têm de uma reação violenta de Gerte cria um relacionamento também violento, onde uma pessoa pode ser prisioneira, pode ser massacrada por outra durante toda a sua vida. A mãe não pode sair, não pode falar com outras pessoas.

CECCHIN: Podemos admitir outra hipótese, a mãe não pode ter mais do que um filho. Se tiver dois, eles competem um com o outro até que só um deles possa sobreviver, e a mãe comporta-se como se estivesse disponível somente para uma pessoa. O relacionamento entre pais e filhos tem que ser exclusivo, diádico, a terceira pessoa deve ser eliminada.

BOSCOLO: Neste caso, é como se a mãe tivesse que cuidar de uma filha doente. O pai tem que ficar de fora, tomando o filho o lugar do pai. Estes papeis tendem a se tornarem fixos para sempre, uma espécie de camisa de força.

CECCHIN: Sim. A mãe fica com a filha porque está grudada a ela. Karl, como sente compaixão pela mãe, não pode deixá-la O pai não se relaciona com ninguém, pois não há espaço para ele. Eles podem continuar para sempre neste tipo de situação. Os quatro nunca aprenderam a viver juntos como grupo.

BOSCOLO: Parafraseando Pirandello, eu acho que se pode dizer que estes quatro personagens estão em busca de um terapeuta que possa libertá-los dos seus rígidos papeis. A filha é a que se supõe ter todas as qualidades negativas; o filho as positivas, a mãe tem que ser vítima de sua filha e o pai tem que sacrificar-se ficando sozinho.

BOSCOLO: Eu gostaria de saber: vocês se casaram, em um determinado momento Gerte nasceu e três anos mais tarde...

MÃE: Dois anos depois.

BOSCOLO: Dois anos depois, Karl nasceu. Quando você notou que Gerte grudou à sua esposa? Em que idade?

PAI: Foi naquela época, quando Karl nasceu...

BOSCOLO: Quando eles nasceram é que você notou. Antes ela não grudava.

PAI: Não.

BOSCOLO: Eu sei. Somente depois que ele nasceu. Qual seria a explicação que você daria?

PAI: Um tipo de ciúme. Um tipo de ciúme, eu acho.

BOSCOLO: Um tipo de ciúme. Se eu perguntasse à sua esposa, que explicação ela daria? Ela concordaria com você?

PAI: Acho que concordaria.

BOSCOLO: Sim? E sobre isso, você concorda? Foi o ciúme que fez Gerte...

MÃE: Em parte. É uma das razões.

BOSCOLO: Em parte.

MÃE: Sim, mas eu não...

BOSCOLO: Há mais alguma coisa. Karl?

KARL: [Inaudível]

MÃE: É verdade em parte. O resto eu não posso dizer.

BOSCOLO: Você não pode me falar, porque...

MÃE: Porque ela não quer.

BOSCOLO: Ah, porque ela não quer que você fale.

MÃE: Ela não quer.

BOSCOLO: Notem que aqui eu faço uma pergunta de raciocínio: "Se eu perguntasse à sua esposa, que resposta ela daria? Ela concordaria com você?" O pai disse: "Acho que concordaria" e a mãe concorda. Este é um padrão de toda a sessão: sempre que eu pergunto, os pais concordam. Eles não têm diferenças de opinião, por exemplo a respeito do motivo pelo qual os irmãos são totalmente diferentes.

BOSCOLO: [para o pai] bem, você... é muito importante que não fale da outra parte da razão, porque Gerte não quer que você o faça, mas eu gostaria de perguntar, você tem uma ideia do que falta para ser explicado?

PAI: Claro. Eu tenho uma razão.

BOSCOLO: Relacionado com o fato de Gerte grudar à mãe. Você tem..., porém é melhor que não fale, mas você acha que Karl também sabe a outra razão...

PAI: Acho que sim.

BOSCOLO: Acha que sim. E você Karl?

KARL: Sim, talvez.

BOSCOLO: Talvez.

KARL: Eu não tenho certeza se é isso.

BOSCOLO: Você não tem certeza. Mas o que você acha da explicação que seu pai... a única que eles poderiam dizer, por que seus pais não poderiam dar uma explicação? Seu pai deu a explicação de que Gerte grudou na mãe quando você nasceu, certo? Depois, seu país disse... a explicação que ele deu era que Gerte tinha ciúme de você, no seu nascimento, e sua mãe concordou. Mas existem algumas outras coisas que não querem dizer. Você concorda com a explicação de que sua irmã grudou na sua mãe porque tinha ciúme de você?

KARL: Eu não sei o que eu deveria dizer exatamente agora. Sim, é possível.

BOSCOLO: É possível.

MÃE: Nós não falamos sobre isso na família.

BOSCOLO: Você concorda com a explicação que seus pais deram de que você grudou em sua mãe quando ele nasceu, por que teve ciúme dele? É o que seus pais dizem.

GERTE: Eu não diria isso.

BOSCOLO: Você não diria isso. Você não concorda?

GERTE: Eu não digo que concordo ou não.

BOSCOLO: Ah, você não diz se concorda ou não. [para o pai] Bem, quando isso começou... quando você notou, por exemplo, que Gerte apegou-se à mãe, grudou na mãe, depois do nascimento, como descreveria seu estar grudada? Ela permanecia todo o tempo junto à sua mãe?

PAI: Desculpe-me. Eu não posso... eu não posso me lembrar. Isso foi há muito, muito tempo atrás.

BOSCOLO: Bem, deixe-me fazer a pergunta para os dois. Vocês podem responder sobre o grude de Gerte com a mãe... ela permanecia o dia todo... elas permaneciam o dia todo juntas e nunca se separavam?

KARL: Sim. Ela sempre fala para a mãe os seus problemas, quando está angustiada ou feliz... sempre fala para a mãe.

BOSCOLO: Sempre para a sua mãe, que sempre a escuta.

KARL: Sim. E agora ela não tem trabalho e, então, fala o dia inteiro com a mãe.

BOSCOLO: Eu sei. Ela fala mais para a mãe quando está sozinha com ela ou quando você e seu pai estão?

KARL: Quando está sozinha.

BOSCOLO: Quando está sozinha fala mais?

KARL: Sim.

BOSCOLO: Certo. Agora quando, por exemplo, seu pai ou você chega em casa, vocês falam com sua mãe?

KARL: Sim, claro.

BOSCOLO: E o que acontece quando vocês falam? Gerte. O que ela faz, ela desgruda em que momento?

KARL: Sim. Ela não toma parte da conversa.

BOSCOLO: O que ela faz?

KARL: Ela... fica calada.

PAI: Ela fica muda.

BOSCOLO: Ela ouve?

MÃE: Ela sai da sala.

PAI: Ela ouve.

BOSCOLO: Ouve.

MÃE: Não, ela não houve. Algumas vezes sai da sala.

BOSCOLO: Algumas vezes sai da sala.

MÃE: Sim.

BOSCOLO: Ela sai da sala porque está chateada?

MÃE: Porque ela não...

PAI: Ela não quer que ninguém interfira com... entre ela e a mãe.

BOSCOLO: Ela fica realmente chateada quando você ou seu filho tentam falar com sua esposa, por exemplo?

MÃE: Algumas vezes.

BOSCOLO: O que mais ela faz quando está chateada?

MÃE: Ela, às vezes, fica muito zangada, mas eu não sei se ela quer que eu fale sobre isso.

PAI: Eu tenho medo de ela não querer falar sobre isso, mas nós falamos sobre isso.

BOSCOLO: Ela não quer que se fale a respeito. Mas o que aconteceria se você ou sua mulher falassem sobre isso, o que aconteceria? Suponha que você e sua esposa falam sobre isso, o que aconteceria? Suponha que vocês fossem nos dizer coisas que Gerte não quisesse que fossem ditas. O que aconteceria?

PAI: Bem, ela ficaria muito, muito zangada.

BOSCOLO: O que ela faria?

PAI: Ficaria muito desapontada.

BOSCOLO: O que ela faria se estivesse ouvindo? Pergunto à mãe. O que ela poderia fazer? conversa em alemão]

PAI: Bem, ela não quer ouvir...

MÃE: Ela perde seu...

BOSCOLO: Você acha que ela poderia perder o controle?

KARL: Não, não.

MÃE: Algumas vezes.

KARL: Acho que não.

BOSCOLO: Você acha que não.

KARL: Ela pode fazer alguma coisa... talvez não, mas ela fica zangada. É tudo.

BOSCOLO: Você acha que seus pais são muito preocupados com isso, muito angustiados com o que Gerte poderia fazer?

KARL: Sim, claro.

BOSCOLO: Eles são muito preocupados?

KARL: Eles são pais. Certamente, preocupam-se com tudo o que ela faz.

BOSCOLO: Aqui eu pergunto o que Gerte pode fazer quando está descontrolada. Tento ver o que Gerte faz para intimidar sua mãe e seu pai ao ponto em que a mãe concorda em permanecer próxima dela e o pai, distante. O que eles dizem é que ela não tem feito realmente nada perigoso. É possível que o medo dos pais da reação de Gerte seja o álibi para manter a separação.

CECCHIN: Novamente temos aquelas proibições. Nesta família é proibido ser ciumento, zangar-se, ficar desapontado. É perigoso ter sentimentos. Parece que somente Gerte tem permissão para tais sentimentos. Ela é a única que pode desapontar-se ficar zangada e ter ciúme de seu irmão. Ela é delegada para ter todos os sentimentos que os outros membros da família não se permitem. Ela é o depósito dos sentimentos ruins, dos sentimentos perigosos. Esta é uma posição fascinante.

ENTREVISTA FAMILIAR

BOSCOLO: Acontece também de Gerte não querer que sua mãe diga alguma coisa ao seu pai?

KARL: Sim, é possível.

BOSCOLO: Algumas vezes Gerte lhe diz: "Não conte isso nem para meu irmão nem para meu pai?". [conversam em alemão]

MÃE: Ela sempre diz isso.

BOSCOLO: Sempre. O que ela diz?

MÃE: Ela... ela nunca quer que eu verifique nada para descobrir o que ela me diz.

BOSCOLO: E quando ela diz, você...

MÃE: Em segredo.

BOSCOLO: Você mantém em segredo?

MÃE: É muito difícil falar sobre isto, porque é muito difícil para mim. Algumas vezes eu estou muito triste e tenho de confessar.

BOSCOLO: Deixe-me perguntar à Gerte: algumas vezes acontece de sua mãe não ser capaz de guardar um segredo? Alguma vez aconteceu de sua mãe falar para seu pai algo que você não queria que ela falasse?

GERTE: Não. Acho que não.

BOSCOLO: Você acha que não. Acha que sua mãe sempre guarda o segredo?

GERTE: Sim, eu acho.

BOSCOLO: Suponha que sua mãe não seja capaz de guardar algum segredo. O que você teria feito se sua mãe tivesse dito a seu pai algo que você quisesse que ela dissesse, o que você faria?

MÃE: O que você faria se eu não fosse capaz de guardar um segredo?

GERTE: Eu romperia com você.

MÃE: Você ficaria zangada comigo.

GERTE: Sim.

BOSCOLO: Você se zangaria com ela. Karl, aconteceu alguma vez você ver Gerte zangada com sua mãe? Ela fica zangada com a mãe?

KARL: Não. Talvez algumas vezes, mas não muito.

BOSCOLO: Algumas vezes.

KARL: Com frequência isto é... algumas vezes quando minha mãe fala para ela retomar seu trabalho novamente, porque minha mãe quer e ela insiste...

MÃE: Eu quero que ela seja paciente porque não pode ficar sobre pressão... ficar estressada, e eu estava muito zangada com ela ontem, porque ela queria deixar o emprego que eu lhe arrumei. É uma boa coisa para ela, eu acho. Ela não pode ficar para sempre em casa, mas é isso que ela quer.

BOSCOLO: E você ficou zangada com ela.

MÃE: Eu fiquei zangada com ela porque...

BOSCOLO: O que você fez quando ficou zangada?

MÃE: Fiquei muito triste, muito triste, eu tenho pena que ela deixe o emprego e, então, ela fez um acordo, disse que iria duas vezes por semana ao trabalho, mas para mim isso não é o suficiente. Eu acho que é ruim para ela ficar em casa sempre, olhando o seu livro de gramática, que não lhe serve para nada.

BOSCOLO: Então, você ficou zangada? Desta vez pelo trabalho... o que trabalho que você encontrou, zangou-se.

MÃE: Sim.

BOSCOLO: Quando se zangou pela última vez? Quando você ficou zangada antes disso?

PAI: Quando ela desistiu do outro trabalho.

MÃE: Não, eu não me zanguei com ela.

PAI: Você se chocou.

MÃE: Eu estava chocada, mas não zangada porque não foi culpa dela, foi a doença.

BOSCOLO: Quando a mãe diz que ela não se zanga, o pai diz: "Você se chocou". Ele sugere outra saída e, então, ela diz: "Eu estava chocada". Vemos novamente o mesmo padrão. Pai e mãe sempre concordando. A mãe toma emprestadas as palavras do pai. Depois ela diz: "Eu não estava zangada porque não foi culpa dela, foi a doença". A doença torna-se a explicação que permite que a mãe evite os sentimentos proibidos na família. Mais uma vez, ela tira toda a responsabilidade de Gerte.

CECCHIN: Sim, mas isso não é só para tirar a responsabilidade de Gerte, é para tirar a responsabilidade dos pais. Se você tira a responsabilidade de dar ordens a uma criança, ou de pedir-lhe para fazer alguma coisa, você desiste da responsabilidade de ser pai. Os pais passam a responsabilidade que têm pela criança para uma outra pessoa, como um terapeuta, por exemplo. Esta é uma atitude que constantemente encontramos nos casos crônicos.

BOSCOLO: Sim, mas como você explica que neste caso os pais não ajudem o terapeuta? Eles oferecem mais segredos que informações.

CECCHIN: Esta é a contradição deles. Se pudessem expressar seus sentimentos, ou contar seus segredos, não precisariam de um terapeuta.

ENTREVISTA FAMILIAR

BOSCOLO: Entendo, quando foi a outra vez que você se zangou? Você disse: "Eu me zanguei esta vez".

MÃE: Algumas vezes eu me zango quando ela está muito agressiva e hostil com seu pai ou com seu irmão, mas principalmente com seu pai. Zango-me e digo-lhe que não é bom para a família que se mostre tão hostil com seu pai, porque ele também gosta dela, mas não pode mostrar seus sentimentos.

BOSCOLO: Você se zanga quando ela se torna hostil?

MÃE: Com seu pai, porque eu lhe digo que ele não pode mostrar seus sentimentos.

BOSCOLO: Mas você se chateia com o fato de ela ser muito apegada a você? Ela é muito grudada em você? Isso lhe aborrece ou não?

MÃE: Não, eu entendo que é porque ela não tem ninguém além de mim. Mas eu gostaria que ela tivesse...

BOSCOLO: Então, isso não lhe aborrece? Nunca?

MÃE: Não, mas eu gostaria que ela tivesse um amigo.

BOSCOLO: Certo, mas não se aborrece se ela não encontra um amigo e fica grudada em você? Você disse que isso não lhe aborrece.

MÃE: Não, não me chateia porque não é culpa dela.

BOSCOLO: Isso aborrece seu marido? Algumas vezes ele se chateou por você estar muito grudada à Gerte? ... A mãe é tão grudada à Gerte que o pai se sente deixado de lado?

PAI: Nunca.

MÃE: Não, eu não acho, mas... ele está triste porque...

PAI: Algumas vezes, eu sinto... fico desapontado e deprimido quando descubro que não posso estabelecer um contato mais próximo com ela...

BOSCOLO: Com quem?

PAI: Então, eu fico deprimido.

BOSCOLO: Com quem?

PAI: Com Gerte.

BOSCOLO: E com sua esposa?

MÃE: Não, não.

PAI: Não, com Gerte.

BOSCOLO: Ah sim, eu entendo... com ela. Eu entendo. E com sua esposa...

MÃE: Não.

BOSCOLO: ...porque se sua esposa é muito próxima de sua filha...

PAI: Bem, eu não posso entender. Não posso entender.

BOSCOLO: Às vezes, você não se sente abandonado por sua esposa?

PAI: Nunca, nunca. Bem, eu não posso entender isso, mas eu devo respeitar porque ela faz tanto por Gerte.

BOSCOLO: Sim, sente que algumas vezes seu pai se sente abandonado por sua mãe?

KARL: Não, não sinto.

BOSCOLO: Você nunca o abandona?

KARL: Não, não.

MÃE: Ele só está deprimido porque Gerte não encontra um elo com ele. Ela não é capaz de encontrar um caminho para chegar ao seu pai.

BOSCOLO: Isso é o que o deprime.

MÃE: Sim, e isso também me deprime.

BOSCOLO: Isso a deprime.

MÃE: Sim.

BOSCOLO: Quando você começou a notar seu marido deprimido por Gerte não ter uma boa relação com ele? Faz muito tempo?

MÃE: Alguns anos atrás.

BOSCOLO: Alguns anos atrás.

MÃE: Sim, eu não posso dizer exatamente o dia porque foi há muito tempo.

BOSCOLO: De qualquer forma, ela não podia ter uma relação com Gerte.

MÃE: Quando ela era criancinha...

BOSCOLO: Criancinha.

MÃE: Ela falava com seu pai, mas quando Karl veio, então... mais tarde ela grudou em mim.

BOSCOLO: Ela grudou em você.

MÃE: Só comigo.

BOSCOLO: Antes de Karl nascer, durante os dois anos que Gerte não grudou em você, como era seu marido em relação a ela? Era apegado a ela?

MÃE: Talvez, sim.

BOSCOLO: Ele gostava de ficar com ela?

PAI: Eu gostei muito e ainda gosto muito dela. Ela é minha filha. [batem na porta]

BOSCOLO: Desculpem, um momento, por favor.

CECCHIN: O terapeuta está tentando arduamente introduzir na família a ideia de que pai e filho também devem ter se sentido abandonados. Isto significa que eles também tiveram sentimentos de ciúme e competição. Mas você também vê uma recusa maciça. A única coisa que eles sentem é depressão, sentem-se desapontados porque a filha não se aproxima deles. Novamente a única que pode sentir raiva e ciúme é Gerte. A mãe acusa a filha de ser zangada, dizendo: "Ódio não é bom para ela". Mas quando o terapeuta lhe pergunta: "Você se chateia com sua filha?" ela responde: "Não, eu só me sinto desapontada". Então a filha é mais zangada, possessiva e ciumenta, e os outros são somente tristes e desapontados.

BOSCOLO: Carl Whitaker, quando fala das famílias "psicóticas", diz que sempre tem um cavaleiro branco e um cavaleiro preto, uma pessoa tem que ser totalmente branca e outra totalmente preta. Ele diz que a tarefa em terapia é torná-los cinza. Nesta família, Gerte é o cavaleiro preto e toda a negatividade fica com ela. Os outros são totalmente brancos.

CECCHIN: Uma vez iniciado o processo, quando um membro da família começa a absorver todos os sentimentos negativos dos outros tende a ampliar-se. Quanto mais Gerte torna-se a ciumenta, a doente, a grudada, mais as outras pessoas libertam-se daqueles sentimentos. O único sentimento que se permitem é a mágoa pelo comportamento de outra pessoa. Isto nos dá uma ideia de como um cavaleiro branco e um cavaleiro preto originaram um sistema como este. Estas diferenças tendem a se ampliar cada vez mais.

Contudo, o que nós estamos tentando dizer parece entrar em contradição com o que encontramos em famílias psicóticas que costumam dar respostas "indiferenciadas" e tendem a fazer afirmações que equalizem a todos. Aqui nós vimos, porém, uma diferença que tende a aumentar... a diferença entre o bom e o mau. Como reconciliamos aquelas duas ideias?

BOSCOLO: Uma explicação é que existe um membro que reúne todas as características negativas e os outros, as positivas. Esta diferença acentua-se com o tempo, criando dois grupos homogêneos: um, onde tudo é negativo, e o outro, onde tudo é positivo. No grupo positivo, como nesta família, os membros são fortes, bons e amáveis. Não existem diferenças entre eles. A única diferença é entre eles, que são bons e perfeitos; sua filha que é ciumenta e possessiva.

CECCHIN: Eu acho que isto explica por que, quando os pacientes designados começam a melhorar e ser mais independentes, saindo, consequentemente, da posição negativa que ocupam no sistema familiar, outros membros começam a tornar-se depressivos. Eles desenvolvem sintomas, ou resistem a esta mudança.

BOSCOLO: Outro ponto a ser mencionado aqui é que Cecchin me chamou e pediu para perguntar à Gerte se sua mãe sempre lhe pede para manter segredo do resto da família. Ele quer que eu encontre na família quem mais mantém segredos.

ENTREVISTA FAMILIAR

BOSCOLO: Deixe-me fazer-lhe esta pergunta. Como nós dissemos antes, há muitos segredos que você quer que sua mãe guarde.

GERTE: Sim.

BOSCOLO: Também aqui hoje, sua mãe tem dito, eu não posso dizer isso porque Gerte me disse que eu não devo dizer.

GERTE: Sim.

BOSCOLO: Tudo bem, também parece que algumas vezes sua mãe tem dificuldades em manter todos os segredos que você lhe pede para manter. Isso não está muito claro. Você entende?

GERTE: Talvez.

BOSCOLO: Talvez. Eu entendo que sua mãe tenha alguma dificuldade em manter todos os segredos que você lhe pede para guardar. Isso tem ocorrido algumas vezes... esta é uma pergunta do Dr. Cecchin... aconteceu alguma vez sua mãe lhe pedir para manter um segredo?

GERTE: Não.

BOSCOLO: Nunca aconteceu de sua mãe pedir-lhe para não dizer alguma coisa para o pai ou para Karl? Nunca acontece?

GERTE: Não, nunca acontece.

BOSCOLO: Nunca acontece. Com... com Karl, algumas vezes acontece, por exemplo, sua mãe lhe falou e pediu-lhe para não dizer nada?

KARL: Oh, não.

BOSCOLO: Tudo dito à Gerte era dito a você?

KARL: Não.

BOSCOLO: Isso nunca aconteceu? Sua mãe lhe dizer algo e falar para não dizer à Gerte?

KARL: Talvez, se ela não pode guardar segredo ou..., mas muito raramente.

BOSCOLO: Muito raramente. Quando foi a última vez, você se lembra que sua mãe lhe pediu... lhe disse algo e pediu para não dizer para Gerte ou papai?

KARL: Talvez, há um mês.

BOSCOLO: Um mês atrás. E o que ela disse?

KARL: Não me lembro.

BOSCOLO: Você não se lembra, ou você também quer manter o segredo?

KARL: Sim.

BOSCOLO: Você também quer manter o segredo. Tudo bem. Agora você mantém o segredo porque de qualquer modo sente que sua mãe se decepcionaria se me dissesse agora o que ela disse há um mês para você não dizer? Para quem, eu só quero saber para quem. Ela não quis que você dissesse a alguém, para seu pai ou Gerte?

KARL: Para Gerte.

BOSCOLO: Ah, para Gerte. Tudo bem. Então, é importante que você também mantenha um segredo.

KARL: Mas não foi realmente um segredo. Isso não foi muito importante. Foi somente que ela tem muito... muitas tristezas...

BOSCOLO: Não. É importante que você não diga.

KARL: Não. Ela teve muitas tristezas e ela quis me dizer algo, mas...

BOSCOLO: Isso foi há um mês ou antes? Já aconteceu alguma vez, ao longo destes anos, de ela vir até você e ter tal tipo de aborrecimento, contando-lhe o quanto ela está chateada? Ela lhe conta. E ela lhe diz para não... não contar isso para...

KARL: Sim, muito raramente.

BOSCOLO: Oh, raramente... para Gerte. [para o pai] E com você, já aconteceu alguma vez, ao longo destes anos, de ela vir até você e ter tal tipo de aborrecimento, contando-lhe o quanto ela está chateada? Ela lhe conta. E ela lhe diz para não... não contar isso para...

KARL: Sim, muito raramente.

BOSCOLO: Oh, raramente... para Gerte. [para o pai] E com você, já aconteceu alguma vez de sua esposa lhe dizer algo e pedir para não falar para Karl ou para Gerte?

PAI: Não posso me lembrar.

BOSCOLO: Nunca aconteceu.

PAI: Isso pode ter ocorrido, mas eu não me lembro. Não foi muito importante.

BOSCOLO: Você se lembra de algumas vezes ter acontecido de dizer para seu marido "não diga isso à Gerte ou à Karl"?

MÃE: Não gosto de falar sobre isso, porque... acho que não é bom.

BOSCOLO: Você não gosta de falar... Não, eu só quero... É importante que você não fale do segredo, eu só quero perguntar se alguma vez aconteceu de você dizer algo a seu marido pedindo-lhe para guardar o segredo: "Não fale nem para Gerte nem para Karl". Aconteceu ou não?

MÃE: Isso pode ter acontecido, mas muito...

BOSCOLO: Isso pode ter acontecido. Pare, pare. Pois é importante que cada um tenha direitos a ter segredos.

MÃE: Há mais tristezas que segredos. Mais tristezas.

BOSCOLO: Sim, ela tem tristezas.

MÃE: Porque algumas vezes eu não posso guardar as tristezas só para mim.

PAI: Você tem que falar e discutir a respeito.

CECCHIN: Esta questão sobre quem conta segredos objetiva distribuir os atributos negativos na família. Parece que Gerte é a única a manter segredos, o que é ruim. Então, o terapeuta pergunta se a mãe também pede à Gerte para manter segredos. Ela se comporta como sua filha? Assim, o terapeuta tenta, sem ser pejorativo, superar a dicotomia branco/preto, certo/errado.

BOSCOLO: Sim, o ativo e obsessivo questionamento do terapeuta põe em crise o repetitivo padrão, bem como as regras da família. O terapeuta faz perguntas e aceita cada resposta sem fazer interpretações. Através destas perguntas, que continuamente introduzem pontuações opostas, ele vai de encontro às rígidas regras da família.

CECCHIN: Você pode ver que o filho está agora começando a se abrir um pouco diante deste persistente interrogatório. O terapeuta nunca desiste, ele insiste. E esta insistência representa uma neutralidade muito ativa... O terapeuta não aceita os atributos negativos da filha nem os atributos positivos do filho. Seu comportamento é quase intrusivo. Isto contradiz a ideia que algumas pessoas têm de que a abordagem de Milão é, de certa forma, passiva.

Aqui, primeiro o filho admite que mantém segredos e depois diz "Mas não é um segredo real, não era muito importante". Mais uma vez, quando um membro da família, que supostamente deve ser "bom", admite que deve haver algo não muito bom com ele, justifica-se e tenta minimizar o fato.

BOSCOLO: Trocando-se as palavras. Um "segredo", que é negativo, torna-se um "aborrecimento", que não o é.

O interrogatório provoca também uma atitude de "desistência" por parte da mãe: "Eu não gosto de falar porque isso não é bom". Ela começa a revelar-se mais abertamente. As coisas que não são boas não devem ser faladas. Voltamos à ideia de que as coisas ruins permanecem somente à Gerte e, por isto, não devem ser faladas. Mas falando assim, ela descreveu seu comportamento em um nível mais inclusivo, define-se como alguém que não quer falar sobre coisas ruins.

ENTREVISTA FAMILIAR

BOSCOLO: Outras vezes, como marido e mulher, tem algo que vocês sintam como só de vocês? Há algo que vocês mantenham só para si ou alguém além de vocês... nenhum segredo entre vocês?

PAI: Bem, eu acho que não há nenhum segredo real entre nós, o problema principal é... o aborrecimento que nós temos com nossa filha. É deste problema que nós falamos da manhã à noite.

BOSCOLO: Sim, nós estamos falando disto, mas minha pergunta é que com muita frequência os pais têm algo... têm algo entre eles que acham importante que as crianças não saibam. Há algo entre o pai e a mãe, entre vocês, que algumas vezes não queiram dizer para os filhos? Há algum segredo entre vocês? Isto acontece muito seguidamente.

PAI: Eu penso que nós não temos tempo para segredos.

BOSCOLO: Você acha, Karl...

MÃE: Não muitos.

BOSCOLO: Você acha, Karl, que tem algo que eles não devem lhe dizer?

KARL: Não, acho que não.

BOSCOLO: E se eles tivessem? Você acha que isso seria bom ou ruim, o que acha?

KARL: Talvez fosse bom, se não me dissesse respeito, se isso não fosse muito importante para mim.

BOSCOLO: Mas ocorre algumas vezes, por exemplo, de Gerte perguntar à sua mãe sobre – quando você [mãe] fala para seu marido... quando vocês estão conversando – sobre o que vocês falam? Ela é curiosa sobre o que vocês falam entre vocês, quando ela não está presente ou Karl?

MÃE: Eu acho que ela não gosta que eu fale com meu marido, ela quer me interromper se eu falo com ele.

BOSCOLO: Ela alguma vez lhe pergunta sobre o que você fala com seu marido quando ela não está presente?

MÃE: Não, mas eu só lembro que ela não gosta disso, que eu fale com meu marido.

BOSCOLO: Eu sei. Por exemplo, algumas vezes acontece de você falar com seu marido ou ele com você... sem as crianças por perto?

MÃE: Sim, algumas vezes. Mas temos muito mais para fazer. Eu acho... são mais importantes... ele é muito engajado em sua profissão, em seu trabalho. Ele tem que trabalhar...

KARL: Acho que eles têm direito de falar quando nós não estamos por perto. É tão natural...

MÃE: Sim.

BOSCOLO: Eles falam?

KARL: Sim, talvez.

PAI: Você sabe, nós temos um problema principal. Um problema principal.

MÃE: Sim.

PAI: É sobre ele que estamos falando.

MÃE: E algumas vezes nós temos problemas que relegamos por causa do nosso trabalho. Nós estamos sobrecarregados. Ele está sobrecarregado.

BOSCOLO: Aqui eu pergunto se marido e mulher têm segredos entre si e conoto positivamente a ideia. Uma mãe e um pai terem segredos poderia ser uma coisa positiva.

É interessante que quando eu pergunto aos pais se têm segredos, o pai diz que eles não têm tempo para ter segredos por não terem tempo para conversar. Ele é rapidamente seguido pela mãe que responsabiliza Gerte por não permitir que conversem. Novamente, se há alguma dificuldade entre mãe e pai, a culpada é Gerte. Estabelece, aqui, um conflito entre mim e a filha. Esta quer manter o mito do cavaleiro branco. Eu estou tentando contra-atacar o mito, mas não o faço de maneira frontal e sim trocando rapidamente as perguntas. A família tem de se defender, mas sem ter o sentimento de estar sendo desafiada abertamente. Com este tipo de técnica é muito mais difícil para os membros da família defenderem sua construção da realidade.

CECCHIN: Visto que o terapeuta não interpreta, mas apenas fórmula questões baseadas em hipóteses, a família não sabe o que ele está pensando. Ele fica só perguntando diferentes coisas. O resultado é que eles não sabem se orientar, como combater o terapeuta.

ENTREVISTA FAMILIAR

BOSCOLO: [para o pai] O que você faz? Qual a sua profissão?

PAI: Eu sou funcionário público.

BOSCOLO: Você é um funcionário público? E você?

MÃE: Eu sou apenas dona de casa, mas sou muito engajada nos meus sofrimentos com a família e com a casa e eu... algumas vezes eu não consigo me conformar.

BOSCOLO: Você sempre foi dona de casa ou houve um período em que você trabalhou fora?

MÃE: Eu já trabalhei como assistente em um escritório de advocacia. Mas já faz muito tempo.

BOSCOLO: A mãe diz: "Algumas vezes eu não consigo me conformar". Eu a interrompo e começo a falar sobre outra coisa. Sinto que fui surpreendido pela poderosa regra que proíbe criticar ou achar algo de negativo no casal.

ENTREVISTA FAMILIAR

BOSCOLO: [para a mãe] quando foi a última vez que você trabalhou?

MÃE: Oh, isso foi há muito tempo.

BOSCOLO: Quando?

MÃE: ...vinte e quatro anos, ou vinte anos.

PAI: Vinte e quatro anos.

BOSCOLO: Vinte e quatro anos, mas você era casada quando parou de trabalhar?

MÃE: Sim. Quando eu me casei, parei de trabalhar.

BOSCOLO: Depois de ter casado ou quando Gerte nasceu?

MÃE: Não. Logo após de me casar, porque eu não gostava da minha profissão.

BOSCOLO: *Sim. Mas você já pensou em voltar a fazer alguma coisa fora? Por exemplo, em todos estes anos, nos últimos vinte anos, você pensou em sair e encontrar trabalho ou algo assim?*

MÃE: *Sim. Às vezes me arrependo de ter desistido da minha profissão, mas eu não tenho muito tempo para refletir sobre isto.*

BOSCOLO: *Mas você pensa, por exemplo, que se não estivesse tido filhos, você poderia trabalhar?*

MÃE: *Sim, talvez. Se eu não tivesse filhos.*

BOSCOLO: *Eu gostaria de saber quantas salas você tem em seu... o que é, casa ou apartamento?*

MÃE: *Nós construímos uma casa quando ela tinha 2 anos.*

BOSCOLO: *Dois anos.*

MÃE: *Ele nasceu em nossa casa nova.*

BOSCOLO: *Ah, ele nasceu em sua casa nova. Quantos cômodos têm a casa nova?*

PAI: *Um bocado.*

BOSCOLO: *Ah, você tem muitos cômodos?*

PAI: *Eu acho que doze ou treze.*

MÃE: *dez.*

PAI: *Ao todo.*

BOSCOLO: *Onde Karl dorme?*

MÃE: *No mesmo...*

PAI: *No mesmo andar que nós dormimos.*

BOSCOLO: *No mesmo andar.*

PAI: *No mesmo andar, sim.*

BOSCOLO: *Sim. Mas ele tem seu próprio quarto?*

PAI: *Sim.*

BOSCOLO: *Seu próprio quarto? E Gerte?*

MÃE: *Ela tem seu próprio quarto, eu tenho meu próprio quarto, e ele tem seu próprio quarto.*

BOSCOLO: *Ah, vocês têm quatro quartos diferentes? Vocês não dormem no mesmo quarto?*

MÃE: *Não. Há muitos anos nós não dormimos no mesmo quarto.*

BOSCOLO: *Desde quando?*

MÃE: *Muitos anos. Talvez dez anos.*

BOSCOLO: *Dez anos.*

MÃE: Talvez dez anos, ou então...

PAI: É porque eu sou um grande fumante. Ela não suporta o cheiro.

MÃE: Sim, ele vai para a cama muito tarde e eu não gosto.

BOSCOLO: *Existiram outras razões para que vocês decidissem dormir em quartos separados?*

PAI: Não.

MÃE: Não.

BOSCOLO: *Não.*

PAI: Esta foi... foi a razão principal.

BOSCOLO: *Esta foi a razão principal. E aconteceu algumas vezes durante a noite, nos últimos dez anos, um ir ao quarto do outro ou... [a família ri].*

BOSCOLO: *Gerte, você entende?*

MÃE: *Não, ela não entende.*

BOSCOLO: *Seu pai e sua mãe disseram que nos últimos dez anos eles não têm dormido no mesmo quarto, então eu lhes perguntei se algumas noites, por exemplo, sua mãe foi ao quarto de seu pai ou vice-versa, você acha que eles fizeram isto?*

GERTE: *Não, acho que não.*

BOSCOLO: *Você acha que não. Como você sabe? Sua mãe disse-lhe que nunca foi ao quarto de seu pai ou...*

MÃE: *Isso não era assunto sobre o qual conversássemos. Nós não falamos sobre isso.*

BOSCOLO: *Desculpe. Você [Gerte] disse... Eu acho que não, quando eu perguntei se nos últimos dez anos sua mãe ia para o quarto de seu pai ou se ele ia para o dela, durante a noite. Como você sabe que eles nunca iam? Você ficou acordada todas as noites durante estes dez anos?*

GERTE: *Não. Eu só acho que não.*

BOSCOLO: *Então, você acha. Eles diziam que algumas vezes você tinha problemas para dormir à noite, alguma vez aconteceu de você ouvir enquanto estava acordada?*

GERTE: *Não.*

BOSCOLO: *Movimento de sua mãe ou de seu pai?*

GERTE: *Não, eu nunca ouço.*

BOSCOLO: *Nunca ouve. Então, como você tem tanta certeza de que nenhum dos dois foi para o quarto do outro durante a noite nestes dez anos? O que a deixa tão segura?*

GERTE: *Cada um tem seu quarto e eu não acho que eles fiquem passeando durante a noite.*

BOSCOLO: Suponha que se saiba que algumas noites, nestes dez anos, eles tenham dormido juntos. Qual seria sua reação? Suponha que eles lhe digam... olha, algumas noites nós dormimos juntos, no quarto do papai ou da mamãe? Isso seria bom ou ruim para você?

GERTE: É indiferente.

BOSCOLO: É indiferente. Você acha, Karl, que nestes dez anos algumas vezes ou seu pai ou sua mãe iam para outro quarto ou...

KARL: Acho que não. Mas acho que não faz diferença. É normal que casais durmam juntos e...

BOSCOLO: É normal?

KARL: Sim.

BOSCOLO: Sim, é normal. Mas você acha que isso acontecia.

KARL: Não.

BOSCOLO: Durante dez anos você acha que isso não aconteceu. Você acha que havia intimidade? Que havia algum contato íntimo entre o pai e a mãe?

KARL: Eu não estou muito informado. Agora, você disse que Gerte tem dificuldades em dormir? Você disse que isso acontecia quando ela era garotinha. Também, durante anos ela teve dificuldades para dormir durante a noite?

MÃE: Ela sempre teve de tomar remédio e a insônia o tem causado talvez nervosismo.

BOSCOLO: Sim, mas desde quando ela tem dormido menos? Tem muitos anos?

GERTE: Sim.

BOSCOLO: Agora quem... você [Gerte] diz sim. Quem costuma levantar a noite quando ouve que Gerte não está dormindo?

MÃE: Ninguém.

BOSCOLO: Quando você quer vê-la ou falar com ela, ela vem para o seu quarto?

MÃE: Não. Eu... tento esperar até de manhã. Eu não quis acostumá-la mal em vir para o meu quarto ou eu para o dela, porque...

PAI: Um hábito ruim.

MÃE: Um hábito ruim.

BOSCOLO: Quando foi a última vez que ela veio para o seu quarto?

MÃE: Talvez dez anos atrás. Ela dormiu em meu quarto durante uns dois anos, porque tinha muita angústia, medo e muitos...

BOSCOLO: Então, durante dois anos vocês dormiram juntas.

MÃE: Sim, bem, talvez um ou dois anos.

BOSCOLO: E, então, depois disso, você dormia com o pai dela?

MÃE: Não, não. Ele tinha seu próprio quarto.

BOSCOLO: Seu próprio quarto.

MÃE: O quarto dele, sim.

BOSCOLO: Também aconteceu de Karl dormir com você?

MÃE: Não, nunca. Ele não tinha problemas para dormir. Sempre dormiu muito bem, eu acho, ou na maioria das vezes. Ela sempre teve medo e angústia do futuro, sempre pensou que...

BOSCOLO: Há poucos anos, ou ultimamente, pediu para que dormissem juntas? Ela vem para o seu quarto à noite?

MÃE: Não, nos últimos tempos ela tem dormido sozinha, mas antes de sua doença, sempre teve medo do futuro, o que pode acontecer no futuro, e não via nenhum sentido em sua vida. Este era seu grande problema, sempre me dizia que talvez tivesse escolhido a profissão errada.

CECCHIN: Este é um intercâmbio interessante. Primeiro, a mãe diz que Gerte não entende a história da dormida dos pais. O terapeuta cai na armadilha da opinião mãe e tenta explicar para Gerte o que queria dizer. Gerte, nós sabemos, obedece ao sistema. Respondendo à pergunta, com a qual o terapeuta está tentando que ela comente a situação, faz uma afirmação simples e concreta, dizendo que cada pai tem seu próprio quarto e que eles não vagueiam durante a noite. Sem rir, sem sorrir, porque sorriso significa compreensão. O sorriso também significa entender que os pais estão mentindo quando dizem que a razão de não dormirem juntos nestes dez anos é o vício do cigarro do pai.

É claro que algo mais está ocorrendo. A família está inferindo que existe algo mais para rir e sorrir, mas dado que os pais têm que ser perfeitos, Gerte está submetida a uma injunção que a impede de ver tal tipo de coisa. Os pais não mentem. Os pais não se contradizem, mesmo que seja óbvio para todo mundo que o fazem. Então, a moça tem que se enganar a si mesma, para defender a ideia da perfeição dos pais, a ponto de parecer totalmente estúpida ou talvez completamente psicótica.

BOSCOLO: Aqui eu caí em uma armadilha. Quando a mãe disse, Gerte não tinha entendido, devia ter perguntado a mãe, ao pai, ao irmão, como eles sabiam que ela não tinha entendido. Eu poderia ter levantado a hipótese: "Suponha que ela tenha entendido?"

BOSCOLO: Você disse que ela não tem trabalhado... você encontrou um trabalho para ela, quando foi isso?

MÃE: Foi depois de sua doença, porque ela não está em condições de trabalhar dentro da sua formação profissional. Foi muito interessante para ela e agora tem um trabalho, não é pago, é...

PAI: Trabalho de um turno.

BOSCOLO: Mas ela trabalhou mais ou menos regularmente nestes últimos anos ou não tem trabalhado?

MÃE: Até os 18 anos ela ia à escola.

PAI: 1981

MÃE: Ela ia para a escola, uma escola de línguas e depois arranjou um trabalho...

PAI: Recepcionista ou...

BOSCOLO: Ela teve dificuldades em permanecer no trabalho.

PAI: Bem, o problema principal era seu relacionamento com as outras pessoas.

MÃE: Ela não fez contatos e era... Eu ouvi que ela era muito... não era muito rápida trabalhando porque tinha muitos problemas principais. Ela era... e desde que ficou doente, não se concentrava por muito tempo. Não podia dormir muito e, então, teve que parar.

CECCHIN: Observem como o terapeuta muda de assunto, repentinamente, sem concluí-lo. Este padrão repete-se com frequência, o que se deve ao fato de o terapeuta começar a explorar certas áreas de comportamento, como a dormida à noite, por exemplo. Quando a família começa a resistir muito, ou quando ele sente que já sacudiu suficientemente o sistema familiar, decide parar ou mudar de assunto. Mas a parada não é produzida porque se ache que o assunto em discussão já foi esgotado ou que se chegou a alguma conclusão. De fato, as mudanças de tema parecem acontecer antes de se chegar a uma conclusão. De fato, as mudanças de tema parecem acontecer antes de se chegar a uma conclusão. Esta é uma característica importante da entrevista sistêmica. O terapeuta tenta abrir possibilidades em certa área, para desestruturar o padrão de pensamento do sistema, para sugerir conexões e pontuações diferentes, e mudar completamente de assunto, deixar o sistema estremecido, permitindo que o sistema elabore suas mudanças por si mesmo, talvez não a nível consciente.

BOSCOLO: Esta atitude era tomada usualmente pelos membros da família durante os nossos telefonemas de seguimento. Quando pergunto o que eles acham que um terapeuta faz, dizem: "Nós não sabemos. Tentamos arduamente entender o que o terapeuta pretendia, o que queria saber, o que pensou sobre nós, mas, como mudava de assunto, nós nunca entendemos".

CECCHIN: Sua escolha dos assuntos pode ser produzida pela investigação geral que aparece na primeira entrevista. Fala-se sobre vida noturna, sobre vida no trabalho e, aí, de repente, você muda para a vida social. Há toda uma série de assuntos que um terapeuta deve ter em sua própria "sacola". É fácil mudar de assunto. A questão-chave é quando fazê-lo. Nós acreditamos que o "quando" é muito importante para o efeito terapêutico.

ENTREVISTA FAMILIAR

BOSCOLO: Quando ela estava no hospital, quando... ela esteve muito tempo lá?

MÃE: Cinco meses. De março a julho.

PAI: junho.

BOSCOLO: Por cinco meses. Cinco meses no hospital. Como estava o clima em casa sem...

PAI: Terrível.

BOSCOLO: Terrível.

PAI: Terrível. [pausa] eu acho que aqueles foram os piores dias da minha vida.

MÃE: Ela não queria...

BOSCOLO: Aqueles cinco meses...

PAI: Quando ela... quando ela...

BOSCOLO: Foram os piores meses de sua vida.

MÃE: Quando voltou do hospital... antes de ir para o hospital ela não queria mais viver.

BOSCOLO: Sim, mas você disse que aqueles cinco meses que Gerte passou no hospital foram os piores de sua vida.

PAI: Sim, com certeza.

BOSCOLO: Para alguém mais na família isto foi terrível?

PAI: Para os pais, eu acho.

BOSCOLO: Como foi o clima naqueles cinco meses?

KARL: Como ele descreveu. Ele estava muito aflito... depressivo.

BOSCOLO: Quem esteve mais depressivo, seu pai ou sua mãe?

KARL: Talvez meu pai, mas...

BOSCOLO: Talvez seu pai.

KARL: Mãe, você não pode dizer exatamente. Ele mostrava-se mais excitado. Ele sempre...

MÃE: Sim. Talvez porque ele é...

KARL: Ele é um pessimista.

MÃE: Um pessimista por natureza... e talvez eu tenha alguma esperança no futuro. Eu sempre tenho alguma... eu tento manter alguma esperança.

BOSCOLO: Você diz que ele é mais pessimista.

MÃE: Ele é mais pessimista, sim. Eu tento... manter alguma esperança.

BOSCOLO: Durante o internamento de Gerte, sua esposa esteve sem ela por cinco meses. Karl levantou o seu espírito?

PAI: Bem, eu acho que nós o negligenciamos um pouco.

BOSCOLO: Vocês negligenciam quem?

PAI: Ele.

BOSCOLO: Como vocês o negligenciam?

PAI: Porque nós sempre falamos dela.

MÃE: Nós a visitávamos cinco vezes por semana, cinco vezes por semana.

PAI: Quatro ou cinco vezes por semana.

BOSCOLO: Mas, por exemplo, não acontecia algumas vezes de Gerte estar no trabalho e Karl em casa? Assim, qual a companhia de Karl ou de Gerte?

MÃE: Eu não posso dizer, é impossível responder.

PAI: Nós gostamos dos dois.

BOSCOLO: Isso não é um problema de... quando um está fora por trabalho...

PAI: Bem, quando ela está fora, eu penso constantemente nela. O que acontece com ela, o que pode fazer e assim por diante. Eu constantemente penso...

BOSCOLO: Eu entendo você, mas e sua esposa?

MÃE: Eu também.

KARL: Sim, ela faz o mesmo.

MÃE: Estou muito aborrecida porque não vejo muita chance para ela, também me preocupo com o que ela possa fazer no futuro... porque ela... ela não se esforça para relacionar-se com outras pessoas. Acho isso muito importante para ela... eu gostaria que...

BOSCOLO: *Mas, algumas vezes não acontece, Karl, de você estar em casa e sua irmã no trabalho, ou quando esteve no hospital, você, por exemplo, via sua mãe falando e ela se sentindo aliviada.*

KARL: *Não, acho que não. Toda vez que ela sai, minha mãe fica preocupada, meu pai fica preocupado e nós não podemos falar livremente.*

BOSCOLO: *Eles lhe falam algumas vezes sobre essa preocupação? Eles lhe falam? Eles sempre falam sobre Gerte, ou se fala de outras coisas?*

KARL: *Eles querem falar sobre outras coisas, mas...*

BOSCOLO: *Nem sempre.*

KARL: *Nem sempre.*

BOSCOLO: *Você se sente algumas vezes cansado de sua mãe ou seu pai virem até você para falar de Gerte? Você se sente cansado?*

KARL: *Não. Eu posso entender.*

BOSCOLO: *Você entende. Agora eu gostaria de fazer uma pergunta à Gerte. Suponha que um dia você se sinta bem, vá embora e case – isso é uma suposição, uma hipótese que nós fazemos – e você deixe a família, como você pensa que seria a vida deles? Como acha que seria a vida de seus pais e de seu irmão sem você?*

GERTE: *Como viveriam sem mim?*

BOSCOLO: *Sim, sem você. Você entende a pergunta?*

GERTE: *Como viveriam sem mim?*

BOSCOLO: *Sim, sem você. Você entende a pergunta?*

GERTE: *Se eu for independente?*

BOSCOLO: *Sim, suponha que de repente você seja independente e resolva ir embora. O que aconteceria com seu pai e sua mãe?*

GERTE: *Nada.*

BOSCOLO: *Nada? Você acha que o clima seria melhor ou pior? Humm?*

CECCHIN: O terapeuta pergunta sobre como eram as coisas quando Gerte estava no hospital. O pai disse: "Foi terrível". Foi surpreendente porque ele continuou dizendo que quando ela estava em casa ele não podia se relacionar com ela, ela nunca lhe falava, ficavam sempre separados, ela falava somente com a mãe. Agora ele diz que quando a filha esteve no hospital, foram os piores dias de sua vida. É uma afirmação muito estranha. Quando o marido descreve o quanto aquilo foi terrível, poderia estar se referindo ao quanto precisava de sua filha, ou como foi terrível com sua esposa sozinho, sem a filha entre eles. A palavra terrível tem muitas implicações. Pode ser extremamente atemorizador para a família ficar sem Gerte.

BOSCOLO: É possível que o pai necessite de Gerte em casa para servir de barreira entre ele e sua esposa ou porque tinha um incestuoso apego por ela. Este poderia ser um dos segredos da família. Ele parece estar competindo com o filho e a mulher sobre quem sofre mais com a doença de Gerte.

Quando pergunto ao pai se Karl levantou o astral da mãe enquanto Gerte estava no hospital, ele deu uma resposta tangencial, dizendo que negligenciaram o garoto. Parecia negar qualquer possibilidade de emoção entre seu filho e sua mulher.

CECCHIN: O pai já disse que ficou deprimido quando Gerte esteve fora, e agora diz que Karl também precisou ser posto de lado. Então, ambos os homens se tornaram depressivos. Isso é muito óbvio. A filha está sempre com a mãe, mas quando está fora, aqueles que se tornaram solitários e depressivos são o pai e o irmão, não a mãe.

BOSCOLO: No começo diz-se que Gerte era ruim quando estava em casa, porque imobilizava a mãe, separava os pais e não trabalhava. Agora diz que é ruim quando está fora de casa porque sua família sofre ainda mais. Parece não haver nenhuma solução para ela.

CECCHIN: A pergunta "Quem sofre mais quando Gerte não está em casa?" fez surgir os sentimentos do pai e do filho, mas não os da mãe. Então, o terapeuta muda de tática e, em vez de dizer "quem sofre", diz: "Qual dos filhos vocês curte mais?", esperando que trouxessem alguma afirmação sobre os sentimentos da mãe. E obtivemos a mesma resposta, que não nos diz nada.

Aqui nós temos outra fascinante implicação. Nesta família cada um é repleto de tristeza quando Gerte não está, e ninguém pode falar com ninguém, porque todos estão constantemente falando de Gerte. Parece que ela é o elemento de conexão da família. Não há possibilidade de comunicação entre pai, mãe e filho.

Quando estas pessoas não têm Gerte, nem mesmo falam entre si. Logo, ela é absolutamente necessária.

BOSCOLO: Eu lhe farei outra pergunta. Suponha que você não tivesse nascido, que seu pai e sua mãe tivessem só um filho, Karl, e que você não tivesse nascido. Como acha que seria a vida de seu pai, sua mãe e Karl sem você?

GERTE: Seria muito mais fácil.

BOSCOLO: Mais fácil? Você quer dizer mais alegre?

GERTE: É.

BOSCOLO: Quem seria mais feliz se você não tivesse nascido e fossem só o pai, a mãe e Karl? Quem dos três?

GERTE: Todos.

BOSCOLO: Humm?

GERTE: Todos os três.

BOSCOLO: Não, dê-me uma classificação. Quem seria o mais feliz se você não tivesse nascido e fossem só o pai, a mãe e Karl. Você disse que a vida seria mais fácil e mais feliz. Isso foi o que você disse. Dos três, quem seria mais feliz? Você entende a pergunta?

GERTE: Sim, entendo.

BOSCOLO: Quem seria mais feliz?

GERTE: Eu não sei. Karl?

BOSCOLO: Só uma hipótese: sua mãe, seu pai ou Karl?

GERTE: É difícil dizer.

BOSCOLO: Difícil dizer. E você, Karl?

KARL: Eu acho que se ela...

BOSCOLO: Quem seria o mais feliz?

KARL: ... Se ela casasse nós seríamos mais felizes porque o problema seria...

MÃE: Resolvido.

KARL: ... resolvido.

BOSCOLO: Eu gostaria de formular a pergunta a cada um. Se Gerte não tivesse nascido – suponhamos que não tivesse nascido – e seus pais tivessem somente você como filho, você concorda com Gerte, que a vida de vocês seriam mais fáceis? Que vocês seriam mais felizes?

KARL: Não.

BOSCOLO: Você não concorda.

KARL: Talvez as tristezas não ocorressem por causa de Gerte. Poderiam ser por minha causa ou alguma outra coisa.

BOSCOLO: Isto é devido a seus pais serem pacientes muito sofredores?

CECCHIN: Aqui nós vimos um significante e interessante lapso do terapeuta. Falando para o filho ele diz: "Isto é devido a seus pais serem pacientes muito sofredores". Acho que aqui o terapeuta perde a neutralidade, porque está aliando-se com os filhos e contra os pais. Ele quer colocá-los na posição de pacientes, como a filha, mas mesmo que pretende ser neutro e evite conotações negativas, seu inconsciente rebela-se e provoca um claro lapso freudiano.

ENTREVISTA FAMILIAR

MÃE: provavelmente seriam outras tristezas.

KARL: Seriam outras tristezas.

BOSCOLO: Porque eles são muito sofredores.

KARL: Sempre há tristezas.

BOSCOLO: Sempre há tristezas. Quem é mais sofredor, seu pai ou sua mãe?

KARL: Meu pai.

BOSCOLO: Sempre foi seu pai?

KARL: Sim.

BOSCOLO: Esta interação entre o terapeuta e a família lembra-me aquela parte de *Paradoxo e Contraparadoxo*, em que nós dizemos que entrevistar uma família de transação esquizofrênica é como entrar e um labirinto. Você pensa que existe uma porta, mas quando vai abri-la, encontra-se defronte a uma parede. O que você pensa ser é uma janela, é uma porta. Você não sabe o que é o quê. Essas interações nos dão um bom exemplo da confusão. Em um certo ponto eu pergunto ao filho: "Sua irmã disse que se ela não tivesse nascido o resto da família estaria muito bem. Você concorda?" Eu esperava que o filho concordasse, mas não concordou. Ele disse que de qualquer maneira existiram tristezas, e ele pensava que ele também seria sofredor. Depois disse que seus pais são sofredores e que o pai é mais sofredor que a mãe, que inevitavelmente alguém da família tem que viver triste. Somente a filha diz que a família não seria tão sofredora se ela não tivesse nascido. Parece que em relação a isto, a filha é mais otimista que o resto da família. Não fica claro se a vida dos pais seria de qualquer forma triste ou se é Gerte que os faz sofrer. Seguindo tais pensamentos, o terapeuta perde-se como em um labirinto.

CECCHIN: Aqui nós vimos um padrão interno da família, a desqualificação de qualquer afirmação, implicando que Gerte pode ter um valor positivo. Até mesmo a possibilidade de a ausência de Gerte oferecer mais felicidade é desqualificada. Ela não tem possibilidade de contar. Sequer pode deixar a família e acreditar que isso podia ter um efeito positivo.

BOSCOLO: Eu gostaria de frisar a rigidez das regras. A filha diz: "Se eu não estivesse viva, meus pais estariam muito bem". Mas o filho que ocupa o papel de sadio e racional é impedido de concordar. Ele, para evitar ser como sua irmã, tem que ser o oposto dela.

Outra possibilidade existente na família é um mito de perfeição e bondade. Se Gerte não está lá, eles não podem falar, como o irmão disse "livremente", não podem se divertir juntos porque seria ruim. Eles têm que pensar e sofrer devido à doença de Gerte. Parafraseando Descartes, seu lema seria: Suffero ergo sum.

ENTREVISTA FAMILIAR

BOSCOLO: Ele se descontrola mais facilmente, é mais emotivo, não é?

KARL: Ele é um pouco mais pessimista.

BOSCOLO: Pessimista. Todos eles são pessimistas?

KARL: Não muito, mas...

PAI: [inaudível]

KARL: Não, eu estou somente dando a minha opinião. Não muito pessimista, mas...

BOSCOLO: Agora eu gostaria de fazer outra pergunta. Suponha que seus pais não pudessem ter filhos? Que você e Gerte não fossem vivos. Algumas pessoas não têm filhos. Como você acha que seria a vida de seus pais se não tivessem tido filhos?

KARL: Eu acho que um casal não é feliz se não tiver filhos. Acho que esta é a aspiração de todo...

PAI: Casamento.

KARL: ...todo casamento ter filhos.

BOSCOLO: Você acha que eles seriam menos felizes do que são agora?

BOSCOLO: [para Gerte] E você, você acha que se seus pais não tivessem tido filhos seriam mais felizes do que são hoje?

GERTE: É difícil dizer.

BOSCOLO: É difícil dizer.

CECCHIN: É muito importante ver o efeito da pergunta: "Você acha que seus pais seriam menos felizes do que são agora?" O filho diz: "Não tenho certeza, mas acho que poderiam ser". Esta é uma questão muito capciosa, porque nos últimos dez minutos eles só falaram do quanto são tristes. O terapeuta introduz a ideia: "Vocês seriam mais infelizes se não tivessem filhos?", a qual foi novamente revertida na afirmação feita antes. A pergunta formulada antes dizia: "Você acha que seus pais seriam mais felizes se não tivessem tido filhos?", agora é: "Você acha que, não tendo filhos, eles seriam mais tristes?"

BOSCOLO: Isso implica que os pais que têm filhos loucos são melhores do que aqueles que não os têm. Os filhos sequer têm a opção do suicídio, porque eles deixariam os pais mais tristes do que já são.

ENTREVISTA FAMILIAR

BOSCOLO: [para a mãe] quero fazer outra pergunta. Você disse antes que algumas vezes sentiu, no decorrer dos anos, necessidade ou vontade de ir trabalhar, por exemplo. Você trabalhou antes de se casar, mas depois teve uma família para cuidar. Às vezes, você se sentiu cansada. Você tem Gerte, que fala muito com você, tem seu marido, que é muito pessimista, ou que, às vezes, é pessimista, e sempre se preocupa. Algumas vezes – entende – você pode ter dito, nestes anos: "Eu queria procurar trabalho, mas não posso devido à situação". É isto?

MÃE: Sim.

BOSCOLO: Você tem alguma pessoa fora da família que lhe faça sentir-se um pouco melhor, alguém com quem você pudesse falar, com seus pais ou parentes?

MÃE: Sim, eu tenho meus pais e minha irmã.

BOSCOLO: Sua irmã.

MÃE: E eu devo muito a eles porque posso lhes contar sobre meus aborrecimentos, minhas tristezas. Principalmente para minha irmã.

BOSCOLO: Para sua irmã. Seus pais estão vivos?

MÃE: Eles ainda são vivos, têm cerca de 80 anos.

BOSCOLO: Eles têm uns 80 anos.

MÃE: Mas eu posso falar muito com minha irmã. Ela é dois anos mais nova.

BOSCOLO: Eu sei. Onde estão seus pais?

MÃE: No interior.

BOSCOLO: Longe daqui?

PAI: Trinta milhas.

BOSCOLO: Eu sei. E quantos irmãos e irmãs você tem?

MÃE: Eu só tenho uma irmã.

BOSCOLO: Quantos anos ela tem?

MÃE: Ela é dois anos mais nova do que eu. Tem 21 anos, eu acho.

BOSCOLO: Quantos anos ela tem?

MÃE: 21. Não.

PAI: 51, 51 anos.

BOSCOLO: Ah, 51 anos. [a família ri] Sua irmã é casada?

MÃE: Não, ela não se casou. Ela é professora.

BOSCOLO: Você é muito próxima a ela? Vocês sempre foram muito íntimas?

PAI: Bem, ela é sua melhor amiga.

BOSCOLO: Ah, ela é sua melhor amiga. Ela mora sozinha?

PAI: Não, no mesmo lugar.

BOSCOLO: Eu sei, ela mora com os pais.

PAI: Sim. Com os seus pais.

BOSCOLO: Vocês têm sido obviamente muito íntimas.

PAI: Oh, sim.

BOSCOLO: Então, você acha que sua irmã é muito importante para você.

MÃE: Ela é como uma amiga para nós.

PAI: É como uma amiga, sim.

BOSCOLO: Você diria, por exemplo, que sua cunhada é uma das pessoas que levanta o astral da sua esposa?

PAI: Desculpe, não entendi.

MÃE: Levanta o astral?

BOSCOLO: Ela tem mais chance de levantar o astral de sua mãe?

TERAPEUTA ALEMÃO: [traduz]

PAI: Oh, sim. Eu acho que ela é um pouco mais otimista que eu.

BOSCOLO: Gerte gosta quando sua irmã vem conversar com você? Ela gosta disto?

MÃE: Nem sempre.

BOSCOLO: Nem sempre. Ela fala para...

MÃE: Apesar de sua tia ser simpática com ela, ela não é muito com a tia, eu acho, sempre se agarra a mim.

BOSCOLO: Ela parece... você gosta de sua tia?

GERTE: Gosto, sim.

BOSCOLO: Você gosta quando sua tia vem para conversar com sua mãe ou, às vezes, se sente desapontada...

GERTE: Mas eu não gosto... Eu gosto quando elas conversam, mas não quando falam de mim.

BOSCOLO: Você gosta quando elas conversam, mas não de você. Você acha que sua mãe não guarda os segredos quando fala com ela?

GERTE: Sim, algumas vezes.

BOSCOLO: Você acha que sua mãe consegue manter melhor os segredos com sua tia ou com seu pai?

GERTE: Eu não entendi.

TERAPEUTA ALEMÃO: [traduz] Ela não pode dizer.

BOSCOLO: Entendo. E sua família? Seus pais são vivos?

PAI: Eles morreram há alguns anos.

BOSCOLO: Eles morreram há alguns anos. Há quantos anos?

PAI: Há três ou quatro anos. Meu pai morreu há três anos e minha mãe há quatro.

BOSCOLO: Você tem irmãos e irmãs?

PAI: Tenho uma irmã. Ela é casada.

BOSCOLO: Quantos anos ela tem?

PAI: 51 anos.

BOSCOLO: 51anos, como...

PAI: Como a irmã dela.

BOSCOLO: A irmã dela. Sua irmã é casada?

PAI: É, sim.

BOSCOLO: Tem filhos?

PAI: Duas filhas. Sim, duas garotas.

BOSCOLO: Garotas. Seu marido é íntimo da irmã ou...

KARL: Eles moram em SUS pequena cidade há 50 milhas daqui, então não há tanto contato com minha tia por parte de mãe.

MÃE: Sim, é porque eles têm outro estilo de vida. O marido dela é...

PAI: Mas eu gosto dela.

MÃE: Sim.

BOSCOLO: Sim, e que tipo de vida eles levam?

MÃE: Eles têm sorte de...

TERAPEUTA ALEMÃO: [traduz] Ah, eles são fazendeiros, eles são fazendeiros.

MÃE: Fazendeiros.

BOSCOLO: É mais comum sua irmã vir lhe visitar, ou você ir vê-la?

PAI: Bem, eu acho que é ela quem mais vem nos ver.

MÃE: Ela nos visita mais, sim.

BOSCOLO: Como ela é? É animada?

PAI: Ah, sim.

KARL: Sim.

BOSCOLO: É otimista?

PAI: Oh, sim.

KARL: Sim.

MÃE: Ela algumas vezes me censura porque eu não... não...

BOSCOLO: Ela a censura.

MÃE: Sim, algumas vezes ela me censura, diz que eu devo me distrair, me divertir, eu tenho muitas preocupações e ela não gosta disto. Eu lhe digo. "Eu não... posso esquecer minhas preocupações".

BOSCOLO: Ela também censura seu marido algumas vezes?

MÃE: Algumas vezes, sim. Algumas vezes.

BOSCOLO: O que ela diz sobre seu marido?

MÃE: Ela diz que ele é muito... [em alemão]

TERAPEUTA ALEMÃO: Pedante.

PAI: Fastidioso.

MÃE: Sim. E ele também trabalha demais, nunca descansa.

BOSCOLO: Ela algumas vezes tenta ajudar quando vê que Gerte está muito grudada em você e vice-versa, tenta ajudar Gerte...

MÃE: Ela tenta, sim.

BOSCOLO: ...ela pode desgrudar de você para ela própria se grudar à Gerte...

MÃE: Ela tenta me ajudar nos meus problemas. Tenta se aproximar de Gerte, mas nem sempre Gerte aceita. Algumas vezes ela não quer. [a família fala em alemão].

CECCHIN: É fascinante ver como a mãe descreve a irmã como a única pessoa com quem pode falar. Parece que nesta família existe uma regra exigindo que as pessoas pensem todo o tempo naquelas que não estão presentes. Por exemplo, quando Gerte estava no hospital, todos pensavam nela. Quando a mãe está com Gerte, fica pensando em sua irmã que não está ali. Eles sempre pensam que aquele que não está presente, é exatamente com quem se comunicam melhor. Esta é outra característica de muitos sistemas psicóticos.

BOSCOLO: Um interessante lapso aqui é quando a mãe disse: "Minha irmã tem 21 anos". É exatamente a idade de sua filha. Ela diz: "Eu posso falar com minha irmã que tem 21 anos". Na realidade, ela passa a maior parte do tempo com sua filha que tem 21 anos, pensando em sua irmã, que tem 51 anos.

O que aparece claramente é que a mãe é muito próxima da irmã mais nova. Isto é confirmado pelo erro da mãe quando disse que a irmã tinha 21 anos. Sua proximidade ajuda-nos a entender por que o pai se sentiu tão triste e tão doente quando a filha passou cinco meses no hospital. A hipótese é que quando mais tempo a filha estiver em casa doente, melhor conseguirá manter a família. Se a filha não está presente, grudada na mãe, esta ficará grudada na irmã e a irmã descartará o marido, abalando a unidade familiar. O marido precisa que a filha esteja lá para interferir no "casamento" entre a esposa e a cunhada. Gerte também é necessária em casa para manter a distância entre os pais, especialmente à noite.

CECCHIN: Se a filha fosse saudável, provavelmente não preencheria esta função. Isto se encaixaria na ideia do sistema determinado pelo problema, que existe na medida em que Gerte é um problema. No momento em que acabar o problema de Gerte, acaba também o sistema.

BOSCOLO: Parece que todos estão trabalhando muito para manter vivo este tipo de sistema. Esta poderia ser uma explicação do que nós usualmente chamamos de resistência. A resistência é uma expressão da conservação da organização dos sistemas determinados pelo problema; enquanto Gerte for problema, o sistema persistirá tal como está.

CECCHIN: Sim, tal sistema está organizado em torno da doença de Gerte. O sistema existe desde que ela mantenha seus sintomas. Se Gerte ou mais alguém mudar, não haverá mais o mesmo sistema. Se Gerte mudar, eles poderão ser muito felizes ou muito desestruturados. Eles podem se sentir mortos. Não serão mais os mesmos, teriam de organizar um sistema diferente.

BOSCOLO: Agora eu gostaria de fazer outra pergunta. Você disse que ela esteve no hospital durante cinco meses; ela já tinha se tratado antes? Houve tratamento?

MÃE: Sim, houve tratamento por quatro semanas e há alguns anos, por... [inaudível] Ela ia para um...

PAI: Especialista.

TERAPEUTA ALEMÃO: Ela foi a um psiquiatra?

MÃE: [em alemão]

TERAPEUTA ALEMÃO: Um neurologista.

BOSCOLO: Ele passou algumas drogas, remédios?

PAI: Ele tinha dado algumas drogas, pílulas.

MÃE: Sim, ela tem... eu trouxe comigo. É para a noite.

BOSCOLO: Sim, à noite.

MÃE: Este é para o dia.

BOSCOLO: Sim. E ela faz psicoterapia? Ela tinha que falar com...

MÃE: Eu quero que ela faça psicoterapia, mas ela não quer. Ela evita.

BOSCOLO: Eu sei, recusa-se.

MÃE: Mas eu acho que seria necessário para ela.

BOSCOLO: No final da sessão o terapeuta começa a perguntar sobre os relacionamentos com os hospitais e os profissionais. Geralmente no início da sessão, nós perguntamos sobre as relações da família nuclear para, depois, alargarmos o contexto para as famílias extensas. Finalmente, explorarmos os relacionamentos com os profissionais, incluindo nós mesmos. Até onde se pode ver, procedemos de modo centrífugo: da família nuclear para a extensa e, daí, para os sistemas mais amplos. Procedemos de tal maneira também em termos de tempo. Começamos explorando eventos presentes, para depois passar para os eventos passados e as soluções futuras.

CECCHIN: Este tipo de modelo de entrevista pode ser usado pela mãe ou pelo pai para restabelecer suas convicções e nós vimos de fato, a mãe, imediatamente, dispensar as pílulas, deixando-as na mesa e restabelecendo a definição de Gerte como a problemática, a única doente na família.

BOSCOLO: Mas em casos com uma história de psicose crônica, o terapeuta tem de aceitar que um dos membros da família seja diferente; do contrário, esta não se compromete. No final, depois de o terapeuta ter ameaçado o sistema familiar com as questões das quais falávamos antes, conquista a família, aceitando seus projetos, seus diagnósticos, amiúde, dado por outros especialistas. Assim, a família pode acreditar outra vez no terapeuta, desenvolvendo um padrão positivo.

CECCHIN: A família pode acreditar em você, mas a filha não. Eu acho que ela se sente novamente traída, porque, durante a sessão, você tentou dar alguma chance de existir e, no final, aceitou a definição da família.

BOSCOLO: Pode ser. Mas a questão com a filha poderia ter sido estabelecida durante a sessão com a ajuda de perguntas circulares e neutralidade do terapeuta. Também é possível usar a intervenção final para corrigir a perda da neutralidade.

CECCHIN: Esta é uma questão de perfeito equilíbrio.

ENTREVISTA FAMILIAR

BOSCOLO: Quem a avisou para vir aqui?

MÃE: [em alemão]

TERAPEUTA ALEMÃO: [inaudível] Aconselhou.

BOSCOLO: Aconselhou.

MÃE: Eu vim para esta clínica.

BOSCOLO: Sim, eles a aconselharam... você foi chamada para vir com a família, e está aqui com ela. Qual foi a reação deles, seu marido, Karl e Gerte, quando você lhes falou sobre a vinda aqui?

MÃE: Ninguém queria vir.

BOSCOLO: Ninguém queria vir.

MÃE: Ninguém queria vir porque...

PAI: Era um sacrifício.

MÃE: Eles não tinham tempo e ela não queria falar sobre si.

BOSCOLO: Ela não queria...

MÃE: É... falar sobre si mesma, e nem ele nem, ele tinha tempo porque...

BOSCOLO: Mas isto depende, sobretudo, do tempo, também...

PAI: Especialmente do tempo.

BOSCOLO: Suponha que você tivesse tempo, por exemplo, suponha...

PAI: Bem, eu podia vir uma vez. Faria tudo para ajudá-la se tivesse tempo, mas acho que perco muito tempo com ela.

BOSCOLO: E você Karl?

KARL: Sim, eu teria que vir aqui também, mas amanhã eu tenho uma prova e será um pouco difícil vir.

BOSCOLO: Vejamos, suponha... por exemplo, suponha que esta é uma consulta para ver se há algum problema. Suponha que nós achamos que talvez seja indicado que você venha para algumas reuniões com...

TERAPEUTA ALEMÃO: Alguns encontros.

BOSCOLO: Sim, alguns encontros. E então? Você acha que seria possível ou não?

MÃE: Dependeria da frequência, porque é muito difícil para virmos de carro porque somos péssimos motoristas. Motoristas muito ruins.

BOSCOLO: Há uma maneira... eu entendo, o problema que você tem no trabalho e todas as outras coisas. Você tem um carro e... mas quando você disse que viria aqui hoje, como uma família, você disse que tinha um encontro marcado. Qual foi a reação? Com que expectativas você tinha vindo aqui? Entende o que eu quero dizer?

MÃE: Sim, eu queria receber algum conselho para melhorar a situação da nossa família.

BOSCOLO: Quem você acha que tem mais esperança na família?

MÃE: Sim.

BOSCOLO: Este trabalho aqui... Quem tem mais esperança?

MÃE: Eu tenho mais esperança.

BOSCOLO: Em segundo lugar, quem tem mais esperança?

PAI: Quem tem a maior esperança? Você.

MÃE: Sim.

TERAPEUTA ALEMÃO: E então, quem é o segundo a ter esperança?

MÃE: Ninguém, eu acho. Talvez Karl.

BOSCOLO: E você, Karl?

PAI: Nós precisamos ter alguma esperança, do contrário, não viríamos aqui.

BOSCOLO: [para Gerte] E você... suponha que nós achamos que seria uma ajuda para você vir aqui para algumas entrevistas.

MÃE: Você gostaria de vir? Você tem alguma esperança, Gerte?

GERTE: Não.

BOSCOLO: Você não acha que há esperança?

GERTE: Eu acho que não.

[A família espera enquanto Boscolo e o terapeuta alemão interrompem para discutir com o outro consultor].

CECCHIN: As frequentes questões hipotéticas e as ambiguidades das respostas sobre a motivação da família para vir à terapia criam uma atmosfera irreal. "Provavelmente, vocês não estão aqui, não têm um problema; provavelmente, isto não é uma consulta; provavelmente, nós pediremos para virem aqui para alguns encontros. Vocês não querem vir aqui, não sabem, de forma nenhuma, o motivo pelo qual estão aqui. Isso é uma consulta? Estamos discutindo um problema ou não?" A sessão termina com algumas incertezas, com a mesma confusão que a família trouxe para aqui, sem o terapeuta atentar para o confronto direto do sistema e suas incongruências, seus pensamentos confusos, sua organização.

BOSCOLO: A família condiz o consultor para um rumo. Eles o colocaram num duplo vínculo. Eles estão ali, mas não estão muito esperançosos de estarem ali, têm um problema, mas têm que mantê-lo em segredo. Suponha que o terapeuta diga: "Vocês não querem estar aqui, então vamos parar". A família diria: "Mas nós temos um problema". Se o terapeuta tentasse se referir ao problema, a família diria: "Mas nós não podemos falar". O terapeuta tende, também, a vincular-se paradoxalmente à família.

A mãe é a única que diz ter esperança vindo aqui. Provavelmente ela gostaria da terapia para soltar-se da filha, conseguindo ficar próxima à sua irmã. Mas o pai não quer fazer terapia porque está grudado a seu trabalho. O filho é preso em sua vida fora de casa. Pai e filho provavelmente vieram aqui porque a mãe os obrigou a fazê-lo. A única que quer mudar a situação é a mãe, porque quer ficar com sua irmã e a filha não deixa. Esta, provavelmente, seja a motivação da presença da família.

CECCHIN: Durante a sessão, vimos que a mãe foi a única a defender este tipo de situação patológica. Agora, repentinamente, a vemos como o único elemento que pode mudá-la. Esta hipótese pode ser muito útil porque nos impulsiona a encontrar alguma forma de utilizar a sua motivação.

INTERVALO PARA DISCUSSÃO

CECCHIN: *Foi uma família muito interessante, muito melhor do que esperávamos. Eles aceitaram a maioria das perguntas que formulamos. A história dos segredos é especialmente interessante, estes estão presentes o tempo todo. Gerte chega ao extremo de produzir segredos ridículos. Uma pessoa psicótica geralmente leva ao extremo o problema existente na família. O problema é que há muitos segredos circulando. Karl é o único que falaria sobre segredos e aceitaria que existem.*

TERAPEUTA ALEMÃO: *E o que ele disse não eram segredos.*

CECCHIN: *Um segredo é uma maneira de mostrar que se tem um relacionamento, um relacionamento especial. Os segredos criam poder. As pessoas que guardam segredos têm influência sobre os outros. Aqui, vê-se um casal, o casal dos pais, que não têm segredos. Apenas a mãe e filha têm segredos, mas a mãe trai a filha o tempo todo. É provável que os verdadeiros segredos existam entre irmão e irmã. É interessante ver como, no final, a tia surge como a pessoa mais importante da família, a mãe resplandece quando fala de sua irmã. Há uma total alteração do humor. A mãe e a irmã moram próximas, elas se veem o tempo todo.*

TERAPEUTA ALEMÂO: *Ela é solteira, a irmã professora.*

CECCHIN: *Professora solteira.*

TERAOEUTA ALEMÃO: *Professora solteira.*

CECCHIN: *Ela é um marido muito melhor do que o marido. Eu também percebi que Gerte responde muito cautelosamente de modo a ter certeza de que não está ofendendo ninguém, parece ser muito ciente do que está acontecendo. É provável que seja menos psicótica do que parece, de como a família descreve. Problemas de comportamento como este podem ser remediados com os remédios que ela toma.*

BOSCOLO: No começo da discussão com a equipe, seus membros começaram fazendo simples observações, simples hipóteses lineares-causais; depois passo a passo, penetraram num padrão mais complexo, até que, finalmente, emerge uma hipótese sistêmica geral. As hipóteses simples, do início, são geralmente sobre quem está com quem na família, quais são as alianças e as colisões.

CECCHIN: Nós também tentamos dar um significado para o comportamento psicótico, relacionando-o com outros comportamentos. Começamos a relacionar o comportamento psicótico de Gerte com o mais óbvio padrão familiar: a tendência e a habilidade de manter segredos.

INTERVALO DE DISCUSSÃO

BOSCOLO: Eu fiquei muito impressionado quando perguntei sobre os quatro meses em que Gerte esteve no hospital. Esperava que a família desse algumas mensagens de que se sentiram aliviados, já que ela estava em tratamento. Em vez disto, estiveram muito infelizes enquanto Gerte esteve hospitalizada. O pai disse que aqueles foram os piores quatro meses de sua vida, devido ao fato de todos terem ficado pensando nela. Não houve alívio e, naquele momento, eu senti o quanto a filha era importante para o sistema família. O irmão também acrescentou que os pais eram pessoas muito preocupadas, que eles precisavam preocupar-se e que o pai era quem mais se preocupava, nós temos que tentar entender por que ela é essencial para o sistema.

BOSCOLO: Minha primeira contribuição para esta discussão está relacionada com a surpresa e a fonte da resposta emocional diante da inesperada reação da família perante a hospitalização de Gerte. Eu esperava que, dado que ela estava sendo assistida por médicos, o que lhes permitia descansar em casa, eles se sentissem aliviados. Em vez disso, sentiram-se terríveis durante todo o tempo em que ela esteve no hospital. Enfatizo aqui a descarga emocional tanto da família quanto do terapeuta, já que as pessoas que nos assistem trabalhando geralmente declaram que somos muito frios e intelectualizados, que priorizamos os pensamentos e ignoramos os sentimentos. As emoções que com frequência surgem nas discussões da equipe estão vinculadas aos padrões e premissas na família do terapeuta e, algumas vezes, aos padrões e premissas da própria equipe.

INTERVALO DE DISCUSSÃO

CECCHIN: O pai gosta muito de Gerte, sempre pensa nela e gostaria de acompanhá-la. Quando ela estava no hospital, ele sofreu demais. Isto é muito interessante. Gerte poderia estar desempenhando uma função para o pai. Por exemplo: a mãe casada com a irmã/professora. Poderia se possível que a irmã, de alguma forma, estivesse tentando separar a mãe da família? Ao mesmo tempo, a filha está mantendo a mãe longe de sua irmã, de forma que o pai possa ter um pouco da mãe. A filha está fazendo sua tarefa por ela mesma e pelo pai. Controlando a mãe, mantendo-a ocupada, não permite que visite com muita frequência sua irmã, porque a irmã costuma dizer: "Você deve ser mais vigorosa, fazer mais coisas, você está muito trancada em casa". A irmã está tentando tirá-la de casa, convencê-la a fazer outras coisas. Já que sua irmã é solteira, ela provavelmente envia mensagens do tipo "Nós duas juntas, sem sua família, teríamos uma bela vida". É possível que Gerte esteja tentando manter a mãe em casa.

TERAPEUTA ALEMÃO: *Nós sabemos que os pais não tiveram vida sexual ativa por, pelo menos, dez anos, ou até mais, então o que os manteve juntos? Gerte, obviamente. Ela é central para o seu relacionamento.*

BOSCOLO: *Isto está relacionado ao fato de que a mãe teve um casamento muito importante com sua irmã mais nova. Eu deveria ter feito uma pergunta para a família: por que a irmã da mãe não se casou? De certo modo, a mãe enganou-se a respeito da idade da irmã, dizendo que ela tinha 21 anos.*

CECCHIN: *Mais ou menos a mesma idade de Gerte.*

BOSCOLO: *Exatamente. Então este casal juntou-se quando já existia um casamento entre a mãe e a irmã. Eles casaram e o pai não pôde contar muito com a esposa porque ela já tinha a irmã. Eu pude ver uma espécie de alívio na face da mãe, um sorriso, quando disse que tinha uma irmã com quem conversava. Este é o único momento em que demonstra um alívio do terrível vida que tem levado. O marido tentou, durante anos, aproximar-se da filha, mas foi rejeitado. Ele diz que tenta o tempo todo contatá-la, manter uma relação com ela, mas a filha se retrai. Ela não fala, gruda-se na mãe. Eu penso que o esforço do pai em aproximar-se da filha é uma tentativa de ter a esposa através da filha. E a filha reage, continuamente, indo para o lado da mãe, enquanto o pai fica mandando mensagens do "Venha para mim". Isto parece com o que chamamos de família de transação esquizofrênica, e não é fácil se chegar a uma hipótese plausível. Em uma família como esta, você realmente precisa de duas ou três sessões para chegar a uma hipótese compreensível. Mas, para mim, o pai é muito ligado à casa. Ele é muito...*

TERAPEUTA ALEMÃO: *Muito ligado.*

BOSCOLO: *...muito ligado e tenta ter sua filha. Ele não se importa muito com o garoto. Os pais não brigam pelo garoto, o que lhe permite ter sua independência. Ele tem seus amigos e assim por diante. Os pais não tentam muito triangulá-lo, mas tentam triangular a filha. A mãe grudou na filha como resultado da relação com a própria irmã. Isto é um subsistema. Irmã, mãe e filha formam uma família; o pai e o garoto foram deixados de lado. O* *pai não aceitou a situação e, no decorrer dos anos, tenta prender-se à família e à filha. Tenta o tempo todo estabelecer um contato com a filha. Esta lhe diz não. Aqui podemos começar a pensar sobre o problema do incesto, pelo menos o incesto psicológico.*

CECCHIN: *Um dos segredos poderia ser que ela não se relaciona bem com os homens. Tem um homem que quer lhe falar no trabalho, então ela decide se demitir. Torna-se fóbica em relação aos homens, de certa forma, ao menos em relação ao irmão e ao pai. Não é?*

TERAPEUTA ALEMÃO: *Deve existir alguns sentimentos incestuosos em relação ao pai e ao irmão, mas eu estava pensando que não se poderia falar sobre o assunto, já que este poderia ser o segredo.*

CECCHIN: *Aquilo poderia arrasar esta hipótese. O pai é muito sedutor com a filha e ela está tentando colocar uma barreira entre eles... certo? Ela não quer ter nada com ele.*

BOSCOLO: *Ela tem 21 anos de idade e os pais dizem que não têm dormido juntos nos últimos dez anos. Eu lhes pergunto, quando decidiram não mais dormirem juntos? Claro, eles dão a desculpa de que o pai fuma. Quando foi para a cama do outro, os pais não disseram nada. Ele poderia ter dado alguma informação: "Oh, sim. De vez em quando nós fazemos amor". Ou então, "um vai para a cama do outro". Mas eles não disseram, não esclareceram nada.*

TERAPEUTA ALEMÃO: *Eu penso que se sentiram um pouco embaraçados, pois manifestaram que consideravam indiscreto e embaraçante o terapeuta perguntar sobre a sua vida noturna. Pareciam envergonhados.*

BOSCOLO: *Eu acho que eles não disseram nada que impedissem a definição do seu relacionamento com os filhos. Quando a filha tinha 11 anos de idade, os pais decidiram que não dormiriam mais juntos. Eu deveria ter perguntado se, depois desta separação, a insônia da filha tinha aumentado ou diminuído. Eu suspeito que tenha diminuído. Eles também disseram que durante dois anos a garota dormiu com a mãe. Imagino o que estava se passando naquele período, eu deveria suspeitar de que a filha foi dormir com a mãe para estar fora da ameaça do pai.*

CECCHIN: *Então, espere um momento. Agora temos duas hipóteses para refletir: uma é que a filha está tentando acabar com o casamento da mãe com a irmã dela, tentando manter a mãe em casa para o pai. Estaria trabalhando para o pai enquanto finge uma tremenda hostilidade em relação a ela. O irmão provavelmente gostaria de ter mais a mãe, mas não reclama quando a irmã toma toda a atenção dela. Os três estão tentando atrair a mãe para separá-la completamente da irmã. A outra possível hipótese, como eu disse, é que o pai, já tendo desistido da mãe, esteja tentando ter a filha. Por isto ela diz: "Eu fico só com a mãe. Eu não quero ter nada com homens". Ela fica com a mãe o tempo todo para impedir que o pai chegue muito perto dela. Esta é outra possibilidade.*

CECCHIN: Nós vemos como a equipe está explorando diferentes tipos de alianças, de "casamentos", triangulações, mantendo nossas mentes abertas para qualquer possibilidade. Além do mais, pode-se ver que a equipe não está procurando uma suposta "verdade", mas seguindo pistas aqui e ali, como elas surgem nas discussões.

Por exemplo: o pai fica muito deprimido quando a filha não está em casa, a mãe parece contente quando fala sobre a irmã, o pai parece triste quando fala de seu casamento, pai e mãe parecem embaraçados quando falam da vida noturna em casa. O terapeuta tenta conectar estas sugestões, ficando especialmente atento para a comunicação analógica. Ele tenta criar uma história familiar que tenha sentido. Algumas vezes considera duas ou três hipóteses ou histórias, tanto durante a sessão quanto mais tarde, na discussão da equipe.

BOSCOLO: Você disse que a equipe pode sugerir duas ou três hipóteses. Eu penso que a equipe em discussão tenta uma hipótese geral, a chamada hipótese sistêmica, podendo ser criada uma ou mais possibilidades de intervenção. Se uma hipótese sistêmica geral não emergir da discussão, deixamos de lado e continuamos a sessão para tentarmos de novo. Algumas vezes, em casos muito difíceis, como em famílias com transação esquizofrênica, leva-se duas ou três sessões antes de formular uma hipótese sistêmica consistente.

CECCHIN: Contudo, eu penso que a busca de uma hipótese geral implica em um perigo. O processo torna-se muito rígido. A equipe deveria tentar atingir um consenso numa hipótese geral que incluísse diferentes possibilidades, diferentes mapas do que tem sido discutido.

INTERVALO DE DISCUSSÃO

BOSCOLO: Eu vejo isto de outra forma. Se a mãe perde a filha, perde também a irmã, porque o efeito pragmático da doença é manter as três mulheres juntas. A prova é que a mãe continua indo falar com a irmã sobre os problemas da filha.

CECCHIN: Sim, mas a mãe continua dizendo "minha irmã me diz que eu ando me preocupando muito com esta família". "Vamos viver juntas e ser felizes para sempre" é a mensagem. Você disse que o resultado do problema de Gerte é manter a mãe em casa. Mas a mãe, ao contrário, está levando a filha a procurar um psicoterapeuta. Isto deveria questionar se o resultado da sua doença é permitir que a mãe e sua irmã fiquem juntas.

TERAPEUTA ALEMÃO: Mas Gerte não quer isto.

CECCHIN: É verdade. Gerte não quer, porque, para ela, ir a terapia é como ter a mãe dizendo "Deixe-me sozinha, assim eu posso ficar com minha irmã. Em vez de mim você pode ter um terapeuta". Quando uma mãe manda uma filha para a terapia, ela geralmente pensa "Ah, você quer se livrar de mim, quer que eu ache outra pessoa para cuidar de mim". Então a mãe quer trazer a família à terapia para se livrar de tais pessoas e poder ficar com sua irmã. Se seguirmos esta ideia, poderemos chegar a uma intervenção tal como: "Nós pensamos que uma terapia familiar é indicada, é muito importante que vocês voltem aqui para uma série de sessões". Não mais do que dez, para não os espantar.

BOSCOLO: A intervenção é prematura. Ainda não está claro que tipo de intervenção deve ser usada.

BOSCOLO: Podemos dizer que a maioria das hipóteses servem como explicações, para os membros da equipe, do que está se passando com a família e da relação família-terapeuta. Neste ponto da discussão, um membro da equipe propõe uma hipótese que lhe satisfaz e sugere uma intervenção. Contudo, isto parece prematuro. Os outros membros não se sentem bem com a proposta e ela é abandonada. Os membros da equipe começam a descobrir novas ideias, novos padrões que podem trazer à tona vários consensos.

CECCHIN: O objetivo da equipe é chegar a um consenso. Contudo, para atingi-lo, leva-se tempo. Quanto tempo? Se a discussão segue um tempo razoável, torna-se desconfortável, repetitiva e confusa, e deve ser interrompida.

BOSCOLO: Em outras palavras: existe um tempo ideal durante o qual a equipe é criativa e útil. O tempo ideal vai variar, é claro, de acordo com as diferentes famílias e equipes. Nos casos simples a discussão pode durar apenas de dez a quinze minutos. Se os membros da equipe são experientes e têm trabalhado juntos por muito tempo, as discussões são mais curtas.

CECCHIN: Quando deixam de seguir novas ideias, novos parâmetros, entendemos que a equipe deveria interromper a discussão. Neste caso, quando parecia que a discussão da equipe estava em um beco sem saída, as ideias refluíam.

INTERVALO PARA DISCUSSÃO

CECCHIN: *Você também poderia dizer que seria perigoso fazer isto agora. Poderia dizer que eles deveriam esperar uns meses e explicar-lhes por quê.*

BOSCOLO: *Esta intervenção é prematura. Gerte é psicótica. De acordo com os dados, ela esteve no hospital por quatro meses e tem usado medicamentos durante anos, deve estar em um contexto comunicativo no qual tem que responder a três ou quatro injunções contraditórias. Por exemplo: o pai deve ter mandado, no decorrer dos anos, a seguinte mensagem "Eu não tenho mulher. Por favor, seja minha mulher".*

TERAPEUTA ALEMÃO: *E usa esta depressão para chamá-la para o lado dele. "Eu sou uma alma tão caridosa, por favor, venha para mim".*

BOSCOLO: *Sim. "Por favor, venha até mim", porque estando deprimido passa a mensagem para a filha de que a mãe não melhora a depressão dele. Então, uma mensagem para a filha, durante anos, poderia ser "Você é minha filha, mas simultaneamente deveria ser minha mulher". Ao mesmo tempo a mãe poderia mandar a mensagem "Você vai ser minha filha, de sua tia e também de seu pai. Você é nosso bebê". Uma injunção poderia ser "Por favor, fique comigo... meu marido não é suficiente para mim".*

TERAPEUTA ALEMÃO: *Em outras palavras, "Você me mantém separada do meu marido, e me dá o que ele não dá".*

BOSCOLO: *Sim, e também "ficando grudada em mim, perto de mim, você me permite manter minha irmã, que não tem crianças. Dado que ela não é casada, você a ajuda a ficar perto de mim como irmã e de você como filha".*

TERAPEUTA ALEMÃO: *Você quer dizer que, sendo um problema, ela dá à mãe e à irmã uma razão para estarem juntas? Somente sendo um problema ela mantém a irmã na órbita da mãe?*

CECCHIN: *De fato, elas falam dela constantemente.*

BOSCOLO: *Se ela fosse mais próxima ao pai, isto não seria bom porque ela deveria deixar a mãe sozinha com a irmã. Mas, se ela está com a mãe, tampouco é bom porque o pai continua comunicando "Veja o quão triste e desapontado eu estou. Eu preciso de uma filha". Finalmente, ela não pode ter uma boa relação com o irmão, porque, ao fazê-lo os pais poderiam não suportar serem deixados de lado.*

CECCHIN: Colocando isto de forma mais simples, você poderia dizer que ela tem trabalhado toda a sua vida para controlar a mãe. O que explica o motivo pelo qual ela ficou louca quando a filha saiu de casa para trabalhar. Agora ela fica em casa e controla a mãe. Ela já foi bem-sucedida em estragar o casamento dos pais. Agora tem que trabalhar para desmanchar o casamento entre mãe e irmã. Se arranjasse um emprego, poderia desistir da relevante incumbência que tem na família.

TERAPEUTA ALEMÃO: O instrumento de controle seria a possessão de segredos que os outros deveriam não saber ou que não sabem. Foi interessante notar que, no momento em que a mãe parece ter um segredo com o irmão, Gerte fica completamente decepcionada, sendo a reação mais forte dela na sessão.

CECCHIN: A equipe agora está começando a utilizar outras metáforas..., como a do controle, por exemplo. Os pais queixam-se de que Gerte, continuamente, parece controlar a mãe. Ela quer a mãe em casa, quer controlar a comunicação desta com os outros membros da família, proibindo-a de contar-lhes os segredos. Ela também controla a distância entre os pais, mantendo-os juntos, mas separados, dia e noite. Por exemplo: durante dez anos mãe e pai têm dormido em quartos separados. Ainda por dois destes anos Gerte dormiu com a mãe.

BOSCOLO: Outra metáfora relacionada com controle é a culpa. Gerte é acusada por todos quando alguma coisa está errada em casa. Por exemplo, eles acusam-na por estar controlando tudo, mas não fazem nada para desafiar o seu controle, apenas a responsabilizam. Ela está controlando e eles censurando. Ela é a peça preta, eles as brancas. Outra observação que pode ser feita é que não se está tentando achar uma hipótese que ligue as suas observações de uma forma lógica. Participa-se de uma conversa fluida, produzindo ideias que em um certo ponto criam "padrões que as relacionam".

CECCHIN: Aqui você vê que um membro de equipe começa a fazer uma conexão entre controle e segredos, o que pode ser uma tentativa de encontrar "padrões que se relacionam".

INTERVALO DE DISCUSSÃO

CECCHIN: Tinha uma outra coisa interessante: a mãe continuava dizendo: "Eu tenho de ficar com ela porque ela está doente, mas eu penso o tempo todo em minha irmã". Contudo, um certo momento, ela disse: "Minha irmã tem 21 anos de idade". A mensagem para a filha é, pois: "às vezes minha mãe pensa em mim como se eu fosse sua irmã. Eu poderia tomar o lugar desta irmã". Esta é uma mensagem muito sedutora.

BOSCOLO: Um comentário adiciona sobre o controle: Gerte impede a mãe de falar com o pai e com o irmão. De fato, quando estão juntos de noite, não podem falar. Isto serve para mantê-los distante, o que pode estar a serviço do casal, que não tem muito em comum. Outro efeito pragmático da manutenção dos seus sintomas através dos anos é manter a mãe mais próxima da irmã, permitindo-lhe falar com a irmã assumindo o papel da pessoa sofredora que tem uma filha doente. Ela mantém os pais separados e a mãe e a irmã próximas.

CECCHIN: Agora os debatedores voltam para o tópico dos possíveis "casamentos" diferentes desta família de quatro membros, incluindo a irmã da mãe. Eles examinam diferentes organizações familiares enfatizando a importância comparativa de certas coligações; por exemplo, mãe-irmã, mãe-filha, pai-filho e as múltiplas possíveis triangulações neste grupo de cinco pessoas.

BOSCOLO: Para recapitular, penso que costumamos utilizar três classes de hipóteses. Uma classe de hipótese refere-se a quem está com quem na família: alianças, coligações ou "casamentos". Uma segunda refere-se às premissas ou mitos individuais e familiares. A terceira baseia-se na análise da comunicação na família e desta com outros sistemas, incluindo, obviamente, o terapeuta. Por exemplo, neste caso, tentamos descodificar as duplas mensagens que tornaram inteligível o comportamento do membro psicótico.

CECCHIN: Mas nós não estamos procurando um duplo vínculo individual criado por uma pessoa em direção à outra. O contexto criado por todos os membros de família resulta em numerosos duplos vínculos. Por exemplo, Gerte não sabe quando é filha, mãe, irmã ou marido. Ninguém, especificamente, lhe dá a injunção paradoxal. A injunção vem do contexto.

BOSCOLO: Outro comentário: eu gostaria de evidenciar o pouco interesse dos debatedores pelas questões de hierarquia e estrutura, bem mais enfatizadas em outras escolas de terapia familiar.

INTERVALO DE DISCUSSÃO

TERAPEUTA ALEMÃO: Ela mantém os pais separados, mas também unidos. É impossível, para eles, se separarem.

Se os pais pudessem sair, isto poderia resolver o problema. Mas eles não podem.

CECCHIN: Então, já vimos que ela os mantém juntos e também separados. Agora vamos entrar na intervenção porque eles estão aqui, atrás desta porta.

BOSCOLO: Mais uma coisa. É sobre rivalidade entre irmãos. Estarem separados, permanecerem separados durante tantos anos sendo irmãos, pode ser um indício do grande impacto sofrido pelos próprios pais ao se separarem.

CECCHIN: Qual foi o impacto do nascimento de Karl no relacionamento entre a mãe e a irmã da mãe? Talvez estas duas mulheres tenham escolhido Karl como seu filho, em vez da garota. Esta poderia ser uma possibilidade.

TERAPEUTA ALEMÃO: Parece que Karl foi delegada a tarefa de preencher suas aspirações. Ele está cursando Medicina e é um bom estudante. Ele é escolhido de uma forma positiva, mas não triangulado, pode comportar-se de uma forma razoável, o que deve ter causado muito ciúme e inveja em Gerte.

CECCHIN: Poderia ter sido interessante perguntar sobre o relacionamento de Karl com a tia. Quando a tia vem, ela provavelmente fala com a mãe e com Karl. Ele é o "filho" de tal casamento. Isto lhe confere uma posição muito boa.

BOSCOLO: O que deveríamos usar como intervenção?

CECCHIN: Todos disseram que não queriam vir para a terapia.

TERAPEUTA ALEMÃO: Eu acho que ninguém queria vir, a não ser a mãe, enquanto a que tem mais controle é a que menos quer vir, isto é, Gerte.

BOSCOLO: Gerte.

CECCHIN: Porque ela está com medo de que a terapia lhe faça perder o controle da situação, e a perda do controle significa que a mãe poderia se libertar dela. Isto é o que a mãe está dizendo "eu penso que ela precisa de psicoterapia porque alguém mais vai tomar conta dela. Eu estou cansada". Obviamente ela nunca vai aceitar tal coisa.

CECCHIN: Eu deveria dizer "Esta é uma situação muito séria"...

TERAPEUTA ALEMÃO: Eu deveria agradecer muito a Gerte por não querer terapia, porque o que poderia acontecer se eles viessem para tratamento, poderia ser muito pior do que o que está acontecendo agora.

CECCHIN: Uma ideia poderia ser essa, por exemplo: "Nós pensamos que a resistência de Gerte em vir para a terapia está sendo, no momento, uma coisa muito boa. Vocês podem sentir que a terapia Familiar é indicada. Mas nós pensamos que no momento isso poderia ser um pouco perigoso e que Gerte está certa. Perigoso para o pai e para a tia. Poderíamos dizer alguma coisa misteriosa do tipo. "Nós pensamos que seria melhor que vocês esperassem, por enquanto. Vocês poderiam voltar daqui a dois meses? Nós continuaremos a pensar no assunto pois não sabemos se vocês deveriam começar a terapia. Vocês também podem pensar a respeito. Todos nós pensaremos sobre isso. Entre em contato conosco daqui a dois meses e discutiremos a questão, ou talvez possamos marcar um encontro e aí discutiremos o problema".

BOSCOLO: Eu acho que eles reagirão a esta intervenção, esquecendo-a quando forem para casa.

CECCHIN: Sim, mas eles vieram, estão aqui hoje. Há algum desejo por parte deles de voltar.

TERAPEUTA ALEMÃO: Não seria útil que ela também fosse premiada por seu sacrifício?

CECCHIN: Bem, deveríamos especificar o porquê. Fazer um sacrifício para quê. Devemos preparar-nos para explicar nossas razões de ter dito aquilo.

Dizer, em geral, que alguém está se sacrificando, não faz muito efeito. Deveríamos dizer que ela está se sacrificando pela mãe e pela tia.

CECCHIN: É interessante observar como a equipe, agora, luta em torno de duas ideias. Primeiro, como encontrar uma conotação positiva para o comportamento de Gerte. Segundo, como enquadrar o relacionamento entre a família e a terapeuta. Como a família pode ser premiada por não ter motivação para a terapia? Somente a mãe parece interessada. A equipe está tentando juntar os dois elementos de um modo significativo.

BOSCOLO: O que você está dizendo refere-se à tentativa habitual por parte do terapeuta quando está intervindo, e por parte da equipe durante a discussão, para unir dois níveis de hipóteses: a hipótese sobre a família e a hipótese sobre o relacionamento família-terapeuta.

INTERVALO DE DISCUSSÃO

BOSCOLO: Poderíamos dizer que se eles voltassem agora para a terapia haveria uma chance de Gerte mudar e, no momento, nós pensamos que isto poderia ser perigoso para alguém mais. Possivelmente para a mãe e o pai ou para a tia e o pai.

CECCHIN: *Nós provavelmente diríamos o pai e a tia. Gerte ficaria muito surpresa.*

BOSCOLO: *Então diríamos "Nós pararemos por aqui, mas é muito importante que você ligue de volta".*

CECCHIN: *Podia ser melhor marcar um encontro daqui a dois meses. Eles devem vir aqui e então você vê se seria perigoso ou não.*

BOSCOLO: *Outra alternativa seria oferecer terapia aceitando suas definições do seu relacionamento conosco. Primeiramente eles não querem vir como família. Segundo, falam sobre segredos, mas querem mantê-los. Então, nós podíamos dizer, por exemplo, que pensamos que eles fizeram muito bem em vir aqui. O que nós vemos é que existe uma indicação para terapia... ou para alguns encontros. Devemos dizer-lhes que é muito importante que, quando retornarem aqui, digam quais os segredos que querem manter. Devemos começar com uma declaração louca.*

TERAPEUTA ALEMÃO: *Que trabalharíamos satisfatoriamente, porque se apenas viessem dois, os outros seriam deixados de lado.*

CECCHIN: *Deveríamos ter ao menos duas pessoas.*

BOSCOLO: *Pelo menos duas. Seria interessante ver quem a mãe tentaria trazer: o pai, o irmão, ou Gerte.*

CECCHIN: *Ou a tia.*

BOSCOLO: *Ou a tia.*

CECCHIN: *Também devemos dizer que a tia pode vir.*

BOSCOLO: *Seria interessante ver quem compareceria. O terapeuta deve dizer "Na próxima vez eu gostaria de vez mais dois" – supondo que a mãe venha – "você e sua irmã ou você e seu marido". Mas você diz que somente dois podem vir, dita as normas. Eles vieram aqui com uma norma louca, vieram comunicando que não sabiam comunicar.*

CECCHIN: *Sim, eles também dizem que não podem vir. Vieram aqui dizendo que não podem vir.*

BOSCOLO: *Basicamente eles não podem vir e não podem falar. Então, você tem que aceitar o que eles trazem, aceitar que ao menos dois tenham que vir, mas que devem tomar uma decisão de quem tem de vir. Você lhes dá uma grande tarefa, escolherem quem virá. Outra tarefa extremamente importante é ter um encontro familiar para decidir quais os segredos que não devem ser contados ao terapeuta. É muito importante o terapeuta respeitar os segredos da família! Esta é uma intervenção contraparadoxal.*

TERAPEUTA ALEMÃO: *É uma boa ideia, antes de voltarem devem se reunir para discutirem quais os segredos que não devem ser contados de jeito nenhum.*

BOSCOLO: Porque o terapeuta deve respeitar todos os segredos.

CECCHIN: Então eles devem vir aqui com uma lista de todos os segredos. E você deve dizer "a terapia familiar é indicada, mas é muito difícil para vocês virem juntos. Então, ao menos dois de vocês devem vir. Qualquer dupla. Pode ser mãe e filha, aí é filha nenhum filho".

CECCHIN: Karl e o pai.

BOSCOLO: Ou a mãe...

CECCHIN: Até mesmo sua tia se você...

BOSCOLO: A mãe e sua irmã.

CECCHIN: Ao menos duas. Nós precisamos de duas.

BOSCOLO: E se ela vem com a irmã...

CECCHIN: Seria muito...

BOSCOLO: Sim, sim.

TERAPEUTA ALEMÃO: Mas eles deveriam primeiro ter uma sessão familiar e decidir quem deveria vir?

CECCHIN: Sim, e sobre quais segredos não se deve falar. Eles devem estar preparados para discutir com o terapeuta quais os segredos que não devem ser falados.

BOSCOLO: Está certo.

CECCHIN: Esta ideia de convidar somente dois deles para a próxima sessão está provavelmente relacionada com a dificuldade, inerente à sua organização familiar em incluir um terceiro membro. Os triângulos apavoram a família. Qualquer reunião de três os faz sofrer. Esta ideia parece ter um efeito imediato na equipe. Gostaram dela.

BOSCOLO: Pela segunda vez um membro da equipe começa a propor uma intervenção. Enquanto a primeira vez a proposta era prematura, desta vez os membros da equipe unem-se e a apoiam. O clima é de consenso e satisfação.

CECCHIN: A satisfação da equipe não se deve apenas ao fato de terem reagido unanimemente em relação com a intervenção, mas também ao fato de terem descoberto a comunicação de mensagens do tipo duplo-vínculo que fez o terapeuta confundir-se. As mensagens familiares – nós estamos aqui, mas não estamos aqui; nós falamos, mas não podemos falar; nós precisamos de ajuda, mas não precisamos de ajuda – têm um equivalente na intervenção que evita que o terapeuta caia em uma posição louca.

BOSCOLO: É possível que, com este tipo de família, o terapeuta seja rapidamente neutralizado e se perca em um labirinto comunicacional. Em casos como este, um terapeuta sozinho pode não ser capaz de se libertar do labirinto e precisar de ajuda da equipe ou de um consultor.

INTERVENÇÃO

BOSCOLO: Deixe-me partilhar com vocês a discussão que tive com o Dr. Cecchin sobre a terapia. Achamos que vocês fizeram bem em vir e concordamos plenamente com os colegas que os enviaram aqui, porque acreditamos profundamente – temos uma longa experiência com este tipo de problema – que a terapia familiar é indicada para tais situações. Contudo, durante a discussão, eu e meu colega achamos que pode ser difícil para vocês. Tanto o pai como Karl não tem muito tempo. Gerte não queria vir aqui hoje. Depois de considerarmos tudo isto, decidimos que uma solução seria que somente duas pessoas viessem ao próximo ou a outros encontros futuros. Ao menos dois de vocês deveriam vir para cada encontro – qualquer dupla que vocês decidam. Gostaríamos de sugerir que antes da próxima vinda, vocês tenham uma conversa familiar para decidirem quem virá ao próximo encontro. Vocês podem decidir, por exemplo, que a mãe pode vir com sua irmã, porque ela é importante ou que Gerte pode estar disposta a vir com sua mãe, ou com sua tia, ou com Karl. Ou poderia ser o pai com a mãe ou com a cunhada. Ou a mãe com a irmã. Ou Karl com a mãe ou com a irmã. Existem muitas combinações possíveis. Ao menos dois de vocês devem vir. Se uma terceira pessoa quiser vir, pode. Recomendamos que façam uma reunião para decidir quem vem de cada vez. A segunda condição, que é muito importante, talvez mais importante que a primeira, é que durante a conversa familiar para decidir, como eu disse, quem são as duas pessoas que virão, vocês também deverão fazer uma lista de segredos que não querem que sejam revelados, como hoje, pois é muito importante para o terapeuta que ele respeite todos os segredos, já que não sabe quais devem ser discutidos. Então, vocês se reunirão somente antes da próxima sessão, primeiro decidem quem vem, depois decidem que segredos não querem que sejam revelados para o terapeuta, e os dois que vierem aqui devem falar no início da sessão para o terapeuta "Estes são os segredos que nós não queremos que sejam comentados", porque é importante que o terapeuta respeite tais segredos, entenderam?

CECCHIN: Simplificando, a estrutura desta intervenção é a seguinte: primeiro, há uma conotação positiva do fato de a família estar aqui.

Segundo o terapeuta comunica a situação de duplo-vínculo criada pela família com a mensagem: "Nós estamos aqui, mas não estamos aqui". O terapeuta sugere intervir em cada sessão somente com um casal. Terceiro, sugere uma hierarquia de casais, começando do mais para o menos importante.

BOSCOLO: Eu incluiria em sua lista de conotações positivas a referência ao terapeuta que enviou a família para a clínica. A intervenção pode ser considerada um contraparadoxo no sentido de que é equivalente ao paradoxo relacional da família com o terapeuta. Como família eles comunicam: "Nós estamos aqui, mas não estamos aqui; nós falamos, mas não falamos (temos segredos)". A intervenção paradoxal do terapeuta é: a família não tem que vir, somente dois deles devem vir. Os dois que vierem devem trazer uma lista de segredos do que não se pode falar, e o terapeuta deve respeitar.

CECCHIN: Há aqui uma mudança sutil do problema. Os segredos se tornam um problema do terapeuta, não da família. A declaração de que o terapeuta deve ter uma lista de segredos dos quais ele não pode falar, alivia a situação paradoxal criada pela família e os leva ao extremo, a um ponto absurdo.

INTERVENÇÃO

GERTE: A última sentença... eu não entendo.

BOSCOLO: O que eu estava dizendo é que nesta reunião, que toda a família teria, antes de vir aqui, a reunião que teriam em casa, vocês decidirão quem quer ou pode vir aqui. É importante que pelo menos dois venham. Como eu disse antes, poderia ser sua mãe e você, ou seu pai e sua tia, e assim sucessivamente, vocês decidem. Talvez o primeiro casal que venha possa trazer a lista dos segredos que vocês não querem que sejam revelados aqui. Entende? Então, suponha que na próxima vez, Gerte, você não possa vir porque não está livre ou porque não quer vir, como hoje, e a mãe e a tia ou a mãe e o pai decidem vir, você pode lhes dizer todos os segredos que não quer que sejam revelados. Estou sendo claro? Aquele que ficar em casa deve dizer aos que vem quais segredos devem ser respeitados. Então, por exemplo, se sua mãe e sua tia ou sua mãe e Karl vem, os outros lhes dirão "Nós não queremos que você fale ao terapeuta sobre isto, isto e aquilo". Os que vierem dirão ao terapeuta "Este é o segredo que eles nos disseram que não é para revelar". É muito importante para o terapeuta saber os segredos que não devem ser comentados. Certo?

[A família fala em alemão]

BOSCOLO: *Você acha que entendeu agora, Gerte?*

GERTE: *Sim.*

MÃE: *Sim.*

BOSCOLO: *Você entende?*

MÃE: *Sim.*

BOSCOLO: *Certo. Então, podemos parar por aqui, e eu penso que será bom que vocês voltem aqui porque nós achamos extremamente indicado.*

[A família fala em alemão]

BOSCOLO: *Muito obrigado pelo encontro.*

MÃE: *Eu lhe agradeço, também.*

[A família sai]

BOSCOLO: Depois de o terapeuta dizer que eles deveriam trazer uma lista dos segredos que não devem ser comentados, Gerte, e somente ela, diz: "Eu não entendo". Todos os outros membros da família acenam com a cabeça convincentemente, como se tivessem entendido com clareza. É fascinante. A única que pode apreciar a loucura da afirmação do terapeuta é o membro "louco". Nem os pais, nem o irmão reagem diante do pedido para trazerem ao terapeuta a lista dos segredos que devem ser mantidos, significando que eles não têm grandes segredos.

Seguimento

Três dias depois da consulta a mãe ligou para a clínica e comentou que os terapeutas não deram nenhum conselho útil, específico, de como proceder com a filha. Ela disse que quem ficou mais desapontado foi o filho. Também perguntou se o terapeuta que lhes haviam designado tinha estado atrás do espelho unidirecional durante a consulta. A confirmação parece tê-la deixado satisfeita. Perguntou novamente sobre a data do próximo encontro, mas não disse quem poderia vir.

Mãe e filha compareceram à sessão seguinte, que não foi muito produtiva. Ambas evitaram falar dos segredos. A mãe pediu novamente um conselho. Gerte não foi cooperativa. Questionada sobre quem achava que viria ao próximo encontro, recusou-se a responder.

A sessão seguinte foi realizada com a mãe e a tia. O terapeuta detectou muitas informações interessantes sobre o importante papel desempenhado pela irmã da mãe e sua família. Ela foi a primeira que percebeu algo errado em Gerte. Durante anos vinha aconselhando a irmã, agindo como terapeuta. O clima entre as irmãs parecia muito pesado. A hipótese dos consultores, segundo a qual este era o "casamento" mais importante da família, foi amplamente confirmada. Depois, houve muitas outras sessões com diferentes membros da família. Ao final de 1981, Gerte começou a frequentar diariamente um centro de reabilitação. Algum tempo depois, a família terminou o tratamento.

Referências

ANDERSON, H. **Conversation, language and possibilities**. Basic Books: Nova York, 1997.

ANDERSON, H; GOOLISHIAN, H. **The cliente is the expert**: a No-t-knowing Approach to Therapy. In: McNamee; Gergen, 1992.

ANDERSON, H.; WINDERMAN, L. **Problem determined system**: towards transformation in family terapy, J. strat. Syst. Ther., vol. 5, I-14, 1986.

ANDOLFI, M.; ZWERLING, I. (a cura di). **Dimensions of Therapy**. Guilford: New York, 1980.

BATESON, G. **Naven**: a survey of the problems suggested by a composite Picture of the culture of a New Guinea Tribe Drawn from three points of view. Cambridge Universaty Press,Cambidge: UK, 1936 (2. ed. 1958) (trad. It Naven. Um rituale di travestimento in Nueva Guines, Einaudi, Torino, 1998).

BATESON, G. The Cybernetics of <Self>: a theory of alcoholism. In: Bateson. Tradução de **La cibernética dell'Io. Uma teoria dell' alco-olismo**, 1972.

BATESON, G. Steps to na Ecology of mind. In: **Verso um'ecologia dela mente**. Tradução de Adelphi Milano. Chandler: New York, 1972.

BATESON, G. Foreword: a formal approach to explicit, implicit and em-bodied ideas and their forms of interaction. In: **Um comento di Gregory** Bateson. Tradução de Sluzki e Ranon, 1976.

BATESON, G. The Bird of a Matrix or Double Bind and epistemology (1978a). In: Berger (1978), **La nascita di uma matrice, ovvero il doppio vincolo e l'espistemologia**. Tradução de Bateson, 1991.

BATESON, G. The Double Bind Theory: misunderstood? (1978b). In: **La teoria del doppio vincolo**: um fraintendimento? Tradução de Bateson, 1991.

BATESON, G. Mind and Nature: a necessary unity. In: **Mente e natura**. Tradução de Adelphi Milano (1979). Dutton: New York, 1979.

BATESON, G. A sacred unity. Further steps to na exology of mind, a cura di R. E. In: **Una sacra unitá. Altri passi verso um'ecologia dela mente**. Tradução de Adelphi Milano (1997). Donaldson, Harper: San Francisco, 1991.

BATESON, G.; JACKSON, D. D; HALEY, J.; WEAKLAND, J. H. Toward a theory of schizophrenia. Behav. Sci., vol. I, 25I-64 (1956). In: **Verso uma teoria dela schizofrenia**. Tradução de Bateson (1972).

BERGER, M. M. (a cura di). **Beyond the double bind**. Brunner/Mazel: New York, 1978.

BERTRANDO, P. La terapia dela famiglia in Italia: cenni storici (1995). Tradução de Gurman e Knisker (1991).

BERTRANDO, P.; TOFFANETTI, D. **Storia dela terapia familiare. Le persone, le idee** Cortina: Milano, 2000.

BLOUNT, A. **Toward a <systematically> Organized Mental Health Center**. In: Campbell e Draper, 1985.

BOGDAN, J. **Family Organization as na Ecology of ideas**. Fam. Proc., vol. 23, 375-88, 1984.

BOSCOLO, L.; BERTRANDO, P. **I tempi del tempo.Una nuova prospettiva per la consulenza e la terapia sistêmica**. Bollati Boringhieri, Torino, 1993.

BOSCOLO, L.; BERTRANDO, P. **Terapia sistêmica individuale**. Cortina: Milano,1995.

BOSCOLO, L.; CECCHIN, G. **Training in systemic therapy at the Milan Centre**. In: Whiffen e Byng-Hall, 1982.

BOSCOLO, L.; CECCHIN, G.; BERTRANDO, P. **Centro Milanese di Terapia dela Famiglia (1995)**. In: Gurman e Knishern, 1991.

BOSCOLO, L.; CAMPBELL, D.; DRAPER, R. **Twenty more questions. Selection from a discussion between the Milan Associates and the editor**. In: Campebell e Draper, 1985.

BOSZORMÉNYI-NAGY, I.; SPARK, G. Invisible Loyalties. In: **Lealtá invisibili**, Astrolabio, Roma, 1988. Harper & Row: New York, 1973.

BRAVERMAN, L. (a cura di). **A guide to feminist Family therapy**. Harrington Park Press: New York, 1988.

CAMPBELL, D.; DRAPER, R. (a cura di). **Applications of Systemic Family Therapy: the Milan Approach**. Grune & Stratton: London, 1985.

CAMPBELL, D.; DRAPER, R.; CRUTCHLEY, E. Milan Systemic Therapy. In: **Il modelo sistêmico di Milano**. Tradução de Gurman e Kniskern, 1991.

CECCHIN, G. **Hypothesizing-Circularity-Neutrality Revisited: na invitation to curiosity**. Fam. Proc., vol. 26, 405-13, 1987.

CECCHIN, G.; LANE G.; RAY W. L. Irreverence: a strategy for therapists' survical. In: **Irreverenza. Uma strategia per la sopravvivenza del terapeuta**. Tradução de Angeli Milano, 1993.

CECCHIN, G.; LANE G.; RAY W. L. **Verità e pregiudizi** Cortina Milano, 1997.

DELL, P. F. **Beyond Homeostasis: toward a concepto of coherence**. Fam. Proc., vol. 21, 21-42, 1982.

DELL, P. F. **Violence and the systemic view**. Fam. Proc., vol. 28, 1-14, 1989.

DOHERTY, W. J., **Il dissenso e la curiosità. Intervista com Mara Selvini Palazzoli**, Ter. fam., vol. 61, 11-24, 1999.

DOHERTY, W. J.; BOSS, P. G. Ethics and Values in Family therapy. In: **Etica e valori in terapia della famiglia**. Tradução de Gurman e Kniskern, 1991.

ELKAÏM, M. Si tu m'aimes, ne m'aime pas. In: **Se mi ami, nom amarmi**. Tradução de: Bollati Boringheri, Torino, 1992. Seuil: Paris, 1989.

FISCH, R.; WEAKLAND, J.; SEGAL, L. **The tactics of change**. Jossey-Bass: San Francisco, 1982.

FRUGGERI, L.; DOTTI, D.; FERRARI, R.; MATTEINI, M. **The systemic approach in a mental health service**. In: Campbell e Drapcr, 1985.

FRUGGERI, L.; MARZARI, M.; MATTEINI, M.; CASTELLUCCI, A. **Servizi pubblici e terapia sistêmica: teorie e tecniche nell'incontro com le famiglie**, 1995. In: Gurman e Knishern (1991).

GOLDNER, V. **Feminism and Family therapy**. Fam. Proc., vol. 24, 31-47, 1985.

GURMAN, A. S.; KNISKERN, D. P. (a cura di). **Handbook of Family Therapy**. Brunner/Mazel: New York, 1981.

GURMAN, A. S. (a cura di). Handbook of Family Therapy. 2 nd. In: **Manuale di terapia della famiglia**, edizione italiana a cura di P. Tradução de: Bertrando, Bollati Boringheri, Torino, 1995. Edition Brunner/Mazel: New York, 1991.

HALEY, J. Development of a theory: a history of a research Project (1961). In: **Sviluppo di uma teoria: la storia di un progetto di ricerca**. Tradução de: Sluzki e Ransom, 1976.

HALEY, J. Strategies of Psychotherapy. In: **Le strategie della psicoterapia**. Tradução de Sansoni Firenze, 1977. Grune & Stratton: New York, 1977.

HALEY, J. Problem-Solving Therapy. In: **La terapia del problem-solving. Nuove strategie per uma terapia familiare efficace**. La nuova Italia Scientifica, Roma, 1985. Jossey-Bass: San Francisco, 1977.

HALEY, J.; HOFFMAN, L. Tecniques of Family therapy. Basic Books: New York, 1967.

HANSEN, J; KEENEY B. (a cura di). **Diagnosis and Assessment in Family Therapy**. Aspen System Co., Rockivelle, 1983.

HARE-MUSTIN, R. **The problem of gender in Family therapy theory**. Fam. Proc., vol. 26, 15-27, 1987.

HARRIES-JONES P. **A recursive vision. Ecological Understanding ad Gregory Bateson**. University of Toronto Press: Toronto, 1995.

HEIMS, S. J. **Fohn von Neumann and Norbert Wiener**. From Mathematics to the Technologies of life and death. MIT Press, Cambridge: Mass, 1980.

HOFFMAN, L. **Foundations of Family Therapy**. Basic Books: New York, 1981.

HOFFMAN, L. **A Co-Evolutionary Framework for Systemic Family Therapy**. In: Hansen e Keeney, 1983.

HOFFMAN, L. **Beyond Power and Control: toward a <Second Order> Family Systems Therapy**. Farm. Syst. Med., vol. 4, 381-96, 1986.

HOFFMAN, L. **Constructing realities: na Art of Lenses**. Fam. Proc., vol. 29, 1-12, 1990.

HOFFMAN, L. **A reflexive stance for Family therapy**. In: McNamee e Gergen, 1992.

HOFFMAN, L. **Setting aside Models in Family Therapy**, J. mar. Fam. Ther., vol. 24, N. 2, 145-56, 1998.

JACKSON, D. D. **The Questiono f Family homeostasis**. Q., supp. 31, 79-90, 1957.

JACKSON, D. D. **Family interaction, Family homeostasis, and some implications for conjoint Family therapy**. In: Masserman, 1959.

KEENEY, B. **Aesthetics of Change**. Guilford: New York, 1983.

LAING, R. D. The politics of the Family. In: **La politica della famiglia**. Tradução de Einaudi, Tornino, 1973. Tavistock: London, 1969.

MASSERMAN, J. (a cura di). **Individual and Family dynamics**. Grune & Stratton: New York. 1959.

MATURANA, H. **The Wholeness of the Unity: conversations with Heinz von Foerster**. Cybern: Forum, vol. 9, 20-6, 1979.

MATURANA, H.; VARELA, F. Autopoeisis and cognition. In: **Autopoiesi e** cognizione. Marsilio: Venezia, 1985. Reider: Dordrecht, 1980.

MCNAMEE, S.; GERGEN, K. J. (a cura di). **Therapy as Social Construction**. Sage: London, 1992.

MINUCHIN, S. Families and Family therapy. In: **Famiglie e terapia della famiglia**. Tradução de Astrolabio, Roma, 1981. Harvard University Press: Cambridge, Mass, 1974.

MINUCHIN, S.; FISHMAN, M. C. Family Therapy Techniques. In: **Guida alle tecniche della famiglia**. Tradução de Astrolabio, Roma, 1982. Harvard University Press: Cambridge, Mass, 1980.

PENN, P. **Circular Questioning**. Fam. Proc., vol. 21, 267-80, 1982.

PENN, P. Feed-forward. Future Questions, future maps. Fam. Proc., vol. 24, 299-310, 1985.

PINSOF, W; WYNNE, L. **Family Therapy Effectiveness**, 1984. American Association for Marriage and Family Therapy, Washington, 1995.

RABKIN R. **Strategic Psychotherapy**: Brief and Symptomatic Treatment. Basic Books: New York, 1977.

RUESCH, J; BATESON, G. Communication: the social matrix of psychiatry. In: **La matrice sociale della psichiatria**. Il. Mulino: Bologna, 1976. Norton: New York, 1951.

SELVINI, M. (a cura di). **Cronaca di uma ricerca. L'evoluzione della terapia familiare nelle opere di Mara Selvini Palazzoli**. La Nuova Italia Scientifica: Roma, 1985.

SELVINI, PALAZZOLI M. Why a long interval between sessions? In: **Perché um lungo intervalo fra le sedute?**, In: Selvini, 1985. In: Andolfi e Zwerling, 1980.

SELVINI, PALAZZOLI M.; BOSCOLO L.; PRATA, G. **Paradosso e controparadosso**, 1975. Cortina: Milano, 2003.

SELVINI, PALAZZOLI M.; BOSCOLO L.; PRATA, G. **Family Rituals**: a powerful tool in Family therapy, Fam. Proc., vol. 16, 445-53, 1977.

SELVINI, PALAZZOLI M.; BOSCOLO L.; PRATA, G. **Paradox and Counterparadox**. Aronson: New York, 1987a.

SELVINI, PALAZZOLI M.; BOSCOLO L.; PRATA, G. **A ritualized prescription in family therapy**: odd days and even days. J. Fam. Counsel, vol. 4, n. 3, 3-9, 1978b.

SELVINI, PALAZZOLI M.; BOSCOLO L.; PRATA, G. Hypothesizing-Circularity-Neutrality. Three Guildelines for the conduction of the session, Fam. Proc. Vol. 19, 73-85, 1980a. In: **Ipotizzazione, circolarità, neutralità. Ter direttive per la conduzione della seduta**, Ter. fam., vol. 7, 5-19, 1980.

SELVINI, PALAZZOLI M.; BOSCOLO L.; PRATA, G. **The problem of the referring person**. J. mar. Fam. Ther., vol. 6, 3-9, 1980b.

SELVINI, PALAZZOLI M.; SORRENTINO, A. M. **I giochi psicotici nella famiglia**. Cortina: Milano, 1988.

SHAWER, L. **Postmodernizing the Unconscious with help of derrida and lyotard.** Int. J. Psycho-Anal., vol. 58, N. 4, 361-90, 1998.

SIMON, R. **Palazzoli and the Family game**. Fam. Ther. Networker, vol. 9, n. 5, 17-25 (settembre-ottobre, 1989).

SIMON, R. **One on one**: Conversations with the shapers of Family therapy. Guilford: New York, 1992.

SLUZKI, C. E.; RANSOM, D. C. (a cura di). Double-Bind: na EthnologicalCommunicational Analysis. In: **Il doppio legame, la genesi dell'approccio relazionale allo studio della famiglia**. Tradução de Astrolabio: Roma, 1979. Grune & Stratton: New York, 1976.

STANTON, M. D. **Strategic approaches to Family therapy**. Gurman e Kniskern, 1981.

STRATTON, P; SELIGMAN, P. (a cura di). **Special Issue in Appreciation of the 25 years of systemic influence by Centro Milanese di Terapia della Famiglia**. Hum. Syst., vol. 8, N. I, 1997.

SZASZ, T. S. The Myth of Mental Illness. In: **Il mito della malattia mentale**. II. Saggiatore: Milano, 1966. Harper & Row: New York, 1961.

TOMM, K. **Circular Interwieving. A Multifaceted Clinical Tool**. Campbell e Draper, 1985.

TOMM, K. **Intervewieving, pt. I, Strategyzing as a fourth guindeline for the trerapist**. Fam. Proc., vol. 3-13, 1987.

VON FOERSTER, H. Observing Systems. In: **Sistemi che osservano**. Astrolabio: Roma, 1987. Intersystems Publications: Seaside, 1982.

VON GLASERSFELD, E. **An Introduction to Radical Constructivism**. In: Watzlawick, 1984.

VON NEUMANN, J.; MORGENSTERN, O. **Theory of Games and Economic Behavior**. Princeton University Press, Princeton, 1944.

WATZLAWICK, P. (a cura di). **The Invented Reality**. Norton: New York, 1984.

WATZLAWICK, P.; JACKSON, D. D.; BEAVIN, J. Pragmatics of human communication. In: **Pragmatica della comunicazione umana**. Tradução de Astrolabio: Roma, 1971. **Norton**: New York, 1967.

WATZLAWICK, P.; WEAKLAND, J. H.; FISCH, R. Change: the principles of problem formation and problem resolution. In: **Change**. Tradução de Astrolabio: Roma, 1974.Norton: New York, 1974.

WHIFFEN, R.; BYNG-HALL, J. (a cura di). **Family Therapy Supervision:** Recent Developments in Practive. Academic Press: London, 1982.

Os autores

Luigi Boscolo

Como terapeuta, mantenho minha ideologia
sob controle para ajudar a desenvolver a do cliente.

Depois de completar seus estudos médicos na Universidade Patavino, especializou-se em Pediatria.

Em 1960 mudou-se para os EUA e trabalhou durante um ano no King's County Hospital em Nova York.

De 1961 a 1967, especializou-se em psiquiatria no Metropolitan Hospital de Manhattan e, simultaneamente, em psicanálise no New York Medical College com os professores Silvano Arieti e Nathan Ackerman, seu professor de terapia familiar.

Em 1967, voltou a Milão e abriu uma clínica. Paralelamente, colabora com as professoras Mara Selvini Palazzoli e Giuliana Prata, introduzindo a terapia familiar segundo o modelo psicanalítico. Gianfranco Cecchin juntou-se a eles em 1971.

Diante das limitações percebidas dessa perspectiva, a nova equipe adota outro modelo de terapia familiar curta inspirado no modelo de terapia estratégica de Palo Alto. Os métodos de trabalho e resultados são descritos no livro *Paradox and Counterparadox*.

A insatisfação com o modelo estratégico surge e, após o período com Selvini e Prata, Boscolo e Cecchin animam o ponto de inflexão da terapia sistêmica: o "Milan Approach ©" que na década de 1980 exerceu grande influência na prática clínica em todo o mundo. Com Boscolo e Cecchin, o "Milan Approach ©" abre um diálogo fecundo com a epistemologia construtivista, cuja evolução modifica profundamente a maneira como os terapeutas pensam sobre seu trabalho.

A superação da perspectiva estratégica leva Boscolo a seguir as ideias e experiências de Gregory Bateson, que para ele se torna a descoberta que mais mudou a terapia daqueles anos; pelo menos tanto quanto Freud o mudara no início do século passado. O texto mais significativo desse período é, sem dúvida, "Terapia Familiar Sistêmica de Milão", hoje editado em italiano por Paolo Bertrando com o título "Clínica Sistêmica": uma longa entrevista com Boscolo e Cecchin, por Lynn Hoffman e Peggy Penn, que adotaram a "Abordagem de Milão ©" no Ackerman Institute em Nova York.

Em 1980, Boscolo e Cecchin fundaram o Centro de Terapia Familiar Milanês. O centro, para além das atividades clínicas e de investigação, passa a desenvolver uma intensa atividade de formação dirigida especialmente a operadores de serviços públicos de saúde e sociais. Mais tarde, a atividade de treinamento se estende da Europa às Américas, à Austrália. Um curso anual de treinamento de verão em inglês também é realizado. Em todos esses anos, Boscolo foi professor e supervisor não só no Centro, mas também em outros lugares. É membro fundador da SIPPR (Sociedade Italiana de Psicologia e Psicoterapia Relacional) e da SIRTS (Sociedade Italiana de Pesquisa e Terapia Sistêmica), membro da AFTA (American Family Therapy Association), da AAMFT(American Association for Marriage and Family Therapy) e EFTA (European Family Therapy Association). Boscolo também realizou vários seminários e consultoria no exterior.

Ele morreu em 12 de janeiro de 2015, após uma longa doença, aos 82 anos de idade.

Publicações

Palazzoli, M. S.; Boscolo, L.; Cecchin, G. F.; Prata, G. (1975), **Paradox and Counterparadox: A New Model in Schizophrenic Transaction Family Therapy.** Feltrinelli, Milan. Reimpresso em 2003 por Raffaello Cortina Editore com novo prefácio de Pietro Barbetta.

Boscolo, L.; Cecchin, G. F.; Hoffmann, L.; Papp, P. (1987), **Milan Systemic Family Therapy** - Basic Books, New-York. Trad. It (2004), **Systemic Clinic**, editado por Bertrando, P., Torino, Bollati Boringhieri 2004.

Boscolo, L.; Bertrando, P. **The Times of Time. Uma Nova Perspectiva para Aconselhamento e Terapia Sistêmica**. BOLLATI Boringhieri - Torino, 1993.

Boscolo, L.; Bertrando, P. **Individual Systemic Therapy**. Cortina – Milan, 1995.

Boscolo, L.; Bertrando, P. **Terapia sistêmica individual. Manual prático na clínica**. Belo Horizonte: Artesã, 2010.

Boscolo, L.; Bertrando, P. **Os tempos do tempo – Uma nova perspectiva para consulta e a terapia sistêmica**. Belo Horizonte: Artesã, 2009.

Gianfranco Cecchin

Gianfranco Cecchin foi um psiquiatra e psicoterapeuta italiano, fundador, com Mara Selvini Palazzoli, Luigi Boscolo e Giuliana Prata, do movimento de terapia familiar sistêmica, hoje conhecido na maior parte do mundo como a Abordagem de Milão.

Depois de se formar em medicina pela Universidade de Pádua, especializou-se em psiquiatria no hospital "Grasslands" no condado de Westchester, NY. Sua educação continua com uma bolsa de estudos em psiquiatria infantil no Hillside Medical Center em Long Island, NY. Mais tarde, ele se tornou membro da equipe psiquiátrica do Hospital High Point em Portchester, NY.

Retornando à Itália no final dos anos 1960, abre um consultório particular e se junta à equipe de psicoterapia de Mara Selvini Palazzoli, Giuliana Prata e seu amigo Luigi Boscolo. Seguindo as diferenças amadurecidas com Selvini e Prata, no nível teórico e no nível da condução das sessões, fundou a terapia sistémico-relacional com Boscolo, inspirada em Gregory Bateson , hoje conhecido mundialmente como Milan Approach ©.

O **Centro de Terapia Familiar Milanese** nasceu em 1980, as ideias qualificantes de seu trabalho são a curiosidade e a irreverência. Ele formula o conceito de curiosidade na esteira da insatisfação com a "neutralidade", um conceito de derivação psicanalítica, mantido durante o período estratégico. Muitas das coisas escritas sobre Boscolo, também se aplicam a Cecchin, são experiências compartilhadas.

A partir dos anos 90, enquanto Boscolo aprofunda a temática do tempo e, nos últimos tempos, volta a refletir sobre as práticas psicanalíticas, através da **arte das lentes**, Cecchin trabalha em torno do tema do preconceito e da irreverência, que ele redefine de forma original e irreverente, irreverência para com a própria irreverência.

Posteriormente, seu pensamento se mostra próximo à desconstrução de Derrida e ao pós-modernismo de Lyotard. Frequentemente contado na tradição do conversacionalismo e na abordagem narrativa, ele mesmo responde declarando sua fé irredutível no "preconceito" sistêmico (na verdade, brincando, ele usa para reivindicar seu *integralismo sistêmico*... pelos próximos seis meses). Na verdade, seus últimos trabalhos são próximos ao pensamento de Heinz von Foerster e um elogio à imperfeição.

Gianfranco Cecchin morreu em 2 de fevereiro de 2004 em um acidente de carro.

Publicações

Boscolo, L.; Cecchin G. (1988), **O problema do diagnóstico do ponto de vista sistêmico**. Psico-objetivo, 3/1988.

Cecchin, G.; Lane, G.; Ray, W. A. (1992), **A cibernética dos preconceitos na prática da psicoterapia** - livros de Karnac Ltd. Londres.

Cecchin, G.; Lane, G.; Ray, W. A. (1992), **Irreverence. Uma estratégia para a sobrevivência do terapeuta**. Karnac Books, Londres. Trad. It. Irreverência: Uma Estratégia de Sobrevivência para Terapeutas. Franco Angeli Ed., Milão.

Cecchin, G.; Lane, G.; Ray, W. A. (1997), **Verdade e preconceitos. Uma abordagem sistêmica da psicoterapia** - Raffaello Cortina Editore, Milan.

Cecchin, G.; Apolloni T. (2003), **Ideias perfeitas. Hybris das prisões da mente**. Franco Angeli Ed., Milão.

Cecchin, G.; Barbetta, P.; Toffanetti, D. (2005), **Quem foi von Foerster, afinal?** Kybernetes: The International Journal of Systems & Cybernetics, vol. 34 No. 3/4, pp. 330-342.

Lynn Hoffman

Lynn Hoffman, nascida em 1924, assistente social e terapeuta familiar, faleceu aos 93 anos. De formação original em literatura, apaixonou-se pela terapia familiar. Contribuiu enormemente com o desenvolvimento da terapia familiar sistêmica, foi ativa na construção de conhecimento e prática na área. Mudou ao longo da carreira sua orientação teórica, partindo de uma postura intervencionista e estratégica para uma orientação reflexiva e experiencial.

Peggy Penn

Peggy Penn, respeitada membro do corpo docente e ex-diretora de treinamento do Instituto, faleceu em 28 de julho de 2012. Peggy foi uma pensadora, escritora e professora eloqüente, cujas contribuições para o campo da terapia familiar perdurarão por muito tempo como fontes de inspiração e excelentes admiração. A abordagem de Peggy para trabalhar com famílias era altamente colaborativa e baseada na ideia de terapia como uma conversa. Peggy apresentou o conceito de descrições múltiplas, ajudando os clientes a identificar e usar várias partes de si mesmos.

Silvana Garavello (Tradutora)

Psicoterapeuta relacional sistêmica; psicóloga especialista clínica pelo CRPMG;

Especialista em gerontologia; especialista em terapia familiar pelo Centro Milanese di Psicoterapia della Famiglia (CMTF)- Milão/Itália; representante titular do CMTF no Brasil; Presidente da ATFMINAS.

Tradutora dos livros:

Terapia sistêmica individual (Luigi Bocolo).

O uso do desenho no trabalho clínico com crianças: teoria e prática (Vanna Puviani).

Revisora técnica:

Terapia Sistêmica De Milão - Milan Aproauch.

Organizadora de vários cursos no Brasil com Vanna Puviani, Dr. Luigi Boscolo e Dr. Rodolfo di Bernard.

Este livro foi composto com tipografia Bembo Std
e impresso em papel Pólen Soft 80g.
na Promove Artes Gráficas em dezembro de 2021.